Europäische Gesellschaften zwischen Kohäsion und Spaltung

D1734151

Buchreihe
Theorie, Forschung und Praxis
der Sozialen Arbeit

herausgegeben von der
Deutschen Gesellschaft für Soziale Arbeit
(DGSA)

Prof. Dr. Stefan Borrmann
Prof. Dr. Sonja Kubisch
Prof. Dr. Michaela Köttig
Prof. Dr. Dieter Röh
Prof. Dr. Christian Spatscheck
Prof. Dr. Claudia Steckelberg
Prof. Dr. Barbara Thiessen

Band 25

Florian Baier
Stefan Borrmann
Johanna M. Hefel
Barbara Thiessen (Hrsg.)

Europäische Gesellschaften zwischen Kohäsion und Spaltung

Rolle, Herausforderungen und Perspektiven Sozialer Arbeit

Verlag Barbara Budrich
Opladen • Berlin • Toronto 2022

Gefördert durch die Schweizerische Akademie der Geistes- und Sozialwissenschaften SAGW

Bibliografische Information der Deutschen Nationalbibliothek
Die Deutsche Nationalbibliothek verzeichnet diese Publikation in der Deutschen Nationalbibliografie; detaillierte bibliografische Daten sind im Internet über http://dnb.d-nb.de abrufbar.

© 2022 Dieses Werk ist bei der Verlag Barbara Budrich GmbH erschienen und steht unter der Creative Commons Lizenz Attribution 4.0 International
(CC BY 4.0): https://creativecommons.org/licenses/by/4.0/
Diese Lizenz erlaubt die Verbreitung, Speicherung, Vervielfältigung und Bearbeitung unter Angabe der UrheberInnen, Rechte, Änderungen und verwendeten Lizenz.
www.budrich.de

Die Verwendung von Materialien Dritter in diesem Buch bedeutet nicht, dass diese ebenfalls der genannten Creative-Commons-Lizenz unterliegen. Steht das verwendete Material nicht unter der genannten Creative-Commons-Lizenz und ist die betreffende Handlung gesetzlich nicht gestattet, ist die Einwilligung des jeweiligen Rechteinhabers für die Weiterverwendung einzuholen. In dem vorliegenden Werk verwendete Marken, Unternehmensnamen, allgemein beschreibende Bezeichnungen etc. dürfen nicht frei genutzt werden. Die Rechte des jeweiligen Rechteinhabers müssen beachtet werden, und die Nutzung unterliegt den Regeln des Markenrechts, auch ohne gesonderten Hinweis.

Dieses Buch steht im Open-Access-Bereich der Verlagsseite zum kostenlosen Download bereit (https://doi.org/10.3224/84742613).
Eine kostenpflichtige Druckversion (Print on Demand) kann über den Verlag bezogen werden. Die Seitenzahlen in der Druck- und Onlineversion sind identisch.

ISBN 978-3-8474-2613-4 (Paperback)
eISBN 978-3-8474-1772-9 (eBook)
DOI 10.3224/84742613

Umschlaggestaltung: Bettina Lehfeldt, Kleinmachnow – www.lehfeldtgraphic.de
Lektorat und Satz: Ulrike Weingärtner, Gründau – info@textakzente.de
Druck: paper & tinta, Warschau
Printed in Europe

Vorwort

Zur Schriftenreihe der Deutschen Gesellschaft für Soziale Arbeit

Für die Auseinandersetzung in fachlichen, gesellschaftlichen, und politischen Diskursen benötigen Wissenschaftler*innen und Fachkräfte Sozialer Arbeit fundiertes Wissen, um Theorien und Konzepte weiterzuentwickeln, etablierte Sicht- und Handlungsweisen zu hinterfragen und allzu einfachen Erklärungsmustern zu begegnen. Das für die Soziale Arbeit relevante Wissen bezieht sich dabei auf soziale Phänomene, die als problematisch wahrgenommen werden und die in ihrer Genese und im gesellschaftlichen Kontext zu analysieren sind. Ebenso sind der fachliche, der gesellschaftliche und der politische Umgang mit diesen Phänomenen relevant.

Die Deutsche Gesellschaft für Soziale Arbeit (DGSA) setzt sich seit ihrer Gründung im Jahr 1989 dafür ein, die Rahmenbedingungen zur Generierung neuer Erkenntnisse stetig zu verbessern und Wissen aus den professionellen und disziplinären Diskursen so aufzubereiten, dass es eine gute Verbreitung erfährt und langfristig zur Verfügung steht.

In den letzten Jahrzehnten haben sich Disziplin und Profession Sozialer Arbeit stetig weiterentwickelt und ausdifferenziert. Dies bildet sich auch in der kontinuierlich wachsenden Mitgliederzahl der DGSA und der Neugründung von Sektionen und Fachgruppen in der wissenschaftlichen Fachgesellschaft ab.

Einige der für die Soziale Arbeit maßgeblichen Rahmenbedingungen haben mit diesen Entwicklungen noch nicht Schritt gehalten. Hier liegen Ansatzpunkte für das Engagement der DGSA. Die Fachgesellschaft setzt sich seit Jahren für eine der Forschung der Sozialen Arbeit adäquaten Forschungsförderung der hierfür maßgeblichen Institutionen und entsprechende Strukturen an den Hochschulen ein. Für Begutachtungen von Forschungsanträgen wurde eine eigene Forschungsethikkommission etabliert, ein von den Mitgliedern entwickelter Forschungsethikkodex bietet Orientierung im Forschungsprozess. Um Nachwuchswissenschaftlicher*innen zu ermöglichen, in der Wissenschaft Soziale Arbeit zu promovieren, fordert die DGSA ein eigenes Promotionsrecht für Professor*innen an Hochschulen für Angewandte Wissenschaften und entwickelt Qualitätskriterien für die Begleitung von Promotionen. Die Fachgesellschaft engagiert sich für die stetige Weiterentwicklung von Studiengängen Sozialer Arbeit, und mit dem Kerncurriculum wurde Hochschulen ein orientierender Rahmen für die Konzipierung solcher Studiengänge zur Verfügung gestellt. Nicht zuletzt greift die DGSA gesellschaftlich relevante Fragen auf und positioniert sich zu aktuellen gesellschaftspolitischen Themen.

Die Weiterentwicklung und Ausdifferenzierung von Disziplin und Profession Sozialer Arbeit und das vielfältige Engagement der DGSA bilden sich auch in den

Publikationen im Rahmen der Schriftenreihe der DGSA ab. Diese umfasst seit 2010 neben den Sammelbänden zu den Jahrestagungen vor allem Bände, die von den Sektionen und Fachgruppen gestaltet werden und häufig aus den von ihnen veranstalteten Tagungen und Workshops resultieren. Darüber hinaus werden in der Schriftenreihe Bände publiziert, die aktuelle gesellschaftliche Themen und fachliche Fragestellungen aufgreifen, welche für die Soziale Arbeit und die Wissenschaft Soziale Arbeit von Bedeutung sind.

Die Reihe wendet sich an Lehrende, Forschende, Fachkräfte und Studierende der Sozialen Arbeit sowie benachbarter Disziplinen und Professionen, die sich ebenfalls mit den Gegenständen der Sozialen Arbeit befassen. Mit den vielfältigen Bänden im Rahmen der Reihe laden wir die Leser*innen dazu ein, sich aktiv in die Diskurse einzubringen und die Wissenschaft Soziale Arbeit mitzugestalten.

Der vorliegende Band dieser Schriftenreihe wurde anlässlich der im April 2021 stattgefunden trinationalen Tagung „Europäische Gesellschafte(n) zwischen Kohäsion und Spaltung" zusammen mit den Vorsitzenden der Österreichischen Gesellschaft für Soziale Arbeit (OGSA) und Schweizerischen Gesellschaft für Soziale Arbeit (SGSA) erarbeitet

Bremen, Hamburg, Frankfurt am Main, Köln, Landshut, Neubrandenburg im Februar 2022

*Die Herausgeber*innen*

Stefan Borrmann
Michaela Köttig
Sonja Kubisch
Dieter Röh
Christian Spatscheck
Claudia Steckelberg
Barbara Thiessen

Inhaltsverzeichnis

Teil III: Kohäsion und Spaltung in Handlungsfeldern Sozialer Arbeit

Teil IV:
Internationaler Austausch zur Sozialen Arbeit

Teil V:
Kohäsion im Kontext von Professionalisierung und Disziplinentwicklung

Einleitung

Perspektiven Sozialer Arbeit auf Kohäsions- und Spaltungsprozesse in europäischen Gesellschaften

Stefan Borrmann, Florian Baier, Johanna M. Hefel & Barbara Thiessen

Was hält Gesellschaften zusammen? Was spaltet Gesellschaften? Welche Rolle spielen Teilgruppen in einer Gesellschaft, wenn es um Kohäsions- und Spaltungsprozesse geht? In welchem Verhältnis stehen Individuen und Gruppen bei diesen Prozessen? Und welches Ziel sollte Soziale Arbeit im Gefüge dieser Fragen haben? Ist Soziale Arbeit eine Akteurin, die Kohäsion versucht herzustellen? Was sind intendierte Wirkungen und nicht intendierte Nebenwirkungen bei diesen Versuchen? Diese Fragen waren Ausgangspunkte für die dem Band zugrunde liegende Tagung „Europäische Gesellschaft(en) zwischen Kohäsion und Spaltung", die ursprünglich für April 2020 in Landshut geplant war und aufgrund der Covid-19-Pandemie schließlich im April 2021 online stattgefunden hat. Die Tagung wurde erstmals ‚trinational', nämlich gemeinsam von den drei wissenschaftlichen Fachgesellschaften der Sozialen Arbeit aus Deutschland, Österreich und der Schweiz (DGSA, OGSA und SGSA), durchgeführt. Entsprechend breit und länderübergreifend waren die Panels, Vorträge und Poster der Tagung. Durch die pandemiebedingte Onlineversion der Tagung war die länderübergreifende Beteiligung von Norddeutschland bis Südschweiz und östlichem Österreich niedrigschwellig möglich.

Dieser Band ist auf Basis einiger Tagungsbeiträge entstanden und bündelt Diskursstränge zu Perspektiven Sozialer Arbeit auf Kohäsions- und Spaltungsprozesse in europäischen Gesellschaften. Darin wird es als zentrale Herausforderung europäischer Gesellschaften angesehen, soziale Kohäsion zu initiieren, herzustellen und zu bewahren. Denn angesichts wachsender ökonomischer und sozialer Disparitäten, sowohl im internationalen als auch im nationalen und regionalen Kontext sowie damit verbundenen drohenden bzw. zunehmenden Spaltungen von Gesellschaft, werden Ab- und Ausgrenzungsprozesse zu zentralen Themen, innerhalb derer Soziale Arbeit ihre Praxis, Forschung und Theoriebildung zu verorten hat. National verfasste sozialrechtliche und -politische Wohlfahrtsregime verweisen dabei auf je unterschiedliche historische Traditionslinien, auch wenn internationale Rahmungen zu Harmonisierungsprozessen geführt haben. Unklar bleibt jedoch, wie sich solidarische und auf unterschiedliche Lebenswelten bezogene Unterstützungsangebote konzipieren lassen, die Vielfalt nicht primär als Problem markieren, sondern an der Herstellung von auf Anerkennung und Wertschätzung ausgerichteten Kohäsionsprozessen orientiert sind. Kohäsions- und Spaltungsdynamiken sind vor diesem Hintergrund zentrale Prozesse, die in den Beiträgen dieses Buches aus unterschiedlicher Perspektive betrachtet werden. Der Band ist in sechs Teile gegliedert.

Grundlegende Perspektiven auf Kohäsionsprozesse in Europa

Den ersten Teil des Bandes nehmen Beiträge zu grundlegenden Perspektiven auf Kohäsions- und Spaltungsprozesse ein. Dabei ist auch eine sozialräumliche Dimension relevant, denn es gilt zu fragen, ob europäische Harmonisierungsprozesse zu mehr Kohäsion in Europa führen oder ob diese Prozesse zulasten des sozialen Zusammenhalts gehen, wenn regionale und nationale Perspektiven vernachlässigt werden. Dafür gilt es auch, die großen gesellschaftlichen Entwicklungslinien europäischer Gesellschaften in den Bick zu nehmen.

Genau diese weite Perspektive wird im ersten Beitrag durch Anton Pelinka eingenommen. Ausgehend von der Prämisse, nach der die Covid-19-Pandemie zwar langfristige Folgen haben wird, jedoch bereits seit einigen Jahren sich abzeichnende Trends sich fortsetzen werden, charakterisiert er die Megatrends der Feminisierung, der Globalisierung sowie der Mobilität in Europa. Hierin verwoben sieht Pelinka zugleich gesellschaftliche Bruchlinien, die keineswegs neu sind wie ökonomische Ungleichheit oder ethnisch-nationale Identitätsbildungen, regionale Differenzen oder „cleavages“ zwischen säkular und religiös ausgerichteten Bevölkerungsgruppen. Bemerkenswert an Pelinkas Analyse ist der Hinweis, wie diese Bruchlinien quer zu nationalen Grenzen verlaufen und eher zwischen Generationen und Geschlechtern sichtbar werden. Zudem zeigt er, dass auch Prozesse einer Europäisierung nicht notwendigerweise die Idee eines geeinten Europas stärken, denn es können sich durchaus Gegner*innen eines vertieften Europas miteinander verbünden. Pelinka sieht zwar, dass sich durch die Pandemie diese Bruchlinien verbreitern, aber zugleich wächst auch die Einsicht in die Notwendigkeit, dass Spaltungen und Ausgrenzungen überwunden werden müssen.

Stefan Köngeter schließt in seinem Beitrag an den von Pelinka aufgezeigten Krisen und durch die Pandemie verstärkten Spaltungsdynamiken an und diskutiert die Bedeutung Sozialer Arbeit in diesen Prozessen. Dabei entwirft er das Mandat Sozialer Arbeit als transnationales Projekt, wobei er Möglichkeiten, aber auch Grenzen von Solidarität und Sozialpolitik auslotet. Statt wie in der Tradition der Sozialen Arbeit bekannt, soziale Ungleichheit zum Ausgangspunkt seiner Überlegungen zu machen, fokussiert er die Bruchlinie Nation sowie deren Transformationen. Dabei rekonstruiert Köngeter Soziale Arbeit historisch-systematisch als dreifaches Projekt, nämlich als solidarisches, als sozialpolitisches und schließlich als transnationales Projekt. Aus diesen Überlegungen entwickelt er die Idee von Sozialer Arbeit als transnationalem Projekt.

Begrifflich-theoretische Klärungen unternimmt Gregor Husi in seinem Beitrag zu sozialer Kohäsion. Dabei knüpft er an die „Global Definition" der International Federation of Social Workers an, in der die Förderung von „social cohesion" zentral gesetzt ist. Husi nutzt philosophische, soziologische und (sozial)psychologische Bezüge, um eine Vorstellung von sozialer Kohäsion zu präzisieren. Dabei arbeitet er Kohäsionsdimensionen heraus, die eine Klärung von Prozessen auf Mikro-, Meso- und Makroebene fördern. Die Frage, was sozialen Zusammenhalt wahrscheinlich macht, beantwortet Husi mit einem Modell einer hierarchischen, institutionellen und kulturellen Struktur, das ein differenziertes Patchwork sozialer Kohäsionen sichtbar werden lässt.

Mit diesen drei Beiträgen sind grundlegende Zeitdiagnosen, Transformations- und Zuständigkeitsfragen Sozialer Arbeit sowie begriffliche Überlegungen vorgestellt. Sie sind keineswegs abschließend, sondern eher beispielhaft für Diskurse in und um Soziale Arbeit in Deutschland, Österreich und der Schweiz zu Kohäsions- und Spaltungsdynamiken zu verstehen.

Gegenwärtige Nachwirkungen historischer Entwicklungen

Im zweiten Teil des Buches wird gefragt, ob und – wenn ja – welche historischen Entwicklungslinien sich, bezogen auf gesellschaftliche Kohäsions- und Spaltungsprozesse, finden lassen, die sich auch auf aktuelle Entwicklungen auswirken. Damit verbunden ist zudem die zentrale Idee, nach der die Orientierung an sozialer Kohäsion als normative Zielsetzung in der Sozialen Arbeit keine neue, von außen in die Soziale Arbeit hinein getragene Orientierung ist, sondern soziale Kohäsion von ihrer inneren Bedeutung von jeher als theoretisch-historischer Kern der Sozialen Arbeit zugrunde liegt.

Den Anfang machen Thomas Schmid und Tobias Kindler, die nach der „politischen Praxis als Möglichkeit einer professionellen Positionierung in der Sozialen Arbeit" im Spannungsfeld von „allparteilich-neutral oder parteilich-solidarisch" fragen. Im Beitrag wird untersucht, ob und wie sich Sozialarbeitende politisch positionieren sollen und wie dies einer professionellen Praxis angemessen und berufsethisch abgesichert geschehen kann. Diese Frage braucht eine ausführliche historische Rückschau insbesondere auf die Bezüge zwischen der sich im frühen 20. Jahrhundert konstituierenden Profession Soziale Arbeit im Kontext der Arbeiter- und Frauenbewegungen. Schmid und Kindler können verdeutlichen, dass Soziale Arbeit sich in sozialen Konflikten nicht nicht positionieren kann, mithin immer auch politisch agiert. Das vorgeschlagene Modell der „policy practice" verhilft dabei zu professionellen Reflexionsprozessen und Handlungskompetenzen.

Anselm Böhmer vertieft unter dem Stichwort „Grenzen der Ungleichheit" historische und theoretische Perspektiven auf Kohäsion und Spaltung ausgehend von empirischen Befunden aus einer Interviewstudie mit sogenannten „Gastarbeitern" in Deutschland. Hierfür arbeitet er zunächst Theoriebestände zu sozialer Diversität auf und beschreibt auf dieser Basis Befunde seiner Studie zu Fragen nach Kohäsion und Spaltung, die er im Hinblick auf ein kritisches Konzept von Sozialer Arbeit als Grenzbearbeitung sozialer Dienstleistungen in heterogenen Gesellschaften auswertet. Dabei kann Böhmer, basierend auf den empirischen Befunden historisch zurückliegender Migrationserfahrungen, Vielfalt als gesellschaftliches Faktum konzeptualisieren und davon ausgehend Potenziale für eine fachlich fundierte Kritik an Zuschreibungen und für Impulse zum emanzipativen Einsatz Sozialer Arbeit entwickeln. Wesentlich dafür ist, laut Böhmer, die professionelle Bearbeitung von „Grenzen der Ungleichheit im Sinne einer gesellschaftlichen Kohäsion der Unterschiedlichen".

Der letzte Beitrag in diesem Abschnitt stammt von Júlia Wéber, die sich mit Transformationsprozessen in Ungarn seit 1989 befasst und deren Auswirkungen auf die Profession und Praxis Sozialer Arbeit diskutiert. Bedeutsam für Soziale Arbeit in Europa ist der Blick nach Ungarn insbesondere, da die politischen Entwicklungen in Ungarn keineswegs singulär sind, sondern symptomatisch für Prozesse der Spaltung gelten können, die demokratische Werte und elementare Menschenrechte infrage stellen. Hierfür skizziert Wéber historische Prozesse mit Blick auf zentrale Gesetzesnovellen, die wohlfahrtsstaatliche Neujustierungen aus der Perspektive einer kritischen Sozialen Arbeit verdeutlichen. Auch Wéber sieht die Notwendigkeit einer transnationalen Sozialen Arbeit im zusammenwachsenden Europa, in dem die Zivilgesellschaft auf eine institutionelle Absicherung angewiesen ist.

Damit zeigt sich in diesen Beiträgen, wie eng Soziale Arbeit mit historischen Dynamiken sozialer Bewegungen und zivilgesellschaftlich initiierten Prozesse einbezogen ist. Eine zukünftig weiter an kohäsiven gesellschaftlichen Entwicklungen ausgerichtete Soziale Arbeit ist zugleich angewiesen auf eine (selbst-)reflexive Professionalisierung sowie eine transnationale Ausrichtung.

Kohäsion und Spaltung in Handlungsfeldern Sozialer Arbeit

Was wir als Herausforderung für die Soziale Arbeit vorfinden, ist soziale Kohäsion zum einen als intraprofessionelle Aufgabe zu begreifen und Ziele, Strukturen und

Handlungen in der Sozialen Arbeit daraufhin zu betrachten – diese Perspektive wird im dritten Teil des Bandes weiterverfolgt. Zum anderen heißt dies auch, dass die Adressat*innen Sozialer Arbeit selbst sich in genau diesem Spannungsfeld sozialer Kohäsion zwischen Exklusion und Inklusion bewegen. Im dritten Teil des Buches wird dieser Perspektive näher nachgegangen, in dem auf Handlungsfelder der Sozialen Arbeit geschaut wird.

Alexandra Engel, Malina Haßelbusch, David Rüger, Claudia Busch und Jan Schametat stellen in ihrem Beitrag die Frage nach der Rolle und Angeboten Sozialer Arbeit im Kontext von Regionalentwicklung in peripheren ländlichen Räumen. Sie thematisieren drei verschiedene Handlungsbereiche, in denen Soziale Arbeit zu Kohäsion in ländlichen Gebieten beitragen kann: Erstens erläutern sie, wie das Engagement von Personen, die im ländlichen Raum leben, gefördert werden kann, und stellen dafür heraus, dass es in diesem Kontext darauf ankommt, den Eigensinn der Engagierten zu berücksichtigen, Dialoge zu ermöglichen sowie Informationen zu verbreiten. Zweitens führen sie in die neuere Thematik der Seniorenangebote auf Bauernhöfen ein und stellen dar, welche Chancen und Aufgaben damit verbunden sind, Bauernhöfe zu Lebens- und Wohnräumen für Senioren umzugestalten. Abschließend wird auf der Grundlage zweier Befragungen dargestellt und diskutiert, wie sich das Verhältnis von Jugendpartizipation, Regionalentwicklung und Offener Kinder- und Jugendarbeit in ländlichen Gebieten darstellt.

Monika Alisch, Martina Ritter, Catharina Hille, Jonas Hufeisen und Tatevik Mamajanyan thematisieren in ihrem Beitrag die Fluchtzuwanderung seit dem Jahr 2015 und den Umgang damit durch lokale Akteure in einer ländlichen Region. Sie stellen ihr Projekt DIWAN vor, das zum Ziel hat, Dialoge zum Zusammenleben zu initiieren, indem geflüchtete Zugewanderte, Einheimische sowie Personen aus Initiativen der Geflüchtetenhilfe zusammengebracht werden. Die Autor*innen gehen in ihrem Projekt davon aus, dass soziale Kohäsion unter veränderten Bedingungen voraussetzt, dass sich Menschen, die sozialräumlich zusammenleben (müssen), zu ihren „Gepflogenheiten“ austauschen. Dadurch werden Verstehensprozesse angeregt, die als Basis gegenseitiger Anerkennung und sozialer Kohäsion dienen.

In ihrem Beitrag „Freundschaftliche Beziehungen als Kohäsion in der Migrationsgesellschaft“ gehen Jens Vogler, Monika Alisch, Anke Freuwört und Manuela Westphal den Fragen nach, ob und wie freundschaftliche Beziehungen zwischen Zugewanderten und Nicht-Zugewanderten entstanden sind. Ausgangspunkt ist die Überlegung, dass Kohäsion in Gesellschaften durch Solidaritätsverhältnisse entsteht. Die Autor*innen stellen ihr Projekt ProZiS vor, in dem sie Ansätze der Freundschafts-, Kohäsions- und Migrationsforschung miteinander verbinden. Es wurden narrativ angelegte Paarinterviews mit zugewanderten und nicht zugewanderten Personen, die vorab für sich deklarierten, dass sie in einer freundschaftlichen Beziehung zueinanderstehen, geführt. Ausgewertet wurden die Interviews entlang des Erkenntnisinteresses, ob diese Beziehungen das Potenzial einer migrationsgesellschaftlichen Solidarität aufweisen. Die Befunde aus ihrem Projekt lassen sich so lesen, dass soziale Beziehungen zwischen zugewanderten und nicht zugewanderten Personen ihren Ausgangspunkt stets in sozialen Settings haben, in denen erste Begegnungen beider Akteure entweder freiwillig und von den Akteur*innen selbst gesteuert oder sozial arrangiert durch z.B. Patenschaftsprojekte oder Freiwilligenagenturen stattfinden. Bereits diese unterschiedlichen Ausgangssituationen führen dazu, dass sich ihre sozialen Beziehungen zueinander für die Akteur*innen unterschiedlich darstellen. Das Projekt liefert Hinweise darauf, dass gezielt angebahnte soziale Beziehungen im Vergleich zu frei entstandenen Freundschaften zwischen Zugewanderten und Nicht-Zugewanderten ein geringeres Maß an migrationsgesellschaftlicher Solidarität aufweisen.

Birgit Golda-Mayntz stellt in ihrem Beitrag ein Forschungsprojekt vor, in dem den Fragen nachgegangen wird, wie Menschen mit Behinderungen als Alltagsbegleiter*innen in Pflegeheimen arbeiten, in welchen Strukturen diese Formen der Beschäftigung stattfinden und wie dies aus unterschiedlichen Perspektiven wahrgenommen und beurteilt wird. Die Befunde werden aus verschiedenen theoriegeleiteten Perspektiven interpretiert und im Kontext sozialer Kohäsion diskutiert.

Erich Fenninger, Alexander Nöhring, Valentin Persau und Judith Ranftler erheben in ihrem Beitrag ihre Stimmen für von Armut betroffene Kinder. In einer transnationalen Perspektive thematisieren sie auf der Grundlage vorliegender Forschungen, wie sich Armut auf Kinder, Jugendliche und junge Erwachsene in Deutschland und Österreich auswirkt. Als Schlussfolgerung treten sie für eine Kindergrundsicherung ein, um Kinderarmut zu überwinden. Es werden erste Ergebnisse aus einem Modellprojekt in Österreich präsentiert, die sowohl die verheerenden Wirkungen von Armut auf Kinder als auch vielfältige Wirkungen materieller Absicherung aufzeigen. Deutlich wird an den vorgebrachten Argumentationen und Forschungsdaten, dass Armut nicht auf einen Mangel an materiellen Gütern begrenzt werden darf, gleichwohl jedoch materieller Mangel weitreichende Folgen auf die Entwicklung, die soziale Teilhabe sowie das Denken und Handeln von Kindern hat.

Céline Dujardin stellt in ihrem Beitrag vor, wie sich das Thema der sozialen Kohäsion verwenden lässt, um Wohnraumproblematiken zu reflektieren. Einleitend erläutert sie die Situation in Luxemburg sowie prägende politische Strategien. Darauf aufbauend wird die Frage gestellt, ob und wie Soziale Arbeit als Dienstleistung für wohnungs- und obdachlose Menschen in der Lage ist, soziale Kohäsion zu fordern. Deutlich wird dabei die Reichweite Sozialer Arbeit, die immer auch auf politische Rahmenbedingungen angewiesen ist, um Erfolge zu erzielen.

Eva Marr und Nina Thieme analysieren und diskutieren in ihrem Beitrag ein inklusionsorientiertes schulisches Setting, also ein soziales Arrangement, über das soziale Kohäsion umfangreicher gefördert werden soll. Die beiden Autorinnen lenken ihren Blick dabei auf das Verhältnis der beteiligten Professionen zueinander und stellen die Frage, ob und wie multiprofessionelles Handeln, insbesondere zwischen Sozialer Arbeit und Sonderpädagogik, gelingt. Auf der Basis qualitativer Erhebungen werden zum einen altbekannte Herausforderungen multiprofessioneller Zusammenarbeit in Schulen deutlich. Indem die Autorinnen diese Befunde jedoch sorgsam und theoriegeleitet analysieren, gelingt es ihnen, bislang vorherrschende dichotome Deutungsmuster zu transzendieren. Sie können auf der Basis ihrer Befunde nachvollziehbar darstellen, dass es in der Zusammenarbeit von Professionen in diesem Setting weder um reine Kooperation noch um ausschließliche Konkurrenz geht. Vielmehr erscheint das Verhältnis von Sozialer Arbeit und Sonderpädagogik eine Gemengelage zu sein, die mit dem Begriff der „Koopkurrenz" angemessen zu Ausdruck gebracht wird.

Maike Wagenaar geht in ihrem Beitrag der Frage nach, ob und wie Soziale Arbeit ihre Aufgabe, zur sozialen Kohäsion beizutragen, gegenüber queeren Jugendlichen erfüllt. Dafür stellt die Autorin Forschungsbefunde vor, aus denen hervorgeht, dass sich in der zielgerichteten Arbeit mit queeren Jugendlichen Unterschiede zwischen städtischen und ländlichen Gebieten zeigen. Außerdem wird aufgezeigt, dass Formen von Jugendarbeit, die nicht spezifisch queere Jugendliche adressieren, sondern eher allgemein ausgerichtet sind, offenbar nur mangelhaft dazu in der Lage sind, auf Bedürfnisse und Anliegen von queeren Jugendlichen einzugehen bzw. dieses Thema überhaupt in den Blick zu nehmen und zu bearbeiten.

Internationaler Austausch zur Sozialen Arbeit

Im vierten Teil des Buches werden international vergleichende Perspektiven in das Blickfeld genommen – u.a. die Frage, ob im internationalen Vergleich Unterschiede im (Selbst-)Verständnis von Profession und Disziplin bestehen und was, bezogen auf die in den Beiträgen aufzeigten Problemfelder, voneinander gelernt werden kann, ist ein zentrales Erkenntnisziel.

Im Beitrag von Friedemann Bringt, Anna Fischlmayr, Brigitte Schletti, Christoph Stoik, Sabine Stövesand und Jan Zychlinski wird die Methode der Gemeinwesenarbeit als zentrales Element von Demokratiearbeit verstanden. Als Antwort der Sozialen Arbeit auf den politischen Rechtsruck unter der vergleichenden Perspektive aus Deutschland, Österreich und der Schweiz stellen die Autor*innen zunächst drei konkrete Beispiele von Gemeinwesenarbeit in Österreich, der Schweiz und Deutschland vor. Sie zeigen auf, dass Gemeinwesenarbeit in ihrer konzeptionellen

Breite verstanden werden muss und verdeutlichen, dass es einen transformativ-kritischen Ansatz braucht, um Demokratiearbeit erfolgreich zu gestalten.

Der zweite Beitrag in diesem Teil befasst sich mit einem konkreten Handlungsfeld der Sozialen Arbeit – der Schutzarbeit im Bereich Gewalt gegen Frauen. Gaby Lenz, Hannah Wachter, Lea Hollenstein, Regina-Maria Dackweiler und Reinhild Schäfer nehmen die Istanbul-Konvention als Ausgangspunkt und zeigen auf, welche gesellschaftlichen Herausforderungen sich im Kampf gegen Gewalt in Partnerschaften stellen. Am Beispiel der Schweiz werden dabei aber auch die strukturellen Errungenschaften verdeutlicht, um abschließend die Herausforderung der Arbeit mit der speziellen Zielgruppe der älteren Frauen im ländlichen Raum aufzuzeigen.

Der dritte Beitrag in diesem Teil des Buches betrachtet ebenfalls ein Handlungsfeld der Sozialen Arbeit aus einer internationalen Perspektive. Ergebnisse eines ländervergleichenden Forschungsprojekts zwischen Kroatien und der Schweiz im Bereich der Obdachlosenhilfe werden von Gosalya Iyadurai, Esther Mühlethaler und Matthias Drilling vorgestellt. Die Autor*innen zeigen dabei auf, dass Obdachlosenhilfe Problem und Lösung zugleich sein kann, weil strukturell angelegt ist, dass in der Arbeit neben Inklusionsprozessen auch Exklusionsprozesse angestoßen werden. Die spezielle Aufgabe von inklusiver Sozialer Arbeit, die Wohnen als Menschenrecht versucht umzusetzen, wird resümierend dargestellt.

Im vierten Beitrag dieses Teils werden ebenfalls Ergebnisse eines empirischen Forschungsprojektes als Basis für die weiteren Ausführungen genommen. Martin Stummbaum, Kirsten Rusert, Regina Völk, Jutta Harrer-Amersdorffer sowie Wolfgang Krell stellen Ergebnisse eines nationalstaatliche Grenzen überschreitenden Modellprojekts vor und verorten sozialpädagogische Inklusions- und Bildungsförderung von langzeitarbeitslosen jungen Menschen in einem transnationalen europäischen Setting in Deutschland, Finnland und Frankreich. Dabei ist ihnen wichtig, dass trotz Widerständen aus der Praxis der Sozialen Arbeit, solch ein Modellprojekt als ein gelungenes Beispiel für eine transnationale europäische Soziale Arbeit begriffen werden kann.

Im letzten Beitrag dieses Teils wird diese forschungsbezogene Perspektive programmatisch aufgegriffen. Durch Manuela Brandstetter, Julia Hille, Samuel Keller und Ursula Unterkofler wird die Notwendigkeit von Trans- und Interdisziplinarität als kohäsive Forschungsstrategie künftiger Forschung im Bereich der Sozialen Arbeit hergeleitet. Dabei argumentieren die Autor*innen, dass in Transdisziplinarität große Chancen für eine relativ junge Wissenschaft der Sozialen Arbeit im Bereich der Forschungsförderung stecken, weil zum einen der Gedanke der Inter- und Transdisziplinariät im Bereich der Wissenschaft Soziale Arbeit ohnehin angelegt ist und zum anderen weil die großen Zukunftsthemen notwendigerweise jenseits disziplinärer und nationalstaatlicher Grenzen bearbeitet werden müssen.

Insgesamt verdeutlichen die Beiträge in diesem vierten Teil des vorliegenden Buches, dass gesellschaftliche Kohäsionsprozesse – sowohl als Herausforderung für die Soziale Arbeit als auch in der versuchten Herstellung durch Soziale Arbeit – nicht vor nationalstaatlichen Grenzen haltmachen. Soziale Arbeit in Praxis und Wissenschaft muss diesen Problematiken in inter- oder transdiziplinärer Weise begegnen und kann so auch in ihrer Professions- und Disziplinentwicklung Grenzen überwinden.

Kohäsion im Kontext von Professionalisierung und Disziplinentwicklung

Dass europäische Gesellschaften in den letzten Jahrzehnten grundlegende Wandlungsprozesse durchgemacht haben und dass diese massive Auswirkungen auf das Streben nach sozialer Kohäsion haben, wurde in den vorangegangenen Teilen des Buches hergeleitet. Zu fragen ist aber auch, inwieweit soziale Kohäsion jenseits ihrer Auswirkungen auf Adressat*innen und Handlungsfelder der Sozialen Arbeit für die Profession und Disziplin selbst, also auch als ein theoretischer Bezugsrahmen, stimmig ist. Der Versuch soziale Kohäsion *auch* durch Soziale Arbeit (*wieder*)herzustellen, kann dabei als Reaktion auf das Nichtvorhandensein sozialer Kohäsion in der Gesellschaft bzw. dem regionalen oder lokalen Gemeinwesen verstanden werden. Mit dieser Zielsetzung wird jedoch unausgesprochen vorausgesetzt, dass es gewissermaßen einen Normalzustand gibt, der durch ein zu bestimmendes Maß an sozialer Kohäsion gekennzeichnet ist. Mit sozialer Kohäsion als Voraussetzung, diesen gesellschaftlichen „Zustand" erreichen zu können, ist aber eine normative Zielsetzung beschrieben, die es näher zu betrachten gilt. Soziale Arbeit ist die Profession, die aufgrund ihrer genuinen handlungswissenschaftlichen Perspektive diese Schnittstelle nicht nur theoretisch zu denken, sondern auch praktisch zu füllen vermag. Die Beiträge im fünften Teil des Buches thematisieren auf Aspekte von Kohäsion und Spaltung im Kontext von Disziplin und Profession.

Den Anfang bilden Roland Becker-Lenz, Rita Braches-Chyrek und Peter Pantuček-Eisenbacher mit Aspekten der Professionalisierung Sozialer Arbeit, indem sie die Historie der Akademisierung Sozialer Arbeit in der Schweiz, Deutschland und Österreich vergleichend darstellen. Die länderspezifischen Besonderheiten der Entwicklung der Ausbildung Sozialer Arbeit vom Ehrenamt über den Beruf zur Profession, sowie der aktuelle Stand der Akademisierung und Situation in der Praxis verweisen auf ein Spannungsfeld innerhalb der Profession, „es kann zu einer Hierarchisierung von beruflichen Tätigkeiten in der Praxis kommen" und Kohäsion innerhalb der Profession gefährden. Themen wie Zugangsvoraussetzungen für das Hochschulstudium, Gleichstellung von Hochschulabschlüssen, Promotionsrecht und zugleich der breite Zugang und die Öffnung sozialer Berufe für

Quereinsteiger*innen, „befeuern die Diskussion über eine Deprofessionalisierung sozialer Tätigkeiten".

Aspekte von Spaltung und Kohäsion im Verhältnis von Praxis und empirischer Wissenschaft Sozialer Arbeit im Feld der Fremdplatzierung von Kindern und Jugendlichen in der Schweiz nehmen Stefan Eberitzsch und Samuel Keller in den Fokus. In ihrem Beitrag erläutern und diskutieren die Autoren die Herausforderungen einer kooperativen dialogischen Kooperation von Praxis und Wissenschaft mit „Blick auf die Nichtberücksichtigung von vorhandenem Wissen in der Praxis". Sie geben Einblick in die kooperative dialogische Wissensentwicklung der „Wissenslandschaft Fremdplatzierung", eine Internetseite, welche als ein „lebendiges Handbuch" Orientierung und Begleitung in der Fremdplatzierung bietet und insbesondere zur Reflexion anregt. Die Autoren verdeutlichen Notwendigkeit und Potenzial des Trialogs von Wissenschaft, Praxis und Adressat*innen hinsichtlich einer nachhaltigen kohäsiven Wissensgenese und plädieren für etablierte kooperative Strukturen der Kooperation von Praxis und Hochschulen.

Elke Schimpf und Alexandra Roth geben Einblick in ein Forschungsprojekt zu ko-produktiven Gender-Wissensproduktion von Praxis und Hochschule. Sie fokussieren auf die Entwicklung einer intraprofessionellen Perspektiven im Rahmen von begleitenden Praxisphasen, „um differente Wissensformen und Wissensbestände miteinander in Verhandlung zu bringen". Deutlich ist das Spannungsfeld von wissenschaftlichem Wissen und Erfahrungswissen aus und in der Praxis und die daraus entstehenden Unsicherheiten. Geschlecht als ein zentraler Wirkfaktor hinsichtlich sozialer Ungleichheit wird somit eine Analyse- und Reflexionskategorie und ermöglicht Bedeutung von Kohäsion und Spaltung hinsichtlich des Fachdiskurses offenzulegen und zu thematisieren. Die Autorinnen plädieren für „wechselseitige Irritations- und Verunsicherungsprozesse" im Rahmen von ko-produktiven Forschungsprozessen und dafür, deren Potenzial der „wechselseitigen Bezugnahme und Orientierung" im Sinne von Kohäsion wahrzunehmen.

Werner Schönig thematisiert in seinem Beitrag, ausgehend von einer wachsenden sozialökonomischen Spaltung von Lebenslagen, die Facetten von Widerspruch als wesentliches Element Sozialer Arbeit, die „in ihrem Bemühen, unterschiedlichen Mandaten zu genügen", selbst widersprüchlich ist. Entlang von Beispielen des „habituellen Widerspruchsreflex" Sozialer Arbeit wird Soziale Arbeit als eine Profession dargestellt, welche sich „als breites Feld heterodoxer, sich widersprechender Positionen präsentiert". Entlang eines Prozessmodells zeigt der Autor den Verlauf von Prozessen der Sozialen Arbeit und deren zentrale Verläufe auf und verbindet Prozess und Widerspruch, um Potenzial und Dynamiken Sozialer Arbeit aufzuzeigen.

Das allgegenwärtige Thema der Digitalisierung wird von Stefanie Neumaier und Juliane Beate Sagebiel in den Blick genommen. Ihre disziplinäre Perspektive wird dadurch deutlich, dass sie zwei ausgewählte Theorien Sozialer Arbeit dahingehend analysieren, ob und wie diese Theorien in der Lage sind, Transformationsprozesse, die durch die Digitalisierung entstehen, in den Blick zu nehmen. Sie verdeutlichen am Beispiel der Handlungstheorie von Silvia Staub-Bernasconi sowie der Bewältigungstheorie von Lothar Böhnisch, entlang welcher Kategorien die jeweiligen Theorien das Thema in den Blick nehmen können. Die Autorinnen schließen ihre Reflexionen mit dem Fazit, dass die Soziale Arbeit mit ihren theoretischen Bezugspunkten (auch durchaus von anderen Theoretiker*innen) gut aufgestellt ist, um Dynamiken sowie Folgen der Digitalisierung (z.B. soziale Probleme und neue Bedarfslagen) in den Blick zu nehmen, und es daher keiner weiteren Theorieentwicklung explizit zum Thema der Digitalisierung bedarf. Dies bedeutet jedoch wiederum nicht, dass die Angebotslandschaft Sozialer Arbeit bereits vollständig auf diese neuen Entwicklungen ausgerichtet ist.

Soziale Arbeit und Gesellschaft während und nach der Covid-19-Pandemie

In den Jahren 2020 und 2021 sind während der Covid-19-Pandemie wie unter einem Brennglas Ab- und Ausgrenzungsprozesse von hintergründigen Strömungen in den Vordergrund getreten: Ganz selbstverständlich wurde in der Pandemie von Reisebeschränkungen, Grenzschließungen, einer nationalen Impfstoffstrategie oder von einer Nationalisierung der Produktion lebenswichtiger Güter gesprochen. Diese Renationalisierung in den Diskursen hat viele überrascht. Und auch wenn in Deutschland schon seit Jahrzehnten stabile rechtsextreme Positionierungen beschreibbar sind und in den letzten Jahren diese Positionen erneut in die dominierende politische Kultur gerückt sind, so sind durch die Pandemie mit den Verschwörungsideologien der Querdenker*innenbewegung auch ganz neue Allianzen entstanden. Diese Re-Nationalisierung während der Pandemie betrifft Menschen aber sehr unterschiedlich, und sie sind dafür auch unterschiedlich empfänglich. Inklusion und Exklusion in ihrem strukturellen Charakter, weg von einer Individualisierung von Problemlagen, ist als Thema für die Soziale Arbeit durch die Pandemie wieder deutlich stärker erkennbar geworden.

Die Auswirkungen der Coronapandemie auf Kommunikation und Interaktion der Sozialarbeiter*innen in deren Praxis, sowohl mit Adressat*innen als auch auf kollegialer Ebene, haben die Autor*innen Laura Weber, Nadine Woitzik und Simon Fleißner in einem Forschungsprojekt untersucht. Die Ergebnisse belegen, dass der persönliche formelle sowie informelle Austausch mit Kolleg*innen im Team und anderen Fachkolleg*innen nicht ersetzt werden kann und Videokonferenzen wenig genutzt wurden. Die Pandemie führt dazu, dass „sich der Legitimationsdruck verstärkt hat und die Situation der Adressat*innen sich seit dem ersten Lockdown verschlechtert". Die direkte Interaktion mit Adressat*innen hat aus unterschiedlichen Gründen abgenommen, vielfach wurde diese nicht digital geführt, sondern fiel aus. Die Studie verweist auf die Notwendigkeit der Face-to-Face-Kommunikation, aber auch auf finanzielle Lücken und mangelnde digitale Kompetenzen der Fachkräfte.

Das Abschlusspodium der Tagung mit Maria Bitzan, Johanna Muckenhuber und Peter Sommerfeld moderierten Johanna Hefel und Christian Spatscheck. Der Beitrag thematisiert Auswirkungen der Pandemie auf soziale und gesellschaftliche Kohäsions- und Spaltungsphänomene in drei zentralen Bereichen: den Lebenslagen der Adressat*innen, der Arbeitssituation von Sozialarbeiter*innen sowie der Profession und Disziplin Sozialer Arbeit. Gravierende strukturelle Veränderungen befördern insbesondere soziale Ungleichheit, Retraditionalisierung von Geschlechterrollen, Individualisierung, Vereinsamung und Entsolidarisierung. Eine differenzierte Betrachtung der Auswirkungen der Pandemie auf die Lebenslagen „zeigt jedoch äußerst unterschiedlich verteilte Gefährdungen und damit gesellschaftliche Spaltungen". In der Praxis zeigt sich „das Bild einer Profession, die sich mit Engagement und Innovationsgeist den Herausforderungen, die die Covid-19-Pandemie mit sich bringt, stellt". Einschränkungen und Belastungen, insbesondere jene, die eigene Gesundheit zu schützen und die Versorgung und Begleitung von Adressat*innen weiterhin professionell zu gestalten, wirken äußerst belastend auf die Gesundheit von Sozialarbeiter*innen, die bereits vor der Pandemie viel leisten mussten. Die marginale Wahrnehmung Sozialer Arbeit als systemrelevante Profession verlangt nach einer berufspolitischen und gewerkschaftlichen Positionierung der Profession, insbesondere die Notwendigkeit von „öffentlichen Diskurse über das Soziale in Bezug auf die großen Nachhaltigkeitsfragen".

Ausblick

Die Beiträge in den sechs Teilen des Bandes haben gemeinsam, dass die beiden zentralen Begriffe Kohäsion und Spaltung mit einer normativen Setzung verbunden sind. Spaltungsprozessen gilt es zu begegnen und dadurch soll Kohäsion hergestellt werden. Dies ist aber nur dann ein anzustrebender Gedanke, wenn soziale Kohäsion nicht ausschließlich auf die jeweils gewählte oder gesellschaftlich konstruierte (Teil-)Gemeinschaft beschränkt ist. Denn Kohäsion kann ja auch z.B. nach ethnischen Kriterien homogene Gruppen mit privilegiertem Ressourcenzugang herstellen, die dann ein Höchstmaß an sozialem Zusammenhalt aufweisen; dies aber dann nur zulasten von anderen exkludierten Teilgruppen, die abgewertet werden. Das sind die Fallstricke, die Soziale Arbeit vermeiden muss und die in der Pandemie so offensichtlich zutage getreten sind. Vielmehr kann von gelungener oder erreichter sozialer Kohäsion nur dann gesprochen werden, wenn einzelne Gruppen, nach selbst- und fremdzugeschriebenen Kriterien, nebeneinanderstehen, aber selbstverständlich als gleichwertig von den anderen Gruppen angesehen werden. Für Soziale Arbeit liegt hierin ein Handlungsauftrag. Nämlich Menschen zu befähigen, diesen Perspektivwechsel zu leisten und nicht andere abzuwerten, wenn sie nicht der eigenen Gruppe zugehören oder wenn sie sich der zugeschriebenen Gruppenzugehörigkeit widersetzen. Es geht aber bei der zukünftigen Rolle der Sozialen Arbeit auch darum, die Menschen ebenfalls zu befähigen, selbst soziale Kohäsionskriterien zu erarbeiten und zu reflektieren – und zwar nicht nur für die ihnen wichtige Gemeinschaft, sondern eben auch für die Gesellschaft insgesamt. Hilfe ist in diesem Sinne nur dann gut, wenn sie nicht dazu beiträgt oder extra dafür konzipiert ist, andere Menschen als nicht zugehörig aus einer konstruierten Gemeinschaft auszuschließen. Diese Doppelperspektive ist wichtig und kann dafür sorgen, das Verbindende zwischen den vielfältigen Teilgruppen nicht aus dem Blick zu verlieren. Und das ist die Herausforderung, die sich angesichts der derzeitigen Stärke rechtpopulistischer Diskurse stellt. Hinsichtlich der Transformationsdynamiken moderner Gesellschaften, die auch Anforderung der Veränderung an Individuen stellen, erweisen sich rechtspopulistische Argumentationen als vermeintlich attraktiv. Sie suggerieren, dass insbesondere kulturelle Veränderungen in ihrer Dynamik gebremst werden könnten, um Ängste aufzufangen. Liberale demokratische Politik nimmt hingegen den*die Einzelne*n in die Verantwortung. Das ist ungleich anspruchsvoller für Individuen und Institutionen, weil soziale Kohäsion, weil Gemeinschaft nicht an dem Bekannten, dem Etablierten, dem Altbewährten festgemacht wird, sondern sich neue Kategorien bilden müssen. Und der Schlüssel zu diesem Prozess ist Hilfe im Kleinen und Alltäglichen, im Nahraum, direkt beim einzelnen Menschen und in je individuellen Vergemeinschaftungsformen – Hilfe, die konstruierte Grenzen infrage stellt und dabei unterstützt, diese Grenzen zu überwinden. Und hier kann Soziale Arbeit ansetzen. Gelingt dieser Schritt, dann sind wir ein ganzes Stück weiter auf dem Weg, soziale Kohäsion als ein zentrales Element der normativen Zielsetzung Sozialer Arbeit nicht nur theoretisch zu postulieren, sondern auch den Schritt zur Handlungsebene zu gehen. Die Befähigung von Menschen zur Reflexion von sozialen Gruppenzugehörigkeiten und deren Status zueinander und zugleich die Anerkennung dieser Menschen, dass sie Teil einer Gruppe mit ihren Anforderungen und Rechten sind, sind zwei zentrale Elemente ohne die soziale Kohäsion in der Sozialen Arbeit nicht denkbar ist.

Teil I: Grundlegende Perspektiven auf Kohäsionsprozesse in Europa

Europäische Gesellschaft(en) zwischen Kohäsion und Spaltung. Megatrends und Bruchlinien

Anton Pelinka

> "[...] die Zukunft ist anders: anders als die Vergangenheit, welche die Reaktionäre nachbilden; anders als die Gegenwart, an die das Establishment sich klammert; anders als die Voraussagen, die sich selten erfüllen; anders als alle wohldurchdachten Pläne; vor allem ist die Zukunft anders als unsere Zukunftsvorstellungen."
> (De Weck 2020: 231)

> "There is no particular reason to be optimistic about democracy at this point [...] As Martin Luther King Jr. taught, optimism is not the same as hope. The former is about probabilities; the latter is about finding paths forward [...] The paths are there."
> (Müller 2021: 184f.)

Der Ausbruch der Covid-19-Pandemie ist ein Einschnitt in die gesellschaftliche Entwicklung – in Europa und in der Welt. Ausmaß und Dauer der Pandemie und ihrer gesellschaftlichen Folgen sind auch mehr als zwei Jahre nach Beginn der Pandemie nicht abschätzbar. Niemand weiß, wie lange die Pandemie die Lebenserwartungen und die Lebensverhältnisse der Menschen entscheidend beeinflussen wird; und deshalb ist auch nicht absehbar, wie die gesellschaftliche Entwicklung nach einem Ende der Pandemie verlaufen wird.

Die folgenden Ausführungen gehen von einem plausiblen, aber keineswegs gesicherten Szenario aus: Die Pandemie und ihre vielfältigen Auswirkungen werden 2022 sich dem Ende zuneigen – aber nicht davor. Die gesellschaftlichen Trends, die in Europa bis Ende 2019 zu beobachten waren, werden sich fortsetzen – nicht linear, aber ohne signifikante Veränderungen. Die Pandemie wird langfristige Folgen haben, aber sie wird die gesellschaftlichen Entwicklungslinien nicht grundsätzlich verändern.

1 Megatrends, Cleavages, Integration, Balance

Die Überlegungen, die diesem realistisch-optimistischen Szenario unterliegen, nutzen einige zentrale Grundbegriffe sozialwissenschaftlicher Forschung:

Megatrends: Damit werden Entwicklungen beschrieben, die sich langfristig und vor allem auch unabhängig von systemimmanenten politischen Veränderungen (wie Wahlergebnissen und Regierungswechsel) beobachten lassen. Megatrends sind nur in engen Grenzen politisch steuerbar. Sie können durch politische Maßnahmen verlangsamt oder beschleunigt werden, aber weder sind sie politisch erzeugt noch durch politische Entscheidungen aufzuhalten – durch keinen französischen Präsidenten, durch keine deutsche Kanzlerin.

Cleavages: Wie von Lipset (1981), Rokkan (2000) und anderen beobachtet, beschrieben und analysiert, sind Gesellschaften von mehr oder weniger deutlich hervortretenden Bruchlinien durchzogen. Diese erzeugen Spannungen, die zu politischen Konflikten führen. Aber weder ist die Intensität noch ist der zeitliche Verlauf dieser Konflikte prognostizierbar. Sie sind sowohl ein gesellschaftliches Warnsignal als auch ein Indikator, der die Balance zwischen Kohäsion und Spannungen anzeigt. Diese Bruchlinien sind gesellschaftliche Frühwarnsysteme. Sie zeigen Gefahren auf – wie den populistischen Neonationalismus; aber auch Chancen – wie die Zunahme vertikaler gesellschaftlicher Mobilität.

Integration und Segregation kennzeichnen das Ausmaß an Einebnung oder Vertiefung von Cleavages. Sie betreffen die Intensität wechselseitiger Ausgrenzungen oder Eingrenzungen im Verhältnis autonomer Subgesellschaften zueinander. Integration ist damit auch Abbau von Ungleichheit – Segregation ist deren Verfestigung. Kohäsion ist die Folge von Integration, Spaltung die von Segregation. Integration ist die Aufhebung, Segregation die Verfestigung gesellschaftlicher Gettos. Staatliche und kulturell manifeste Ein- und Ausgrenzungen signalisieren das Ausmaß von Integration und Segregation.

Balance: Gesellschaftliche Systeme sind vor allem an ihrem Überleben interessiert – am Fortbestand ihrer politischen und ökonomischen und kulturellen Dimensionen. Die Sicherung der Stabilisierung eines Systems ist die erste Funktion der Politik. Diese muss, um ihre primäre Funktion erfüllen zu können, ein Gleichgewicht aus Bewahrung und Veränderung herstellen. Es braucht eine Ausgewogenheit aus Sicherheit und Innovation. Eine innovationsunfähige Gesellschaftsordnung ist auf Dauer ebenso wenig überlebensfähig wie eine, die zu keiner Stabilität führt. An ihrer Unfähigkeit, eine solche Balance herzustellen, sind die totalitären Systeme des 20. Jahrhunderts gescheitert – freilich auf höchst unterschiedliche Art: Der Nationalsozialismus in seiner immanenten Neigung zur Massenvernichtung, die schließlich zur Selbstzerstörung geführt hat; der Marxismus-Leninismus, der ohne das Repressionssystem einer Diktatur zur Innovation nicht fähig war.

Kohäsion bedeutet Konvergenz, im Sinne des Abbaus sozialer Ungleichheit, – also die partielle Überwindung von Spaltung und damit der Zunahme von sozialer, d.h. auch politischer, ökonomischer und kultureller Gleichheit. Die europäische Integration, deren Ergebnis der unvollendete Bundesstaat namens Europäische Union ist, hat insgesamt zu mehr Kohäsion geführt – aber auch zu größerer Sichtbarkeit von Spaltung, die in Form von Ungleichheit Europa durchzieht. Konvergenz relativiert und reduziert Differenz – zwischen den geschlechts- oder generationsspezifischen, kulturell oder ethnisch oder sonst wie definierten Identitäten. Konvergenz ist ein Prozess, der mehr Gleichheit schafft.

2 Feminisierung, Globalisierung, Mobilität

Am Übergang vom 20. in das 21. Jahrhundert waren in Europa Megatrends zu beobachten, die sich – unter der Annahme des realistisch-optimistischen Szenarios – auch nach einem wahrscheinlichen Ende der Pandemie fortsetzen werden. Zu diesen Megatrends gehören:

Feminisierung: Diese besteht in der Relativierung der Rollen- und Funktionsunterschiede zwischen Frauen und Männern in der Gesellschaft. Die Feminisierung ist ein Megatrend, der Kohäsion fördert, weil er Ungleichheit verringert. Das, was noch im 19. und frühen 20. Jahrhundert als spezifisch „weiblich“ und als spezifisch „männlich“ gegolten hat – in Politik, Wirtschaft und Kultur –, hat im späten 20. und im 21. Jahrhundert einer ständig wachsenden Durchlässigkeit geschlechtsspezifischer Funktionen Platz gemacht. Unter Feminisierung ist nicht die Ablöse einer patriarchalischen Ordnung von Gesellschaft, Kultur und Politik durch eine matriarchalische zu verstehen, sondern der Abbau der genderspezifischen Funktion in der Gesellschaft allgemein. Zu beobachten ist das teilweise (weitgehende) Verschwinden der Rollenbilder, die entweder als „typisch männlich“ oder als „typisch weiblich“ gelten. Frauen sind Offizierinnen in Armeen, Männer sind in Kindergärten beruflich tätig und der Frauenanteil in den Parlamenten und Regierungen Europas ist innerhalb von zwei Generationen signifikant gestiegen. Frauen sind Verteidigungsministerinnen und eine Frau steht an der Spitze der Europäischen Zentralbank (Pelinka 2020: 28–42, 189–236).

Globalisierung, verstanden als Reduktion ökonomischer, politischer und kultureller Grenzen, hat sich in den letzten Jahrzehnten des 20. und in den beiden ersten Jahrzehnten des 21. Jahrhunderts beschleunigt. Globalisierung hat eine ökonomische Dimension – ausgedrückt im freien Welthandel, der koreanische Autos in Nordamerika ebenso zu Normalität macht wie die Dominanz eines indischen Stahlkonzerns in der europäischen Stahlindustrie. Globalisierung hat eine kulturelle Dimension – die Jugendkultur in Shanghai hat dieselben musikalischen Ausdrucksformen wie die Jugendkultur in Kapstadt. Globalisierung hat eine (freilich vergleichsweise unterentwickelte) politische Dimension. Entscheidungen der russischen Strafjustiz provozieren ebenso globale Spannungen wie Weichenstellungen der NATO, ihre Truppen in Polen zu stärken oder von Afghanistan abzuziehen.

Die Globalisierung widerspricht dem Konzept souveräner Nationalstaaten und schafft ein Mehr an Ungleichheit innerhalb der Staaten – durch eine zunehmende Ungleichheit zwischen Globalisierungsgewinnern und Globalisierungsverlieren. Andererseits bewirkt die Globalisierung aber ein Mehr an Gleichheit in weltweitem Sinn, etwa sichtbar in den weit überdurchschnittlichen ökonomischen Wachstumsraten Chinas und Indiens, im signifikanten Rückgang des Analphabetismus in Afrika und in einer weltweit wachsenden Lebenserwartung, bewirkt vor allem durch den Rückgang der Kindersterblichkeit.

Mobilität: Die rasant gewachsene weltweite Mobilität hat eine horizontale Dimension – Migration, verstanden als Ein- und Auswanderung in und von staatlich definierten Gesellschaften: Mobilität erschwert und verstört Kohäsion kurzfristig, fördert sie aber langfristig. Das gilt sowohl für die im Rahmen des Europäischen Binnenmarktes als Rechtsanspruch bestehende Niederlassungsfreiheit als auch in der Zuwanderung in diesen Binnenmarkt von außerhalb Europas. Migration ist die Folge von ungleichen Lebenschancen. Wenn aber die Integration von Migrant*innen möglich ist, dann kann die Spaltung durch Kohäsion abgebaut werden. Die US-Vizepräsidentin ist die Tochter einer indischen Zuwanderin und eines jamaikanischen Zuwanderers, in Österreich ist die Justizministerin die Tochter von Flüchtlingen aus Bosnien-Herzegowina. Mobilität hat aber in allen Teilen der Welt auch eine vertikale Dimension: Gesellschaftliche Spaltung wird durch die Durchlässigkeit zwischen den voneinander getrennten, also gespaltenen Subsystemen relativiert. Der Motor, der eine solche Durchlässigkeit fördert, ist Bildung: Bildung ermöglicht einen auf Meritokratie, auf individueller Leistung aufbauenden Zugang zu den Funktionseliten, die, dank der so erreichten vertikalen Mobilität, mehr und mehr Geburtseliten ersetzen. Vertikale Mobilität ist eine unmittelbare Folge von Modernisierungsprozessen.

3 Gesellschaftliche Bruchlinien

Die Sozialforschung (vor allem in ihren Bezügen zur Politik) geht davon aus, dass die gesellschaftlichen Bruchlinien wie tektonische Bruchlinien zu sehen sind: Sie zeigen an, wo ein potenzielles Beben auftreten kann; sie können aber nicht exakt aufzeigen, wann solche Beben ausbrechen – und auch nicht, welche Intensität sie haben werden. Lipset (1981), Rokkan (2000) und andere haben für die zweite Hälfte des 20. Jahrhunderts in Europa verschiedene Bruchlinien beobachtet. Diese waren und sind von unterschiedlicher Intensität und zeigen auch verschiedene Entwicklungsdynamiken – manche dieser „cleavages" nehmen an Intensität ab, manche hingegen nehmen zu.

Zu den Bruchlinien im Europa des 20. Jahrhunderts gehörte vor allem Klasse definiert im marxistischen Sinn: Die orthodoxe Vorstellung einer Dichotomie (Bourgeoisie und Proletariat), bestimmt von der Kontrolle über die Produktionsmittel, wird in dieser Form freilich als weitgehend überholt betrachtet. Andere Formen ökonomischer Ungleichheit haben aber – weiterhin – entscheidenden, ja wachsenden Einfluss, erkennbar in der Verteilung von Vermögen, gemessen auch im weltweiten und innerstaatlichen Vergleich in Form des Gini-Koeffizienten.

Eine zentrale Bruchlinie war und ist die zwischen ethnisch-nationalen Identitäten. Die durch Vertreibungen fast erreichte ethnische Harmonisierung der Nationalstaaten (z.B. Griechenland/Türkei nach dem Ersten, Polen und Tschechoslowakei nach dem Zweiten Weltkrieg) wird, beginnend in der zweiten Hälfte des 20. Jahrhunderts, durch Migration konterkariert. Die europäischen Gesellschaften sind innerhalb von zwei Generationen zunehmend multiethnischer („multikulturell") geworden als je zuvor. Dem steht freilich eine partielle Gettoisierung entgegen, wie sie etwa in den Pariser „Banlieues" erkennbar ist: de facto voneinander getrennte Wohnbezirke, in denen ethnisch-kulturelle Verschiedenheit sich der langfristig wirkenden Harmonisierung entgegenstellt.

Eine Spaltung war und ist die entlang religiöser Bruchlinien. Die über Jahrhunderte die Gesellschaften bestimmende mörderische Kluft zwischen den christlichen Konfessionen ist freilich weitgehend überwunden. Ausnahmen sind in Nordirland und im früheren Jugoslawien zu beobachten. Aber neue, religiös bestimmte Gegensätze wachsen – in Europa erkennbar vor allem in Form von Konflikten zwischen einer weitgehend säkularisierten, sich aber noch als christlich definierenden Mehrheit und einer nur ansatzweise säkularisierten muslimischen Minderheit.

Eine weitere Bruchlinie ist Region. Sezessionstendenzen, die sich historisch, religiös und/oder ethnisch-national rechtfertigen, haben zugenommen: Katalonien, Schottland, die Republika Srbska, Flandern/Wallonie, und Ost-Ukraine sind nur besonders auffallende Beispiele für solche Entwicklungen. Der Binnenmarkt der EU hat regionale Spannungen abgefedert (Beispiel: Südtirol), der britische Austritt aus dem Binnenmarkt lässt sie wieder aufleben (Nordirland). Der „Brexit" wurde als Protest gegen die Europäisierung verstanden. Aber eine nicht intendierte Konsequenz bedroht auch – sichtbar an der schottischen Unabhängigkeitsbewegung – die Existenz des Vereinigten Königreichs.

Der Megatrend Feminisierung ist Ausdruck des Spannungsfeldes Geschlecht. Der rechtlichen Gleichstellung (Wahlrecht, Familienrecht etc.) ist nur zögernd eine faktische gesellschaftliche Gleichheit gefolgt. Die Bilanz ist gemischt: Einerseits gibt es eine zunehmende Chancengleichheit auf dem Arbeitsmarkt und in der Politik, andererseits wachsende Konflikte – auch in Form einer „männlichen" (männerbündischen) Gegenbewegung, die sich gegen das angebliche Diktat „politischer Korrektheit" wendet. Der Widerstand gegen die „politische Korrektheit" ist das Produkt des Monoplanspruchs einer vorgegebenen, als quasi „natürlich" fingierten Korrektheit.

Generation: Die Funktionsteilung zwischen den Generationen, die sich immer mit anderen Bruchlinien überlagert hat (Beispiel: Klasse), ist durch die seit Jahrzehnten weltweit steigende Lebenserwartung besonders herausgefordert. Der Anteil der aus Altersgründen nicht mehr erwerbstätigen Menschen hat überall rasant zugenommen, und zugenommen haben damit die Belastungen der Jüngeren. Diese wiederum sehen sich als Opfer des ökologischen Raubbaues, den die Älteren zu verantworten haben.

4 Die Suche nach Identität

Benedict Anderson hat in seinem Buch über das Entstehen und die Funktionen des Nationalismus Nationen als „Imagined Communities" bezeichnet: Nationen sind nicht vorgegebene, quasi natürliche Phänomene. Sie sind historisch wandelbare kulturelle Gemeinschaften. Was Andersen für Nationen (oder auch Völker, Volksgruppen, Nationalitäten oder Ethnien) feststellt, gilt für Gemeinschaften schlechthin: Sie sind das Ergebnis der Wahrnehmung vorhandener Sachverhalte.

Die Funktion dieser Gemeinschaften – mögen sie auf Nation oder Religion, auf Geschlecht oder Generation oder Klasse bezogen sein – ist die Vermittlung von Identität. Gemeinschaften schaffen ein „Wir-Gefühl": Wir, die Frauen; wir, die Bauern; wir, die Jungen; wir, die Angehörigen des baskischen Volkes. Identität schließt ein – sie schließt aber auch aus. Identität erlaubt, uns zugehörig zu fühlen – mit der Konsequenz, dass anderen diese Zugehörigkeit verwehrt wird. Frauen sind nicht Männer, Junge sind nicht Alte, Bask*innen sind nicht Spanier*innen, Christ*innen sind nicht Muslim*innen, und das Abendland ist nicht das Morgenland. Zwischen „uns" und den „anderen" besteht ein Graben, eine Differenz, die aber – auch – konstruiert ist; eine Differenz, die im Laufe des Wandels der Geschichte abgebaut werden konnte – etwa bezogen auf die Folgen des Unterschieds zwischen einer katholischen und einer protestantischen Identität in Europa. Identität ist immer sowohl Einschluss als auch Ausschluss. Bevor wir zu wissen glauben, wer „wir" sind, wissen wir, wer „wir" nicht sind.

Differenzen zwischen verschiedenen Identitäten haben zumeist eine objektive Seite: Schottische Identität ist der Überbau über eine spezifische schottische Geschichte, die historisch anders verlaufen ist als die englische. Weibliche Identität kann sich auf eine biologische Differenz berufen, aber ebenso auf die funktionale Differenz zwischen dem, was als spezifisch „weiblich" und was als spezifisch „männlich" gilt – und diese zweite Differenz war und ist im Wandel begriffen. Jüdische Identität ist das Ergebnis religiöser Kontinuität – des Weiterbestandes der jüdischen Religion. Aber jüdische Identität ist auch Folge der Ausschlusswirkungen antijüdischer Tradition: Ohne Antisemitismus wäre jüdische Identität heute eine andere. Frankokanadische Identität wurzelt in der objektiv vorhandenen sprachlichen Differenz – und irische Identität auf dem Narrativ der realen Geschichte der Unterdrückung Irlands durch Großbritannien.

Historisch wandelbar und in Grenzen politisch steuerbar sind die Folgen dieser Differenzen. Nation ist in ihrer realen Bedeutung ebenso eine relative Größe wie Geschlecht, Religion, Sprache, Geografie und Geschichte. Identitäten können neu entstehen – wie die österreichische nationale Identität, die sich aus einer transnationalen, am Reich der Habsburger orientierten zu einer nationalen Differenzidentität, abgegrenzt gegenüber der 1938 noch weitgehend als selbstverständlich akzeptierten deutschen Identität Österreichs, entwickelt hat.

Identität ist immer selbstbestimmt, sie ist aber zugleich auch fremdbestimmt. Das belegt die Geschichte des Konzeptes von „Rasse" und dessen Folgen in Form des „Rassismus". Wir wissen heute, dass mit hoher Wahrscheinlichkeit die Menschheit sich in Ostafrika zu entwickeln begonnen hat – und dass allein deshalb biologische Differenzen das Resultat von Entwicklungsschritten über hunderttausende von Jahren sind. Wir wissen aber auch, dass erkennbare Differenzen etwa der Hautfarbe oder des Körperbaues relativ sind – wie das Verschwinden der erkennbaren Differenz von „schwarz" und „weiß" in den meisten Regionen Mexikos und Mittelamerikas zeigt, ein Verschwinden, das die Konsequenz von Verbindungen zwischen „schwarz" und „weiß" war. Das zeigt sich auch an der faktischen Unmöglichkeit, Personen wie Barack Obama oder Kamala Harris in einer vom Rassismus geprägten Schwarz-Weiß-Dichotomie „rassisch" zu verorten.

Dass die europäische Gesellschaft, die europäischen Gesellschaften nicht national oder ethnisch oder kulturell homogen sind, zeigt sich im Sport, wenn in den

Nationalteams der unterschiedlichen Länder Menschen unterschiedlicher Hautfarbe in nationalen Wettbewerben auf beiden Seiten zu sehen sind. Deutschland ist ebenso wenig homogen „weiß" wie Frankreich, und Muslime sind in Schlüsselpositionen britischer Politik gewählt.

5 Die Lust an Differenz

Bruchlinien haben objektive Gründe, z.B. signifikante Unterschiede in den Lebenswelten ökonomischer und kultureller Art. Bruchlinien haben aber auch subjektiv bedingte Konsequenzen, z.B. in Form der Wahrnehmung objektiv vorhandener Differenzen als „naturgegeben", als unveränderbar. Zu beobachten ist, dass manche der traditionellen Bruchlinien sowohl in ihrer objektiven als auch in ihrer subjektiven Dimension rückläufig sind. Dazu zählen Klasse und Religion – jedenfalls bezogen auf den Gegensatz zwischen christlichen Religionsgemeinschaften in Europa. Diese Bruchlinien sind in Europa keineswegs verschwunden, sie sind aber – bezogen auf ihre Intensität und Sprengkraft – im 20. Jahrhundert verblasst und überlagert von anderen Konflikten. Auch ethnisch-nationale Gegensätze innereuropäischer Natur haben an Definitionsmacht eingebüßt.

An Bedeutung gewonnen haben hingegen die Spannungen zwischen den Geschlechtern und den Generationen – und zwar nicht trotz, sondern wegen der Megatrends der Feminisierung und der generationenübergreifenden Mobilität. Die traditionellen nationalen Konflikte sind zurückgetreten gegenüber der Bruchlinie „national" vs. „transnational" – erkennbar im Widerspruch zwischen der (umstrittenen, umkämpften) Tendenz einer Vertiefung (Ermächtigung) der Europäischen Union und einer fehlenden gesamteuropäischen Zuwanderungspolitik.

Das „Othering", bezogen auf traditionelle Konflikte, ist zum Teil ersetzt durch das „Othering" entlang neuer und sich verstärkender Konflikte. In der Schweiz haben die Gegensätze zwischen „protestantisch" und „katholisch" an Intensität eingebüßt – Gegensätze, die im 19. Jahrhundert noch zu Bürgerkriegen geführt haben. Die Gegensätze zwischen einer die religiösen Konflikte überlagernden nationalen Identität derer, die sich als „wahre Schweizer" verstehenden, und denen, die zugewandert sind, haben sich hingegen verstärkt. Ausdruck dessen ist, dass die Schweizer Volkspartei – anders als zwei der drei traditionellen Parteien – nicht auf eine entweder „katholische" oder eine „protestantische" Geschichte zurückzuführen ist: Die Volkspartei verbindet beide konfessionellen Traditionen gegen die „Anderen", die selbst oder deren Vorfahren als „Fremde" in die Schweiz gekommen sind.

Im deutsch-französischen Verhältnis hat die jeweils andere Nation den Charakter des „defining other" weitgehend eingebüßt – „der" Franzose ist für Deutsche nicht mehr, wie noch in Karl Mays Romanen, der Feind schlechthin; ebenso wenig ist „der“ Deutsche für Franzosen der Feind, wie ihn Jules Vernes gezeichnet hat. Im deutsch-französischen Verhältnis war und ist Kohäsion die Folge eines nach 1945 beginnenden Lernprozesses – auch in kausaler Verbindung mit den politischen und ökonomischen Logiken der europäischen Integration. Die französische und die deutsche Gesellschaft sind auf vielen Ebenen und Bereichen einander ähnlich geworden – besonders eindrucksvoll ausgedrückt in der Fraktionsgemeinschaft rechtspopulistischer Parteien (AfD, RN) im Europäischen Parlament. Es gibt eine Gemeinschaft der sich „national“ verstehenden deutschen und französischen Parteien. Das ist ermöglicht durch ein neu entstandenes, ethnisch-national und kulturell definiertes Feindbild – Zuwanderung und Islam. Die Europäisierung macht auch nicht vor den Gegnern eines vertieften Europas halt. Die als rechtsextrem eingestufte Bewegung der „Identitären“ betont keine national französische oder national deutsche Identität, sie geht von einer europäischen, einer christlichen und „weißen“ Identität aus.

Nord-Irland und Bosnien-Herzegowina sind Beispiele, die dem Trend der Überwindung von Spaltungen entlang traditioneller Bruchlinien widersprechen. In Nordirland ist die durch das „Karfreitagsabkommen“ von 1998 erreichte relative Befriedung der Region durch die Folgen des Brexits infrage gestellt: Jede der sich anbietenden Lösungen, bezogen auf die nun wieder explosive Grenze zwischen der Republik Irland und Nordirland, bedeutet eine erneuerte Vertiefung der Gegensätze. Diese sind in Nordirland deshalb so schwer in einer konstruktiven Weise zu kanalisieren, weil sich die Gegensätze religiöser und nationaler Art wechselseitig verstärken: Katholisch-irische Identität steht gegen protestantisch-britische.

Anders als in der Schweiz fehlt es in Nordirland am Überkreuzen der Gegensätze (an „cross-cutting cleavages“), wie dies am Beispiel der Schweiz beobachtet werden kann: Weil in der Eidgenossenschaft sprachliche und religiöse Gegensätze einander überkreuzen, werden diese Gegensätze nicht verstärkt, sondern relativiert: Konfessionelle Identität ist nicht selbstverständlich gleichzusetzen mit sprachlicher Identität.

Das Fehlen von „cross-cutting cleavages“, die Arend Lijphart als eines der Gründe für die Kohäsion der Schweiz anführt, lässt sich auch in Bosnien-Herzegowina beobachten: Weil nationale und religiöse Identitäten de facto deckungsgleich sind, ist der in Dayton 1995 erreichte Friede (negativ definiert als Abwesenheit von Krieg) nicht von der politisch-staatlichen auf die gesellschaftliche Ebene übertragen worden. Die gesellschaftlichen Spaltungen entlang der parallel verlaufenden und deshalb einander bestärkenden nationalen und religiösen Bruchlinien verhindern nicht nur die staatliche Stabilisierung Bosnien-Herzegowinas, sie gefährden auch den in Dayton erreichten Frieden.

Die von Sigmund Freud (Freud 1921) beschriebene Lust an der Differenz, am Anderssein, kann eingedämmt werden: durch politische Vereinbarungen, die eine Teilung der politischen Macht zwischen allen Identitäten, bzw. diese vertretenden Parteien betreffen: Im Sinne Lijpharts war die Schweiz nach 1848 ein Modellfall für eine solche „Konkordanzdemokratie“, aber auch Österreich nach 1945 sowie Belgien sind, im Zusammenhang mit der radikalen Föderalisierung des Landes, Beispiele eines solchen Versuchs: Durch politische Vereinbarungen sollen gesellschaftliche Spaltungen überwunden werden.

6 Die Dialektik der Megatrends

Die vorhin vorgestellten Megatrends – Feminisierung, Globalisierung, Mobilität – zeigen widersprüchliche Ergebnisse. Sie stärken in erheblichem Umfang die Kohäsion der Gesellschaften – und gleichzeitig provozieren sie neue Spaltungen.

Für den *Megatrend Feminisierung* lässt sich ein relativ klares Bild eines Vorranges der Spannung zwischen Kohäsion und Spaltung zeichnen: Das Mehr an Kohäsion, das die Feminisierung der Gesellschaften hervorruft, hat ein erkennbar größeres Gewicht als das Mehr an Spaltungen. Feminisierung bedeutet weniger Ungleichheit in den Lebenswelten und mehr Lebenschancen der Geschlechter.

Dafür gibt es eine ökonomische Erklärung: Die Marktwirtschaft zieht in unersättlicher Intensität seit mehr als einem Jahrhundert immer mehr Frauen auf den Arbeitsmarkt. Und das schließt auch mit ein, dass nach dieser Logik immer mehr Bedarf nach qualifizierten Frauen entsteht. Die Folge ist, dass die Institutionen höherer Bildung in den letzten Jahrzehnten von einem steigenden Frauenanteil gekennzeichnet sind. Das hat – wenn auch mit Verzögerung – Auswirkungen auf eine allmähliche Feminisierung der wirtschaftlichen Spitzenpositionen in Form der Durchbrechung der „gläsernen Decke“.

Dafür gibt es aber mehr noch eine politische Erklärung: Politische Parteien sehen sich gezwungen, aus Eigeninteresse – aus ihrem Interesse am Wahlsieg – immer mehr Frauen in den Vordergrund zu stellen. Es ist das veränderte Wahlverhalten von Frauen, das das Durchbrechen der „gläsernen Decke“ in der Politik geradezu erzwingt. Die Folgen sind Frauen an der Spitze von Regierungen, Frauen als Verteidigungsministerinnen, ein ständig steigender Frauenanteil in den Parlamenten. Und auch in den Führungsetagen der Europäischen Union sorgt die Feminisierung für mehr Gleichheit – und damit für mehr Kohäsion.

Gegenüber diesen Folgen der Feminisierung sind gegenläufigen Tendenzen fast zu vernachlässigen: Protestbewegungen gegen die vermeintliche Bevorzugung von Frauen – Bewegungen, die sich dem Phänomen des rechten Populismus zuordnen lassen – sind die Artikulation von Modernisierungsverlierern, die noch nicht zur Kenntnis genommen haben, dass sie ihre Privilegien von gestern auf Dauer nicht erfolgreich verteidigen können.

Die Ambivalenz zwischen Kohäsion und Spaltung ist beim *Megatrend Globalisierung* viel ausgeprägter als beim Megatrend Feminisierung. Denn die Gewinner der Globalisierung sind die Privilegierten in den reichen Gesellschaften, die von einer globalen Beweglichkeit der Faktoren Arbeit und Kapital profitieren; aber auch die Privilegierten in den armen Gesellschaften – deren relative Privilegien ausgedrückt im rasanten Wachstum der Volkswirtschaften Chinas und Indiens sind, aber auch ausgedrückt in den verbesserten Lebensperspektiven der Jüngeren und der besser Gebildeten. Es sind die relativ Privilegierten in jenen Ländern, die ehemals als „Dritte Welt" bezeichnet wurden, die ebenfalls durch die Globalisierung gewinnen.

Die Ambivalenz, die mit dem Megatrend Globalisierung verbunden ist, ist eng mit dem *Megatrend Mobilität* verbunden. Mobilität bedeutet auch und vor allem Bildung – Bildung als Motor vertikaler und horizontaler Mobilität. Dass weltweit der Analphabetismus dramatisch zurückgegangen ist, dass weltweit auch der Anteil der Menschen mit höherer Bildung ständig steigt, stärkt die Kohäsion der Gesellschaften: Bildung zersetzt die durch die Zufälligkeit der Geburt vorgegebenen Spaltungen; Bildung schafft mehr Chancengleichheit. Und Bildung ist eine zentrale Ursache und gleichzeitig eine der auffallenden Begleiterscheinungen der Mobilität: Es ist die zunehmende Fähigkeit junger Menschen in Äthiopien oder in Indonesien, sich der „lingua franca" der Weltwirtschaft – der englischen Sprache – bedienen zu können, die zu mehr globaler Chancengleichheit führt. Aber ebenso wird damit auch eine Vertiefung der Spaltungen erkennbar – zwischen denen, die vertikale Mobilitätschancen zu nutzen verstehen, und denen, die zurückbleiben.

7 Die Dialektik der Pandemie

Die große Unbekannte jeder Analyse der Gegenwart ist die nicht vorhersehbare Dauer der Pandemie. Bekannt sind freilich gesellschaftliche Auswirkungen der Pandemie, Folgen, die – nach zwei Jahren der Dauer – schon zu beobachten sind. Die Pandemie stärkt vorhandene Spaltungen und gleichzeitig auch Integration und damit Kohäsion. Die Pandemie ist eine Gleichmacherin und ebenso ist sie eine Ungleichmacherin. Sie deckt manche gesellschaftlichen Spaltungen zu – und sie vertieft andere:

Die Bruchlinie zwischen den Geschlechtern wird deutlicher, dem Megatrend Feminisierung zum Trotz. Die gesellschaftliche Rollenungleichheit tritt wieder stärker in Erscheinung: Home-Office und Home-Schooling bedeuten, angesichts des ja nicht überwundenen „Weiblichkeitswahns", generell mehr Belastung für Frauen als für Männer. Berufe, die überproportional von Frauen ausgeübt werden – persönliche Dienstleistungen, Gastronomie, Tourismus – sind stärker von Arbeitslosigkeit betroffen als die nach wie vor mehr von Männern ausgeübten Berufe in der Industrie und der Finanzwelt. Der gesellschaftliche „gender gap" tritt deutlicher hervor.

Auch die Bruchlinie zwischen „Zugewanderten" und den bereits seit mehreren Generationen in einem Land Wohnenden vertieft sich. Arbeitslosigkeit trifft überdurchschnittlich Migrantinnen und Migranten, und die Tendenz zur Abschottung von Familien und Milieus verstärkt die Segregation unterschiedlicher gesellschaftlicher Gruppen und erschwert damit die Integration der noch nicht ökonomisch, sozial, kulturell und politisch Integrierten.

Dass die Pandemie Bruchlinien vertieft, steht in einem deutlich erkennbaren Widerspruch zu den für alle erkennbaren objektiven Herausforderungen durch die Pandemie: Das Virus kennt keine staatlichen oder kulturellen oder sozialen Grenzen. Das Virus ist transnational. Es ist einsichtig, dass eine wirksame Bekämpfung der Pandemie eine Stärkung transnationaler, grenzüberschreitender Politik erfordert. Die quasi spontanen ersten Reaktionen auf die Pandemie bestanden aber in einer Betonung von Grenzen – und das trotz der Erfahrung, dass es die nationalen Gesundheitssysteme sind, die von Grenzschließungen besonders betroffen werden; dass mit Berufung auf das Virus der Kampf gegen das Virus erschwert wird; dass damit die Spaltung in Gesunde und Kranke, in Alte und Junge, in „Inländer" und „Ausländer" vertieft wird und der gesellschaftliche Zusammenhalt leidet.

Die Dissonanz zwischen einem objektiven, für alle erkennbaren Ungenügen der national und regional ein- und ausgrenzenden Antworten auf eine transnationale Gefährdung kann aber – nach dem Ende der Pandemie – zu einem Lernprozess führen: Spaltung und Ausgrenzung gefährden alle. Die Pandemie in den Gettos der Armen gefährdet das Leben auch derer, die außerhalb der Gettomauern leben. Die Pandemie hat zu einer „Lose-lose"-Situation geführt: Alle verlieren. Aber diese Erfahrung kann den Versuch provozieren, politisch eine „Win-win"-Situation zu konstruieren.

Am Beginn steht die Einsicht: Die Überwindung von Spaltung und Ausgrenzung nützt allen. Das Lernen aus der Pandemie kann – ähnlich wie das Lernen aus der Katastrophe des Zweiten Weltkrieges – zum Abbau von Grenzen durch grenzüberschreitende Integration führen. Der nicht abgeschlossene, aber weit fortgeschrittene Prozess der Einigung Europas ist das Ergebnis eines Lernprozesses. Ein integriertes Europa war und ist die Antithese zu den Katastrophen, die das Europa der nationalen Souveränitätsphantasien ausgelöst hat. Die Antithese zu den ersten Erfahrungen, die wir mit der Pandemie und den Spaltungseffekten der ersten Antworten auf die Pandemie machen, kann – sie muss freilich nicht – auf einer Analogie aufbauen: Integration ist der Weg und das Ziel; Integration – nicht als moralischer Aufruf, sondern als rationale Antwort, die eine nicht rationale Antwort verhindert.

Literatur

Cohen, Michael A./Zenko, Micah (2019): Clear & Present Safety. The World Has Never Been Better And Why that Matters To Americans. New Haven: Yale University Press.
De Weck, Roger (2020): Die Kraft der Demokratie. Eine Antwort auf die autoritären Reaktionäre. Berlin: Suhrkamp.
Freud, Sigmund (1921): Jenseits des Lustprinzips. Leipzig: Internationaler psychoanalytischer Verlag.
Harari, Yuval Noah (2016): Homo Deus. A Brief History of Tomorrow. London: Vintage.
Lijphart, Arend (1984): Democracies. Patterns of Majoritarian and Consensus Government in Twenty-One Countries. New Haven: Yale University Press.
Lipset, Seymour Martin (1981): Political Man. The Social Bases of Politics. Baltimore: The Johns Hopkins University Press.
Müller, Jan-Werner (2021): Democracy Rules. New York: Farrar, Straus and Giroux.
Pelinka, Anton (2020): Der politische Aufstieg der Frauen. Am Beispiel von Eleanor Roosevelt, Indira Gandhi und Margaret Thatcher. Wien: Böhlau.
Rokkan, Stein (2000): Staat, Nation und Demokratie in Europa. Die Theorie Stein Rokkans, aus seinen gesammelten Werken rekonstruiert und eingeleitet von Paul Flora. Frankfurt a.M.: Suhrkamp.

Soziale Arbeit als transnationales Projekt – über die Grenzen von Solidarität und Sozialpolitik

Stefan Köngeter

1 Einleitung

Die Coronakrise hat wie in einem Brennglas die Krisen des Sozialen in der Gegenwart hervorgehoben. Sie zeigt, dass diese Krisen sich nicht mehr umstandslos entlang historischer Differenzkategorien wie z.B. Klasse einsortieren lassen. Zudem verschärft sie zweifellos die soziale Ungleichheit, wie unten gezeigt wird, obschon es bereits vor dieser Pandemie sich verschiebende Bruchlinien (Pelinka, in diesem Band) und Vielfachkrisen (Demirović/Maihofer 2013) gab. Diese ließen auch das Mandat der Sozialen Arbeit unübersichtlich werden. Soziale Arbeit hat sich nach ihrem Selbstverständnis lange Zeit auf die durch die Soziale Frage aufgeworfenen sozioökonomischen Krisen fokussiert, die mit der industriekapitalistischen Ausbeutung der Arbeiter*innen einhergingen (Fontanellaz et al. 2018). Mit der Etablierung des nationalen Wohlfahrtsstaates, seinen Institutionen und den sozialen Professionen wurden die sozioökonomischen Bruchlinien innerhalb eines nationalen Containers durch Interventionen der Sozialen Arbeit und der Sozialpolitik eingehegt. Allerdings führte diese Einhegung zugleich zu einer neuen Bruchlinie: die Nation und ihre damit einhergehenden Grenzziehungen. Die Nation bzw. der Nationalstaat rahmt wie selbstverständlich ein, welche sozialen Probleme als Verpflichtung zum Handeln anerkannt und welche Personengruppen durch die Maßnahmen der Sozialen Arbeit adressiert werden.

Im Folgenden soll über diese Bruchlinie Nation in der Sozialen Arbeit sowie deren Transformation nachgedacht werden. Dies erfolgt, indem die Soziale Arbeit historisch-systematisch als dreifaches Projekt rekonstruiert wird: als solidarisches, als sozialpolitisches und schließlich als transnationales Projekt. Die ersten beiden Projekte sind eng miteinander verflochten und weisen eine implizite Orientierung an nationalen Differenzlinien auf. Dies erweist sich angesichts des Megatrends Globalisierung (Naisbitt 1982) zunehmend als problematisch. Dementsprechend wird der Vorschlag unterbreitet, dass die Soziale Arbeit die gemeinsame Grenze dieser beiden Projekte reflektiert und an die Idee der Sozialen Arbeit als transnationales Projekt anknüpft.

2 Soziale Arbeit im Zeichen der Coronapandemie – sich verschiebende Bruchlinien

Im Folgenden soll mit einigen Schlaglichtern die Krise des Sozialen beleuchtet werden, auf die uns die Coronapandemie in den letzten beiden Jahren aufmerksam gemacht hat. Diese drei Schlaglichter stehen für die drei zentralen Begriffe Solidarität, Sozialpolitik und Transnationalität, auf die im Weiteren systematisch eingegangen wird.

Zunächst einmal zum Thema Solidarität: Erinnern wir uns noch an den Beginn der Krise im März 2020? Zunächst war da die Ungläubigkeit und der Schock, dass sich aus der Ausbreitung eines neuartigen Virus in China tatsächlich eine globale Pandemie entwickelt hat. Aber zugleich stand am Anfang auch das Gefühl einer großen Solidarität untereinander. Weit verbreitet waren Initiativen innerhalb von Gemeinden, es wurden die Mitarbeitenden in den Gesundheitsberufen gefeiert und es wurde viel darüber gesprochen, dass die Krise ohne solidarisches Handeln, also ohne „die Bereitschaft, Opfer für das Wohlergehen der anderen Mitglieder einer Gruppe zu bringen" (Beckert et al. 2004: 9), nicht zu bewältigen wäre. Die gesellschaftliche Auseinandersetzung über Maskentragen, Impfpflicht etc. überlagert diese Solidaritätserfahrung mittlerweile.

Hinzu kommt, dass sich diese Solidaritätsbereitschaft der Bevölkerung damals nicht in gleicher Weise in den sozialpolitischen Maßnahmen spiegelte. Diese haben bestimmte gesellschaftliche Bereiche und Gruppen in höchst unterschiedlichem Umfang unterstützt. So hat die Schweiz im Jahr 2020 einen Großteil ihrer Unterstützungsleistungen auf die Kurzarbeitsentschädigung und den Covid-Erwerbsersatz, auf Gesundheitsmaßnahmen und die Wirtschaft ausgerichtet (Eidgenössische Finanzverwaltung 2021). Auch Sport und Kultur wurden enorm gestützt. Die Maßnahmen haben aber auch zu einer weiteren Spaltung der Gesellschaft beigetragen. Denn es ist vermutlich noch bezeichnender, wem nicht geholfen wurde: z.B. denjenigen Kindern und Jugendlichen, die im Bildungsbereich durch die Restriktionen weiterhin benachteiligt werden, denjenigen Personen, die in psychische Problemlagen rutschen, denjenigen Familien, in denen nach wie vor Frauen überwiegend die Sorgetätigkeiten übernehmen etc. Es ist gut dokumentiert, welche sozialen und psychischen Folgen die Einschränkungen für Jugendliche und junge Erwachsene haben (Andresen et al. 2020).

Mit dem letzten Schlaglicht soll außerdem auf die fortwährende Krise transnationaler und globaler sozialer Gerechtigkeit aufmerksam gemacht werden. Noch zu Anfang der Pandemie hat die WHO gefordert: Sobald ein Impfstoff gegen SARS-CoV-2 bereitsteht, müsste dieser allen auf der Welt gleichermaßen zur Verfügung gestellt werden. Die soziale Ungleichheit in globalem Maßstab dürfe nicht dazu führen, dass reiche Länder oder solche mit entsprechenden Pharmaunternehmen bevorteilt würden. Der Impfnationalismus grassiert(e) allerdings mindestens so ungehemmt wie die Delta-Variante des Coronavirus (Mayta et al. 2021).

3 Soziale Arbeit als Projekt jenseits des methodologischen Nationalismus

Solidarität, Sozialpolitik und Transnationalität thematisieren auch die Be- und Entgrenzungen Sozialer Arbeit, die im Folgenden als Projekt theoretisch-konzeptioniert verstanden wird. Was ist damit gemeint? Ich möchte mich hier auf eine theoretische Figur beziehen, die u.a. von Werner Thole verwendet wird und die ich in Anlehnung an den Soziologen Andrew Abbott (1995) interpretiere. Werner Thole (2012) skizziert die Soziale Arbeit als vielgestaltiges Feld, das in sich spannungsreiche, disziplinäre und professionelle Perspektiven vereint und immer wieder an den gesellschaftlichen Bedingungen und Aufgabenstellungen ausgerichtet werden muss. Als Projekt konstituiert sich Soziale Arbeit durch wissensgenerierende und handlungstransformierende Praktiken, in denen die eigene und gesellschaftliche Vergangenheit relationiert und so der Bogen zu utopischen, zukunftsorientierten Potenzialen gespannt wird. „In diesem Sinne ist Soziale Arbeit nicht nur ein ‚irgendwie unbestimmtes, flexibles und offenes' Projekt, sondern ein Zukunftsprojekt, das Wissenschaftler*innen herausfordert, Disziplin, Profession und Handlungspraxis Sozialer Arbeit immer weiter zu entwickeln" (Cloos et al. 2020: 3).

Abbotts historische Analysen der Sozialen Arbeit unterstützen diese Lesart der Sozialen Arbeit als Projekt. Er zeigt auf, dass wir eben nicht von einer unterstellten Einheit oder Identität der Sozialen Arbeit ausgehen können. Sie sei keine Profession, die gleichsam zwischen den Welten der klassischen Professionen agiere und all jene Fälle bearbeite, die durch das Raster der etablierten Professionen wie Medizin, Recht, Psychotherapie etc. fielen. Sie sei schließlich auch nicht (oder nicht nur) das Ergebnis von sogenannten *turf wars*, durch die manche Professionen eine Dominanz in einigen beruflichen Sektoren gewinnen konnten. Vielmehr, so Abbott, ruht Soziale Arbeit immer schon auf bereits bestehenden Feldern der Arbeit am Sozialen auf (wie z.B. die Sozialhilfe, die aus der organisierten Armenfürsorge des 19. Jahrhunderts hervorging), okkupiert diese und reklamiert ihre Zuständigkeit. Sie macht diesen Feldern ein wissenschaftlich fundiertes Reflexionsangebot, womit diese ihre Legitimität erhöhen können. Der Umstand, dass also Handlungsfelder und Organisationen bereits bestehen und sich Soziale Arbeit quasi parasitär an diese anheftet, ist nicht trivial. Denn diese Organisationen und Felder sind eben nicht Teil der Sozialen Arbeit als Profession, sondern immer nur Adressat*innen für die Profession. Letztlich geht diese Vorstellung also nicht mehr davon aus, dass es klare Grenzen der Sozialen Arbeit gäbe, sondern dass Soziale Arbeit als Projekt Grenzen immer wieder neu bearbeitet und bestimmte Elemente in ihren Diskurs einbezieht oder davon ausgrenzt. Getragen wird die Soziale Arbeit mit ihrem Reflexionsangebot in ihrer Geschichte immer wieder durch soziale Bewegungen, deren Anliegen sie als Profession und Disziplin aufgenommen hat (Lau 2019). Soziale Arbeit war insofern immer schon Projekt, eine Art Bewegungsprofession.

Die Soziale Arbeit als Bewegungsprofession war seit ihren Anfängen geprägt von intensiven transnationalen Übersetzungsprozessen. Auch wenn der Begriff „transnational" erst sehr viel später, nämlich seit den 1970er-Jahren in den Politikwissenschaften, der Anthropologie und schließlich in den Migration Studies Verwendung fand, passt er dennoch für die historische Entwicklung der Sozialen Arbeit. Er thematisiert nicht nur den grenzüberschreitenden Alltag von mobilen Personen, sondern bezeichnet „the ongoing interconnection or flow of people, ideas, objects, and capital across the borders of nation-states, in contexts in which the state shapes but does not contain such linkages and movements" (Glick Schiller/Levitt 2006: 5). Lange Zeit wurden weder diesen transnationalen Phänomenen noch der Bedeutung des Nationalen bzw. des Nationalstaates für die gesellschaftliche Entwicklung ausreichend Aufmerksamkeit geschenkt. Dieser methodologische Nationalismus (Köngeter 2009) führt dazu, dass Sozialwissenschaften die Bedeutung des Nationalen häufig ignorieren, unterschätzen und/oder den Nationalstaat als Containerraum verhandeln. Gerade für die Soziale Arbeit galt der nationale Containerraum lange als der quasi-natürliche Rahmen, innerhalb dessen soziale Probleme zu bearbeiten waren. Auch wenn Internationalität hochgehalten wurde (Kniephoff-Knebel 2006), blieb die grenzüberschreitende und -bearbeitende Dimension der Sozialen Arbeit zumeist unbeleuchtet. Dies ist darauf zurückzuführen, dass die Soziale Arbeit als solidarisches und als sozialpolitisches Projekt gerade jene imaginierte Natürlichkeit des Nationalen wie selbstverständlich integriert hat.

4 Soziale Arbeit als solidarisches Projekt

Der Rückbezug auf das kohäsive Band der Solidarität in Zeiten der Krise, wie wir sie aktuell erleben, ist wenig verwunderlich, wenn wir in die Geschichte der Sozialen Arbeit schauen (Köngeter/Lau 2021). Etymologisch lassen sich die Ursprünge des Begriffs der Solidarität im römischen Recht verorten: ‚Obligatio in solidum' steht hier für ein gegenseitiges Einstehen für die Schulden von Gemeinschaftsmitgliedern. Solidarität basiert also auf der Zugehörigkeit zu einer Gruppe bzw. zu einer Gemeinschaft. Sie ist einerseits inklusiv, da mit ihr eine Vergemeinschaftung des gegenseitigen und parteilichen Einstehens für andere zementiert wird, andererseits verweist sie immer auf ein Außen, die soziale Umwelt, die nicht in den Genuss solidarischer Praxis kommt oder gegen die sogar die In-Group im Kampf steht. Gerade in modernen Gesellschaften jedoch werden diese Vergemeinschaftungsprozesse immer lockerer: Wie ist Solidarität dann aber noch möglich, wenn sich aufgrund der Größe des vergesellschafteten Zusammenhangs nicht mehr alle persönlich kennen können, wenn Arbeitsteilung zu einem vorherrschenden Prinzip in der Arbeitswelt wird, wenn sich Interessengegensätze durch ökonomische Ungleichheiten verstärken, wenn sich geschlossene Funktionssysteme herausbilden, vor allem aber, wenn in einer sich globalisierenden und transnationalisierenden Gesellschaft die Erfahrung von Fremdheit nicht mehr die Ausnahme, sondern vielmehr die Regel ist? Emile Durkheim (1992) hat in diesem Zusammenhang darauf aufmerksam gemacht, dass Solidarität nur dann als ein soziales Band funktioniert, wenn so etwas wie ein Kollektivbewusstsein entsteht, ein Gewahr-Werden dieses Zusammenhangs.

In der modernen, sozial differenzierten Gesellschaft ist dieser Zusammenhang im Alltag kaum noch zu spüren. Erst solche Krisensituationen wie in der aktuellen Coronapandemie oder während der Krise des Industriekapitalismus zu Ende des 19. Jahrhunderts lassen diesen Zusammenhang für uns wieder erfahrbar werden. Soziale Arbeit selbst ist ein Kind tiefgreifender, gesellschaftlicher Krisenmomente und Transformationen im Laufe des 19. Jahrhunderts. Eine der zentralen sozialen Bewegungen, die den Solidaritätsgedanken in den Mittelpunkt stellte, war die Settlement-Bewegung. Entstanden im London der 1880er-Jahre, als die Stadt nicht nur die größte urbane Agglomeration der Welt war, sondern auch der Ort, an dem Arm und Reich in so eklatanter Weise aufeinanderprallten, dass sich bürgerliche Frauen (Ross 2007), aber auch Intellektuelle aus den nahegelegenen Universitäten Oxford und Cambridge vermehrt mit diesen sozialen Spannungen auseinandersetzten. Dabei diskutierten sie Möglichkeiten, wie jenseits der sozialistischen und kommunistischen Bewegungen gesellschaftliche Reformen vorangetrieben werden könnten.

In diesem bürgerlich-progressiven, akademischen Umfeld entwickelten der Vikar Samuel Barnett und seine Frau Henrietta Barnett nicht zuletzt die Idee für ein „University Settlement", eine Niederlassung bürgerlicher Studenten, die sich nicht nur mit dem Leben der Armen und Arbeiter*innen in den Stadtteilen beschäftigten, sondern gemeinsam mit ihnen dort lebten. Samuel Barnett griff in seiner Rede vor den Studenten von Oxford die Frage eines Besuchers Ost-Londons auf, der wissen wollte, wie die Probleme dort gelöst werden könnten. Die Antwort lautete: Erst wenn die Menschen in West-London wieder gewillt sind, die Luft Ost-Londons zu atmen, dann wären auch die Probleme dort gelöst (Barnett/Barnett

1888). Dies entspricht der Definition von Solidarität, wie sie Heinz Bude erst kürzlich vorgeschlagen hat: „Solidarität berührt mein Verständnis von Zugehörigkeit und Verbundenheit, meine Bereitschaft, mich den Nöten und dem Leiden meiner Mitmenschen zu stellen, und mein Gefühl der Verantwortung und Bekümmerung für das Ganze“ (Bude 2019: 22).

In den USA verbreitete sich die Settlement-Bewegung im Anschluss an die ersten Gründungen in New York und Chicago schneller als in anderen Ländern, vor allem in Kontinentaleuropa, das erst langsam ab den 1910er-Jahren nachzog (Gal et al. 2020). Dabei gab es in der Settlement-Bewegung einen ausgesprochen antiinstitutionalistischen Impuls. Sie zielte darauf ab, die ganze Bandbreite sozialer Probleme, welche sich in unterschiedlichen Facetten zeigten, anzugehen und soziale Reformen anzustoßen, ohne selbst zu einem Teil der institutionalisierten Lösungen zu werden. Es ging ihr darum, das bürgerliche Solidaritätspotenzial zu aktivieren und es zu nutzen, um konkrete Lösungen vor Ort zu entwickeln und dann in soziale Reformen zu überführen. Damit trug die Settlement-Bewegung auch zur Etablierung der Sozialen Arbeit als Profession und durch ihre zahlreichen forscherischen Aktivitäten zur Genese der Sozialen Arbeit als wissenschaftliche Disziplin bei.

Die Settlement-Bewegung vereint dabei drei unterschiedliche gesellschaftliche Kristallisationspunkte von Solidarität (Münkler 2004): Religion, Klasse und Nation. Das in der westlichen Welt wohl älteste Beispiel einer grenzüberschreitenden Solidarität zeigt sich im Versuch des Christentums, Solidarität als Nächstenliebe oder allgemeine Brüderlichkeit bzw. Schwesterlichkeit zu konzipieren und zu leben. Eine zweite Form der Solidarität findet sich in der Arbeiter*innenbewegung des 19. Jahrhunderts. Im Sinne einer Kampf-Solidarität entstand diese Variante im Zuge einer machtkumulierenden Gegenbewegung gegen die politische, kulturelle und nicht zuletzt ökonomische Dominanz der bürgerlichen Klasse(n). Eine dritte Form der Solidarität fungiert über die Idee der Nation als eine der wirkmächtigsten Generatoren für solidarisches Handeln – die Kampf- und Gemeinschaftssolidarität. Ernest Renan formuliert dies bereits 1892 in seiner Vorlesung über die Nation: „Eine Nation ist eine Art Gross-Solidarität, basierend auf dem Gefühl der Opfer, die in der Vergangenheit erbracht wurden und die in Zukunft zu erbringen sind“ (Renan 1882/2006: 19). Die Settlement-Bewegung ist exakt an der Nahtstelle dieser drei Solidaritätsgeneratoren Religion, Klasse und Nation angesiedelt. Sie übersetzte erstens die christliche Idee von Solidarität, indem sie die bürgerliche Klasse an ihre christliche Pflicht gegenüber den Armen und Arbeiter*innen erinnerte und eine neue, säkularisierte Antwort in Form Sozialer Arbeit gab. Sie bot zweitens in Absetzung von der sozialistischen Idee der Klassensolidarität eine Alternative, indem sie sich für eine Ausweitung der solidarischen Gemeinschaft über Klassengrenzen hinweg einsetzte. Schließlich bezog sich die Settlement-Bewegung drittens über den engen sozialen Nahraum der Slums hinaus, zunächst auf die Idee der Nation, dann aber sogar auf die gesamte Weltgesellschaft als imaginierte Solidargemeinschaft. Der nahräumliche Ansatz darf demnach nicht darüber hinwegtäuschen, dass es darum ging, die damals dramatisch zum Vorschein kommenden Fliehkräfte der Gesellschaft zwischen Klassen, zwischen Einwandernden und Ansässigen, zwischen den Religionen, zwischen ‚Rassen' etc. zu überwinden (Köngeter/Reutlinger 2022).

Soziale Arbeit basiert historisch also, so lässt sich resümieren, auf einer modernen Form der Solidarität. Sie ist aber dennoch durch eine grundlegende Paradoxie gekennzeichnet: Einerseits ist Solidarität aufgrund ihres partikularen Charakters in modernen Gesellschaften kaum mehr erfahrbar und reicht daher nicht mehr aus, um eine dauerhafte und alle Personen umfassende Zugehörigkeit, Verbundenheit, Verantwortung und Bekümmerung zu gewährleisten. Andererseits führt eine Verrechtlichung und Universalisierung der Solidarität (z.B. in Form des Wohlfahrtsstaates) zu einer schleichenden Auszehrung des Solidaritätspotenzials der Gesellschaft und unterminiert langfristig genau jenes gegenseitige Einstehen füreinander, das rechtlich kodifiziert ist und universell gewährleistet werden soll. Daher stellt sich in verschärftem Maße die Frage danach, wie Solidarität im Kontext einer für die Moderne konstitutiven Fremdheit möglich ist.

5 Soziale Arbeit als sozialpolitisches Projekt

Auch wenn Soziale Arbeit sich aus solidarischen Zusammenhängen entwickelte, stand sie ab dem Ende des 19. Jahrhunderts im Zeichen der Verberuflichung. Unterstützt wurde dies durch die gleichzeitige Entwicklung wohlfahrtsstaatlicher Elemente, sodass Soziale Arbeit auch als sozialpolitisches Projekt verstanden werden muss. So stand die Settlement-Bewegung, insbesondere in der Chicagoer Lesart des Hull House, für ein Projekt, das immer wieder soziale Reformen anstieß und dafür Sorge trug, dass die sozialen Probleme, auf die die Settlement-Leute in ihrer praktischen Erfahrung und durch sozialwissenschaftliche Studien aufmerksam wurden, durch entsprechende Gesetzesinitiativen verändert wurden: „Investigate, educate, legislate, enforce" (Kelley zit. nach Sklar 1995: 252) war das Credo z.B. von Florence Kelley, einer führenden Settlement-Protagonistin. Sie verstand sich als Motor für die Entwicklung einer in Nordamerika langsam aus den sozialen Bewegungen entstehenden Sozialpolitik.

Das „sozialpolitische Prinzip" (Böhnisch/Schröer 2016) konnte sich in den Ländern, die von der industriekapitalistischen Moderne geprägt sind, in unterschiedlichem Maße und in unterschiedlicher Form behaupten (Kaufmann 2003).

Dieses Prinzip ist beeinflusst durch den Kampf zwischen der sozialen Gestaltung der Gesellschaft durch die Menschen einerseits und andererseits durch eine kapitalistische Vergesellschaftung, die sich immer wieder gegen die Menschen selbst richtet, diese entwertet und unterdrückt. Der Nationalstaat erweitert dementsprechend seinen Anspruch an eine sozial gerechte Gestaltung des Sozialen und erhöhte damit die Erwartungshaltung an sich: Der Nationalstaat will nicht mehr nur Systemintegration, sondern auch Sozialintegration leisten. Der Wohlfahrtsstaat ist eben jenes Amalgam aus Sozial- und Systemintegration, durch das die Verrechtlichung und Institutionalisierung der solidarischen Unterstützung vorangetrieben wurde (Bayertz 1998).

Der Ausbau des nationalen Wohlfahrtsstaates schien ebendieses Versprechen von Solidarität trotz zunehmender Differenzierung der Gesellschaft einzulösen. Im Verbund mit der Sozialen Arbeit, die sich in die Lebenswelten unterschiedlicher sozialer Gruppierungen einhakte, konnten scheinbar die schlimmsten Auswüchse der Ausbeutung durch die industriekapitalistische Moderne gezähmt werden. Lange Zeit unhinterfragt wirkten Sozialpolitik und Soziale Arbeit wie die Antwort des 20. Jahrhunderts auf die Soziale Frage des 19. Jahrhunderts. Allerdings machten sich von Anfang an Risse in dieser Konstruktion bemerkbar, vorerst durch inhärente Widersprüche, später aber auch dadurch, dass sich die Soziale Frage selbst ausdifferenziert hat.

Die Fragilität der Antwort zeigt sich zunächst darin, dass die Verrechtlichung der Solidarität auch dazu führt, dass das solidarische Potenzial immer weiter abgeschmolzen wird. Der Sozialstaat baut zwar vielleicht noch auf dem Solidaritätsprinzip auf, aber in einer Art ‚Dialektik der Verstaatlichung', wie es Bayertz nennt, wird Solidarität durch deren Institutionalisierung zu einer Art ‚Quasi-Solidarität' verdünnt (Bayertz 1998: 37). Diese Dialektik prägt auch die Soziale Arbeit selbst, wie Dietrich Lange und Hans Thiersch darlegen: Die fehlende Verbindung aus Sozialer Arbeit und Solidarität führt dazu, dass das fachliche Handeln und letztlich sogar das gesellschaftliche Leben selbst unter einer solchen Aufspaltung von Hilfe und Solidarität leidet: „Die Verfachlichung von Solidarität [...] führt zur Delegation an die Fachlichkeit und damit zur Entleerung des gesellschaftlichen Lebens" (Lange/Thiersch 2006: 217). Doch noch aus einem anderen Grund ist diese organisierte Form von Solidarität in die Krise geraten. Die etablierten wohlfahrtsstaatlichen Institutionen der Sozialpolitik überschneiden sich heute nur noch partiell mit der ethischen Orientierung der sozialen Bewegungen, die sich bisher für den Ausbau des Wohlfahrtsstaates eingesetzt haben. Gerade in den letzten 30 Jahren wurde deutlich, wie durch den Einfluss neoliberaler Argumentationen sich die sozialstaatlichen Interventionen immer stärker gegen diejenigen wendeten, denen sie ihrer ursprünglichen Intention nach eigentlich dienen sollten (Abramovitz

2012). Dementsprechend ist der Sozialstaat als zentrales sozialpolitisches Instrument nicht mehr nur ein Instrument, mit dem Kohärenz und soziale Gleichheit hergestellt wird, sondern eines, das die soziale Spaltung vorantreibt. Soziale Arbeit verbleibt Exklusionsverwaltung, möglicherweise ist sie aber auch schon selbst zum Exklusionsgenerator geworden.

Neben diesen systemimmanenten Widersprüchen stellte sich die Soziale Frage hingegen differenzierter als noch zum Ende des 19. Jahrhunderts dar. Die bereits angesprochenen Vielfachkrisen machen deutlich, dass es nicht mehr allein um die Frage von sozialer Sicherung und Umverteilung geht, sondern sich Krisen der Demokratie, des Zusammenhangs von Ökologie und Ökonomie (z.B. im Rahmen der Klimakrise und der Biodiversitätskrise), der Geschlechter- oder der Generationenverhältnisse usw. gegenseitig bedingen und verstärken. Nancy Fraser (2001) hat hier schon vor 20 Jahren treffend festgestellt, dass nicht mehr lediglich ökonomische Umverteilung auf der Agenda der progressiven sozialen Bewegungen steht, sondern auch die Anerkennung diverser sozialer Gruppierungen, die unterschiedliche Formen der Unterdrückung erfahren haben (z.B. durch Diskriminierung aufgrund von Rassismus, Sexismus, Ableismus, durch Machtlosigkeit angesichts einer sich dramatisch verschärfenden Klimakrise usw.). Daraus ergibt sich unter den sozialen Gruppierungen ein Ringen um gesellschaftliche Anerkennung. Umverteilung scheint nach wie vor ein wichtiges Ziel vieler Gruppierungen zu sein, aber die vielfältigen Formen und Erfahrungen von Unterdrückung finden offensichtlich nicht länger in einer klassenüberwindenden Utopie sozialer Gerechtigkeit Resonanz. Die ohnehin schon ausgemergelte Solidarität gerät noch mehr unter Druck. Das solidarische Miteinander droht in einen Konflikt über die Deutungshoheit gesellschaftlicher Krisenkonstellationen zu kippen.

6 Soziale Arbeit als transnationales Projekt

Wir können also festhalten, dass sich die Soziale Arbeit im Sinne eines solidarischen Projekts wie auch eines sozialpolitischen Projekts als dialektisch verschränkt erweist. Beide Projekte sind aufeinander angewiesen, gehen aber nicht ineinander auf. Gleichzeitig müssen wir feststellen, dass sie je für sich an ihre Grenzen stossen, ihr utopisches Potenzial ausgezehrt ist. Zudem sind sie beschränkt durch ihre wie selbstverständlich angenommenen Bezüge auf einen nationalen Referenzrahmen, der sich spätestens seit dem Ende des 20. Jahrhunderts immer stärker als einer der zentralen Hindernisse für die Verwirklichung von Solidarität und Sozialpolitik erwiesen hat. Insbesondere die Sozialpolitik wird wie kaum ein anderes soziales Feld dominiert durch den Nationalstaat, der hier wie ein Container funktioniert und strikt darauf achtet, dass die Soziale Frage nach sozialer Ungleichheit eben nur in einem territorial streng umgrenzten Gebiet diskutiert und bearbeitet wird. Wie bereits Iris Marion Young in ihrem Konzept der differenzierten Solidarität formuliert hat, sind willkürlich gezogene Grenzen einer politischen Einheit („polity") keine geeignete Basis für einen modernen Begriff von Solidarität: „Few theorists of justice ask what is the scope of persons or other creatures over whom obligations of justice ought to extend. They usually assume the polity to which principles of justice ought to apply as already given, and that principles of justice apply to all who take themselves to be in the same polity" (Young 2000: 223). Gleichwohl ist Soziale Arbeit als solidarisches und sozialpolitisches Projekt nach wie vor mit dem Dilemma konfrontiert, dass sie – zusammen mit anderen sozialen Professionen – im nationalen Containerschiff sitzt, aber ihre Orientierung letztlich an dieser Grenze nicht Halt machen kann, da Fragen der sozialen Gerechtigkeit weit über Bord dieses Schiffes weisen.

Soziale Arbeit war dementsprechend von Anfang an ein inter- und transnationales Projekt. Im transatlantischen Raum des 19. und 20. Jahrhunderts gab es ein großes Netzwerk von Sozialreformer*innen, die sich über die neuesten Entwicklungen in den verschiedenen Ländern informierten, diese besuchten und die dazugewonnenen Erkenntnisse in den eigenen Kontext übersetzten (Rowbotham 2010; Rodgers 1998). Allerdings stand eine solche Internationalisierung in der ersten Hälfte des 20. Jahrhunderts häufig im Horizont der Herausbildung eines Nationalstaates bzw. eines nationalen Wohlfahrtsstaates. Ein gutes Beispiel hierfür ist die Übersetzung der Sozialen Arbeit von Deutschland nach Palästina unter britischem Mandat seit den 1920er-Jahren und insbesondere nach der Machteroberung der Nationalsozialisten 1933 (Konrad 1993). Eine der zentralen Figuren in diesem Netzwerk von über 100 in der Sozialen Arbeit tätigen deutschen Jüdinnen und Juden war Siddy Wronsky. Wronsky verstand diese Übersetzung der Sozialen Arbeit als Teil des zionistischen Projekts der Bildung eines jüdischen Nationalstaates. Aber zugleich war dieses Projekt freilich von Anfang an von Spannungen geprägt, die die jüdische Nationalstaatswerdung durchzogen haben: Einerseits durch Konfliktlinien zwischen den jüdischen Gemeinschaften, insbesondere zwischen den sozialen Gruppen, die zu unterschiedlichen Zeiten und mit differenten Motiven nach Palästina migriert sind (Schmitz et al. 2019), und andererseits durch die Konflikte zwischen den jüdischen Gemeinschaften auf der einen und den arabischen auf der anderen Seite. Die im Zionismus vorangetriebene Nationalisierung ist somit das Vexierbild einer zunehmenden Internationalisierung der sozialen Welt (Pries 2008), durch die sowohl die Assimilation als auch die Marginalisierung von sozialen Gruppen innerhalb eines territorialisierten Nationalstaates vorangetrieben wurden.

Wenn im Folgenden aber von Sozialer Arbeit als transnationales Projekt gesprochen wird, dann sind damit jene Praktiken gemeint, in denen die Bedeutung des Nationalen und die damit einhergehenden Imaginationen einer geografisch umgrenzten *polity* und ihrer kohäsiven Praktiken kritisch reflektiert und in eine Zukunft übersetzt werden, von der angenommen werden kann, dass die globalen Abhängigkeiten und somit neuen Verpflichtungen gegenüber distanten, anderen sozialen Gruppen eher zunehmen als abnehmen werden (Young 2000). Das Präfix „Trans" meint dabei eben nicht nur, dass Grenzen überschritten werden oder dass dadurch das Nationale abgeschafft wird. Das „Trans" thematisiert und hinterfragt vielmehr jene Grenze des Nationalen, die zwischen dem Wir und dem/den Anderen besteht. Das „Trans" öffnet Fragen danach, was während dieser Grenzüberschreitung passiert. Welche Differenz wird entlang dieser Grenze zum Thema? Wie wird die Grenze aufrechterhalten? Und wie wird diese Grenze im Überschreiten transformiert oder reproduziert? Die kritische Reflexion des Nationalen beinhaltet auch die Suche danach, wie das Nationale so transformiert wird, dass sich das Verhältnis derjenigen, die durch diese Grenzziehungen eingeschränkt oder befähigt werden, die unter diesen Grenzziehungen leiden oder profitieren, die wegen dieser Grenzziehungen getötet werden oder weiterleben können, dass sich also deren Verhältnis zugunsten einer sozial gerechteren Grenzziehung verändert.

Dazu müssen die beiden Begriffe der Solidarität und der Sozialpolitik neu gedacht und konzipiert werden, weil beide Begriffe in unterschiedlicher Weise durch diese nationale Imagination eingeschränkt werden. Im Folgenden wird hier auf Überlegungen von Stephan Lessenich und Iris Marion Young zur Weiterentwicklung des Solidaritätsbegriffs zurückgegriffen (vgl. auch Appiah et al. 2007). Lessenich argumentiert, dass es in Bezug auf die Solidarität darum gehe, „einen Mechanismus der sozialen Entgrenzung der Demokratie" zu entwickeln. Angestrebt wird dabei die „Überbrückung von Differenzen" (Lessenich 2019: 100), die sich im National-Begrenzten immer wieder zeigen. Solidarität ist aus dieser Sicht immer eine Grenzbearbeitung, die zwar eingespannt ist in partikulare Bezüge, die aber in einer globalen Gesellschaft über sich selbst hinausweist. Solidarität, so verstanden, wird mit der Utopie verbunden, in der aktuellen gesellschaftlichen Situation der Begrenzung und Abschottung sowie Marginalisierung und Abspaltung neue Grenzüberschreitungen zu ermöglichen. Solidarität wird somit als performative Praxis konzeptioniert, die im tatsächlichen, gegenseitigen Einstehen für gemeinsame Belange transformativ wirkt. Ihr Ziel ist „die grundlegende, radikale Veränderung des gesellschaftlichen Systems ungleicher Möglichkeiten der Teilhabe an der Gestaltung der eigenen Lebensbedingungen" (Lessenich 2019: 88).

Diese Solidarität bedürfe aber, so Young, immer auch einer Anerkennung von Differenz. Zwar zeigen sich immer deutlicher die Schwierigkeiten einer nationalstaatlich begrenzten Organisation von Solidarität. Die Berücksichtigung der Relationen jenseits des Nationalstaates sollte aber nicht dazu führen, dass die freien Assoziationen von sozialen Gruppen keine Anerkennung mehr fänden. Im Gegenteil gehe es also darum, eine „differenzierte Solidarität" (Young 2000: 196ff.) zu entwickeln, welche die globalen Vernetzungen einkalkuliere und gleichzeitig die lokalen oder quer dazu liegenden Assoziationen zu berücksichtigen in der Lage sei. In ihrer Politik der Differenz argumentiert Young, dass neben die sozialpolitische Regulation durch Umverteilung eine Anerkennung von sozialen Gruppierungen trete, die Formen der Unterdrückung erleben und die sich nicht einzig über ökonomische Massnahmen bearbeiten und verändern lassen würden. Da diese sozialen Gruppierungen aber wiederum eingebunden sind in machtvoll strukturierte Relationen mit anderen Gruppierungen, bedarf es eines Solidaritätsbegriffs, der nicht länger allein auf dem Gefühl der Zusammengehörigkeit beruht. Stattdessen müssen Fremdheit und Relationierung als konstitutive Elemente einer sich transnationalisierenden Welt begriffen werden: „Ideals of inclusion in our complex, plural, and populous societies, however, must rely on a concept of mutual respect and caring that presumes distance: that norms of solidarity hold among strangers and those who in many ways remain strange to one another" (Young 2000: 222). Ein solcher Begriff von Solidarität gewinnt damit auch neue Brisanz und Aktualität für die Soziale Arbeit. Er fordert die Soziale Arbeit auf, die dahinterliegenden grenzüberschreitenden Prozesse der Unterdrückung zu reflektieren und nicht zur staatlich beauftragten Verwalterin derselben zu werden. Ein Vergessen der solidarischen Basis sozialarbeiterischen Handelns wäre nicht nur ein verschmerzbarer Verrat an den eigenen historischen Wurzeln, es wäre vor allem ein Verlust an der immer wieder von Neuem notwendigen Arbeit an der Entgrenzung solidarischer und sozialpolitischer Praxis.

Was heißt das konkret? Eine transnationale Perspektive der Sozialen Arbeit und der Sozialpolitik zu entwerfen, bedeutet die Grenzbearbeitung auf drei Ebenen zu berücksichtigen: *within, across* und *in-between nation states* (Good Gingrich/Köngeter 2017). Die Transnationalisierung der Sozialen Arbeit „within" beginnt mit der Anerkennung der Diversität der innerhalb eines Nationalstaates lebenden Bevölkerung und der transnationalen Verflechtung der Lebenswelten der dort lebenden Menschen. Max Czolleks Entlarvung der Begriffe Integration und Leitkultur als Kampfbegriffe einer konservativ-nationalen Identitätspolitik ist hier ein Ansatzpunkt. Der Aufruf zur Desintegration ist nicht nur eine Irritation, sondern fragt danach, „wie die Gesellschaft selbst als Ort der radikalen Vielfalt anerkannt werden kann" (Czollek 2018: 74). Im Namen der vielen Minderheiten in Deutschland fordert er eine Integrationsverweigerung ein, die eine Stabilisierung der Dominanzkultur (Rommelspacher 1995) unterläuft. Damit werden Haltung und Praxis verlangt, die Raum zur Verhandlung und Diskussion erzeugen, und die als eine Praxis und Politik der Differenz die Diversität der vielen Akteur*innen würdigt. Der Imperativ „Desintegriert Euch!“ kann überdies als Aufruf an die Soziale Arbeit verstanden werden, die in der Verweigerung tradierter Grenzziehungen und tradierter Vorstellungen der Grenzüberschreitung, diese Grenzen zum Gegenstand der Auseinandersetzung um Anerkennung und Geltung macht.

Die Transnationalisierung der Sozialen Arbeit „across“ führt uns über Ländergrenzen hinaus. Sie findet im Kontext einer sich reproduzierenden und transformierenden ökonomischen, kulturellen und sprachlichen Dominanz von Ländern und deren Sozialpolitik und Sozialer Arbeit gegenüber anderen Ländern statt. Viel diskutiert sind in diesem Zusammenhang die transnationalen Care-Arrangements (Lutz 2007; Horn et al. 2021). Gerade diese Dominanz führt dazu, dass bestimmte Länder ihre eigenen sozialpolitischen Herausforderungen auf Kosten anderer lösen. Die Bedarfslücken und der fehlende politische Wille, Sorgearbeit im eigenen Land bedarfsgerecht zu organisieren und zu finanzieren, führt zum Import von Sorgearbeiterinnen aus ärmeren Ländern. Damit werden aber die sozialen Risiken externalisiert und es entsteht ein *care drain* in den davon betroffenen Ländern. Transnationale Soziale Arbeit hat in diesem Fall den Auftrag, dass solche grenzüberschreitenden Verdeckungszusammenhänge (Bitzan 2000) aufgedeckt, problematisiert und transnational sozialarbeiterisch und -politisch bearbeitet werden.

Das nationale Containerdenken führt zu der unhinterfragten Annahme, dass alle Personen gleichermaßen durch Nationalstaaten erfasst sind und darin inkludiert werden. Das ist aber für diejenigen Menschen nicht der Fall, die aufgrund ihres Status als *sans papiers* oder als Geflüchtete nicht die gleichen Rechte, wie die dort ansässigen Bürger*innen genießen. Diese Gruppierungen können manchmal kaum basale Menschenrechte einfordern, weil sie „in-between“ allen nationalstaatlichen Stühlen stehen. Soziale Arbeit ist herausgefordert, sich in dem Sinne zu transnationalisieren, dass sie auch jenseits des Nationalstaates sich um diese Personen kümmert.

Auf allen drei Ebenen hat die Soziale Arbeit eine lange Tradition, auf die sie sich berufen und die sie in die Entwicklung einer Transnationalen oder Globalen Sozialpolitik einbringen kann. Dies gelingt nur, wenn Solidarität und Sozialpolitik über nationalstaatliche Grenzziehungen hinweg reflektiert und formuliert werden. Soziale Arbeit als transnationales Projekt müsste sich, so wie zu Beginn und im Laufe ihrer Geschichte, als Bewegungsprofession verstehen, die ihre Grenzen des eigenen methodologischen Nationalismus überwindet und die transnationalen Zusammenhänge sozialer Ungleichheit sichtbar machen kann und zu bearbeiten in der Lage ist. Dazu gehört auch, sich mit den Mehrfachkrisen der Gesellschaft auseinanderzusetzen, die sich nicht mehr entlang der klassischen Bruchlinien wie z.B. Klasse oder Religion zeigen, sondern die quer hierzu verlaufen und die Entwicklung einer Politik der Differenz (Young 1990) herausfordern. Insofern hat es die Soziale Arbeit mit einer Entgrenzung der Sozialen Frage zu tun, die nach einer Strategie der reflektierten Bearbeitung der Grenzziehungen verlangt und diese transformiert.

Literatur

Abbott, Andrew (1995): Boundaries of Social Work or Social Work of Boundaries? Social Service Review 69, 4, S. 545–562.

Abramovitz, Mimi (2012): Theorising the Neoliberal Welfare State for Social Work. In: Gray, Mel/Midgley, James/ Webb, Stephen A. (Hrsg.): The Sage Handbook of Social Work. Los Angeles, California; London: SAGE, S. 33–50.

Andresen, Sabine/Lips, Anna/Möller, Renate/Rusack, Tanja/Schröer, Wolfgang/Thomas, Severine/Wilmes, Johanna (2020): Erfahrungen und Perspektiven von jungen Menschen während der Corona-Maßnahmen. Erste Ergebnisse der bundesweiten Studie JuCo. Hildesheim: Universitätsverlag Hildesheim.

Appiah, Kwame A./Benhabib, Seyla/Young, Iris M./Fraser, Nancy (2007): Justice, Governance, Cosmopolitanism, and the Politics of Difference. Reconfigurations in a Transnational World. Berlin: Humboldt Universität zu Berlin.

Barnett, Samuel A./Barnett, Henrietta (1888): Practicable Socialism: Essays on Social Reform. London: Longmans.

Bayertz, Kurt (1998): Begriff und Problem der Solidarität. In: Bayertz, Kurt (Hrsg.): Solidarität. Begriff und Problem. Frankfurt a.M.: Suhrkamp, S. 11–53.

Beck, Ulrich (1989): Risikogesellschaft. Auf dem Weg in eine andere Moderne. Frankfurt a.M.: Suhrkamp.

Beckert, Jens/Eckert, Julia/Kohli, Martin/Streeck, Wolfgang (2004): Einleitung. In: Beckert, Jens/Eckert, Julia/Kohli, Martin/ Streeck, Wolfgang (Hrsg.): Transnationale Solidarität. Chancen und Grenzen. Frankfurt a.M.: Campus, S. 9–14.

Bitzan, Maria (2000): Geschlechtshierarchischer Verdeckungszusammenhang. Überlegungen zur sozialpädagogischen Mädchen- und Frauenforschung. In: Lemmermöhle-Thüsing, Doris/Fischer, Dietlind/Klika, Dorle/Schlüter, Anne (Hrsg.): Lesarten des Geschlechts zur De-Konstruktionsdebatte in der erziehungswissenschaftlichen Geschlechterforschung. Opladen: Leske + Budrich, S. 146–160.

Böhnisch, Lothar/Schröer, Wolfgang (2016): Das Sozialpolitische Prinzip. Die eigene Kraft des Sozialen an den Grenzen des Wohlfahrtsstaats. Bielefeld: transcript.

Bude, Heinz (2019): Solidarität. Die Zukunft einer grossen Idee. München: Hanser.

Cloos, Peter/Lochner, Barbara & Schoneville, Holger (Hrsg.) (2020): Die Soziale Arbeit als Projekt. Wiesbaden: Springer VS.

Czollek, Max (2018): Desintegriert Euch. München: Hanser.

Deacon, Bob (2010): Theorising Global Social Policy. Globale Sozialpolitikforschung und Weltgesellschaftsforschung. Zeitschrift für Sozialreform 56, 2, S. 151–172.

Demirović, Alex/Maihofer, Andrea (2013): Vielfachkrise und die Krise der Geschlechterverhältnisse. In: Nickel, Hildegard M./Heilmann, Andreas (Hrsg.): Krisen, Kritik, Allianzen. Arbeits- und geschlechtersoziologische Perspektiven. Weinheim: Beltz Juventa, S. 30–48.

Durkheim, Emile ([8]1992): Über soziale Arbeitsteilung. Studie über die Organisation höherer Gesellschaften. Frankfurt a.M.: Suhrkamp.

Eidgenössische Finanzverwaltung (2021): Covid-19: Auswirkungen auf die Bundesfinanzen. Corona-Ausgaben im Jahr 2020. https://www.efv.admin.ch/efv/de/home/aktuell/brennpunkt/covid19.html [Zugriff: 13.10.2021].

Fontanellaz, Barbara, Reutlinger, Christian/Stiehler, Steve (Hrsg.) (2018): Soziale Arbeit und die Soziale Frage. Spurensuchen, Aktualitätsbezüge, Entwicklungspotenziale. Zürich: Seismo.

Fraser, Nancy (2001): Die halbierte Gerechtigkeit. Schlüsselbegriffe des postindustriellen Sozialstaats. Frankfurt a.M.: Suhrkamp.

Gal, John/Köngeter, Stefan/Vicary, Sarah (Hrsg.)(2020): The Settlement House Movement Revisited. A Transnational History. Bristol: Policy Press.

Glick Schiller, Nina/Levitt, Peggy (2006): Haven't We Heard This Somewhere Before? A Substantive View of Transnational Migration Studies by Way of a Reply to Waldinger and Fitzgerald. The Center for Migration and Development – Working Paper Series.

Good Gingrich, Luann/Köngeter, Stefan (2017): Social Exclusion and Social Welfare. Within, Across, and In-Between Nation-State Boundaries. In: Good Gingrich, Luann/Köngeter, Stefan (Hrsg.): Transnational Social Policy. Social Welfare in a World on the Move. London: Routledge, S. 265–286.

Horn, Vincenz/Schweppe, Cornelia/Böcker, Anita/Bruquetas-Callejo, Maria (Hrsg.) (2021): The Global Old Age Care Industry. Tapping Into Migrants for Tackling the Old Age Care Crisis. Camden: Palgrave Macmillan.

Kaufmann, Franz-Xaxer (2003); Varianten des Wohlfahrtsstaates: der deutsche Sozialstaat im internationalen Vergleich. Frankfurt a.M.: Suhrkamp.

Kniephoff-Knebel, Annette (2006): Internationalisierung in der Sozialen Arbeit. Eine verlorene Dimension der weiblich geprägten Berufs- und Ideengeschichte. Schwalbach am Taunus: Wochenschau-Verlag.

Köngeter, Stefan (2009): Der methodologische Nationalismus der Sozialen Arbeit in Deutschland. Zeitschrift für Sozialpädagogik 7, 4, S. 340–359.

Köngeter, Stefan/Lau, Dayana (2021): Solidarität als Grenzbearbeitung in der Geschichte Sozialer Arbeit. Das Beispiel der Settlement-Bewegung in transnationaler Sicht. In: Hill, Marc/Schmitt, Caroline (Hrsg.): Solidarität in Bewegung. Neue Felder für die Soziale Arbeit. Reihe Grundlagen der Sozialen Arbeit. Baltmannsweiler: Schneider Verlag Hohengehren, S. 66–88.

Köngeter, Stefan/Reutlinger, Christian (2022, i. E.): Studienbuch Geschichte der Gemeinwesenarbeit. Wiesbaden: Springer VS.

Konrad, Franz-Michael (1993): Wurzeln jüdischer Sozialarbeit in Palästina: Einflüsse der Sozialarbeit in Deutschland auf die Entstehung moderner Hilfesysteme in Palästina 1890–1948. Weinheim: Juventa.

Lange, Dietrich/Thiersch, Hans (2006): Die Solidarität des sozialen Staates – Die Solidarität des reformierten Sozialstaates. In: Böllert, Karin/Hansbauer, Peter/Hasenjürgen, Brigitte/Langenohl, Sabrina (Hrsg.): Die Produktivität des Sozialen– den sozialen Staat aktivieren. Sechster Bundeskongress Soziale Arbeit. Wiesbaden: VS Verlag für Sozialwissenschaften, S. 211–227.

Lau, Dayana (2019): Soziale Bewegungen, Professionalisierung und Disziplinbildung in der frühen Sozialen Arbeit. Dissertationsschrift Universität Trier, Trier.

Lessenich, Stephan (2019): Grenzen der Demokratie. Stuttgart: Reclam.

Lutz, Helma (2007): Vom Weltmarkt in den Privathaushalt. Die neuen Dienstmädchen im Zeitalter der Globalisierung. Opladen: Verlag Barbara Budrich.

Mayta, Rogelio/Shailaja, KK/Nyong'o, Anyang' (2021): Vaccine Nationalism is Killing Us. We Need an Internationalist Approach. https://www.theguardian.com/commentisfree/2021/jun/17/covid-vaccine-nationalism-internationalist-approach [Zugriff: 13.10.2021].

Münkler, Herfried (2004): Enzyklopädie der Ideen der Zukunft: Solidarität. In Beckert, Jens/Eckert, Julia/Kohli, Martin/Streeck, Wolfgang (Hrsg.): Transnationale Solidarität. Chancen und Grenzen. Frankfurt a.M.: Campus, S. 15–28.

Naisbitt, John (1982): Megatrends. Ten New Directions Transforming Our Lives. New York: Warner Books.

Pries, Ludger (2008): Die Transnationalisierung der sozialen Welt. Sozialräume jenseits von Nationalgesellschaften. Frankfurt a.M.: Suhrkamp.

Renan, Ernest (1882/2006): What is a Nation? In: Bhabha, Homi K. (Hrsg.): Nation and Narration. London: Routledge, S. 8–22.

Rodgers, Daniel T. (1998): Atlantic Crossings. Social Politics in a Progressive Age. Cambridge, Massachusets: Belknap Press of Harvard Univ. Press.

Rommelspacher, Birgit (1995): Dominanzkultur. Texte zu Fremdheit und Macht. Berlin: Orlanda-Frauenverlag.

Ross, Ellen (2007): Slum Travelers. Ladies and London Poverty, 1860–1920. Berkeley: University of California Press.

Rowbotham, Sheila (2010): Dreamers of a New Day. Women Who Invented the Twentieth Century. London: Verso.

Schmitz, Anne-Kathrin/Köngeter, Stefan/Lau, Dayana (2019): Die Übersetzung der Anderen – Der Diskurs über ‚orientalische Juden' in der jüdischen Sozialarbeit zwischen Deutschland und Palästina/Israel. In: Engel, Nicolas/Köngeter, Stefan (Hrsg.): Übersetzung. Über die Möglichkeit, Pädagogik anders zu denken. Wiesbaden: Springer VS, S. 153–174.

Sklar, Kathryn K. (1995): Florence Kelley and the Nation's Work. The Rise of Women's Political Culture, 1830–1900. New Haven: Yale University Press.

Thole, Werner (2012): Die Soziale Arbeit – Praxis, Theorie, Forschung und Ausbildung. Versuch einer Standortbestimmung. In: Thole, Werner (Hrsg.): Grundriss Soziale Arbeit. Wiesbaden: Springer VS, S. 19–79.

Young, Iris M. (1990): Justice and the Politics of Difference. Princeton, New Jersey: Princeton University Press.

Young, Iris M. (2000): Inclusion and Democracy. Oxford, New York: Oxford University Press.

Was ist soziale Kohäsion? Eine sozialtheoretische Skizze

Gregor Husi

Die mit dem Anspruch auf globale Gültigkeit formulierte Definition der International Federation of Social Workers hält gleich im ersten Satz fest, Soziale Arbeit sei eine Profession bzw. Disziplin, die – neben dem Wandel und der Entwicklung der Gesellschaft sowie neben Empowerment und Befreiung – *soziale Kohäsion* fördere. Man würde erwarten, Soziale Arbeit habe schon längst ihr Verständnis dieses Grundbegriffs geklärt. Das ist aber nicht der Fall. Oft streben ihre Angebote und Projekte ausdrücklich solche Förderung an. Ihre Aktivitäten bzw. deren Evaluationen laufen jedoch ohne eine präzise Konzeption sozialer Kohäsion ins Leere. Besonders soziologische und (sozial)psychologische Bezüge können hier weiterhelfen.

1 Gesellschaftsbild

Die genaue Wahrnehmung und Interpretation sozialer Kohäsion erfordert eine sozialtheoretische Fundierung und somit eine Klärung der zugrunde liegenden Annahmen über Gesellschaft. Das führt ins Feld der Gesellschaftstheorien. Zu den weltweit am meisten rezipierten zählen zwei, die oft zusammen genannt werden, da sie mit unterschiedlichen theoretischen Mitteln ähnliche Ziele verfolgen. Die eine stammt von Pierre Bourdieu, die andere von Anthony Giddens. Allem voran beabsichtigen diese beiden Autoren, zwei in der soziologischen Tradition überlieferte theoretische Vereinseitigungen zu überwinden, und zwar mit derselben Wortwahl. Der *Objektivismus* – Strukturdeterminismus – sei ebenso zu vermeiden wie der *Subjektivismus* im Sinne eines Spontaneismus des Willens. Nicht weniger Erkenntnis sozialer Kohäsion als diese beiden Theorien verspricht überdies jene von Jürgen Habermas, auch sie auf der ganzen Welt rezipiert.

Pierre Bourdieu (1987) bringt seine Grundbegriffe einmal auf eine nicht mathematisch misszuverstehende Formel: [(Habitus) (Kapital)] + Feld = Praxis. Individuen unterscheiden sich nicht nur hinsichtlich der Ressourcen, der Kapitalien unterschiedlicher Art, über die sie verfügen, sondern auch bezüglich ihrer psychischen Dispositionen (Denk-, Wahrnehmungs- und Beurteilungsschemata), der Habitus. Mit Habitus und Kapital ausgestattet, wandern sie durch die verschiedenen Felder der Gesellschaft, die sie gemäß ihren Habitus interessieren, in denen sie aufgrund ihrer Kapitalausstattung mehr oder weniger erfolgversprechend unterwegs sind und in denen je andere Regeln gelten. Bourdieu versteht unter Struktur vor allem die Machtverhältnisse infolge der Verteilung relevanter Kapitalien. Aber auch der Habitus ist für ihn eine – wie er sagt, strukturierte wie strukturierende – Struktur. Moderne Gesellschaften, lässt sich im Anschluss an Bourdieu mit Blick auf Kapital/Klassen, Habitus/Milieus und Regeln/Felder sagen, sind hierarchisch, kulturell und institutionell zugleich differenziert. Soziale Ungleichheit, kulturelle Vielfalt und institutionelle Normativität durchwirken sie. Alles zusammen strukturiert die soziale Praxis und stellt soziale Kohäsion infrage. Bourdieu betitelte ein Frühwerk mit „Theorie der Praxis“ (1979). Seine Theorie wird deswegen manchmal mit *„Praxistheorie“* bezeichnet. Er fordert für die Sozialwissenschaften eindringlich relationales Denken. Relationalität im soziologischen Sinn bedeutet: Die Verhältnisse strukturieren die Beziehungen und resultieren umgekehrt aus diesen.

Zu den sogenannten Praxistheorien (im Plural) gezählt wird auch die Theorie, die von ihrem Urheber selbst den Namen *„Strukturierungstheorie“* erhielt. Sie ist in den handlungstheoretischen Grundzügen mit Bourdieus Praxistheorie verwandt. Während Bourdieu nie ein Werk verfasste, das in seine Theorie einführt, sondern seine Begrifflichkeit stets am konkreten empirischen Gegenstand entfaltete, verhält es sich mit *Anthony Giddens* anders. Vor allem „Die Konstitution der Gesellschaft“ (1988) liefert einen Überblick. Bei Struktur denkt Giddens an Ressourcen und Regeln; ihnen entsprechen bei Bourdieu Kapital und Feld. Was Bourdieu mit dem Habitusbegriff thematisiert, bringt Giddens in seinem „Stratifikationsmodell des Handelnden“ unter. Dem oben erwähnten Dualismus von Objektivismus und Subjektivismus setzt Giddens die „Dualität von Struktur“ entgegen. Dieses zentrale Theorem besagt, dass Struktur als Medium der Praxis innewohnt wie aus dieser hervorgeht. Im Unterschied zu Bourdieu verwendet Giddens auch den Systembegriff. Mit ihm benennt er die in Raum und Zeit situierten Aktivitäten Handelnder in ihrem Zusammenspiel. Sein zweites zentrales Theorem hält fest, dass Struktur Handeln nicht nur einschränkt, sondern auch ermöglicht. Bourdieu und Giddens verbindet im Übrigen, dass Praxis vor allem habitualisiert bzw. routinisiert ist. Bewusstsein wie üblich überzubetonen – wie z.B. im Modell des zweckrationalen, utilitaristischen Handelns (Rational Choice) –, ist beiden fremd. Giddens differenziert zwischen praktischem und diskursivem Bewusstsein, und Bourdieu schreibt dem Habitus „Praxissinn“ zu.

Ergänzend sei ein kurzer Blick auf *Niklas Luhmanns Systemtheorie* geworfen. Laut ihm konstituiert Bewusstsein psychische und Kommunikation soziale Systeme. Als soziale Systeme sieht er Interaktionen, Organisationen und Gesellschaften vor. Im Unterschied zu anderen Ansichten im systemtheoretischen Lager unterließ Luhmann es bis zu seinem letzten großen Werk „Die Gesellschaft der Gesellschaft" (1988), Gruppe als soziales System eigener Art aufzufassen. Er greift in diesem späten Werk aber eine begriffliche Differenzierung auf, die von David Lockwood (1971) stammt und dessen Verständnis er transformiert. Anstelle von Sozial- und Systemintegration spricht er lieber von Inklusion bzw. Exklusion und von Formen der Systemdifferenzierung. Die Ungleichheits- und Machtthematik bleibt im Unterschied zu kritischen Gesellschaftstheorien unterbelichtet. Nicht Bourdieu, aber Giddens macht von derselben Unterscheidung Gebrauch, freilich anders als Luhmann. Für ihn besteht der Unterschied zwischen Sozial- und Systemintegration darin, ob Menschen zugleich anwesend („kopräsent") sind oder nicht.

Bemerkenswert an der Differenzierung von Sozial- und Systemintegration ist, dass hier der Integrationsbegriff jenen der sozialen Kohäsion vertritt. Das wird am deutlichsten in der von *Jürgen Habermas* entwickelten *„Theorie des kommunikativen Handelns"* (1981). Sie wendet sich entschieden einem Aspekt menschlichen Zusammenlebens zu, dem Bourdieu und Giddens viel zu wenig Beachtung geschenkt haben: der Handlungskoordination. Habermas bindet Sozial- und Systemintegration an seine sprachphilosophisch und soziologisch gewonnene Unterscheidung von verständigungs- und erfolgsorientiertem Handeln an. *Sozial*integrativ sei, Handlungen über intersubjektiv anerkannte Geltungsansprüche zu koordinieren. Dies geschehe, wenn Handelnde sich an Verständigung orientieren. Eine Motivation durch Gründe liege hier vor. Wahrheit, Richtigkeit und Wahrhaftigkeit sind die Geltungsansprüche, die laut Habermas mit Aussagen über die objektive, die soziale und die subjektive Welt erhoben werden. Zwar bleibt Habermas' Vorstellung von Struktur blass und bietet keinen systematischen Überblick über sämtliche Lebensbereiche der Gesellschaft, aber er hält mit Blick auf sie Lebenswelt und System auseinander. Die Reproduktion der Lebenswelt sei gefährdet, da sie vom System „kolonialisiert" werde. Besonders für die beiden Lebensbereiche Wirtschaft und Verwaltung – von Habermas in der Bezeichnung „System" zusammengefasst – erachtet er nämlich eine andere Art der Handlungskoordination als typisch. *System*integrativ sei, Handlungspläne über egozentrische Nutzenkalküle zu koordinieren. Menschen bieten sich die Optionen an, gegenüber anderen kommunikativ oder strategisch zu handeln. Dabei nehmen sie im einen Fall eine verständigungs- und im anderen Fall eine erfolgsorientierte Einstellung ein. Soziale Kohäsion erhält je nachdem ein anderes Gesicht.

Menschliche Praxis ist kontingent – könnte immer auch anders sein –, deswegen aber nicht beliebig, sondern strukturiert. Der Praxisbegriff bezieht sich auf das Geschehen bewegter menschlicher Körper in Berührung mit ihrer Außenwelt, das von einem Geschehen in ihrer Innenwelt begleitet wird. Die Begriffe *Handeln und Erleben* geben diese zwei Seiten der Praxis wieder (vgl. z. B. Junge/Šuber/Gerber 2008). Praxis ist demnach zugleich ein Tun und Lassen sowie ein Wahrnehmen, Denken und Fühlen. Auf beide Seiten ist eine theoretische Konzeption sozialer Kohäsion zu beziehen.

Zusammenfassend gesagt: Eine Theorie sozialer Kohäsion geht vom Zusammenspiel differenzierter Struktur und Praxis aus. Die hierarchische, die institutionelle und die kulturelle Struktur dienen der Praxis – einschränkend wie ermöglichend – als Medium und resultieren umgekehrt aus ihr. In der Praxis kommen Menschen nicht völlig zufällig zusammen, sondern es bilden sich strukturiert und mehr oder weniger dauerhaft soziale Systeme, nämlich Gruppen (einschließlich Dyaden), Organisationen, gesellschaftliche Teilsysteme und Gesellschaften bis hin zur Weltgesellschaft. Hier handeln Menschen auf unterschiedliche Art und Weise zusammen, hier halten Menschen mehr oder weniger zusammen. Die Summe der unzähligen ein- wie ausschließenden Kohäsionen bildet den sogenannten gesellschaftlichen Zusammenhalt in seiner Gänze, und dieser hängt von den gegebenen Strukturierungen ab. Je nach Lebensbereich ist eher kommunikatives oder eher strategisches Handeln wahrscheinlich.

Mit einem solchen Bild der Gesellschaft vor Augen, stellt sich die Frage: In welchem Ausmaß hält diese Gesellschaft zusammen? Und im Anschluss daran: Was hält sie zusammen, was spaltet sie? Mit welchen Folgen?

2 Ein Patchwork mikro-, meso- und makrosozialer Kohäsionen

Bis in die Gegenwart haben sich aus der Soziologiegeschichte bekannte Metaphern für soziale Kohäsion gehalten, allen voran Kitt (Bertelsmann Stiftung 2016) und Band (Bedorf/Herrmann 2016). Oft ist von *gesellschaftlichem* Zusammenhalt die Rede (z. B. Deitelhoff/Groh-Samberg/Middell 2020). „Gesellschaftlich“ bedeutet hier: von allen, die zur Gesellschaft zählen. Doch wer ist „alle“? Die ganze Bevölkerung der regional oder national begrenzten Gesellschaft oder der Weltgesellschaft gar? Spätestens seit Ulrich Beck steht die Soziologie dem *„methodologischen Nationalismus“* skeptisch gegenüber. Desgleichen wäre, so könnte man sagen, ein *methodologischer Generationalismus,* meist die Verengung auf die Perspektive Erwachsener im Erwerbsalter, zu vermeiden. Soziale Arbeit nimmt sich praktisch allerdings selten gesellschaftlichem Zusammenhalt in dessen Gänze an. Darauf bezieht sich gegebenenfalls Sozialpolitik. In den Blick Sozialer Arbeit gerät meist mikro- und mesosoziale Kohäsion, in den Blick von Sozialpolitik makrosoziale (nationale).

Das wirft die Frage nach dem *Kohäsionsumfang* auf. Der Begriff des Kohäsionsumfangs bezieht sich darauf, wie weit sozialer Zusammenhalt reicht. Es findet sich Zusammenhalt unter Nächsten, seien es Paare, Familien, Freundschaften, aber ebenso in Arbeitsteams, Cliquen, Sportmannschaften, Schulklassen u. Ä. oder in Organisationen wie Vereinen, Schulen, Unternehmen, Parteien usw. Auch informelle Netzwerke weisen geringere oder größere Kohäsion auf. Moderne Gesellschaften sind, gemäß Charles Perrow (1996), *Organisationsgesellschaften* und – so ließe sich ergänzen – *Gruppengesellschaften*. Letztere führen auf sozialpsychologische Spuren und in die Gefilde der Gruppendynamik. Ganze Lebensbereiche können überdies mehr oder weniger zusammenhalten, sei es in ihrem Inneren oder in ihrem Verhältnis zueinander. Es lässt sich angesichts all dessen ein von Jean-François Lyotard (1977) auf Minderheiten bezogener Ausdruck variieren: Gesellschaft ist ein vielgliedriges, hyperkomplexes und letztlich unüberschaubares *Patchwork sozialer Kohäsionen*. Eine veritable Theorie sozialen Zusammenhalts hat denn den *Mikro-Meso-Makro-Link*, die *Interdependenz von mikro-, meso- und makrosozialer Kohäsion,* zum Gegenstand (vgl. Jaschke 2009; Schiefer/van der Noll/Delhey/Boehnke 2012).

3 Kohäsionsdimensionen

Das *Kohäsionsradar* der Bertelsmann Stiftung (Schiefer/van der Noll/Delhey/Boehnke 2012) ist für die sozialtheoretische Konzeption sozialer Kohäsion instruktiv. Drei Kategorien – Gemeinwohlorientierung, soziale Beziehungen, Verbundenheit – mit je einigen Unterkategorien konstituieren laut diesem Radar sozialen Zusammenhalt. Die geforderten Unterscheidungen von determinierenden, konstituierenden und resultierenden Aspekten sowie von Mikro-, Meso- und Makroebene bilden wichtige Ausgangspunkte. Allerdings mangelt es an klarer gesellschafts- und handlungstheoretischer Fundierung, weshalb letztlich Theorie und Empirie nicht wirklich zueinander finden. Einzuwenden ist vor allem, dass Gemeinwohlorientierung nicht ein konstituierender, sondern ein determinierender Aspekt ist, dass die Kategorie „Soziale Beziehungen" präziserer Bestimmung bedarf, dass die Bedeutung sozialer Regeln unterschätzt wird und dass auch die Zuordnung der zuerst zehn und dann neun (Dragolov/Ignácz/Lorenz/Delhey/Boehnke 2013; Bertelsmann Stiftung 2016; Brand/Follmer/Unizicker 2020) Unterthemen zu den drei ausgewählten Aspekten des Zusammenhalts nicht ganz zu überzeugen vermag.

Eine theoretische Durchdringung mithilfe der begrifflichen Differenzierungen von Struktur und Praxis sowie Handeln und Erleben verspricht hier mehr Klarheit. Wenn soziale Kohäsion als Merkmal sozialer Praxis und Praxis als Ensemble von

Handeln und Erleben verstanden wird, liegt es nahe, einen Zusammenhang von Zusammenhalt mit beiden Praxiskomponenten zu vermuten. Das lässt sich unschwer veranschaulichen. Menschen erfahren sozialen Zusammenhalt, wenn sie zum einen mehr oder weniger *miteinander in Verbindung stehen* und zum anderen *sich einander* mehr oder weniger *verbunden fühlen oder auch denken*. Beides hängt miteinander zusammen: Zu häufigen Kontakten ist motiviert, wer sie als positiv erlebt, und als gelungen erlebte Begegnungen nähren den Wunsch nach mehr. Verbundenheit ohne regelmäßige Begegnungen erhalten fällt nicht leicht, und mangelt es Verbindungen an Verbundenheit, braucht es andere starke Antreiber, um Kontakte fortzusetzen. Dieser grundlegende Sachverhalt lässt sich auf die Formel bringen:

Soziale Kohäsion = Verbindung x Verbundenheit

Nochmals zurück zu den drei konstituierenden Aspekten, die das Kohäsionsradar annimmt.

Zum Ersten: *Gemeinsinn* wird gemeinhin verstanden als die Bereitschaft, sich für das Gemeinwohl einzusetzen, dies im Gegensatz zum *Eigensinn*, und entspricht der *Gemeinwohlorientierung* im Sinne einer psychischen Disposition. Gemein- und Eigensinn zählen zum Habitus als Praxissinn, also zur Struktur. *Gemeinwohlorientiertes – oder gemeinnütziges – Handeln* gehört hingegen zur Praxis. Gemeinsinn und Eigensinn prädisponieren Individuen dazu, ihr Handeln – mit Habermas gesprochen – auf die eine oder andere Weise, kommunikativ oder strategisch, an das Handeln anderer anzuschließen, d.h. sich eher an Verständigung oder Erfolg auszurichten und im Zusammenhandeln eher Geltungs- oder Machtansprüche zu erheben.

Zum Zweiten: Bereits im dritten Paragraf seiner Bestimmungen der soziologischen Grundbegriffe platziert Max Weber (1980) explizit den Begriff der *sozialen Beziehung* – die nächste konstituierende Dimension im Kohäsionsradar – in der Praxis. Ein Verhalten mehrerer Menschen, das seinem Sinngehalt nach gegenseitig aufeinander eingestellt ist, sei mit dem Begriff gemeint. Ein Mindestmaß des Bezugs des beiderseitigen Handelns aufeinander nennt er als erstes Begriffsmerkmal. Ob Solidarität unter den Handelnden bestehe oder das Gegenteil, nehme der Beziehungsbegriff nicht vorweg. So erwähnt er auch Kampf und Konkurrenz als Beispiele, und diese erörtert er dann im achten Paragraf. Dieses von Weber sogenannte „Aufeinanderbezogensein des beiderseitigen Handelns“ lässt sich im Kontext sozialer Kohäsion als *Verbindung* bezeichnen. Weber nennt die soziale Beziehung im neunten Paragraf Vergemeinschaftung, wenn sie auf subjektiv gefühlter Zusammengehörigkeit beruht, und Vergesellschaftung, wenn ihr Interessenausgleich oder -verbindung zugrunde liegt. Damit verknüpft er Handeln mit Erleben. Im zehnten Paragraf schließlich nennt Weber eine soziale Beziehung *offen*, wenn der Zugang niemandem verwehrt wird, und *geschlossen*, wenn die Teilnahme unmöglich, beschränkt oder an Bedingungen geknüpft ist. Die – versuchte – Gesamtschau sozialen Zusammenhalts ergibt denn ein Bild der *Inklusivität* und *Exklusivität* zugleich. Menschen halten oft nicht nur einfach miteinander zusammen, sondern zugleich gerichtet gegen Nicht-Dazugehörige. Ob inklusive oder exklusive Kohäsion dominiert, ist entscheidend für den sozialen Zusammenhalt einer Gesellschaft insgesamt.

Hinzuzufügen ist eine weitere Unterscheidung, da die Handlungsketten in der Moderne immer länger werden und die Globalisierung die Handlungszusammenhänge vollends ausgeweitet hat. Nicht Weber, aber Simmel (1992) spricht – genau in diesen Worten – von *direkten und indirekten Verbindungen*. *Direkten* Beziehungen unter Bekannten stehen *indirekte* Beziehungen zu Unbekannten gegenüber. Das Gewicht verschiebt sich von Ersteren zu Letzteren im Übergang von mikro- über meso- zu makrosozialen Beziehungen. Dies ist beim Blick auf mikro-, meso- und makrosoziale Systeme und ihren Zusammenhalt zu bedenken. Wichtigste Makrobeispiele sind kapitalistisch organisierte Produktions- und Konsumketten und politische Auseinandersetzungen in den (sozialen) Medien. Die Wege des ökonomischen Prozesses Zulieferung-Erzeugung-Verkauf-Konsum-Entsorgung werden immer länger (und ökologisch folgenreicher), und Spaltungsdimensionen werden in der politischen Öffentlichkeit zunehmend identitätspolitisch ohne bekanntes Gegenüber befeuert. Direkte Begegnungen mindern unter bestimmten Bedingungen Vorurteile (vgl. die auf Gordon W. Allport (1971) zurückgehende sozialpsychologische Kontakthypothese). Die Anonymisierung infolge der Globalisierung, z.B. die Anonymität der sozialen Medien, birgt entsprechende Risiken für den sozialen Zusammenhalt.

Verbindungen lassen sich darüber hinaus noch mit weiteren Differenzierungen genauer beschreiben, beispielsweise als stark oder schwach, formell oder informell, horizontal oder vertikal usw. (Husi 2018). Bei näherer Betrachtung sozialer Kohäsion fällt der Blick gemäß relationalem Denken auf die besonderen Merkmale der Relata, sprich: der Verbundenen. Wichtige Impulse gehen dabei von der Debatte über *Intersektionalität* aus, die von Kimberlé W. Crenshaw (2010) angestoßen wurde. Diese Debatte hat nicht nur schon Sammlungen wichtigster Identitätsmerkmale hervorgebracht, sondern auch das Bewusstsein dafür geschärft, dass die soziale Konstruktion eines bestimmten merkmalsbasierten Wir stets unterlaufen wird durch den Einbezug weiterer relevanter Merkmale. Solche Identitätsmerkmale lassen sich in Spaltungsdimensionen (Lessenich/Nullmeier 2006) verorten, sind aber eben intersektional zu begreifen. Antworten auf die Frage, wer mit wem zusammenhält, komplizieren sich dadurch.

Zum Dritten: *Verbundenheit*, die letzte konstituierende Dimension im Kohäsionsradar, weist eine emotionale und eine kognitive Seite auf. Entsprechend kann nicht nur von Wir-Gefühlen die Rede sein, sondern es gilt auch Wir-Gedanken zu berücksichtigen. Norbert Elias (1987) beispielsweise kommt nicht nur auf das „Wir-Gefühl", sondern auch auf das „Wir-Bild" und die „Wir-Identität" zu sprechen. Soziale Konstruktionen eines Wir appellieren nicht nur an das Fühlen, sondern auch an das Denken. Beide Seiten bestärken einander. Ein sozial konstruiertes Wir – nach Benedict Anderson (1996) in makrosozialer Hinsicht verstehbar als imaginierte Gemeinschaft – grenzt sich nicht selten explizit ab von einem Ihr oder Sie.

Die vorgetragenen sozialtheoretischen Argumente sprechen *zusammengefasst* dafür, Gemeinwohlorientierung – wie Gemeinsinn – im Sinne einer psychischen Disposition der Struktur zuzuordnen und soziale Kohäsion, ein Merkmal sozialer Praxis, als konstituiert durch Verbindung einerseits sowie Verbundenheit andererseits aufzufassen. Verbindung besteht im Unterhalten offener und geschlossener sowie direkter und indirekter Beziehungen. Verbundenheit besteht in Gefühlen und Gedanken der Zusammengehörigkeit. Das Sich-verbunden-Fühlen und das Sich-verbunden-Denken legen nahe, Begegnungen zu wiederholen, sie stärken Verbindungen, und gelingen diese sozialen Kontakte, stärken sie Gefühle und Gedanken von Verbundenheit.

4 Kohäsionsstufen und Bandbreiten des Handelns und Erlebens

Soziale Kohäsion ist ein graduelles Phänomen. Systeme wie Gesellschaften, Organisationen, Gruppen halten immer mehr oder weniger zusammen. Es lässt sich von *Kohäsionsstufen* (oder -graden) sprechen. Erstaunlich genug, finden sich in der sozialwissenschaftlichen Literatur zwar fein ausgearbeitete theoretische Konzeptionen z.B. von Konfliktstufen oder Partizipationsstufen, nicht aber von Kohäsionsstufen. Dabei gibt es in der klassischen Soziologie zumindest einen bestens geeigneten Anknüpfungspunkt. Eine einfache, auch aus der Alltagssprache bekannte Grundlage nämlich stellt Georg Simmel in seinem Grundlagenwerk „Soziologie" zur Verfügung. Simmel (1992) spricht dort vom „Füreinander-, Miteinander- und Gegeneinander-Handeln", und zwar im Kontext seines zentralen Begriffs der Wechselwirkung. Er kontrastiert es mit dem „isolierten Nebeneinander der Individuen", das heißt dem Ohneeinander. Simmel nutzt auch die Begriffe Zusammenhalt und Kohäsion, ebenso Einheit in diesem Werk explizit immer wieder.

Menschen können in der Tat füreinander sorgen, miteinander etwas angehen, gegeneinander antreten oder ohneeinander auskommen. Simmel malt ein Bild, das von altruistischem bis zu egoistischem Handeln reicht, hält indes „Mischungen von Konvergenz und Divergenz in den menschlichen Beziehungen" für typisch. Kampf ist der Handlungsbegriff, den er tatsächlich in seinem vielbeachteten Kapitel über den Streit gebraucht, Konkurrenz ist für ihn ein Sonderfall von Kampf, und als Gegenbegriff erwähnt er da und dort Kooperation. Auch Max Weber (1980) schenkt Kampf und Konkurrenz viel Aufmerksamkeit.

Im sozialen Handeln findet sich über die *Stufen* vom Füreinander über das Miteinander zum Gegeneinander und schließlich Ohneeinander eine Fülle von Praktiken, die zwischen *Kooperation und Kampf* angesiedelt sind. Im Erleben entsprechen dem in emotionaler Hinsicht *Harmonie und Disharmonie* sowie in kognitiver Hinsicht *Konsens und Dissens*. Auf den Kohäsionsstufen *Füreinander, Miteinander, Gegeneinander und Ohneeinander* mischen sich diese Optionen, im Bezug aufeinander zu handeln und zu erleben, auf unterschiedliche Weise. Das *Gegeneinander* kann *konstruktiv oder destruktiv* geprägt sein. Diese Unterscheidung markiert einen Kipppunkt, an dem sich entscheidet, ob ein Gegeneinander im weiteren Verlauf zum Miteinander oder Ohneeinander kippen wird. Das – scheinbare – Ohneeinander relativiert sich, wenn man bedenkt, dass Menschen in vielen indirekten Verbindungen stehen, deren sie sich meist wenig bewusst sind. Mit Kooperation und Kampf im Handeln, Harmonie und Disharmonie sowie Konsens und Dissens im Erleben sind die Anfänge und Enden der ganzen Bandbreite der Praxis, ja der *Breite des sozialen Bands* bezeichnet. Dieses Band bietet Platz für ein buntes Patchwork sozialer Kohäsionen und ist unablässig Zerreißproben ausgesetzt. Es ist zu vermuten, dass im Allgemeinen mit einer höheren Kohäsionsstufe mehr Verständigungsorientierung und mit einer tieferen Kohäsionsstufe mehr Erfolgsorientierung einhergeht.

5 Bedingungen und Folgen sozialer Kohäsion

Was aber macht sozialen Zusammenhalt wahrscheinlich? Galt die Aufmerksamkeit bislang den Konstituenten sozialer Kohäsion, so richtet sie sich nun auf die Determinanten und sodann Resultanten, anders gesagt, darauf, was den sozialen Zusammenhalt in der Praxis bedingt, und darauf, was aus ihm hervorgeht. Beides betrifft die Struktur der Gesellschaft. Die Ermöglichungen und Einschränkungen, deren Verteilung die Struktur kennzeichnet, strukturieren die Praxis, sie dienen ihr und damit sozialer Kohäsion als Medium. Umgekehrt ist sozialer Zusammenhalt bedeutsam für die Bildung der hierarchischen, institutionellen und kulturellen Struktur.

Ganz allgemein lassen sich als *Risiken* für den sozialen Zusammenhalt – von Paaren bis zu Gesellschaften – insbesondere folgende nennen:

- *hierarchische Struktur*
  - Mangel an Mitteln (Gütern) und Übermaß an Zwängen (Lasten)
  - ungerechte Verteilung von Mitteln und Zwängen
- *institutionelle Struktur*
  - Mangel an Rechten und Übermaß an Pflichten
  - ungerechte Verteilung von Rechten und Pflichten
  - Unverbindlichkeit legitimer Regeln
- *kulturelle Struktur*
  - Mangel an Gemeinsinn und menschenfeindliche Werte, Einstellungen, Interessen
  - grundlegende Wertedifferenzen, Einstellungs- und Interessengegensätze

Werden umgekehrt die Grundwerte Frieden, Toleranz und Solidarität im Zusammenhandeln beachtet, ist die damit verknüpfte höherstufige soziale Kohäsion auch folgenreich für die Struktur: Wird auf Gewalt (Stichwort „gewaltfreie Kommunikation") – friedlich – und negative Sanktion – tolerant – verzichtet, resultiert kein Zwang, wird solidarisch geholfen, verringern sich Mangel bzw. Übermaß sowie ungerechte Verteilungen. Wer soziale Kohäsion in nicht autoritären Strukturen erlebt, entwickelt mit aller Wahrscheinlichkeit einen von Gemeinsinn und menschenfreundlichen Wertvorstellungen gekennzeichneten Habitus und erntet zudem soziales Kapital (Husi 2018). Dass nachhaltiger sozialer Zusammenhalt von begünstigenden strukturellen Einflüssen abhängt, verleiht der Reflexion sozialer Kohäsion unweigerlich eine kritische Spitze.

6 Systematisches Verändern sozialer Kohäsion

Soziale Arbeit als Profession und Disziplin möchte gemäß ihrem Selbstverständnis u.a. soziale Kohäsion fördern und dieser Aufgabe mit systematischem Veränderungshandeln nachkommen. Der Anlass zum Handeln ist der – eigene oder fremde – Eindruck, es bestehe zu wenig sozialer Zusammenhalt oder dieser könnte künftig bedroht sein. Das *systematische Veränderungshandeln* vollzieht sich in der Abfolge von Situationseinschätzung, Situationsanalyse, Zielsetzung, Handlungsplanung und Inter- bzw. Prävention und nutzt dazu geeignetes Beschreibungs-, Bewertungs-, Erklärungs- und Handlungswissen (Husi 2010). Hängt dabei sinnvolle Zielsetzung von der Situationseinschätzung ab, so sinnvolle Handlungsplanung von der Situationsanalyse. In Interventionen und Präventionen wird sodann umgesetzt, was die möglichst verständigungsorientierte Meinungs- und Willensbildung unter den Beteiligten bei den genannten vier vorausgehenden Akten hervorgebracht hat. Wer soziale Kohäsion systematisch inter- oder präventiv verändern will, beachtet zumindest, so lässt sich *zusammenfassen*:

- mikro-, meso- und makrosoziale Systeme (Kohäsionsumfang)
- Interdependenz mikro-, meso- und makrosozialer Kohäsion (Mikro-Meso-Makro-Link)
- direkte und indirekte Beziehungen
- offene und geschlossene Beziehungen (soziale In- und Exklusivität)
- Verbindung und Verbundenheit (Kohäsionsdimensionen im Handeln und Erleben)
- Für-, Mit-, Gegen-, Ohneeinander (Kohäsionsstufen)
- Kooperation und Kampf, Harmonie und Disharmonie, Konsens und Dissens (Breite des sozialen Bands)
- die hierarchische, institutionelle, kulturelle Struktur (Kohäsionsbedingungen bzw. -folgen).

All dies bietet einen Ausgangspunkt für die Beschreibung und Erklärung sozialen Zusammenhalts und ist theoretisch (z.B. Becker/Krätschmer-Hahn 2010) sowie mit Bezug auf den konkreten Gegenstand noch zu verfeinern. Menschen durch gemeinsame Aktivitäten in Verbindung bringen sowie durch deren näheres Kennenlernen ihre Verbundenheit fördern – Soziale Arbeit nimmt sich dies für die jeweilige interessierende „Gesellschaft im Kleinen" vor. Auf dass sich das gesamte Patchwork sozialer Kohäsionen in ihrem Sinne verändere. Das kann auch im Kontext der Förderung lokaler Demokratie (Gesemann, Riede u.a. 2021) oder der inklusiven Planung von Wohnquartieren (Weiß 2019) geschehen und wirkt sich auf die – jeweils angesichts konkreter Bedingungen zu formulierende – soziale Frage aus (Lindenau/Meier Kressig 2018). Professionstheoretisch gesehen (Husi 2017) lässt sich die professionelle Förderung sozialer Kohäsion unterschiedlich realisieren: Im angelsächsischen Raum erklärt sich insbesondere das Community Development für zuständig, im deutschen Raum die Gemeinwesenarbeit und im frankophonen sowie lateinamerikanischen Raum die Soziokulturelle Animation – wenn sich nicht einfach indifferent Soziale Arbeit diese Aufgabe zuschreibt. In Anlehnung an Sigmund Freuds (1969) bekanntes Diktum über das Es und das Ich wünscht sich Soziale Arbeit: Wo (nur) Ich war, soll (auch) Wir werden. Allerdings: ein offenes, ein freies, ein solidarisches Wir.

Literatur

Allport, Gordon W. (1971): Die Natur des Vorurteils. Köln: Kiepenheuer & Witsch.
Anderson, Benedict (1996): Die Erfindung der Nation. Zur Karriere eines folgenreichen Konzepts. Frankfurt a.M./New York: Campus.
Becker, Maya/Krätschmer-Hahn, Rabea (Hrsg.) (2010): Fundamente sozialen Zusammenhalts. Mechanismen und Strukturen gesellschaftlicher Prozesse. Frankfurt a.M./New York: Campus.
Bedorf, Thomas/Herrmann, Steffen (Hrsg.) (2016): Das soziale Band. Geschichte und Gegenwart eines sozialtheoretischen Grundbegriffs. Frankfurt a.M./New York: Campus.
Bertelsmann Stiftung (Hrsg.) (2016): Der Kitt der Gesellschaft. Perspektiven auf den sozialen Zusammenhalt in Deutschland. Gütersloh: Bertelsmann Stiftung.
Bourdieu, Pierre (1979): Entwurf einer Theorie der Praxis – auf der ethnologischen Grundlage der kabylischen Gesellschaft. Frankfurt a.M.: Suhrkamp.
Bourdieu, Pierre (1987): Die feinen Unterschiede. Kritik der gesellschaftlichen Urteilskraft. Frankfurt a.M.: Suhrkamp.
Brand, Thorsten/Follmer, Robert/Unizicker, Kai (2020): Gesellschaftlicher Zusammenhalt in Deutschland. Gütersloh: Bertelsmann Stiftung.
Crenshaw, Kimberlé W. (2010): Die Intersektion von „Rasse" und Geschlecht demarginalisieren: Eine Schwarze feministische Kritik am Antidiskriminierungsrecht, der feministischen Theorie und der antirassistischen Politik. In: Lutz, Helma/Herrera Vivar, María Teresa/Supik, Linda (Hrsg.): Fokus Intersektionalität. Bewegungen und Verortungen eines vielschichtigen Konzeptes. Wiesbaden: VS Verlag für Sozialwissenschaften/Springer Fachmedien, S. 33–54.
Deitelhoff, Nicole/Groh-Samberg, Olaf/Middell, Matthias (Hrsg.) (2020): Gesellschaftlicher Zusammenhalt. Ein interdisziplinärer Dialog. Frankfurt a.M.: Campus.
Dragolov, Georgi/Ignácz, Zsófia/Lorenz, Jan/Delhey, Jan/Boehnke, Klaus (2013): Radar gesellschaftlicher Zusammenhalt – messen was verbindet. Gesellschaftlicher Zusammenhalt im internationalen Vergleich. Gütersloh: Bertelsmann Stiftung.
Elias, Norbert (1987): Die Gesellschaft der Individuen. Frankfurt a.M.: Suhrkamp.
Freud, Sigmund (1969): Neue Folge der Vorlesungen zur Einführung in die Psychoanalyse (1933 [1932]). In: Ders.: Studienausgabe Band 1 (hrsg. von Mitscherlich, Alexander/Richards, Angela/Strachey, James). Frankfurt a.M.: Fischer, S. 447–608.
Gesemann, Frank/Riede, Milena u.a. (2021): Potenziale der Gemeinwesenarbeit für lokale Demokratie. Abschlussbericht. Berlin: vhw. https://www.vhw.de/fileadmin/user_upload/08_publikationen/vhw-schriftenreihe-tagungsband/PDFs/vhw_Schriftenreihe_Nr._21_GWA_und_lokale_Demokratie.pdf [Zugriff: 31.8.2021].
Giddens, Anthony (1988): Die Konstitution der Gesellschaft. Grundzüge einer Theorie der Strukturierung. Frankfurt a.M.: Campus.

Habermas, Jürgen (1981): Die Theorie des kommunikativen Handelns. Band 1. Handlungsrationalität und gesellschaftliche Rationalisierung. Frankfurt a.M.: Suhrkamp.
Habermas, Jürgen (1981): Die Theorie des kommunikativen Handelns. Band 2. Zur Kritik der funktionalistischen Vernunft. Frankfurt a.M.: Suhrkamp.
Husi, Gregor (2010): Die Soziokulturelle Animation aus strukturierungstheoretischer Sicht. In: Wandeler, Bernard (Hrsg.): Soziokulturelle Animation. Professionelles Handeln zur Förderung von Zivilgesellschaft, Partizipation und Kohäsion. Luzern: Interact, S. 97–155.
Husi, Gregor (2017): Mikro-, Meso- und Makro-Professionalisierung Sozialer Arbeit – ein etwas ausholender Kommentar zu Epple & Kersten. Zeitschrift für Soziale Arbeit, 12, 21/22, S. 79–105.
Husi, Gregor (2018): Only connect! Über den Zusammenhang von Zivilgesellschaft, Partizipation und Kohäsion. ISE Working Paper Reihe Nr. 5. Luzern: Institut für Soziokulturelle Entwicklung.
Husi, Gregor/Villiger, Simone (2012): Sozialarbeit, Sozialpädagogik, Soziokulturelle Animation. Theoretische Reflexionen und Forschungsergebnisse zur Differenzierung Sozialer Arbeit. Luzern: Interact.
Jaschke, Hans-Gerd (2009): Bedingungsfaktoren des gesellschaftlichen Zusammenhalts. Gutachten im Auftrag des Bundesministeriums des Innern. Berlin: Hochschule für Wirtschaft und Recht.
Junge, Kay/Šuber, Daniel/Gerber, Gerold (Hrsg.) (2008): Erleben, Erleiden, Erfahren. Die Konstitution sozialen Sinns jenseits instrumenteller Vernunft. Bielefeld: transcript.
Lessenich, Stephan/Nullmeier, Frank (Hrsg.) (2006): Deutschland – eine gespaltene Gesellschaft. Frankfurt a.M.: Campus.
Lindenau, Mathias/Meier Kressig, Marcel (2018): Von der vergangenen Gegenwart zur gegenwärtigen Zukunft. Überlegungen zur sozialphilosophischen Auseinandersetzung mit der Sozialen Frage. In: Fontanellaz, Barbara/Reutlinger, Christian/Stiehler, Steve (Hrsg.): Soziale Arbeit und die Soziale Frage. Spurensuchen, Aktualitätsbezüge, Entwicklungspotentiale. Zürich: Seismo, S. 224–243.
Lockwood, David (1971): Soziale Integration und Systemintegration. In: Zapf, Wolfgang (Hrsg.): Theorien des sozialen Wandels (3. Aufl.). Köln/Berlin: Kiepenheuer & Witsch, S. 124–137.
Luhmann, Niklas (1997): Die Gesellschaft der Gesellschaft. Frankfurt a.M.: Suhrkamp.
Lyotard, Jean-François (1977): Das Patchwork der Minderheiten. Für eine herrenlose Politik. Berlin: Merve.
Perrow, Charles (1996): Eine Gesellschaft von Organisationen. In: Kenis, Patrick/Schneider, Volker (Hrsg.): Organisation und Netzwerk. Institutionelle Steuerung in Wirtschaft und Politik. Frankfurt a.M./New York: Campus, S. 75–121.
Schiefer, David/van der Noll, Jolanda/Delhey, Jan/Boehnke, Klaus (2012): Kohäsionsradar: Zusammenhalt messen. Gesellschaftlicher Zusammenhalt in Deutschland – ein erster Überblick. Gütersloh: Bertelsmann Stiftung.

Simmel, Georg (1992): Soziologie. Untersuchungen über die Formen der Vergesellschaftung. Gesamtausgabe Band 11. Frankfurt a.M.: Suhrkamp.
Weber, Max (1980): Wirtschaft und Gesellschaft. Grundriss der verstehenden Soziologie. Tübingen: Mohr (Siebeck).
Weiß, Stephanie (2019): Quartiere für Alle. Städtebauliche Strategien sozialer Inklusion in der Planung von Wohnquartieren. Wiesbaden: Springer VS.

Teil II: Nachwirkungen gesellschaftlicher Transformationen auf Kohäsion und Spaltung

Allparteilich-neutral oder parteilich-solidarisch? Politische Praxis als Möglichkeit einer professionellen Positionierung in der Sozialen Arbeit

Thomas Schmid & Tobias Kindler

Einleitung

Fachpersonen der Sozialen Arbeit sind in ihrem Alltag in vielerlei Hinsicht gefordert. Beispielsweise dann, wenn es in der alltäglichen Praxis darum geht, sich innerhalb bestehender Spannungsfelder professionell zu positionieren – Spannungsfelder insofern, da es gilt, die Interessen unterschiedlicher Anspruchsgruppen zu berücksichtigen und dabei sowohl dem sozialarbeiterischen Auftrag als auch berufsethischen Anforderungen gerecht zu werden, sei es im direkten Kontakt mit Adressat*innen, im Austausch mit Kolleg*innen, in der interdisziplinären Zusammenarbeit, gegenüber Vorgesetzten und Mandatstragenden, als Mandatierte selbst, gegenüber Geld- und Auftraggebenden, im Kontext politischer Aushandlungsprozesse und nicht zuletzt auch gegenüber der eigenen Profession. Die Überzeugung, dass sich Sozialarbeitende im Rahmen ihrer Tätigkeit immer wieder neu positionieren müssen – oder anders gesagt, sich einer Positionierung nicht entziehen können – und dies eine mitunter nicht spannungsfreie Angelegenheit ist, bildet die Ausgangslage dieses Beitrags. Eine Konsequenz dieser Sichtweise ist, dass Positionierungen immer wieder neu ausgehandelt werden müssen, d.h., dass Sozialarbeitende konstant gefordert sind, sich für oder gegen die Einnahme bestimmter Positionen zu entscheiden. Denkt man an die Mandatierung oder Vertretung von Interessen anderer (z.B. der Adressat*innen) tangiert dies auf gesellschaftlicher und politischer Ebene auch die Frage, ob gesellschaftliche Kohäsion (um jeden Preis) angestrebt oder zuwiderlaufende Konsequenzen als denkbarer Teil professioneller Praxis akzeptiert werden können – beispielsweise dann, wenn sich Sozialarbeitende für die Anliegen von Adressat*innen und damit nicht selten gegen Interessen anderer Akteur*innen einsetzen. Im Fokus dieses Beitrags stehen somit die Fragen, ob und wie sich Sozialarbeitende positionieren sollen und wie dies einer professionellen Praxis angemessen und berufsethisch abgesichert geschehen kann.

1 Historische Dimension der Positionierungsfrage

Schon im frühen 20. Jahrhundert existierten innerhalb der emergierenden Sozialen Arbeit in der Schweiz unterschiedliche Haltungen, wie gesellschaftlichen Problemen begegnet werden soll. Dies zeigt sich exemplarisch am schweizerischen Landesstreik von 1918. Verkürzt dargestellt präsentierte sich die Situation folgendermaßen: Im Zuge des Ersten Weltkriegs verschärfte sich auch in der Schweiz – als nicht kriegsbeteiligter Nation – die Versorgungsunsicherheit. Armut, Wohnungsnot und Unterernährung nahmen zu, vor allem in der Arbeitendenschaft. So war bis zu einem Fünftel der schweizerischen Bevölkerung während der Kriegsjahre auf Notstandsunterstützung angewiesen. Die zunehmende Teuerung und die daraus resultierende weitere Verschlechterung der Lebensumstände führte ab 1917 zur Formierung eines organsierten Widerstands, welcher schlussendlich in einer großen und maßgeblich auch von Frauen getragenen Streikbewegung mündete. Beim Ausbruch des schweizerischen Landesstreiks am 12. November 1918 standen auf den Straßen vieler Schweizer Städte je nach Quelle zwischen 250.000 und 400.000 streikende Arbeiter*innen dem Militär direkt gegenüber – die Soldaten mit geladenen Waffen wohlbemerkt (Arbeitsgruppe für Geschichte der Arbeiterbewegung Zürich 1989: 166ff.; Gautschi 1971: 253ff.; Brupbacher 2012: 61).

Die sich in Entstehung befindende Soziale Arbeit nahm diese Situation zum konkreten Handlungsanlass, und so waren in der Stadt Zürich während der bitterkalten Streiktage Sozialarbeiterinnen auf den Straßen unterwegs. Dabei traten schon länger bestehende Haltungsdivergenzen deutlich zutage: Während (politisch) bürgerlich orientierte Sozialarbeiterinnen um die spätere Mitbegründerin der ‚Sozialen Frauenschule Zürich' und Leiterin der Zürcher Frauenzentrale Maria Fierz intermediär, also vermittelnd, agierten, engagierten sich andere Gruppierungen, z.B. um die sozialistisch orientierte Mentona Moser, klar auf der Seite der Streikenden. Damit begab sich diese Gruppierung demonstrativ in die Opposition zur aufmarschierten Staatsmacht (Matter 2011).

Auf der anderen Seite haben sich die bürgerlich orientierten Gruppierungen zwar nicht explizit und exklusiv auf die Seite der Soldaten gestellt, es bestanden aber Kooperationen z.B. mit dem ‚Schweizer Verband Volksdienst-Soldatenwohl'. Die Hilfe auf der Straße richtete sie an die Streikenden, aber eben auch an die Soldaten. Diese wurden in den kalten Novembertagen u.a. mit warmen Getränken und Mahlzeiten versorgt (siehe Abbildung 1). Von den Streikenden wurde dies angesichts der angedrohten und durch geladene Gewehre symbolisierte Waffengewalt kritisiert, die bürgerlich orientierten Sozialarbeiterinnen wurden entsprechend als verlängerter Arm des Militärs wahrgenommen (Hermann 2018). Solidarisch und eindeutig auf der Seite der Streikenden positionierten sich die sozialistisch orientierten Gruppierungen. Sie organsierten Aktivitäten für die Kinder der Streikenden oder leisteten aktive Streikunterstützung. Diese Parteinahme für die Streikenden bedingte damals auch eine, zumindest in Teilen, oppositionelle Haltung gegenüber dem Staat und dessen Unterstützer*innen. Nebst anderem führte dies auch zu Grabenkämpfen und Spaltungen innerhalb der entstehenden Disziplin Soziale Arbeit (Hartmann/Schmid 2019).

Abbildung 1: Versorgung der Soldaten

*Quelle: Schweizerisches Bundesarchiv, Signatur E27#1000/721#14093#5486**

2 Allparteilich-neutrale versus parteilich-solidarische Soziale Arbeit

Die Darstellung der Ereignisse rund um den schweizerischen Landesstreik verdeutlicht, dass die Einnahme bestimmter (politischer) Haltungen an konkreten Handlungsanlässen offenkundig wird und damit unterschiedliche Praxen formt. So führte der Streik der Arbeiter*innen etwa nicht zu einer automatisierten Solidarisierung von Sozialarbeitenden mit den gesellschaftlich Schwächeren. Stattdessen förderte das Streikgeschehen unterschiedliche Haltungen darüber zutage, ob und wie sich Soziale Arbeit gesellschaftlich einbringen soll.

Die bürgerliche Frauenbewegung – als wichtiger Teil der sich formierenden Sozialen Arbeit in der Schweiz – verfolgte ein (Selbst-)Verständnis Sozialer Arbeit mit primär intermediärer Funktion. Verdichtet man dies zu einer zugespitzt formulierten Haltung, kristallisiert sich eine allparteilich-neutrale Positionierung heraus, welche davon ausgeht, dass Soziale Arbeit im Wesentlichen als vermittelnde Akteurin in Erscheinung treten sollte. Man könnte auch sagen, aus dieser Perspektive sind Soziarbeitende hauptsächlich gefordert, Brücken zu schlagen, Kommunikation zu ermöglichen, allen Gesellschaftsmitgliedern gleich zu begegnen und diese bei Bedarf zu unterstützen. Kurz gesagt geht es im Wesentlichen darum, sich zu kümmern, dass nicht allzu große Gräben entstehen bzw. darum, bereits bestehende Gräben aufzufüllen, und zwar sowohl im Konkreten als auch auf gesellschaftlicher Ebene. Da ein solch intermediäres Vorgehen Zusammenhalt ermöglichen, schaffen oder stärken soll, scheint soziale Kohäsion das vordergründige Ziel einer solchen Herangehensweise. Sozialarbeitende können sich aber nur dann für alle beteiligten Parteien als legitime vermittelnde Akteur*innen etablieren, wenn sie ein bestimmtes Maß an Neutralität verkörpern. In einem solchen Verständnis von Sozialer Arbeit als vermittelnde Akteurin scheint eine klare Parteilichkeit nicht nur unnötig, sondern oftmals kontraproduktiv. Mit einem Blick in die Berufsethik Sozialer Arbeit kann nun ein solches professionelles Verständnis auf der Werte-Ebene kritisch betrachtet werden. Den in verschiedenen Berufskodizes formulierten ethischen Ansprüchen kann im Zuge einer dezidiert neutralen Werthaltung nur bedingt entsprochen werden. Kritische Stimmen, erheben zudem den Vorwurf, eine solche Praxis der Vermittlung betreibe lediglich Symptom- anstatt Ursachenbekämpfung und arbeite damit an der Zementierung bestehender Ungleichheitsverhältnisse mit (z.B. Feldman 2020: 1098–1102; Seithe 2018; Specht/Courtney 1994).

Wendet man den Blick auf die Haltung, welche die sozialistisch orientierten Gruppierungen zur Zeit des Landesstreiks eingenommen haben, ist eine Praxis ersichtlich, die klar Partei ergreift und, wiederum zugespitzt formuliert, als parteilich-solidarisch bezeichnet werden kann. Dahinter steht der Gedanke, nachdem eine professionelle Soziale Arbeit aus moralisch-ethischen Gesichtspunkten immer Partei für sozial Schwächere, d.h. gesellschaftlichen Kräfteverhältnis minder- und unterprivilegierte Menschen, ergreifen sollte. Dies kann auf Einzelfallebene im Sinne eines anwaltschaftlichen Verhältnisses z.B. als ‚case advocacy' geschehen (Jansson 2018), Soziale Arbeit kann aber auch auf gesellschaftlicher Ebene, wie es bei Kunstreich heißt, politisch produktiv agieren. Gemeint ist damit das gemeinsame Einstehen und die Nutzung von Ressourcen für bestimmte Anliegen, wobei Sozialarbeitende nicht für, sondern mit den Betroffenen eine Agenda verfolgen sollten (Kunstreich 2014). Diese Haltung und eine daran anschließende Praxis führen konsequenterweise dazu, dass Sozialarbeitende nur noch schwerlich vermittelnd, d.h. intermediär, auftreten können, stattdessen stehen sie für alle beteiligten Gruppierungen und Einzelpersonen erkennbar auf einer bestimmten Seite. Die Zielsetzung einer solchen Positionierung richtet sich unserer Ansicht nach auf die Ermächtigung minderprivilegierter Akteur*innen.

Da sich eine solche Solidarisierung oder parteiliche Positionierung auch negativ auf einen Vermittlungsprozess auswirken kann, z.B. durch die Selbstdisk-qualifikation als Gesprächspartner*in, muss eine solche Herangehensweise zudem eine (temporäre) Schwächung sozialer Kohäsion in Kauf nehmen – beispielsweise dann, wenn Konfliktlinien offenkundig hervortreten, Gräben sich durch die gewählten Mittel (z.B. Streik) vertiefen oder gar erst ausgehoben werden. Eine solche Polarisierung kann daher, so unsere Ansicht, zur Schwächung der Profession auf Status-Ebene führen. Nämlich dadurch, dass wir uns unter Umständen als relevante Akteur*innen sozialer Aushandlungsprozesse zumindest zeitweilig disqualifizieren.

3 Politische Dimension einer Positionierung Sozialer Arbeit

Bislang wurden zwei zugespitzt formulierte Positionierungsmöglichkeiten der Sozialen Arbeit skizziert und am Beispiel des Schweizer Landesstreiks veranschaulicht. Wie schon die teils gegensätzlichen Aktivitäten der damals involvierten Akteur*innen zeigen, scheinen Fachpersonen der Sozialen Arbeit gezwungen, sich zu positionieren, was unweigerlich mit bewussten oder unbewussten Entscheidungsprozessen einhergeht. Entscheidungen können dabei sehr wohl situations-, organisations- und kontextbedingt unterschiedlich ausfallen. In allen diesen Momenten werden aber Fragen der professionellen Haltung sowie des Professionsverständnisses zentral verhandelt. Darüber hinaus kommt jede Positionierung auch immer einem (mikro-)politischen Statement gleich. Empirische Untersuchungen zeigen in diesem Zusammenhang, dass sich individuelle und kollektive Akteur*innen Sozialer Arbeit in unterschiedlichen Phasen und mit verschiedenen Strategien in politische Positionierungsprozesse einbringen – insbesondere dann, wenn das entsprechende Anliegen die Adressat*innen und Fachpersonen Sozialer Arbeit unmittelbar betrifft (Amann/Kindler 2021).

4 Berufsethische Begründung politischer Sozialer Arbeit

Obschon es empirisch offensichtlich ist, dass sich Fachpersonen der Sozialen Arbeit politisch engagieren (Kindler 2021a), ist die Verbindung von professionellem und politischem Handeln Gegenstand hitziger Debatten (z.B. Merten 2001). So wird beispielsweise darüber diskutiert, ob Sozialarbeitende ihr Fachwissen aktiv nutzen sollen, um Entscheidungsprozesse zu beeinflussen. Sollen sie sich auch auf politischer Ebene parteilich-solidarisch einbringen und Position beziehen? Oder wäre es aus fachlicher Perspektive eher angezeigt, sich allparteilich-neutral zu verhalten? Antworten auf diese Fragen finden sich u.a. in berufsethischen Dokumenten. Im Folgenden werden die internationale Definition sowie der deutsche, österreichische und schweizerische Berufskodex Sozialer Arbeit exemplarisch herangezogen, um aus berufsethischer Perspektive für eine politisch agierende und parteilich-solidarische Soziale Arbeit zu argumentieren.

In der 2014 von der International Federation of Social Workers (IFSW) und der International Association of Schools of Social Work (IASSW) verabschiedeten internationalen Definition wird Soziale Arbeit beschrieben als „a practice-based profession and an academic discipline that promotes social change and development, social cohesion, and the empowerment and liberation of people. [...] social work engages people and structures [...]“ (IFSW 2014). An dieser Stelle wird bereits ein erstes Mal deutlich, dass Soziale Arbeit verstanden werden kann als Profession, die auf soziale Kohäsion hinarbeitet. Gleichzeitig lässt sich fragen, ob dies stets möglich ist, wird doch gleichzeitig auch das Anstoßen sozialen Wandelns als Kernaufgabe Sozialer Arbeit beschrieben. In den Kommentaren zur Definition beschreiben die IFSW und die IASSW Politikformulierung, Politikanalyse, anwaltschaftliches Eintreten für Adressat*innen sowie politische Interventionen als Handlungsmodi Sozialer Arbeit (IFSW 2014). Abschließend werden in der Definition nationale Berufsverbände ermutigt, den Text mit Blick auf nationale und regionale Spezifika zu ergänzen.

Dieser Ermutigung kommen die berufsethischen Dokumente aus Deutschland, Österreich und der Schweiz nach. Basierend auf der internationalen Definition werden in der Berufsethik des *Deutschen Berufsverbandes für Soziale Arbeit* (DBSH 2014) Sozialarbeitende aufgerufen, im Sinne einer „kritischen Parteilichkeit“ an der Seite von Hilfesuchenden zu stehen und deren Interessen auch auf politischer Ebene zu vertreten. „Dabei geht es sowohl um die Methodenoptimierung an sich als auch um die sich daraus ergebende politische Einmischung“ (ebd.: 27), mit dem Ziel, „ungerechte politische Entscheidungen und Praktiken zurück[zu] weisen“ (ebd.: 31). In diesem Sinne sind die Professionsangehörigen aufgefordert, „politische Prozesse zu initiieren und zu begleiten, aktiv an Planungsprozessen der

Öffentlichen Hand mitzuwirken [...] sowie die hierfür benötigten Kräfte zu mobilisieren“ (ebd.: 33).

Das von dem *österreichischen Berufsverband der Sozialen Arbeit* (obds 2017) formulierte Berufsbild der Sozialarbeit knüpft ebenfalls an die internationale Definition Sozialer Arbeit an. Das Papier führt aus, dass berufliches Handeln von Sozialarbeitenden „sowohl auf dem gesellschaftlichen Auftrag als auch auf der Vorstellung von sozialer Gerechtigkeit [basiert] und somit auch sozialpolitisch richtungsweisend zu agieren [habe]“ (ebd.: 3). Als Methoden der Sozialarbeit werden u.a. sozialpolitische Aktivitäten, berufs- und sozialpolitische Arbeit explizit benannt (ebd.: 4). Methodenwissen auf gesellschaftlicher Ebene sowie Kenntnisse von Sozialpolitik werden als zentrale Inhalte für die Ausbildung identifiziert (ebd.: 5).

Im Berufskodex des *Schweizer Berufsverbandes* (AvenirSocial 2010) werden u.a. das Initiieren und die Unterstützung sozialpolitischer Interventionen zur Lösung struktureller Probleme als Ziele Sozialer Arbeit definiert (ebd.: 6). Für Fachpersonen der Sozialen Arbeit bedeute dies konkret, dass sie „der Öffentlichkeit [...] und der Politik ihr Wissen über soziale Probleme sowie deren Ursachen und Wirkungen auf individueller und struktureller Ebene“ vermitteln sollen (ebd.: 13). Erwähnenswert an den Formulierungen im Schweizer Kodex ist, dass – im Unterschied zu den Dokumenten aus Deutschland und Österreich – von Sozialarbeitenden dezidiert gefordert wird, sich auch mit ihren staatsbürgerlichen Mitteln, also als Privatpersonen, in politische Entscheidungsprozesse einzubringen (ebd.: 13).

Werden die exemplarisch eingeführten berufsethischen Dokumente als normative Grundlage professionellen Handelns herangezogen, lassen sich die zu Beginn des Abschnitts gestellten Fragen wie folgt beantworten: Fachpersonen der Sozialen Arbeit sollen ihr Fachwissen nutzen, um politische Entscheidungsprozesse zu beeinflussen und sie sollen sich im Sinne einer „kritischen Parteilichkeit“ (DBSH 2014: 27) parteilich-solidarisch in die Gestaltung einer sozial gerechten Gesellschaft einmischen. Offenbleibt damit aber, *wie* ein solches politisches Verständnis Sozialer Arbeit in konkretes professionelles Handeln übersetzt werden kann.

5 Politische Praxis Sozialer Arbeit

Während im deutschsprachigen Diskurs die politische Rolle der Sozialen Arbeit noch auf eher theoretischer (Benz/Rieger 2015; Kulke/Dischler 2021; Merten 2001) oder empirischer Ebene (Kindler 2021b) diskutiert wird, scheint die Beschäftigung mit einer politischen Praxis der Profession im englischsprachigen Raum stärker an der Praxis selbst orientiert. Um der Frage nachzuspüren, welche konkreten Handlungsansätze sich der Sozialen Arbeit eröffnen, wenn sie sich dem Berufsethos folgend parteilich-solidarisch politisch positionieren will, wird deshalb im Folgenden näher auf das Konzept der ‚policy practice' eingegangen.

Unter der Begrifflichkeit ‚policy practice' wird seit den 1980er-Jahren im englischsprachigen Fachdiskurs die politische Dimension Sozialer Arbeit verhandelt und als eigenständige Methode Sozialer Arbeit entwickelt. Die Begrifflichkeit wurde erstmals von Jansson (1984) in den Diskurs eingebracht und von Gal und Weiss-Gal (2013) weiterentwickelt, welche policy practice definieren als „activities, undertaken by social workers as an integral part of their professional activity [...] that focus on the formulation and implementation of new policies, as well as on existing policies and suggested changes in them. These activities seek to further policies [...] that are in accord with social work values" (ebd.: 3–4).

Jansson (2018) geht davon aus, dass Sozialarbeitende vier Hauptfähigkeiten mitbringen müssen, um sich erfolgreich in politische Prozesse einbringen zu können: (1) Unter analytischen Skills versteht er das evidenzbasierte Recherchieren und Sammeln von Daten, Identifizieren von politischen Alternativen sowie das Verfassen von Empfehlungen. (2) Unter politischen Skills subsumiert er die Fähigkeiten, politische Machbarkeit einschätzen zu können, Machtstrukturen zu identifizieren und darauf basierend Strategien abzuleiten. (3) Mit Interaktionsskills sind Kommunikations- und Vernetzungsfähigkeiten gemeint und (4) Werteabwägungsskills helfen Sozialarbeitenden, sich in ihren politischen Entscheidungen und Handlungen auf eine solide ethische Wertebasis, beispielsweise die oben diskutierten Berufsethiken, zu beziehen. Während diese und weitere eng auf policy practice fokussierende Fähigkeiten insbesondere an US-amerikanischen Hochschulen der Sozialen Arbeit zentral vermittelt und trainiert werden (Lane/Pritzker 2018), sind Policy-Practice-Skills an deutschsprachigen Hochschulen curricular noch eher schwach vertreten (Burzlaff 2021).

In Weiterführung der Definition von Jansson und abgestützt auf eigene empirische Untersuchungen analysieren Gal und Weiss-Gal (2013), wie sich eine politische Praxis im professionellen Handeln von Sozialarbeitenden konkret zeigt. Sie unterscheiden zunächst dezidiert zwischen politischer Aktivität als Privatperson und politischem Handeln im Rahmen der Arbeitszeit, wobei sich policy practice gemäß Gal und Weiss-Gal ausschließlich auf die professionelle Sphäre bezieht. Hier verweist Weiss-Gal (2017) auf vier in Abbildung 2 dargestellte Routen des Engagements, nämlich auf (1) policy pratice von Fachpersonen der Sozialen Arbeit oder (2) eingebettet in den Hochschulkontext, (3) politische Einmischung von und durch Berufsverbände sowie (4) ein kleinteiliges Engagement von Sozialarbeitenden an der Basis, was letztlich auch zu Änderungen (organisations-)politischer Vorgaben führen soll.

Abbildung 2: Routen für politisches Engagement von Sozialarbeitenden

Civic routes	Professional routes
Voluntary political participation	**Policy practice:** 1. Macro policy practice 2. Micro policy practice
Holding elected office	**Policy involvement by professional organizations:** 1. By proxy 2. By recruitment networks
	Academic policy practice: 1. University-community partnerships 2. Courses 3. Individual involvement
	Street-level policy involvement

Quelle: Weiss-Gal 2017: 248

6 Fazit

Fachpersonen der Sozialen Arbeit kommen in ihrem professionellen Alltag – dies verdeutlicht schon das historische Beispiel der Beteiligung von Sozialarbeitenden am Schweizer Landesstreik – nicht umhin, sich zu positionieren. Eine solche Positionierung erfolgt situationsabhängig und kann je nach Arbeitsfeld und Stellung unterschiedlich ausfallen. Zum Ausdruck kommen dadurch aber immer bestimmte professionelle Vorstellungen und Haltungen. Ob nun – im Rahmen der in diesem Beitrag bewusst zugespitzten Handlungsoptionen – ein eher allparteilich-neutrales Vorgehen oder die Solidarisierung mit einer bestimmten (Konflikt-)Partei ins Zentrum sozialarbeiterischen Handelns gerückt wird, beides muss als professionelle Positionierung verstanden werden. Beide Positionen ziehen daher auch spezifische, oben diskutierte Konsequenzen nach sich. Nimmt man berufsethische Vorgaben als handlungsleitende Maxime zur Hand, wird dezidiert parteilich-solidarisches Handeln von Fachpersonen der Sozialen Arbeit gefordert, etwa wenn der DBSH (2014: 27) sie dazu anhält, sich im Sinne einer „kritischen Parteilichkeit“

in die Gestaltung einer sozial gerechten Gesellschaft einzumischen. Möglichkeiten zur konkreten und bewussten Umsetzung einer solchen parteilich-solidarischen Haltung bietet das skizzierte Konzept der policy practice, welches an berufsethischen Leitlinien anknüpft und politisches Handeln im Rahmen der Arbeitstätigkeit an der Basis oder im Hochschulkontext, politische Einmischung von und durch Berufsverbände sowie ein kleinteiliges Engagement auf dem Street-Level umfasst. Dabei zielt policy practice stets auf die Überwindung oder Linderung sozialer Ungleichheit und die Verbesserung der Situation von Benachteiligten. Professionelle Positionierung wird in diesem Zusammenhang also als politisches Handeln gedacht, welches unter Umständen durchaus im Widerspruch zu und im Konflikt mit aktuellen Finanzierungslogiken sozialer Dienstleistungen stehen kann. Wenn Sozialarbeitende sich in diesem Spannungsfeld konsequent an den berufsethischen Vorgaben orientieren und sich in verschiedenen Formen der policy practice parteilich-solidarisch für gesamtgesellschaftliche Verbesserungen engagieren, kann dies kurz- oder mittelfristig auch der Herstellung und Aufrechterhaltung sozialer Kohäsion zuwiderlaufen – z.B. dann, wenn die Vertretung oder das gemeinsame Einstehen für die Interessen von Adressat*innen Sozialer Arbeit zumindest kurzfristig zu Spannungen führt. Daraus entstehende, der Sozialen Arbeit inhärente Zielkonflikte gilt es auszuhalten und reflektiert zu bearbeiten. Soziale Kohäsion als längerfristige Zielsetzung Sozialer Arbeit scheint dabei auf übergeordneter Ebene zwar erstrebenswert, doch sollte dies nicht davon ablenken, die berufsethische Fundierung der Profession – im engeren Sinne auch die Solidarisierung mit gesellschaftlich Benachteiligten – im Blick zu behalten.

Literatur

Amann, Kathrin/Kindler, Tobias (Hrsg.) (2021): Sozialarbeitende in der Politik. Biografien, Projekte und Strategien parteipolitisch engagierter Fachpersonen der Sozialen Arbeit. Berlin: Frank & Timme.

Arbeitsgruppe für Geschichte der Arbeiterbewegung Zürich (1989): Schweizerische Arbeiterbewegung. Dokumente zur Lage, Organisation und Kämpfen der Arbeiter von der Frühindustrialisierung bis zur Gegenwart (4. überarb. Aufl.). Zürich: Limmat Verlag Genossenschaft.

AvenirSocial (2010): Berufskodex Soziale Arbeit Schweiz. Bern.

Benz, Benjamin/Rieger, Günter (2015): Politikwissenschaft für die Soziale Arbeit. Wiesbaden: Springer Fachmedien.

Brupbacher, Fritz (2013): Zürich während Krieg und Landesstreik. Zürich: Unionsdruckerei.

Burzlaff, Miriam (2021): Selbstverständnisse Sozialer Arbeit. Individualisierungen – Kontextualisierungen – Policy Practice. Weinheim, Basel: Beltz Juventa.
Deutscher Berufsverband für Soziale Arbeit [DBSH] (2014): Berufsethik des DBSH. Forum Sozial, 4, S. 1–43.
Feldman, Guy (2020): Making the Connection Between Theories of Policy Change and Policy Practice. British Journal of Social Work, 50(4), S. 1089–1106.
Gal, John/Weiss-Gal, Idit (Hrsg.) (2013): Social Workers Affecting Social Policy. Bristol: Policy Press.
Gautschi, Willi (1971): Dokumente zum Landesstreik 1918. Zürich, Köln: Benziger Verlag.
Hartmann, Sibille/Schmid, Thomas (2019): Der Landesstreik von 1918 als Ausdruck kollektiver Handlungsfähigkeit. In: Makowka, Sabine et al. (Hrsg.): Mechanismen der Sozialen Frage. Berlin: Frank & Timme, S. 161–173.
Hermann, Katharina (2018): Weiber auf den Gleisen. Frauen im Landesstreik. In: Rossfeld, Roman/Koller, Christian/Studer, Brigitte (Hrsg.): Der Landesstreik. Die Schweiz im November 1918. Baden: Hier und Jetzt, S. 217–240.
International Federation of Social Workers [IFSW] (2014): Global Definition of Social Work. www.ifsw.org/what-is-social-work/global-definition-of-social-work [Zugriff: 04.07.2021].
Jansson, Bruce S. (1984): Theory and Practice of Social Welfare Policy. Belmont: Wadsworth Publishing Co.
Jansson, Bruce S. (2018): Becoming An Effective Policy Advocate (8. Aufl.). Boston: Cengage.
Kindler, Tobias (2021a): Sozialen Wandel gestalten – Einflussfaktoren auf die politische Aktivität von Fachpersonen und Studierenden der Sozialen Arbeit in der Schweiz. In: Dischler, Andrea/Kulke, Dieter (Hrsg.): Politische Praxis und Soziale Arbeit. Opladen: Verlag Barbara Budrich, S. x–xx.
Kindler, Tobias (2021b): Politische Aktivität von Sozialarbeitenden. Einblicke in ein sich dynamisch entwickelndes Forschungsfeld. In: Dischler, Andrea/Kulke, Dieter (Hrsg.): Politische Praxis und Soziale Arbeit. Opladen: Verlag Barbara Budrich, S. 87–108.
Kulke, Dieter/Dischler, Andrea (2021): Politische Praxis und Soziale Arbeit. Opladen: Verlag Barbara Budrich.
Kunstreich, Timm (2014): „Ohne Mandat – aber politisch produktiv. Perspektiven einer kritischen Sozialen Arbeit“. In Bütow, Birgit/Chassé , Karl August/Lindner, Werner (Hrsg.): Das Politische im Sozialen. Historische Linien und aktuelle Herausforderungen Sozialer Arbeit. Leverkusen: Verlag Barbara Budrich, S. 51–64.
Lane, Shannon/Pritzker, Suzanne (2018): Political Social Work. Cham: Springer International.
Matter, Sonja (2011): Der Armut auf den Leib rücken. Die Professionalisierung der Sozialen Arbeit in der Schweiz 1900–1960. Zürich: Chronos Verlag.
Merten, Roland (Hrsg.) (2001): Hat Soziale Arbeit ein politisches Mandat? Opladen: Leske + Budrich.

National Association of Social Workers [NASW] (2021): Code of Ethics of the National Association of Social Workers.

Österreichischer Berufsverband der Sozialen Arbeit [obds] (2017): Berufsbild der Sozialarbeit. Beschlossen von der Generalversammlung am 24.6.2017. Salzburg: obds.

Seithe, Mechthild (2018): Gedanken zu einem schwierigen Verhältnis: Soziale Arbeit und Sozialpolitik. Forum Sozial, (3+4), S. 13–19.

Specht, Harry/Courtney, Mark E. (1994). Unfaithful Angels. How Social Work has Abandoned Its Mission. New York: The Free Press.

Weiss-Gal, Idit (2017): What Options Do We Have? Exploring Routes for Social Workers' Policy Engagement. Journal of Policy Practice, 16(3), S. 247–260.

Grenzen der Ungleichheit

Befunde und Perspektiven von Kohäsion und Spaltung einer Interviewstudie mit „Gastarbeitern" in Deutschland

Anselm Böhmer

Europäische Gesellschaften sind von zunehmender Heterogenität bestimmt. Einen nicht unerheblichen Anteil haben daran Migration (vgl. Böhmer 2016; Mecheril/Vorrink 2012; Mecheril/Melter 2010) sowie die zunehmende Singularisierung der Lebensstile (vgl. Reckwitz 2018). Bereits seit Langem erweisen sich die Nationen Europas als Einwanderungsländer in der spätmodernen Transformation – und ihre Gesellschaften werden folglich von zunehmender Diversität bestimmt.

In den Jahren 2018–2020 wurde die Interviewstudie „Migration lernen" mit Arbeitsmigrant*innen und ihren Angehörigen durchgeführt, die in der Zeit der „Gastarbeiter"[1] nach Deutschland kamen (n = 39). Die forschungsleitende These dieses Projekts lautete, dass aus den *früheren* Erfahrungen von Menschen mit vermeintlich schlechter Bleibeperspektive für die *Gegenwart* einer Gesellschaft gelernt werden könne, in der man eingewanderten Menschen ebenfalls eine Bleibeperspektive oft abspricht.

Der vorliegende Beitrag bietet zunächst einige Theoriebestände zur Bezeichnung sozialer Diversität (1), beschreibt auf dieser Basis Befunde der erwähnten Studie zu Fragen nach Kohäsion und Spaltung (2), wertet sie aus für ein kritisches Konzept von Sozialer Arbeit als Grenzbearbeitung sozialer Dienstleistungen in heterogenen Gesellschaften (3) und bietet abschließend einen knappen Ausblick auf professionelle Ansätze zu gesellschaftlicher Emanzipation und Kohäsion (4).

Ertrag ist somit der Einblick in Befunde, die Vielfalt als gesellschaftliches Faktum konzeptualisieren und von dorther Potenziale für eine professionelle Kritik an Zuschreibungen und für Impulse zum emanzipativen Einsatz Sozialer Arbeit anbieten.

---

1 Zur Verwendung dieses gleich in mehrfacher Hinsicht begründungsbedürftigen Terminus sei angemerkt, dass er im Folgenden lediglich als historisches Zitat verwendet wird. Dies nicht zuletzt deshalb, da er semantisch wie politisch irreführend ist, weil Menschen nicht als Gäste eingeladen, sondern als temporäre Arbeitskräfte angeworben und eingesetzt wurden. Zudem wird der Begriff der Pluralität von Genderordnungen nicht gerecht. Er wird daher als historisierendes Zitat und folglich in Anführungsstrichen verwendet, obgleich auch mit dieser Bezeichnungspraxis affirmative Konsequenzen nicht umfänglich ausgeschlossen werden können.

1 Theoriebestände zur Bezeichnung sozialer Diversität

Zeichen bezeichnen nicht nur etwas, sie bewirken zugleich soziale Positionen und soziale Rollen. Denn indem Bezeichnungen soziale Markierung der Ungleichheit formulieren, bedeuten sie einerseits die Einordnung der so Bezeichneten in die jeweilige Gruppe (zu Gruppismen als reifizierten Homogenitäten sozialer Ordnungen vgl. Brubaker 2004), auch unabhängig davon, ob und wie viel der jeweiligen Eigenschaft bei ihnen empirisch festgestellt werden kann. Andererseits erwachsen aus einer solchen Einordnung wiederum weitergehende Chancen oder Benachteiligungen, weil sich Differenzen der Zuordnung in Differenzen der Gewährung von Chancen und der stereotypen Erwartung an die einzelnen Mitglieder der Gruppe ausdrücken. So ließe sich die soziosemiotische Position beschreiben, die den folgenden Überlegungen zugrunde liegen (vgl. ausführlicher Böhmer 2020: 177ff.). Um aber deutlich zu machen, *wie sich soziale Lagen semiotisch diskutieren lassen*, soll zunächst die historische Lage skizziert werden, in der sich jene Arbeitsmigrant*innen befanden, die später als „Gastarbeiter" bezeichnet wurden.

1.1 „Gastarbeiter" als Arbeitsmigrant*innen in Deutschland

Bereits vor dem Abwerbeabkommen 1961 finden sich vereinzelte Kooperationen zur Aus- und Fortbildung türkischer Arbeitskräfte in Deutschland (vgl. Hunn 2011: 11f.). So wurde bereits in den 1950er-Jahren Interesse seitens der türkischen Regierung zur Kooperation mit der deutschen artikuliert (vgl. ebd.). Solche Zusammenarbeit wurde von den deutschen Akteuren „als Ausbildungshilfe für die türkische Wirtschaft verstanden" (ebd.: 12) und war außerdem arbeitsmarkt- und außenpolitisch motiviert.

Im Zuge dessen kam es bereits zu zahlreichen Einzelanträgen von türkischen Arbeitskräften. 1960 erfolgte dann der Vorschlag aus dem Auswärtigem Amt, ein Anwerbeabkommen mit der Türkei zu schließen, um *Arbeits*kräfte zu gewinnen. Hierzu aber wurden zunächst Vorbehalte auf deutscher Seite laut, die „keineswegs kulturell oder religiös motiviert" waren (ebd.: 13). Vielmehr sei „die Berufung anderer gleich weit entfernter Staaten auf diesen [Vertrag zwischen der Bundesrepublik und der Türkei; A.B.] zu vermeiden" (Auswärtiges Amt in ebd.).

Ein Anwerbeabkommen[2] wurde in den Jahren 1955–1968 mit verschiedenen Ländern geschlossen, 1973 erfolgte dann der Anwerbestopp. Als Besonderheiten der Abkommen mit der Türkei[3], aber auch Marokko und Tunesien, sind zu nennen:

2 Im Detail: 1955 Italien, 1960 Spanien und Griechenland, 1961 Türkei, 1963 Marokko und Südkorea, 1964 Portugal, 1965 Tunesien, 1968 Jugoslawien.

3 Zu den unterschiedlichen Motiven auf deutscher und türkischer Seite vgl. Hunn 2011: 18.

- Gesundheitsprüfung;
- befristeter Aufenthalt (2 Jahre, für Menschen aus der Türkei 1964 aufgehoben);
- Rotationsprinzip;
- nur Unverheiratete
- kein Familiennachzug (ebenfalls für Menschen aus der Türkei 1964 aufgehoben);
- Tariflohn,

Die sozialen Verhältnisse der Migrant*innen waren alles andere als zufriedenstellend (vgl. Hunn 2011: 28ff.). Zugleich waren gerade die Wohlfahrtsverbände damit betraut, sich um die soziale Unterstützung dieser Arbeitsmigrant*innen zu bemühen (vgl. ebd.: 29). Politik und auch viele Migrant*innen selbst gingen *zunächst* von der Befristung ihres Aufenthalts aus, was zu einer weiteren Herausforderung für das soziale Miteinander wurde – ein Weg hin zu sozialer Kohäsion wird schwerlich erkennbar sein. Im Rückblick kann festgestellt werden, dass sich in der Folge die soziale Kluft entwickelte und in der öffentlichen Debatte oft diskriminierend skandalisiert wurde. Vor diesem historischen Hintergrund greift das Projekt auf unterschiedliche „Phasen“ der Einwanderung aus der Türkei und anderen Nationen zurück (u.a. nach dem Militärputsch 1980).

Zur *aktuellen* Lage ist zu festzustellen: 2019 lebten in Deutschland 2.824.000 Menschen mit sogenanntem türkischen Migrationshintergrund (vgl. Destatis 2020: 122). Die verschiedenen Phasen der Einwanderung nach Deutschland aus der Türkei haben insofern umfängliche Bedeutung für die aktuelle gesellschaftliche Situation.

1.2 Bezeichnung als soziale Praxis zur Produktion von Differenz

Bereits mit de Saussure lässt sich zeigen: Signifikanten als Bezeichnungen bestimmen Diskurse und präfigurieren somit soziale Ordnungen und ihre Praxis (vgl. de Saussure 1916; machttheoretisch Laclau 2010). Damit erzeugen Bezeichnungen soziale Verhältnisse, legen soziale Positionierungen fest und weisen einzelnen Akteur*innen soziale Positionen zu. Ist also Migration ein solcher Signifikant, der für die Herstellung sozialer Ordnungen verwendet wird, so ist gerade die Frage von Bedeutung, wie sich der Signifikant in der Bezeichnungspraxis ausweist – und wie er sich in der Selbstbeschreibung der Bezeichneten seinerseits darstellt.

Insofern fragt dieser Beitrag danach: Wie bezeichnen sich und ihre Umwelt jene Menschen, die als „migrantisierte Andere“ in die deutsche Gesellschaft einwanderten? Von Interesse ist insbesondere, wie sie ihre jeweiligen sozialen Positionen einnahmen, wie sie sie darstellen und welche konjunktiven, als die Sprechenden miteinander verbindenden Wissensbestände sich hier erkennen lassen. Damit soll am Beispiel der „Gastarbeiter“ gezeigt werden, wie soziale Differenz, aber im Umkehrschluss auch Kohäsion und sozialer Zusammenhalt hergestellt wurden, wie sich Kohäsion nicht als ein Gegenmodell zu exkludierenden Kohäsionskonzepten entlang nationaler oder ethnischer Kategorien, sondern als mitlaufende Programmatik der Vergesellschaftung begründen lässt, inwieweit Soziale Arbeit auch auf Zuschreibungen und damit Ausschlüsse antworten kann und welche spezifischen Herausforderungen sich aufgrund der politischen Rahmenbedingungen für die Zukunft der deutschen (und ggf. der europäischen bzw. westlichen Migrationsgesellschaft) stellen.

2 Befunde der Studie „Migration lernen“ zu Fragen nach Kohäsion und Spaltung

Wie bereits einleitend erwähnt, wurden im Zeitraum 2018–2020 insgesamt 39 Interviews mit Menschen geführt, die selbst als Arbeitskräfte oder deren Angehörige (meist Ehepartner*innen oder Kinder) nach Deutschland einwanderten. Die überwiegende Mehrzahl der Befragten kam aus der Türkei (vgl. Tabelle 1).

Tabelle 1: Übersicht der Studie „Migration lernen“

Herkunft	gesamt	weiblich	männlich	Arbeits-kraft	Ange-hörige*r	andere	Alter (Jahre)
Türkei	29	10	19	13	13	3	36-103
Griechenland	7	3	4	3	4	0	59-88
Italien	1	0	1	1	0	0	80
Portugal	1	0	1	0	1	0	75
Kasachstan	1	1	0	Spät-aus-siedl.	0	0	49
gesamt	39	14	25	18	18	3	./.

Quelle: Eigene Darstellung

2.1 Methodisches

Mit der Dokumentarischen Methode (vgl. Bohnsack 2018; 2017; 2014) und der poststrukturalistisch weiterentwickelten Grounded Theory (vgl. Clarke 2012) wurden bislang marginalisierte Perspektiven auf die Frage nach Kohäsion und Spaltung erarbeitet – die für die Soziale Arbeit mit Blick auf gesellschaftliche Prozesse von Kohäsion oder Spaltung von einigem Gewinn sein können. Zu diesem Zweck wurde auch die hier präsentierte Studie „Migration lernen" durch leitfadengestützte Interviews konzipiert. Ihre inhaltlichen Schwerpunkte lagen auf der Rekonstruktion von Alltag und Bildung.

Allgemein werden Menschen befragt, die als „Gastarbeiter" oder deren Angehörige nach Deutschland kamen, wobei sich das Sample nicht allein beschränkt auf die „klassische Phase" bis zum Anwerbestopp 1973. Der Fokus lag auf Menschen aus der Türkei, nicht zuletzt wegen deren Bildungsbenachteiligung (vgl. BIM/SVR-Forschungsbereich 2017: 6). Zum Einsatz kam die Dokumentarische Methode als eine der qualitativen Sozialforschung, da sie als rekonstruktives Verfahren wissenssoziologisch fundiert ist und ein mehrstufiges Vorgehen eröffnet, das hier leider nicht in allen seinen Einzelschritten vorgestellt werden kann. Der Schwerpunkt liegt im Folgenden auf dem konjunktiven Wissen der Interviewten.

Das so untersuchte implizite Handlungswissen sowie die Habitus werden geformt in praktischen Vollzügen, die sich als Situation eingrenzen lassen und deren Sinn darin abgelesen werden kann. Daraus ergibt sich mit Mannheim (1982), dass konjunktives, kommunikatives und programmatisches Wissen sowie die Selbstverhältnisse der Akteure („Identität") aufeinander verweisen (vgl. Bohnsack 2018, 2017, 2014; Nohl 2017).

2.2 Befunde

Hier werden fünf Interviews näher analysiert.[4] In diesen Interviews werden oft eher ähnliche Erfahrungen beschrieben: Zunächst finden sich positive Berichte zur Anfangszeit (1). So wird von sozialer Integration auch ohne Assimilation berichtet: „Und das Tolle ist es doch, ich hab mit dem Sohn, mit dem Günter in demselben Zimmer geschlafen." (1: 140f.) Dieses Verständnis kulminiert in der Aussage: „Zum Glück bin ich gekommen" (5: 3). Allerdings finden sich auch Hinweise auf eine schwierige Anfangszeit mit Isolation sowie Trennung von den Kindern (3).

Formuliert wird eine Perspektive der Kohäsion, ein soziales „Wir" (5). Diese Perspektive wird formuliert, um der erlebten Segregation am Arbeitsplatz etwas

4 1, 3, 5, 7, 28; die Angaben in runden Klammern verweisen im Folgenden auf das jeweilige Transkript, ggf. auf die dortigen Zeilen.

entgegenzusetzen – Versuche der Überwindung (7), die der Spaltung entgegengestellt werden. Aber auch Aussagen wie „Deutschland ist meine Heimat" (7: 224) finden sich, obgleich die Aussage „ich hatte nie das Gefühl, ein Deutscher zu sein" (7: 266) kurz danach formuliert wurde.

Weiter zeigten sich gerade zu Beginn der Zeit in Deutschland Sprachprobleme. Sie werden von vielen Befragten umfänglich beschrieben (1, 3, 5). Dabei wird deutlich, dass zur Behebung einer sprachlichen Spaltung insbesondere eigenes Engagement gefordert war (28). Das Sprachenlernen erfolgte oft im Alltag (1), aber mit Defiziten und ohne formalen Abschluss (7). Zuweilen war es auch gar nicht möglich (was vor allem mit der hohen Arbeitsbelastung erklärt wird); in solchen Fällen ist die Situation mitunter bis heute schambehaftet (3).

Die Familie hatte besondere Bedeutung für Identität und soziale Vernetzung (3). Doch auch die Religion wird als Basis benannt (3, 28), dezidiert nicht hingegen die Nation (28).

Dankbarkeit kommt zum Ausdruck (1), auch für die soziale Vernetzung zu Beginn (28). Daraus erwuchsen Zufriedenheit, auch mit der aktuellen Situation (1, 5), sowie Wohlbefinden (28); oder es wird zumindest die Verbesserung im Vergleich mit der Armut in der Türkei herausgehoben (3, 5). Dies hat seinen Grund auch darin, dass soziale Aufstiegsmöglichkeiten in Deutschland erfahren wurden (7).

Es findet sich wenig bis keine Kritik an politischen Entscheidungen mit unmittelbaren Auswirkungen für das eigene Leben – z.B. fehlenden Integrationsmaßnahmen (3, 5, 7, 28). Integration wird somit vor allem als individuelle Leistung bezeichnet (7), die sich als Motiv erst schrittweise bei den Einzelnen zeigte (28). Im Hinblick auf soziale Spaltung wird auch von Gettoisierung und prekären Lebensbedingungen berichtet (3) und davon, dass es ausdrücklich keine Unterstützung bei den Bemühungen um Integration gab (7).

Wird eine positive Einschätzung formuliert (gerade für die Anfangszeit), so geschieht dies z.T. in einer nüchtern-distanzierten Sprache (3, 5). Auch werden nur wenige oder keine positiven Beispiele angeführt (3) und vereinzelt finden sich Widersprüche in den Aussagen (5). Diese Befunde legen die Vermutung nahe, dass eine belastende Anfangszeit verschwiegen werde (Überforderung, Fremdes). Paradigmatisch kommt dies zum Ausdruck in der Formulierung: „Ich bin glücklich in Deutschland, aber andererseits auch nicht." (5: 265)

Zusammenfassend lässt sich für die Befunde der Studie zum Ersten festhalten, dass Integration und in deren Folge Kohäsion aus Sicht der Befragten kaum öffentlich gefördert wurden. Integrative Prozesse waren vielmehr verwiesen auf die Leistung der einzelnen sozialen Akteur*innen (Migrierte und Nicht-Migrierte). Mit Blick auf die Bedeutung die historischen Entwicklungen lässt sich für die heutige Situation erkennen, dass sich Kohäsion und Partizipation erst allmählich als biografisches Motiv ergeben mussten. In den Analysen des Datenmaterials wurden immer wieder explizit harmonische Schilderungen sichtbar und warfen die Frage auf, ob sie als Bestätigung vor anderen und vor sich selbst gelesen werden sollten. Allerdings könnten solche Äußerungen auch als Artikulation einer „habitualisierten Quasi-Assimilation" verstanden werden, die dann weit mehr von der erfahrenen Spaltung als einer Kohäsion der gesellschaftlich Verschiedenen berichten würde.

Als Integrationsfaktoren werden zum Zweiten beschrieben die *Sprache*, wobei nicht nur von sehr unterschiedlichen Wegen des Erwerbs berichtet wird, sondern auch von merklich unterschiedlichen Erfolgen. Ein weiterer Faktor der Integration wird zumindest vereinzelt in der *Religion* gesehen, die gerade als identitätsstiftend in den Blick kommt. Im Unterschied dazu wurde *Nationalität* in den Interviews nicht als wichtig beschrieben.

In den Analysen wird zum Dritten *Dankbarkeit* als wichtige soziale Thematik sichtbar, wenn auch mit aller Undurchsichtigkeit der Fakten und Motive. Hier kommt einerseits eine Beschränkung von Interview-Designs in den Blick, andererseits sind somit die artikulierten Positionen in ihrer Ambivalenz von Kohäsion und Spaltung nicht Ausdruck für ein exkludierendes Kohäsionskonzept entlang nationaler oder ethnischer Kategorien, sondern als spezifisch strukturierte Programmatik der Vergesellschaftung – gerade angesichts individueller Prekarisierung – in der Ökonomie der Subjektivität zu deuten.

Historisch wurden Integration bzw. Inklusion also strukturell und politisch weitgehend versäumt, somit verblieben sie lediglich als individuelle Aufgabe, Engagement und Leistung. Diese historischen Entwicklungen der Vereinseitigung in der Herstellung von Integration und Kohäsion hat folglich Bedeutung für die heutige Situation – mindestens der Interviewten, aber zumindest in Teilen auch in jenen Diskursen und ihren Deutungsmodellen, die jene Arbeitsmigrant*innen mitprägen.

3 Ein kritisches Konzept von Sozialer Arbeit als Grenzbearbeitung

Ein bekannteres Konzept zu Sozialer Arbeit als Akteurin der Gestaltung differenzbezogener Vergesellschaftung ist das von Sozialer Arbeit als Grenzbearbeitung nach Kessl und Maurer (2019, 2010). Haben Clark und Ziegler (2016)[5] auch darauf aufmerksam gemacht, dass Grenzbearbeitung als Kategorie des Hinweises „auf

5 Hier: für die Jugendforschung.

die Richtung dieser Veränderungen“ (ebd.: 223) bedürfe, so zeigt sich doch zunächst einmal mindestens, dass Grenzziehungen vorliegen, die ihrerseits in sozialisatorischen Zusammenhängen „irgendwie“ Veränderungen bewirken – und zwar gerade dadurch, dass Grenzen ihrerseits stets als Ausdruck von (räumlichen und materiellen) Machtstrukturen sind (vgl. Walia 2021: 2). Was also die Kategorie von der bloßen Metapher unterscheidet, ist ihre relative Bezeichnungsqualität für eine Transformation, die sich *machtvoll* auf Sozialisation bezieht.

Hier nun soll, in Anlehnung an Maurer und Kessl (2014), eine herrschaftskritische Veränderung thematisiert werden. Da zuvor migrationsbezogene Momente der Vergesellschaftung von Arbeitsmigrant*innen präsentiert wurden, ist nun die Frage, wie soziale Differenz hergestellt wurde, aber im Umkehrschluss auch, wie Kohäsion und sozialer Zusammenhalt so erarbeitet werden können, dass sich Kohäsion nicht als ein Gegenmodell zu exkludierenden Kohäsionskonzepten entlang nationaler oder ethnischer Kategorien, sondern als mitlaufende Programmatik der Vergesellschaftung begründen lässt.

Maurer und Kessl (2014) fassen die Grenzbearbeitung der Sozialen Arbeit zunächst als Theorieprojekt:

> „Konkretisierend fassen wir eine solche Haltung radikaler Reflexivität als ‚Grenzbearbeitung‘ – eine Tätigkeit an den Grenzen der bzw. den Begrenzungen durch die gegebenen Verhältnisse (gesellschaftliche Verhältnisse insgesamt, Lebensverhältnisse der Menschen, der Adressat*innen Sozialer Arbeit, institutionell verfasste Arbeitsbedingungen sozialpädagogischer Fachkräfte), und als deren ‚Überarbeitung‘ (in der Perspektive erweiterbarer und erweiterter Handlungsmöglichkeiten). ‚Kritische Wissenschaft‘ als Ort für eine entsprechende Forschung und Theoriebildung bestimmen wir von daher als eine ‚analytische Grenzbearbeitung‘.“ (ebd.: 144)

Indem sie diese „analytische Grenzbearbeitung“ in den Zusammenhang „der Perspektive erweiterbarer und erweiterter Handlungsmöglichkeiten“ stellen, verbinden sie aber hier bereits Theorie und Praxis, Forschung und Politik, Reflexion und Alltag – sie bearbeiten bereits jene Grenzen, die wir in der Wissenschaft Sozialer Arbeit als Dichotomie und Abgrenzung zu formulieren gewohnt sind.

Damit wiederum wird die Analyse zu einer politischen Praxis – denn die Wissenschaft Sozialer Arbeit bearbeitet somit die Differenzsetzung moderner Vergesellschaftungen, wie die beiden Autor*innen u.a. an den Raumdebatten oder auch jener zur Entwicklung des wohlfahrtsstaatlichen nationalisierten Arrangements darstellen (vgl. Kessl/Maurer 2019: 164f.).

Deutlich wird so, dass sich die Dichotomien von „wir" und „sie", von „Deutschen" und „Türk*innen", von „erster" und „weiterer" Generation oder welchen Konstrukten auch immer nicht als „natürlich" oder „faktisch" verstehen lassen. Soziosemiotisch gelesen sind sie vielmehr Bezeichungspraktiken, die soziale Fakten, Lagen und Positionen – logisch, nicht unbedingt sozial – zuallererst schaffen, damit Konstellationen erzeugen, die noch vor aller Interaktion der konkreten Individuen Rollen begrenzen und Grenzen feststellen (ähnlich für den Sozialraum Kessl/Maurer 2019: 169). Daher kann nach der Rolle von Sozialer Arbeit in der Migrationsgesellschaft gefragt und aus den Erfahrungen jener als Arbeitsmigrant*innen nach Deutschland eingewanderten Menschen gelernt werden. Dann geht es nämlich zugleich um die Grenzsetzung der Bezeichnungen, das daraus folgende konjunktive Wissen der Befragten (vgl. Bohnsack 2018) *jetzt* auf der Grundlage der Erfahrungen von *damals* und die Bearbeitung von Ausgrenzung *künftig*.

4 Ausblick auf professionelle Ansätze zu Vulnerabilität und Emanzipation

Was also lässt sich lernen aus dem Projekt „Migration lernen" für die Zukunft der Migrationsgesellschaft und für eine künftige Rolle der Sozialen Arbeit darin?

Zunächst einmal wohl dies: Integration erfolgt im Alltag – durch *Sprache*, die allerdings nicht allein der entscheidende Faktor ist, da Menschen höchst unterschiedliche außersprachliche Formen der Solidarität entwickeln können; durch *Religion*, die identitätsstiftend sein kann, sofern sie in ihrer subjektiven Bedeutung den Individuen zuerkannt und das jeweilige Verhältnis respektiert wird; durch *Nationalität*, die dann eine Bedeutung haben kann, wenn es um eine gemeinsame Basis der *weiteren* Orientierung gehen soll.

Soziale Arbeit kann folglich an diesen Aspekten ansetzen, um im Sinne einer sozialräumlichen Assistenz diejenigen subjektiven Momente in ihren Emanzipationsbemühungen zu unterstützen, die für die Positionierung als Subjekt in einer spätmodernen Gesellschaft nach wie vor von Bedeutung sind.

Des Weiteren sind die Belastungen der Integrationsbemühungen bei allen Beteiligten zu beachten. Die Befunde der Studie haben deutlich gemacht, dass es weder standardisierte Pfade noch ebensolche Ergebnisse geben kann für „gelingende Integration". Vielmehr sind hier jene Grenzen zu bearbeiten, die den emanzipatorischen Prozessen von Menschen mit einer solchen Normativität zuwiderlaufen. Soziale Arbeit setzt mit ihren Organisationen und deren Eigenheiten sicher allzu oft selbst solche Regeln und Schranken, doch kann sie als reflexive Profession zugleich dazu beitragen, hier eigene und andere Barrieren zu schleifen – wenn vermutlich auch nur Schritt für Schritt.

Gruppismen (vgl. Brubaker 2004) sind in ihren jeweiligen Bedeutungen zu reflektieren – als identitäre Bezugsgrößen, als befremdende Zuordnungen oder als ihrerseits machtvolle und emanzipierende Geflechte. In diesem Kontext sind insbesondere die Befunde der (Nicht-)Nutzer*innenforschung von einiger Bedeutung (vgl. Bareis/Kolbe/Cremer-Schäfer 2018; Bareis 2012).

Schließlich ginge es darum, nicht prekarisierende institutionelle (Erwerbsarbeit, Schule, informelle Bildung), aber auch materielle, bauliche und soziale Verhältnisse zu schaffen – durch politische Entscheidungs- und soziale Umsetzungsprozesse. Solche Verhältnisse gestatten dann einer Vielzahl unterschiedlicher Individuen und sozialer Gruppen, nach ihren jeweils gegebenen Bedürfnissen an den Ressourcen teilzuhaben, die hier bereitgestellt werden. Somit können sie sowohl als Nutzer*innen wie auch als Produzent*innen von sozialen Verhältnissen an der Gestaltung gesellschaftlicher Realität mitwirken. Auf diese Weise ließe sich ein „universal design“ gesellschaftlicher Inklusion verwirklichen (vgl. Vereinte Nationen 2008, Art. 2), das nicht allein durch Anbietende (sozialer) Dienstleistungen und Infrastrukturen *bereitgestellt* werden müsste, sondern mehr noch durch die Teilhabe aller Teilhabenden erst einmal *hergestellt* und je nach Situation und den tatsächlich Beteiligten *weiterentwickelt* werden kann.

Daraus resultiert die strukturelle und politische ebenso wie individuelle Aufgabe und Leistung Sozialer Arbeit in der Migrationsgesellschaft – sofern die Profession „Migration lernen“ und die Grenzen der Ungleichheit im Sinne einer gesellschaftlichen Kohäsion der Unterschiedlichen mitbearbeiten soll.

Literatur

Böhmer, Anselm (2016): Bildung als Integrationstechnologie? Neue Konzepte für die Bildungsarbeit mit Geflüchteten. Bielefeld: transcript.

Böhmer, Anselm (2020): Management der Vielfalt. Emanzipation und Effizienz in sozialwirtschaftlichen Organisationen. Wiesbaden: Springer VS.

Bareis, Ellen (2012): Nutzbarmachung und ihre Grenzen – (Nicht-)Nutzungsforschung im Kontext von sozialer Ausschließung und der Arbeit an der Partizipation. In: Schimpf, Elke/Stehr, Johannes (Hrsg.): Kritisches Forschen in der Sozialen Arbeit. Gegenstandsbereiche – Kontextbedingungen – Positionierungen – Perspektiven. Wiesbaden: Springer VS, S. 291–314.

Bareis, Ellen/Kolbe, Christian/Cremer-Schäfer, Helga (2018): Arbeit an Ausschließung. Die Praktiken des Alltags und die Passung Sozialer Arbeit – Ein Werkstattgespräch. In: Anhorn, Roland/Schimpf, Elke/Stehr, Johannes/Rathgeb, Kerstin/Spindler,

Susanne/Keim, Rolf (Hrsg.): Politik der Verhältnisse – Politik des Verhaltens. Widersprüche der Gestaltung Sozialer Arbeit. Wiesbaden: Springer VS, S. 257-276.

Berliner Institut für empirische Integrations- und Migrationsforschung [BIM]/Forschungsbereich beim Sachverständigenrat deutscher Stiftungen für Integration und Migration [SVR-Forschungsbereich] (2017): Vielfalt im Klassenzimmer. Wie Lehrkräfte gute Leistung fördern können. Berlin: Eigenverlag.

Bohnsack, Ralf (2014): Rekonstruktive Sozialforschung. Einführung in qualitative Methoden (9. Aufl.). Opladen, Toronto: Barbara Budrich.

Bohnsack, Ralf (2017). Praxeologische Wissenssoziologie. Leverkusen: UTB.

Bohnsack, Ralf (2018): Dokumentarische Methode. In: Bohnsack, Ralf/Geimer, Alexander/Meuser, Michael (Hrsg.): Hauptbegriffe Qualitativer Sozialforschung (4. Aufl.). Opladen/Toronto: Verlag Barbara Budrich, S. 52–58.

Brubaker, Rogers (2004): Ethnicity Without Groups. Cambridge, London: Harvard University Press.

Clark, Zoe/Ziegler, Holger (2016): Jugend, Capabilities und das Problem der Pädagogik. In: Becker, Ulrike/Friedrichs, Henrike/Gross, Friederike von/Kaiser, Sabine (Hrsg.): Ent-Grenztes Heranwachsen. Wiesbaden: Springer VS, S. 219–232.

Clarke, Adele (2012): Situationsanalyse. Wiesbaden: Springer VS.

Hunn, Karin (2011): Arbeitsplatz Deutschland, Heimat Türkei? Die Anwerbung von Arbeitskräften aus der Türkei im Kontext der bundesdeutschen Ausländerbeschäftigungspolitik. Ein Policy Paper mit Empfehlungen für die künftige Gestaltung der Zuwanderung. Gütersloh: Bertelsmann Stiftung.

Kessl, Fabian/Maurer, Susanne (2010): Praktiken der Differenzierung als Praktiken der Grenzbearbeitung. Überlegungen zur Bestimmung sozialer Arbeit als Grenzbearbeiterin. In: Kessl, Fabian/Plößer, Melanie (Hrsg.): Differenzierung, Normalisierung, Andersheit. Soziale Arbeit als Arbeit mit den Anderen. Wiesbaden: VS Verlag, S. 154–169.

Kessl, Fabian/Maurer, Susanne (2019): Soziale Arbeit. Eine disziplinäre Positionierung zum Sozialraum. In: Kessl, Fabian/Reutlinger, Christian (Hrsg.): Handbuch Sozialraum. Grundlagen für den Bildungs- und Sozialbereich (2. Aufl.). Wiesbaden: Springer VS, S. 161–183.

Laclau, Ernesto (2010): Emanzipation und Differenz. (Übers. v. Oliver Marchart) Wien, Berlin: Turia + Kant.

Mannheim, Karl (1982): Structures of Thinking. Collected Works Volume Ten. London, New York: Routledge.

Maurer, Susanne (2018): Grenzbearbeitung Zum analytischen, methodologischen und kritischen Potenzial einer Denkfigur. In: Bütow, Birgit/Patry, Jean-Luc/Astleitner, Hermann (Hrsg.): Grenzanalysen – Erziehungswissenschaftliche Perspektiven zu einer aktuellen Denkfigur. Weinheim/Basel: Beltz Juventa, S. 20-33.

Maurer, Susanne/Kessl, Fabian (2014): Radikale Reflexivität – eine realistische Perspektive für (sozial)pädagogische Forschung? In: Mührel, Eric/Birgmeier, Bernd (Hrsg.): Perspektiven sozialpädagogischer Forschung. Methodologien – Arbeitsfeldbezüge – Forschungspraxen. Wiesbaden: Springer VS, S. 141–153.

Mecheril, Paul/Melter, Claus (2010): Differenz und Soziale Arbeit. Historische Schlaglichter und systematische Zusammenhänge. In: Kessl, Fabian/Plößer, Melanie (Hrsg.): Differenzierung, Normalisierung, Andersheit. Soziale Arbeit als Arbeit mit den Anderen. Wiesbaden: Springer VS, S. 117–131.

Mecheril, Paul/Vorrink, Andrea J. (2012): Diversity und Soziale Arbeit: Umriss eines kritisch-reflexiven Ansatzes. ARCHIV für Wissenschaft und Praxis der Sozialen Arbeit 43, 1, S. 92–101.

Nohl, Arnd-Michael (2017): Interview und Dokumentarische Methode. Anleitungen für die Forschungspraxis (5. Aufl.). Wiesbaden: Springer VS.

Reckwitz, Andreas (2018): Die Gesellschaft der Singularitäten. Zum Strukturwandel der Moderne (6. Aufl.). Berlin: Suhrkamp.

Saussure, Ferdinand de (1916): Cours de linguistique générale. Lausanne, Paris: Payot.

Schürer, Susanne (2018): Türkeistämmige Personen in Deutschland. Erkenntnisse aus der Repräsentativuntersuchung „Ausgewählte Migrantengruppen in Deutschland 2015" (RAM). Working Paper 81. Nürnberg: Eigenverlag BAMF.

Statistisches Bundesamt [Destatis] (2020): Bevölkerung und Erwerbstätigkeit Bevölkerung mit Migrationshintergrund – Ergebnisse des Mikrozensus 2019 – Fachserie 1 Reihe 2.2. Wiesbaden: Eigenverlag.

Vereinte Nationen (2008): Übereinkommen über die Rechte von Menschen mit Behinderungen. Bundesgesetzblatt Jahrgang 2008, II(35), S. 1419–1457.

Walia, Harsha (2021): Border & Rule. Global Migration, Capitalism, and the Rise of Racist Nationalism. Chicago, Illinois: Haymarket Books.

Quo vadis Demokratie und Sozialpolitik? Transformationsprozesse seit 1989/90 in Ungarn und ihre Auswirkungen auf die Profession und Praxis Sozialer Arbeit

Júlia Wéber

Die politische Entwicklung der letzten Dekade in Ungarn bildet im europäischen Kontext keinen Einzel- oder Ausnahmefall. Vielerorts finden Angriffe auf völkerrechtlich und durch Konventionen abgesicherte Werte und Güter statt - der brutale Krieg in der Ukraine führt auf perfide Weise die Abgründe der Missachtung von allem Humanen vor Augen. Die vermeintliche Selbstverständlichkeit der Unantastbarkeit der Menschenwürde, der Meinungsfreiheit oder des Minderheitenschutzes wird in einigen EU-Mitgliedstaaten von Parteien in der Regierungsverantwortung in Zweifel gezogen. Die politisch angeordnete Missachtung demokratischer Werte und universeller Menschenrechte führt zu Prozessen der Spaltung in ganzen Gesellschaften mit Auswirkungen auf das Gemeinwesen, die Praxis öffentlicher Institutionen und auf die Gesetzgebung. Im Folgenden werden Gefährdungen demokratischer Herrschaft- und Gesellschaftsform in Ungarn als Herausforderungen für die Praxis, Lehre und Forschung Sozialer Arbeit in den Blick genommen. Zunächst wird sich ohne Anspruch auf Vollständigkeit der jüngsten Geschichte Ungarns skizzenhaft unter Verweis auf zentrale Gesetzesänderungen angenähert (1), die wohlfahrtsstaatliche Justierungsprozesse exemplarisch verdeutlichen. Auch einzelne Antworten aus der kritischen Sozialen Arbeit werden angedeutet (2). Im Ausblick wird die Notwendigkeit einer transnationalen Sozialen Arbeit für ein Europa des Dialogs bekräftigt, die nicht aufhören kann, die Umsetzung der Menschenrechte in Bündnispartnerschaft mit der organisierten Zivilgesellschaft institutionell einzufordern (3).

1 Kurze historische Einordnung – die jüngste Geschichte Ungarns

An der Ostgrenze von Österreich war die Volksrepublik Ungarn bis 1989 Mitgliedstaat des sogenannten Ostblocks und gehört seit der Transformation 1989/90 zu den demokratisch legitimierten Staaten. Auf die Spezifik der postsozialistischen Wohlfahrstaatlichkeit in Ungarn kann an dieser Stelle nur hingedeutet werden: Die Wohlfahrtsregime der Visegrád-Staaten (Tschechien, Slowakei, Polen, Ungarn) lassen sich als „einzigartige Hybride im Anschluss an die bismarckischen vor- und realsozialistischen Traditionen" beschreiben (Kollmorgen 2009: 80). In Mittelosteuropa lässt sich eine

> „Regime-(Re-)Kombination [beobachten], die ‚liberale', ‚sozialdemokratische', aber auch arbeitsgesellschaftlich ‚konservative' Zielvorstellungen mit institutionellen Versatzstücken und neuen Elementen des bismarckschen Typus hinsichtlich der Akteurkonfigurationen und Regulierungsmodi bei starker Stellung des Staates und nicht zuletzt exogen verursachte (neo-)liberale Finanzierungsformen mischt. Dabei erscheinen die unterschiedlichen Bereiche und Aufgabenfelder institutionell keineswegs aus einem Guss gefertigt und haben sich die Schwergewichte der Rekombinationen über die Zeit der Transformationen deutlich verschoben" (ebd.).

Laut einer Analyse der Friedrich-Ebert-Stiftung (FES) von 2016 hat die ungarische Elite nach 1990 die Bedeutung von sozialen Fragen generell unterschätzt. Die Mehrheit der ungarischen Bevölkerung erhoffte sich steigenden Wohlstand und zunehmende soziale Sicherheit. Die inzwischen negative Bewertung des Umbruchs 1989/90 durch die ungarische Gesellschaft wird zentral auf steigende Arbeitslosigkeit, abnehmende soziale Mobilität, Erstarken sozialer Ungleichheiten und eine Erosion der sozialen Stabilität zurückgeführt. Die dominante Rolle des Staates, wichtiges Kennzeichen des Staatssozialismus, bleibt trotz Systemwechsel, Übergang zur Marktwirtschaft und Privatisierungswellen für viele Ungar*innen prioritär. Gleichzeitig wird der ungarischen Gesellschaft ein niedriges Vertrauen in politische Institutionen und ein hohes Maß an zwischenmenschlichem Misstrauen bescheinigt, was auch die Entwicklung fundamentaler sozialer Werte wie Toleranz und Solidarität sowie die Teilhabe am demokratischen Prozess behindere (vgl. Bíró-Nagy 2017: 2). Der EU-Beitritt wurde sowohl durch linke als auch rechte Parteien unterstützt und erfolgte 2004. Auch wenn ein Teil der knapp zehn Millionen zählenden ungarischen Bevölkerung seitdem „viel kritischer gegenüber den Entwicklungen innerhalb der Europäischen Union geworden [ist] und in der politischen Elite keine Einigkeit über die Europäische Union mehr besteht" (ebd.:

3), wird die Unterstützung der EU-Mitgliedschaft seitens der ungarischen Bevölkerung als hoch eingestuft (vgl. ebd.).

Die Demokratie in Ungarn zeigt heute in vielerlei Hinsicht, dass die gesellschaftliche Transformation, in eine wehrhafte Demokratie, nicht erfolgt ist: einem Drittel der Bevölkerung war 2016 egal, ob das Land autoritär oder demokratisch regiert wird. Und auch glaubten die Menschen „nicht mehr, dass die Demokratie ihr Leben wirklich verändern wird" (ebd: 2; z.B. BpB 2020). Soziale Probleme wie Armut, Arbeitslosigkeit und Mängel des sozialen Systems werden von der ungarischen Bevölkerung als ihre dringlichsten Sorgen gesehen. Die Regierungspraktiken fügen sich zu einem „antidemokratischen Nationalismus, für den die Ethnisierung der Gesellschaft steht" (Fehr 2016: 88). Das Vertrauen in die ungarische Demokratie kann laut der FES-Studie dann wiederhergestellt werden, wenn die Lebensbedingungen breiter Bevölkerungsschichten und die Wohlfahrtsprogramme verbessert werden (vgl. Bíró-Nagy 2017: 2).

2 Die (fehlende) gesellschaftliche Kohäsion in Ungarn heute – 31 Jahre nach der Öffnung des Eisernen Vorhangs

2010 erzielte die zur Zeit der Transformation 1989 linksliberale, mittlerweile jedoch rechtskonservative Partei Fiatal Demokraták Szövetsége, abgekürzt „Fidesz" (Bund Junger Demokraten[1]), in einem Wahlbündnis mit der Kereszténydemokrata Néppárt (KDNP: Christlich-Demokratische Volkspartei) eine absolute Mehrheit im ungarischen Parlament. Seitdem wurden nachhaltige Veränderungen erwirkt, die demokratische Institutionen wie das Justizsystem oder die unabhängigen Medien[2] schwächen, die Grundrechte und die Gewaltenteilung einschränken (BpB 2020: o. S). Die völkisch-nationalistisch geprägte Gesetzgebung verändert die gesellschaftliche Deutung von sozialen Problemen und übt massiven Einfluss auf die wohlfahrtsstaatlichen Strukturen und institutionellen Praktiken aus. Die

1 Im Ungarischen haben Substantive kein grammatikalisches Geschlecht, bei Übersetzungen werden abwechselnd verschiedene Geschlechter mitberücksichtigt.

2 Die Nichtregierungsorganisation (NGO) „Reporter ohne Grenzen" stuft Ungarn 2020 auf Platz 89 von 180 auf der „Rangliste der Pressefreiheit" Staaten (Vergleich: 2010: Platz 23). Dieser NGO zufolge hat die Fidesz-Partei „die Medienlandschaft in den vergangenen zehn Jahren immer mehr unter ihre Kontrolle gebracht. Die öffentlich-rechtlichen Rundfunksender wurden in einer staatlichen Medienholding zentralisiert, bei der auch die ungarische Nachrichtenagentur MIT angesiedelt wurde. Die Regierung kontrolliere inzwischen den Großteil der Nachrichtenmedien. Mehrfach veröffentlichten regierungsnahe Medien Listen mit regierungskritischen Journalistinnen und Journalisten" (BpB 2020).

Auswirkungen der Umwälzungen für Adressat*innen und Akteur*innen Sozialer Arbeit und der organisierten Zivilgesellschaft schlagen sich u.a. in der Beschränkung von Zugangschancen und Ausschluss aus Förderstrukturen, Ausbreitung von Homophobie, Antifeminismus, Antisemitismus und Gruppenbezogener Menschenfeindlichkeit sowie Behinderung der Tätigkeiten von NGOs, insbesondere in den Bereichen Diversität, Migration und Gender, nieder. Zu den von Ausgrenzung am stärksten betroffenen sozialen Gruppen gehören die in Europa wie in Ungarn größte Minderheit der Roma (Kehl 2014), Menschen mit Migrationsbiografie und Menschen mit einer Identität jenseits der heterosexuellen Matrix.

2.1 Regierungsaktivitäten seit 2010

Mit der Verabschiedung der neuen Verfassung 2010 hat die Regierung das politische Verständnis das politische Verständnis von Nation als ethnisch-kulturell markiert, d.h. völkisch definiert (vgl. Marsovszky 2015: 7). Als besonders umstritten gilt die Präambel der Verfassung mit dem Titel „Nationales Bekenntnis“[3], wonach Angehörige von Minderheiten wie Roma zwar als Teil der politischen Gemeinschaft, nicht aber als solche der ungarischen Nation betrachtet werden (BpB 2020). Erst in Artikel B des Grundgesetzes, Abs. 2 „fällt die Benennung als ‚Republik‘ […], doch sämtliche republikanische Gedanken sind von nationalen Bekenntnissen verdrängt: Als der ‚wichtigste Rahmen gesellschaftlichen „Zusammenlebens“ [sind] Familie und Nation‘“ erklärt (zit. Ungarisches Grundgesetz 2011: 6, s. auch Fn. 3).

„Ein Bericht des Europäischen Parlaments aus dem Jahr 2018 wirft der Regierung Orbán u.a. Angriffe auf die Unabhängigkeit der Justiz[4], das Recht auf freie Meinungsäußerung, die akademische Freiheit, den Minderheitenschutz und die

3 Marsovszky weist darauf hin, dass die amtliche deutsche Übersetzung des ungarischen Grundgesetzes (s. unter http://njt.hu/cgi_bin/njt_doc.cgi?docid=140968.234365; 12.07.20) auf der offiziellen Seite der ungarischen Regierung (www.kormany.hu; S. 7) 2014 nicht korrekt ist. Die wortwörtliche Übersetzung lautet „Nationales Glaubensbekenntnis“ und nicht „Nationales Bekenntnis“ (vgl. Marsovszky 2015: 40, Fn. 80 und ebd.: 41, Fn. 82). Nach Recherchen der Autorin scheint diese Übersetzung weiterhin Bestand zu haben, s. u.: https://nemzetikonyvtar.kormany.hu/download/b/00/50000/n%C3%A9met-magyar_nyomda.pdf [Zugriff: 12.12.2021].

4 Das Verfassungsgericht verlor das Recht auf inhaltliche Prüfung von Verfassungsänderungen. Außerdem soll es „sich in seinen Begründungen nur noch auf jene Urteile berufen können, die nach Inkrafttreten des neuen Grundgesetzes gefällt wurden. Ferner bekam das neu geschaffene Landesgerichtsamt, dessen Präsident*in von einer Zwei-Drittel-Mehrheit des Parlaments eingesetzt wird, die Möglichkeit, ausgewählte Fälle bestimmten Gerichten zuzuweisen – diese Regelung wurde als Reaktion auf internationale Kritik wenig später wieder zurückgenommen. Auch in den darauffolgenden Jahren folgten weitere weitreichende Verfassungs- und Gesetzesänderungen“ (BpB 2020).

Grundrechte von Asylsuchenden und Flüchtlingen vor“[5] (BpB 2020). Bei der Wahlrechtsreform 2011 wurde u.a. die Zahl der Sitze im Parlament auf 199 reduziert, der zweite Wahlgang und die Ausgleichsmandate wurden abgeschafft und die Wahlkreise neu zugeschnitten. Bei erneuter Überarbeitung der Verfassung 2013 durch die Fidesz-KDNP-Regierung wurden die Kompetenzen des Verfassungsgerichts weiter eingeschränkt. 2014 und 2018 gewann bei den Wahlen die Regierungskoalition, bestehend aus Fidesz und KDNP, und bekam eine Zwei-Drittel-Mehrheit im ungarischen Parlament, verlor diese aber zwischenzeitlich bei einer Nachwahl. Beide Parlamentswahlen wurden von Wahlbeobachter*innen als frei, aber nicht fair bewertet (vgl. ebd.). 2022 wird in Ungarn wieder das Parlament gewählt. Die Opposition in Ungarn wurde in den letzten Jahren gezielt aus dem politischen Leben gedrängt. Laut unabhängiger Beobachter*innen wurden Wahlen zuletzt unter dem Eindruck von „einschüchternder und fremdenfeindlicher Rhetorik, voreingenommenen Medien und undurchsichtiger Wahlkampffinanzierung“ durchgeführt (OSZE/ODIHR 2018). Seit den Kommunalwahlen 2019 stellt das oppositionelle Bündnissystem mit Gergely Karácsony, dem Ko-Vorsitzende der grünen Partei „Dialóg“ (Párbeszéd) den Oberbürgermeister von Budapest, der als gemeinsamer Kandidat der Opposition mit absoluter Mehrheit der Stimmen gewählt wurde.

2.2 Soziale Verwerfungen

Die massiven sozialen Verwerfungen seit 1989 können hier kaum skizziert werden. Die Analyse der renommierten ungarischen Soziologin Zsuzsa Ferge (geb. 1931)[6] über die Auswirkungen der sozialpolitischen Interventionen der einzelnen Regierungen von 1989/90 bis 2015 stuft die Ziele der ungarischen Sozialpolitik als intransparent und widersprüchlich ein, die Ziele und Instrumente der einzelnen Regierungen waren nicht aufeinander abgestimmt. Die Outputs stehen den sozialpolitischen Erwartungen diametral entgegen, die Humaninvestitionen in die Zukunft wie Fachkräfteausbildung, bessere Gesundheitsversorgung oder Schulentwicklung brachten mehr Misserfolge als Erfolge. Die staatlich gesteuerte

5 https://www.europarl.europa.eu/doceo/document/A-8-2018-0250_DE.html [31.03.2022]

6 Die international geschätzte Soziologin Ferge ist seit 2002 Vollmitglied der Ungarischen Akademie der Wissenschaften (MTA). Die spätere emeritierte Professorin der ELTE-Universität Budapest erhielt 1985 als Leiterin der Abteilung Sozialpolitik des Soziologischen Forschungsinstituts der MTA den Auftrag für die Ausbildung von Sozialpolitiker*innen im Rahmen einer akademischen Weiterbildung (vgl. Pik 2004: 353). Ferge, eine der einflussreichsten Persönlichkeiten der ungarischen Soziologie und Sozialpolitik, war u.a. 2005 bis 2011 die leitende Expertin im Nationalen Programmbüro der MTA gegen Kinderarmut (ihr Porträt s. u.: https://20szazadhangja.tk.hu/hu/ferge-zsuzsa [12.02.2022]). 2017 erschien ihr vielzitiertes (und regierungskritisches) Werk über die ungarische Sozialpolitik 1990–2015 (Budapest, Osiris Verlag).

Sozialpolitik zeigt sich seit 2010 keineswegs als EU-konform, da Ziele wie die Bekämpfung von Ausgrenzung und Segregation oder Chancengleichheit für Minderheiten, Menschen in prekären Lebenslagen und Arme nicht verfolgt werden (vgl. Ferge 2017: 430.).[7] Die Sozialpolitik der Orbán-Regierung zielt größtenteils nicht auf die Verbesserung der Lebenslagen Ärmerer, sondern wirkt sich lediglich auf die der Wohlhabenden positiv aus.[8] Jede*r dritte Ungar*in gilt heute als arm und muss von weniger als 256 Euro im Monat leben. Nach Einschätzung von Ferge sagt sich die aktuelle Regierung Ungarns von den Werten des europäischen Sozialmodells los (vgl. ebd.: 417). Die Orbán-Regierung hat „die Abschaffung des Sozialstaates und den Aufbau eines ‚Arbeitsstaates' zum Programm erhoben: Wer Sozialleistungen erhält, soll zu Arbeit gezwungen werden. Die Regierung hat Ungarn damit sozial so tief gespalten wie nie zuvor seit dem Ende der kommunistischen Diktatur" (Verseck 2017). Die Regierung führt Steuern ein, die Spitzenverdienende begünstigen, Sozialleistungen und Renten werden gekürzt und kaum Sozialwohnungen vom Staat bereitgestellt. Das Wohnproblem ist zu einem Gesellschaftsproblem angewachsen (vgl. Holt 2020, s. auch Hegyesi 2018: 139f.).[9] Zudem wurden durch völkische Regierungstendenzen, welche vom Ministerpräsidenten Orbán als „arbeitsbasierte Nation" und „illiberaler Staat" (Orbán 2014, 2015, 2016) bezeichnet werden, Gesetzesänderungen mit klaren antifeministischen, antiromaistischen, rassistischen und diskriminierenden Logiken etabliert. Hegyesi[10] bescheinigt dem Aufruf zu der nationalen Umfrage von Viktor Orbán 2017 nationalistische und antieuropäische Argumentationsweisen[11] und nimmt in vielen Bereichen gesellschaftli-

---

7 Die zusammenfassende Übertragung der Ferge-Studie (Ungarisch-Deutsch) wurde von der Autorin erstellt.

8 „Die Einführung des einheitlichen Einkommensteuersatzes von 16 Prozent im Jahr 2013 und dessen Senkung auf 15 Prozent zwei Jahre später brachte den obersten zehn Prozent Zusatzeinkommen von umgerechnet 1,6 Milliarden Euro. Die Mehrheit, die über kleinere Einkommen verfügt, verlor umgerechnet fast 650 Millionen Euro" (Verseck 2017).

9 Etwa eine Million ungarischer Haushalte haben im Vorfeld der Finanz- und Wirtschaftskrise 2008 frankenbasierte Kredite aufgenommen, um ein Eigenheim zu finanzieren. Durch den Verfall der ungarischen Währung Forint konnten die allermeisten Kreditnehmenden die Raten nicht mehr bezahlen und mussten ihre Immobilien verkaufen. Am angespannten Mietmarkt haben sich die Preise im Zeitraum von 2010 bis 2016 verdreifacht, während das Lohnniveau gleichgeblieben ist.

10 Der emeritierte Professor für Soziale Arbeit der ELTE erwarb seinen M.A.-Abschluss und sein Doktorat in Sozialer Arbeit in Australien. Er prägte die Lehre im akademischen Jahre 1989/90 neu eingeführten Hochschulfach Soziale Arbeit entscheidend mit (Pik 2004: 354). Die Eötvös Lórand Tudományegyetem (ELTE) in Budapest ist die größte Universität des Landes.

11 Exemplarisch wird mit folgenden Sätzen der nationale Zusammenhalt gegenüber den als ungarnfeindlich deklarierten „Plänen aus Brüssel" mobilisiert: „Brussels has come up with some new ideas which endanger our national sovereignty and security. The bureaucrats want to force us to abolish the policy of cutting expenses on gas, electricity etc., and to let in illegal immigrants. If it depended on them, they would also take away our right to decide about the reduction

chen Lebens in Anlehnung an Ferge (2017) einen kritischen Realitätscheck vor (vgl. Hegyesi 2018:).[12 13 14]

2.3 Das soziale Problem der Obdachlosigkeit

Bei etwa 1,7 Millionen Einwohner*innen zählte Budapest 2020 offiziell rund 30.000 Obdachlose, Expert*innen gehen von insgesamt 60.000 Menschen ohne feste Bleibe aus – ein Höchstwert unter osteuropäischen Hauptstädten. Das im Oktober 2018 eingeführte Gesetz verbietet den Aufenthalt an öffentlichen Plätzen „zu Wohnzwecken". Werden Obdachlose von der Polizei aufgegriffen, spricht diese eine Verwarnung aus. Nach drei Verwarnungen innerhalb von 90 Tagen landet der/die Betroffene*r vor einem*einer Richter*in, der*die bis zu sechs Monate Haft oder Arbeit in staatlichen Programmen verordnen kann (vgl. Bakos 2018). Sich als Obdachlose*r mit seinen*ihren Habseligkeiten auf eine Parkbank zu setzen ist laut Gesetz bereits strafbar (vgl. Holt 2020). Laut kritischer Anwält*innen und Menschenrechtsaktivist*innen in Ungarn verstößt das Gesetz nicht nur gegen die ungarische Verfassung, sondern auch gegen das internationale Recht. Straßenanwält*innen und Ehrenamtliche engagieren sich u.a. in Budapest, entwickeln Leitfäden über die Gesetzesänderungen für Obdachlose, organisieren Schulungen für Sozialarbeitende und stellen Informationsmaterial für Rechtsanwälte zusammen,

of taxes, or ways of creating jobs" (Orbán, 2017, zit. n. Hegyesi 2018: 132). Dabei werden steigende Energiekosten und „illegale Migrant*innen" als Gefährdungen für die staatliche Souveränität in einem Zug erwähnt. Im Weiteren wird für die Teilhabe an der Befragung mit folgenden Worten geworben: „[...]To be able to successfully stop the dangerous plans in Brussels, we need the support of the Hungarian people. That's why I am asking you to stand up for national independence, to help the government in its struggle and fill in the attached questionnaire" (ebd.).

12 Zum Beispiel Item 2, Antwortoption a war: „In the interests of the Hungarian people the illegal immigrants should be supervised until the authorities have decided about their cases; Antwortoption b war: „We should let them freely move around the country" (ebd.: 132f.). Jede Frage endete mit einer persönlichen Adressierung: „What do you think – what should Hungary do?" (ebd.), welche den Adressat*innen der Befragung anhand der Angabe von zwei Antwortoptionen eine nationale Einheit und eine Einigkeit der Meinungsbildung suggeriert, die es in einer pluralistischen Demokratie kaum geben kann.

13 Am 27. Juni 2017 bedankte sich Orbán für die Unterstützung der Regierungspolitik mit viel Lob für die Beteiligung der 1.688.044 Teilnehmenden und endete seine schriftliche Ansprache mit der Bekräftigung, alle Anstrengungen zu unternehmen, „das Land vor illegalen Migranten zu schützen"(Orbán 2017, zit. n. Hegyesi).

14 Die ins Englische übertragene Rede von Orbán, die er beim Abschluss der sogenannten Nationalen Konsultation am 21. Juli 2017 gehalten hat, ist unter https://abouthungary.hu/speeches-and-remarks/prime-minister-viktor-orbans-speech-at-the-closing-event-for-the-national-consultation einsehbar [12.03.2021].

um sie auf ihre Rolle als potenzielle Pflichtverteidiger*innen vorzubereiten (ebd.).[15] Trotzdem werden seit dem 15. Oktober 2018 Verstöße gegen die Vorschriften über das Wohnen im öffentlichen Raum durch das Gesetz über Ordnungswidrigkeiten geahndet (vgl. ebd.). Da laut NGOs nicht genug Plätze in Aufnahmeeinrichtungen für obdachlose Menschen vorhanden sind, bestraft der Staat Menschen in marginalisierten Lebenslagen, ohne ihnen eine Lösung anzubieten (Stiftung „Menhely" (Shelter Foundation), vgl. Qubit 2021).

2.4 Einschränkungen von und Verhinderung der Tätigkeiten von NGOs

Als einziger EU-Mitgliedsstaat wurde Ungarn durch das „Freedom House" im Berichtsjahr 2020 als nur „teilweise frei" eingestuft: Die ungarische Regierung behindere die Aktivitäten von Oppositionsgruppen, Journalist*innen, Universitäten und NGOs (vgl. BpB 2020).[16] Trotz vielfältiger Restriktionen für NGOs werden von der EU finanzierte Projekte für demokratische Bürgerrechtsarbeit durch die Regierung genutzt, jedoch mit der Intention, zivilgesellschaftliche Akteur*innen hervorzubringen, die loyal zur gegenwärtigen Regierung stehen und die perspektivisch als Multiplikator*innen die völkische Logik reproduzieren und danach handeln – wie die Autorin von verschiedenen kritischen Referent*innen während einer Exkursion im März 2020 in Budapest erfahren durfte.

Im Urteil Kommission/Ungarn (Transparenz von Vereinigungen) (C-78/18) vom 18. Juni 2020 hat die Große Kammer des EU-Gerichtshofs einer Vertragsverletzungsklage der Europäischen Kommission gegen Ungarn stattgegeben: „Die von Ungarn erlassenen Beschränkungen der Finanzierung von Organisationen der Zivilgesellschaft durch außerhalb dieses Mitgliedstaats ansässige Personen sind mit dem Unionsrecht nicht vereinbar" (EuGH 2018).

Der Gerichtshof hat festgestellt, dass Ungarn diskriminierende und ungerechtfertigte Beschränkungen in Bezug auf einige Kategorien von Organisationen der Zivilgesellschaft und die sie unterstützenden Personen eingeführt hat, indem Organisationen, die unmittelbar oder mittelbar ausländische Unterstützung erhalten, Registrierungs-, Melde- und Offenlegungspflichten auferlegt wurden und gegen Organisationen, die diesen Pflichten nicht nachkommen, Sanktionen in Aussicht

15 Die Budapester Straßenanwältin Kalota und ihre Mitstreiter*innen gehen dreimal vor Gericht, „um Obdachlose zu verteidigen. Am Ende gelingt es ihnen, zusammen mit anderen Organisationen und Anwälten, eine Beschwerde beim Verfassungsgericht einzubringen und so die Ende November 2018 bereits einige Wochen andauernde Verhaftungswelle vorerst zu stoppen" (Holt 2020).

16 Die Kritik fokussierte zudem auf Korruption, Intransparenz und die fehlende Unabhängigkeit der Gerichte.

gestellt wurden (vgl. EuGH 2020: 1). Amnesty International (AI) berichtet darüber, dass die Rücknahme des Gesetzes mehr als zehn Monate nach dem o. g. Urteil des Europäischen Gerichtshofs (EuGH) erfolgte, „in dem festgestellt worden war, dass das ungarische NGO-Gesetz gegen die EU-Gesetze zum freien Kapitalverkehr sowie gegen die EU-Grundrechte auf Achtung des Privatlebens, Datenschutz und Vereinigungsfreiheit verstößt" (AI 2021).

2.5 Antiziganismus und Antisemitismus

Der Begriff Antiziganismus wurde in den 1980er-Jahren geprägt, und wie der Begriff Antisemitismus ist er ebenfalls problematisch, da er die Existenz von „Ziganismus" oder die von „Zigeunern" voraussetzt, welche „für die Handlungen der Antiziganisten verantwortlich seien" (Marsovszky 2015: 13). Auch suggeriere der Begriff ein Trugbild einer empirisch nachweisbaren homogenen und bestimmte Merkmale aufweisenden Gruppe und verwische dabei die Unterschiede bzw. die Heterogenität der Roma-Gruppen. Auch hat die Kritik an der Reproduktion und Perpetuierung der pejorativen Fremdbezeichnung „Zigeuner" bestand (vgl. ebd.: 14, vgl. auch ZRDSR 2021). Der vorliegende Beitrag orientiert sich an der Definition von Antiziganismus der IHRA (2020), welche aussagt, dass diese Form von Rassismus sich gegen „eine Gruppe vermeintlich Fremder" richtet, der „eine Reihe negativer Stereotypen und verzerrter Darstellungen zugeordnet wird" (IHRA 2020). Antiziganistische Ressentiments treffen vor allem die Angehörigen der größten europäischen Minderheit der Romnja. Aber auch Menschen, die von Armut und Obdachlosigkeit betroffen sind, können antiziganistisch angegriffen werden. Somit zeigt das Phänomen sich als strukturelle und projektive Feindbildkonstruktion (vgl. Marsovszky 2015: 17) – europaweit (End/Herold/Robel 2013; Lambreva 2014).[17] In Ungarn zählt Antiziganismus heute zu den virulentesten Ressentiments, während ein kritisches Bewusstsein für Antiziganismus der Gesellschaft kaum vorhanden ist (vgl. Marsovszky 2015: 21). Auch fand eine Aufarbeitung der rassistischen Ausgrenzung der Sinti und Roma in Ungarn bisher noch nicht statt (vgl. Barlai/Hartleb 2009: 35).[18]

17 Zur Diskussion von Antiziganismus und Antisemitismus siehe Marsovszky 2015: 18ff.

18 Bis heute ist es unklar, wie viele ungarische Roma und Rom*nja Opfer des Porajmos (deutsch „das Verschlingen") im Nationalsozialismus wurden. Die Zahlen werden zwischen 5.000 Opfern (Karsai 1991) und 30.000 Opfern (Komitee der Verfolgten des Nazi Regimes (VVN), Horváth 2011) angegeben.

2.6 Antifeministische, LGBTQI*-feindliche Politik der Regierungspartei

Menschenrechtsorganisationen kritisieren seit Jahren die LGBTQI*-feindliche Politik der Regierungspartei Fidesz, die Schritt für Schritt die Rechte von Minderheiten einschränkt. Exemplarisch werden im Folgenden besondere Einschränkungen von Menschenrechten mit Gender-Bezug aufgelistet.[19] Die Entscheidungen wurden mithilfe der Zweidrittelmehrheit der Regierung, ohne breite gesellschaftlichen Debatten gefällt (Kahlweit 2021). Am 15. Juni 2021 verabschiedet das ungarische Parlament trotz der Proteste von mehr als 5.000 Menschen das „Zensur-Gesetz", das künftig Werbung für Geschlechtsangleichungen oder Aufklärungsbücher über geschlechtliche Vielfalt verbietet und die Informationsrechte von Heranwachsenden über sexuelle Minderheiten in Schulen und Bildungseinrichtungen einschränkt. Auch gilt als verboten, ein Bild von Familie in Büchern, Aufklärungskampagnen sowie Werbung zu verbreiten, welche nicht aus „Vater, Mutter, Kinder" besteht. Am 16. Dezember 2020 schließt das Parlament Homosexuelle vom Recht auf Adoption aus. Am 19. Mai 2020 wird die juristische Geschlechtsänderung unter Verbot gestellt, auch für Personen, die sich einer medizinischen Geschlechtsänderung unterziehen. Ihr Geburtsgeschlecht und -name im Personalausweis und in allen anderen offiziellen Dokumenten dürfen nicht geändert werden. Am 12. Oktober 2018 werden die bis dahin staatlich anerkannten Gender Studies verboten bzw. deren Akkreditierung wird aberkannt (MDR 2021). 2013 wird der Begriff Familie im Grundgesetz bei einer Verfassungsänderung restriktiver definiert. Unverheiratete, kinderlose und gleichgeschlechtliche Paare werden laut der Definition von Familie der ungarischen Verfassung ausgeschlossen. Seit der Verfassungsänderung am 01.01.2012 sind Eheschließungen ausschließlich heterosexueller Partner*innen offiziell möglich.[20]

---

19 Diese Auflistung ist ohne Anspruch auf Vollständigkeit formuliert. Eine detailliertere Chronologie genderbezogener Verschiebungen in der Gesetzgebung findet sich z. B. in: MDR 2021.

20 Seit dem 1. Juli 2009 haben gleichgeschlechtliche Paare auch die Möglichkeit, ihre Beziehung vor einem*/einer Standesbeamt*in zu bekunden. Eine eingetragene Partnerschaft bietet, abgesehen von einigen Ausnahmen die gleichen Rechte und Pflichten wie eine Ehe für Paare. Darüber hinaus gilt ab dem 1. Januar 2010 eine dritte Option, nämlich die notarielle Beurkundung von Lebenspartnerschaften (vgl. Háttér 2015: 1).

3 Kritik von -ismen als professionelle Herausforderung in der Sozialen Arbeit – ein Ausblick

Angesichts der „Entleerung des Demokratiebegriffs“ (Marsovszky 2015: 56) in Ungarn wird im letzten Abschnitt nach „Strategien zur Demokratisierung“ (ebd.) – auch durch die bzw. in der – Soziale(n) Arbeit gesucht. Die Realisierung von universalen Menschenrechten als globales Ziel berührt die Profession und Disziplin auf elementare Weise (Staub-Bernasconi 2003, 2019; Spatschek/Steckelberg 2019). Dieser Perspektive zufolge wird die Auseinandersetzung mit gesellschaftlichen Phänomenen, die die volle Teilhabe an oder die Realisierung von Menschenrechten verhindern oder beidem entgegenlaufen wie im Falle von Antiziganismus, Antifeminismus, Antisemitismus oder Rassismus,[21] im Rahmen von Hochschullehre eingefordert. Auch für Lehrende Sozialer Professionen wie der Sozialen Arbeit bringt die „faschistoide Normierung der Gesellschaft“, wie eine Referentin während einer Studienreise im März 2020 in Budapest[22] kritisch formulierte, vielfältige pädagogische und ethische Herausforderungen mit sich (Deákné Orosz et al. 2018). Ein anderer Dozent für Soziale Arbeit stellte bei einer Diskussion der Exkursion die Frage: Wie können Studierende auf die drohenden Ausgrenzungsmechanismen als gesellschaftliche Normalität vorbereitet bzw. für diesen alltäglichen Umgang professionellen Widerstandes im Rahmen des Curriculums adäquat gewappnet werden?

Als eine Antwort wurde vor wenigen Jahren eine Selbstverpflichtung für Absolvent*innen in BA und MA Soziale Arbeit an der Universität ELTE mit der Bekräftigung einer Orientierung am Ethikkodex der Sozialen Arbeit verfasst (Rácz/Bulyáki/Mihály 2021). Es zeigt sich, dass die Mehrheit der konfessionellen Hochschulen sich der Selbstverpflichtung nicht anschließt. Eine Spaltung der Profession hinsichtlich einer weitgehenden Akzeptanz von staatlich eingeforderten institutionellen Praktiken, die manche Adressat*innengruppen benachteiligen oder ausschließen, steht laut Hegyesi (Stand: Mitte 2021[23]) bevor.

Die im Beitrag kursorisch zusammengefassten autoritär-nationalistischen und populistischen Entwicklungen in Ungarn bekräftigen die Relevanz einer euro-

21 Rassismus wird in Anlehnung an Attia (2014) und Arnt/Ofuatey-Alazard (2019) als ein gesellschaftliches Machtverhältnis verstanden.

22 Unter der Leitung der Autorin und Dr. Constanze Jaiser fand im März 2020 eine Exkursion nach Budapest zum Thema „Rassismuskritische Bildungsarbeit“ statt, an der 20 Studierende des Fachbereichs Soziale Arbeit, Bildung und Erziehung der Hochschule Neubrandenburg teilgenommen haben.

23 Diese Einschätzung wurde von G. Hegyesi im Rahmen eines Telefongesprächs mit der Autorin verlautbart.

päischen solidarischen Haltung auf Ebene von Disziplin und Profession Sozialer Arbeit.[24] Mit diesem Beitrag möchte ich einen intensiveren Austausch mit ungarischen Lehrenden und Fachkräften über sozialpolitische Einschnitte, Einschränkungen der Zivilgesellschaft, Professionalisierungsprozesse unter restriktiven Bedingungen und Praxisreflexionen in einzelnen Handlungsfeldern an Hochschulen im deutschsprachigen Raum anregen. Eine weitere Transnationalisierung europäischer Sozialer Arbeit bleibt brandaktuell, ihr Beitrag zur Kohäsion der EU und damit zum Erhalt und Vertiefung unserer gemeinsamen europäischen Zukunft ist von unschätzbarem Wert.

Literatur

AI – Amnesty International (Hrsg.) (2021): Ungarn: NGO-Gesetz aufgehoben, aber Zivilgesellschaft droht neue Gefahr. https://www.amnesty.de/informieren/aktuell/ungarn-erfolg-ngo-gesetz-aufgehoben-zivilgesellschaft-droht-neue-gefahr [Zugriff: 31.08. 2021].

Arnt, Susan/Ofuatey-Alazard, Nadja (Hrsg.) (2019): Wie Rassismus aus Wörtern spricht. (K)Erben des Kolonialismus im Wissensarchiv deutsche Sprache. Ein kritisches Nachschlagewerk. 3. Auflage. Münster: Unrast Verlag.

Attia, Iman (2014): Rassismus als gesellschaftliches Machtverhältnis. http://lernen-aus-der-geschichte.de/Lernen-und-Lehren/content/12012 [Zugriff: 20.06.2020].

Bakos, Piroska (2018): Wie Ungarn Obdachlose kriminalisiert. In: MDR Nachrichten vom 10.12.2018. https://www.mdr.de/nachrichten/welt/osteuropa/ostblogger/ungarn-gesetz-gegen-obdachlose-100.html [Zugriff: 13.12.2021].

Barlai, Melani/Hartleb, Florian (2009): Die Roma in Ungarn. In: APuZ – Aus Politik und Zeitgeschichte 29–30/2009, S. 33–39.

Bíró-Nagy, András (2017): Demokratie als Enttäuschung. Transformationserfahrungen in Ungarn. Berlin: Friedrich-Ebert-Stiftung, Referat Mittel- und Osteuropa.

BpB – Bundeszentrale für politische Bildung (Hrsg.) (2020): 10 Jahre Fidesz-Regierung: Lage der Demokratie in Ungarn. In: Hintergrund aktuell vom 30.04.2020. https://www.bpb.de/politik/hintergrund-aktuell/308619/demokratie-in-ungarn [Zugriff: 30.11.2021].

Deákné Orosz, Zsuzsa/Kozma, Judit/Pál, Tibor/Rácz, Andrea/Vincze Erika (2018): Etikai kódex jelentősége a szociális professzióban. In: Párbeszéd 1/2018, 6. DOI: 10.29376/parbeszed/2018/1/6; URL: https://ojs.lib.unideb.hu/parbeszed/article/view/6089 [Zugriff. 31.03.2022].

24 Für eine weiterführende Einschätzung der Sozialen Arbeit aus kritischer Budapester Perspektive s. Hegyesi und Talyigás 2021. Matoušek

End, Markus (2016): Die Dialektik der Aufklärung als Antiziganismuskritik. Thesen zu einer Kritischen Theorie des Antiziganismus. In: Stender, Wolfram (Hrsg.): Konstellationen des Antiziganismus. Wiesbaden: Springer Fachmedien, S. 53–94.

End, Markus/Herold, Kathrin/Robel, Yvonne (2013): Antiziganistische Zustände. Zur Kritik eines allgegenwärtigen Ressentiments Zur Kritik eines allgegenwärtigen Ressentiments. 2. Aufl. Münster: Unrast.

Fehr, Helmut (2016): Vergeltende Gerechtigkeit – Populismus und Vergangenheitspolitik nach 1989. Opladen/Berlin/Toronto: Verlag Barbara Budrich.

Ferge, Zsuzsa (2017): Magyar társadalom- és szociálpolitika (1990–2015). (Deutsch: Ungarische Gesellschafts- und Sozialpolitik). Budapest: Osiris.

EuGH – Gerichtshof der Europäischen Union (Hrsg.) (2020): PRESSEMITTEILUNG Nr. 73/20. Urteil in der Rechtssache C-78/18 Kommission / Ungarn. Luxemburg, 18. Juni 2020.

Háttér (Hintergrund) – Magyar LMBT Szövetség (Ungarischer LMBT Verbund) (Hrsg.) (2015): Eingetragene Partnerschaft. Leitfaden für Schwule und lesbische Paare. 2. Aufl. Budapest: Háttér Társaság és a Magyar LMBT Szövetség. https://hatter.hu/kiadvanyaink/bejegyzett-elettarsi-kapcsolat-utmutato [Zugriff: 10.12. 2021].

Hegyesi, Gábor (2018): The politics of the Hungarian government in the dimming light of European values. In: Sidjanski, Dusan/Saint-Ouen, François/Stephanou, Constantine A. (Eds.): UNION OF VALUES? Implementing the values and fundamental principles of the European Union, S. 131–141.

Hegyesi, Gábor/Talyigás, Katalin (2021): Social Work Between Civil Society and the State: Lessons for and from Hungary in a European Context. In: Lorenz, Walter / Havrdová, Zuzana/ Matoušek, Oldřich (Eds.): European Social Work After 1989. East-West Exchanges Between Universal Principles and Cultural Sensitivity. Cham: Springer Nature Switzerland, S. 101–118.

Holt, Lena von (2020): Drei für Europa. Bürgerinnen und Bürger im Kampf gegen die Einschränkung unserer Freiheit. In: ERSTE Magazin vom 19.02.2020. http://magazine.erstestiftung.org/de/drei-fuer-europa/ [Zugriff: 12.12. 2021].

Horváth, Aladár (2011): Magyar Apartheid (Ungarisches Apartheid); Ms (unveröff.) (Angabe n. Marsovszky 2015).

IHRA – International Holocaust Remembrance Alliance, Deutscher Vorsitz der IHRA (Hrsg.) (2020): Arbeitsdefinition Antiziganismus. https://ihra2020.diplo.de/ihra-de/-/2403766 [Zugriff: 02.10. 2021].

Kahlweit, Cathrin (2021): Das nächste Machwerk des Viktor Orbán. In: Süddeutsche Zeitung vom 15. Juni 2021. https://www.sueddeutsche.de/meinung/orban-ungarn-paedophilie-homosexualitaet-1.5323043 [Zugriff: 13.12. 2021].

Karsai, László (1991): Cigánykérdés Magyarországon 1944-45 (Die Zigeunerfrage in Ungarn). In: Regio – Kisebbségtudományi Szemle (Minderheitenwissenschaftlicher Rundschau] 1991, Jg. 2, Nr. 1.

Kehl, Jara (2014): Zur aktuellen Situation der Roma in Ungarn. In: Migration und Soziale Arbeit, Jg. 36 (2014), Nr. 2, S. 132–137. https://zentralrat.sintiundroma.de/jara-kehl-zur-aktuellen-situation-der-roma-in-ungarn/ [Zugriff: 02.11.2021].

Kollmorgen, Raj (2009): Postsozialistische Wohlfahrtsregime in Europa – Teil der „Drei Welten“ oder eigener Typus? Ein empirisch gestützter Rekonzeptualisierungsversuch. In: Pfau-Effinger, Birgit/Sakač Magdalenić, Slađana/Wolf, Christof (Hrsg.): International vergleichende Sozialforschung. Ansätze und Messkonzepte unter den Bedingungen der Globalisierung. Wiesbaden: VS, S. 65–92.

Lambreva, Diljana (2014): Antiziganistischer Rassismus – ein osteuropäisches Problem? In: BpB – Bundeszentrale für politische Bildung (Hrsg.): Dossier Rechtsextremismus. https://www.bpb.de/politik/extremismus/rechtsextremismus/184146/antiziganistischer-rassismus-ein-osteuropaeisches-problem [Zugriff: 11.12.2021].

Marsovszky, Magdolna (2015): Verfolger und Verfolgte. Antiziganismus in Ungarn. Leipzig: RLS Sachsen.

MDR (Hrsg.) (2021): Diskriminierung. Ungarn schränkt Rechte von Homosexuellen weiter ein. https://www.mdr.de/nachrichten/welt/osteuropa/politik/ungarn-chronologie-homophobie-gesetze-100.html [Zugriff: 21.09.2021].

Orbán, Viktor (2014): Wir bauen den illiberalen Staat auf. In: Pester Lloyd vom 30.07.2014.

Orbán, Viktor (2015): Orbán Viktor beszéde a XIV. kötcsei polgári pikniken (Rede von Viktor Orbán beim XIV. bürgerlichen Picknick in Kötcse), 05.09.2015. http://2010-2015.miniszterelnok.hu/beszed/orban_viktor_beszede_a_xiv._kotcsei_polgari_pikniken [Zugriff: 02.11.2021].

Orbán, Viktor (2016): Bist Du gegen den Frieden? In: Frankfurter Allgemeine Zeitung vom 11.07.2016, S. 6.

OSCE – Organisation for Security and Co-operation in Europe / ODIH – Office for Democratic Institutions and Human Rights (Eds.) (2018): HUNGARY PARLIAMENTARY ELECTIONS 8 April 2018. Warsaw: ODIHR Limited Election Observation Mission. https://www.osce.org/files/f/documents/0/9/385959.pdf [Zugriff: 23.06.2020].

Pik, Katalin (2004 [2001]): A szociális munka története Magyarországon (Die Geschichte der Sozialen Arbeit in Ungarn) (1817–1990). Budapest: Hilscher Rezső Szociálpolitikai Egyesület. (1., unveränderter Nachdruck.)

Qubit.hu (Hrsg.) (2021): Hiába a nagy vihart kavart törvény, nem igazán büntetik a hajléktalanokat Magyarországon (Trotz des Gesetzes, das große Wellen schlug, werden Obdachlose in Ungarn nicht wirklich bestraft) https://qubit.hu/2021/01/11/hiaba-a-nagy-vihart-kavart-torveny-nem-igazan-buntetik-a-hajlektalanokat-magyarorszagon [Zugriff 31.08.2021].

Rácz, Andrea/Bulyáki, Tünde/Mihály, Bulcsú (2021): The Challenges of Future to the Social Work Educational Program at the Eötvös Loránd University in a Rapidly Changing Socio-Political Context. Unveröff. Manuskript.

Spatschek, Christian/Steckelberg, Claudia (2019): Menschenrechte – Eine Realutopie und ihre Relevanz für die Soziale Arbeit. In: Dies. (Hrsg.): Menschenrechte und Soziale Arbeit. Konzeptionelle Grundlagen, Gestaltungsfelder und Umsetzung einer Realutopie. Opladen/Berlin/Toronto: Verlag Barbara Budrich, S. 11–17.

Staub-Bernasconi, Silvia (2003): Soziale Arbeit als (eine) Menschenrechtsprofession. In: Sorg, Richard (Hrsg.): Soziale Arbeit zwischen Politik und Wissenschaft. Münster: LIT, S. 17–55.

Staub-Bernasconi, Silvia (2019): Menschenwürde – Menschenrechte – Soziale Arbeit. Die Menschenrechte vom Kopf auf die Füße stellen. Opladen Berlin, Toronto: Barbara Budrich.

Verseck, Keno: Orbáns moderne Sklaverei. In: Spiegel online vom 09.08.2017. https://www.spiegel.de/wirtschaft/soziales/viktor-orban-wirtschaft-und-armut-in-ungarn-moderne-sklaverei-a-1159108.html [Zugriff: 31.08.2021].

ZRDSR – Zentralrat Deutscher Sinti & Roma (Hrsg.) (2021): Statement von Romani Rose zum Begriff „Antiziganismus“. Heidelberg: ZRDSR. https://zentralrat.sintiundroma.de/romani-rose-zum-begriff-antiziganismus/ [Zugriff: 12.12.2021].

Teil III:
Kohäsion und Spaltung in Handlungsfeldern Sozialer Arbeit

Soziale Arbeit und Regionalentwicklung: Kohäsion durch Information und Partizipation in peripheren ländlichen Räumen stärken

Alexandra Engel, Malina Haßelbusch, David Rüger, Claudia Busch &Jan Schametat

Die Zunahme von Spaltungen in der Gesellschaft, die Herausforderungen digitaler Transformation sowie Ansprüche an globale Gerechtigkeit unter Nachhaltigkeitsaspekten finden auch und vielfältig in regionalen, sich ungleich entwickelnden ländlichen Räumen statt. Je stärker die Disparitäten in einer (ländlichen) Region ausgeprägt sind, desto relevanter ist, dass Soziale Arbeit sie in ihrer Zukunftsfähigkeit darin stärkt, transparente Information zu organisieren und mit strukturierten Partizipationsprozessen Teilhabe zu initiieren und zu moderieren. Am Beispiel der Handlungsfelder Engagementförderung, Seniorenangebote und Jugendarbeit wird im Folgenden aufgezeigt, dass Soziale Arbeit Kohäsion im Kontext der Regionalentwicklung stärken kann und sollte.

1 Zufriedenstellendes Engagement erfordert Dialog und Informationen

Engagement als lebensphasen- und lebenslagenüberspannendes, identitätsstiftendes und zugleich demokratierelevantes Handlungsfeld wird eine starke kohäsive und demokratiestärkende Wirkung in unserer Gesellschaft zugeschrieben (vgl. Deutscher Bundestag 2002: 24ff.).

Aufgrund der biografisch verankerten Beweggründe des Engagements kann es weder nachhaltig durch Dritte gesteuert, noch kann es durch moralischen Druck eingefordert werden. Vielmehr muss Engagement gestärkt werden, indem dafür Sorge getragen wird, dass Engagierte während des Engagements tun oder erleben können, was sie biografisch bedingt anstreben (vgl. Corsten u.a. 2008: 222ff.).

1.1 Eigensinnorientierte Engagementförderung

Trägerbezogene oder trägerübergreifende (z.B. kommunale) Maßnahmen, der Engagementförderung sollten Engagierte weder durch Zielvorgaben funktionalisieren, noch allein darauf ausgerichtet sein, die Anzahl der Engagierten zu steigern. Aus engagementtheoretischer Sicht sind solche Versuche zum Scheitern verurteilt und verursachen darüber hinaus Schaden (vgl. Krug/Corsten 2010: 45ff.; Kewes/ Munsch 2020: 47ff.). Stattdessen sollten Maßnahmen entwickelt werden, die Freiwillige während selbstgewählter und -gelenkter Engagements unterstützen und davor schützen, instrumentalisiert, überfordert oder frustriert zu werden. In Anlehnung an die Eigensinn-Definition von Krug und Corsten (2010) wird deshalb auch von einer eigensinnorientierten Engagementförderung gesprochen (vgl. Krug/Corsten 2010: 43ff.; Engel u.a. 2019: 362).

Ein wichtiger Aspekt eigensinnorientierter Engagementförderung sind Informationen. Engagierte müssen für kontinuierliches selbstbestimmtes Engagement von ihrer Selbstwirksamkeit überzeugt sein (vgl. Corsten u.a. 2008: 223). Entsprechende Informationen sollten angesichts komplexer werdender Regelungen und Bedingungen für die unterschiedlichen Zielgruppen aufbereitet werden. Bürokratische Bedingungen wie etwa die Einhaltung der Datenschutz-Grundverordnung der Europäischen Union werden so nicht zu abschreckenden Hürden.

Ein weiterer zentraler Aspekt eigensinnorientierter Engagementförderung ist Dialog. Engagierte können in der Regel nicht genau formulieren, was sie anstreben (vgl. Corsten u.a. 2008: 32ff.; Kewes/Munsch 2020: 40ff.). Mittels spezieller Gesprächsverfahren können Außenstehende die impliziten Absichten von Engagierten jedoch verstehen und somit diskutierbar machen (vgl. Rüger/Engel 2019). Auf diese Weise geraten Engagierte in die Lage, ihre Absichten gegenseitig transparent zu machen und idealerweise Arrangements zu entwickeln, in denen alle Beteiligten zufriedenstellende Engagements erleben können.

1.2 Die „Engagementfördertreppe" als strategisches Modell der Engagementförderung

Ein Konzept zur Förderung von Engagement beinhaltet als zentrale Elemente die Stärkung von Dialog und Information sowie die Orientierung am Eigensinn (vgl. Engel u.a. 2019).

Die „Engagementfördertreppe" umfasst insgesamt sechs Förderebenen und kann sowohl von Einrichtungen angewandt werden, in denen sich Menschen engagieren, als auch von Institutionen wie Kommunen oder Landkreisen, die einrichtungsübergreifend bürgerschaftliches Engagement strategisch fundiert fördern möchten. Zentral ist dabei, sich zu Beginn von Engagementprozessen Zeit zu nehmen und zum einen den Eigensinn von Engagementwilligen zu verstehen sowie zum anderen entsprechende Tätigkeiten mit Engagementwilligen zu vereinbaren. Über anschließende Informations- und Qualifizierungsangebote hinaus erscheint es wichtig, Gruppen bei der Vereinbarung ihrer teilweise unterschiedlichen Eigensinne sowie sonstiger Interessen und Bedürfnisse zu unterstützen. Denkbar wären hier institutionalisierte Kommunikationsformate wie kollegiale Beratung oder Supervision. Wenn Konflikte bereits eskaliert sind, kommt zudem Mediation infrage. Außerdem sieht die Engagementfördertreppe eine gelebte Anerkennungskultur und Maßnahmen vor, welche bei Bedarf die Vereinbarung von Engagement und beruflichen und/oder familiären Aufgaben unterstützen (vgl. Engel u.a. 2019: 364ff.).

Abbildung: Engagementfördertreppe

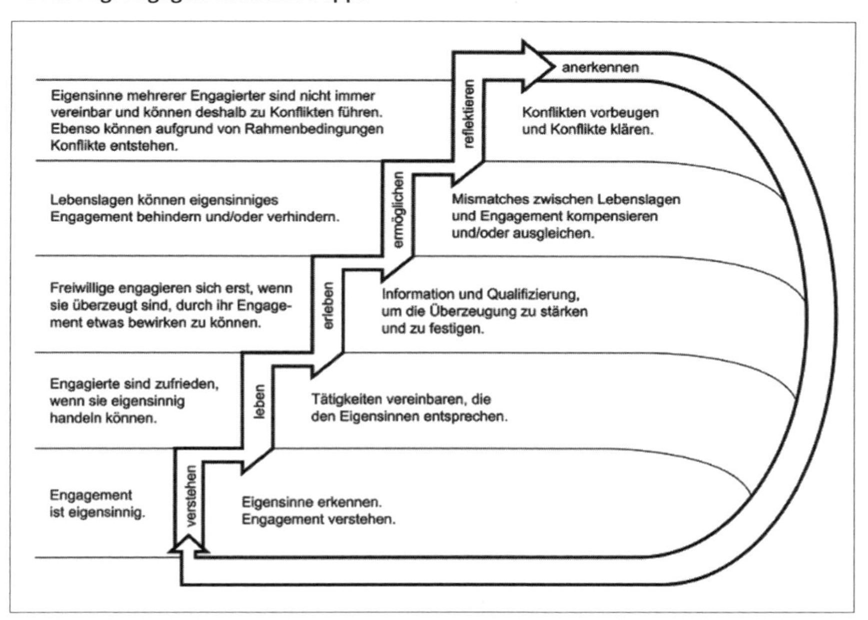

Quelle: Engel u. a. 2019: 364ff.

1.3 Die Rolle Sozialer Arbeit in der Engagementförderung

Die bisherigen Ausführungen zeigen, dass eine eigensinnorientierte Engagementförderung umfangreiche kommunikative Kompetenzen wie etwa Fallverstehen, Moderation oder Mediation erfordert. Da Sozialarbeitende genau darin ausgebildet sind und während ihres Studiums ferner die erforderlichen strukturbildenden und konzeptionellen Kompetenzen entwickeln, sind sie qualifiziert, in diesem Kontext Engagementförderung zu betreiben (vgl. Deutsche Gesellschaft für Soziale Arbeit 2016: 8f.). Soziale Arbeit sollte daher mit der Stärkung der Information von sowie dem Dialog mit bürgerschaftlich engagierten Menschen das Handlungsfeld der Engagementförderung prägen.

Es ist sinnvoll, die eben genannten Kompetenzen in Gebietskörperschaften, z.B. in Landkreisverwaltungen, zu etablieren. Denkbar sind hierbei Teams, welche im Rahmen einer Stabsstelle sowohl bedarfsorientiert als auch proaktiv agieren und auf Engagierte zugehen können. Solch öffentliche Strukturen wirken teilhabestärkend und zeigen ein Verantwortungsbewusstsein für Engagierte vonseiten des Staates. Durch eine solche Bündelung können Synergieeffekte erzielt werden, da für viele Informationsbedarfe zentrale Angebote entwickelt und Ressourcen bereitgestellt werden können.

2 Seniorenangebote auf Bauernhöfen

So wie bürgerschaftliches Engagement werden auch „alternative" Angebote für alte Menschen öffentlich sehr stark positiv wahrgenommen. Aktuell gibt es beispielsweise viele mediale Darstellungen zu Seniorenwohnangeboten auf landwirtschaftlichen Betrieben. Scheinbar mühelos gelingt es auf dem Bauernhof, Senior*innen wie selbstverständlich in familienartigen Gruppen und gleichberechtigt partizipieren zu lassen. Ein vertiefend analytischer Blick, wie er durch das Forschungsprojekt VivAge (2016–2019) vorgenommen wurde, zeigt jedoch, dass Lebensqualität nicht von selbst entsteht und idyllische Bilder nicht nur gerne dunkle Januartage ausklammern, sondern auch diejenigen ausschließen können, die in besonderem Maß Unterstützung brauchen (vgl. Busch 2020).

2.1 Gute soziale Beziehungen sind die Basis für Lebensqualität

Aktive Teilhabe setzt kognitive und physische Fähigkeiten voraus, über die Hochaltrige manchmal nicht mehr verfügen. In spezifisch auf diese Zielgruppe ausgerichteten Wohnprojekten sollten daher die Sensibilität für gleichberechtigte

Teilhabe gefördert und diese aktiv durch entsprechende Maßnahmen gesichert werden (vgl. Amann/Koland 2014: 17ff., Thieme 2008: 159ff.). Nicht nur die Alltagspartizipation muss begleitet werden, auch das Zusammenleben in einer Gruppe gilt es zu gestalten. Soziale Beziehungen zu den Zimmernachbar*innen wachsen nicht von selbst, sondern setzen Austausch und positive Erlebnisse voraus (vgl. Klie et al. 2017: 176). Auch die tatsächliche Qualität von Seniorenwohnprojekten auf landwirtschaftlichen Betrieben – das zeigten Interviews mit den Bewohner*innen– hängt nicht vom räumlichen Ambiente ab, sondern entsteht durch die Güte sozialer Beziehungen (vgl. Busch 2020: 96ff.).

2.2 Unzureichende Informationsstrukturen verhindern positive Effekte

Seniorenwohnangebote auf Bauernhöfen sind auch aus der Perspektive peripherer Regionen interessant: Sie können bäuerliche Strukturen unterstützen sowie zum Erhalt historischer Hofanlagen und einer vielfältigen Agrarlandschaft beitragen. Sie stärken kleine Ortschaften, weil sie Kund*innen für Konsum- und Dienstleistungsangebote in die Dörfer bringen (vgl. Busch 2020: 50ff.). Noch fehlt es jedoch an der richtigen Passung von Information und Beratung. Im Forschungsprojekt VivAge zeigte sich, dass die ersten landwirtschaftlichen Betriebe mit einem Seniorenwohnangebot sehr auf sich selbst gestellt waren, um rechtliche Rahmenregelungen oder finanzielle Förderangebote zu finden – ganz abgesehen von Schulungen, um das Zusammenleben zu gestalten. Es gibt (bisher) keine Schnittstellen der Informationssysteme landwirtschaftlicher Aus- und Weiterbildungssysteme sowie der Strukturen Sozialer Arbeit.

In den Niederlanden wurde bereits in den 1990er-Jahren hierauf reagiert, indem Sozial- und Landwirtschaftsministerium gemeinsam ein Zentrum einrichteten und Informationen bündelten. Nachdem dieses Zentrum geschlossen wurde, blieben regionale Vernetzungsstellen bestehen (vgl. Hassink 2015: 6ff.). Auch in anderen europäischen Staaten gibt es inzwischen zentrale Informationsangebote, während dies in Deutschland aufgrund der föderalen Struktur vom Interesse der Landwirtschaftskammern oder vergleichbarer Einrichtungen auf Länderebene abhängig ist. Dabei bestimmen nicht zuletzt latente Leitbilder, welche Informationen an welcher Stelle bereitgestellt werden. Sowohl in den Alpenländern als auch in vielen deutschen Bundesländern orientieren sich die Informationsstrukturen am Bild eines Familienbetriebs, auf dem der Mann für Ackerbau und Technik, die Frau hingegen für Erwerbskombinationen und alles, was irgendwie mit „Sozialem" zusammenhängt, zuständig ist. Referent*innen in den Kammern, die sich des Themas soziale Dienstleistungen auf landwirtschaftlichen Betrieben (zunehmend) annehmen, sind für „Landfrauen" zuständig und oft in der Ökotrophologie ausgebildet – ganz anders beispielsweise in Norwegen, wo Kommunen im Rahmen eines staatlichen Präventions- und Fürsorgeauftrags für *alle* Einwohner*innen Verträge mit landwirtschaftlichen Betrieben abschließen, insbesondere in den peripheren Gebieten des Nordens (vgl. Bode 2016: 33ff.; Ihlebæk et al. 2016: 114). In Italien hingegen wird die Verantwortung für Fürsorge vorrangig bei der (Groß-)Familie gesehen (vgl. Ferrera 2012: 616ff.), sodass es z.B. im Bereich Pflege nicht nur an finanzieller Unterstützung mangelt, sondern auch an gebündelten Informationen.

Die Qualität „alternativer" Angebote für alte Menschen könnte verbessert werden, wenn der Wissens- und Methodenkanon der Sozialen Arbeit stärker integriert werden würde. Das könnte durch die Integration von Fachkräften vor Ort passieren, vor allem aber auch durch fachlich fundierte Organisationsberatung und -begleitung als Angebot für Betriebe und Initiativen.

3 Jugendliche in ländlichen Räumen zwischen Ressourcenfokussierung und Partizipationsbemühungen

Die Frage, wer an welcher Stelle für wen und mit welchen, oft unbewussten, Absichten Informationen bereitstellt, steht in engem Zusammenhang mit Anforderungen an Partizipationsstrukturen und dem Fördern von Kohäsion. Das zeigt sich in besonderer Weise anhand der Informationsoptionen, die Jugendliche in ländlichen Regionen haben.

Jugendliche in ländlich-peripheren Räumen werden seit einiger Zeit von den regionalpolitischen Akteur*innen nicht mehr vorrangig unter problematisierenden Aspekten betrachtet, sondern im Rahmen regionaler Fachkräfteproblematiken als „endogene Ressource" zur Deckung des zukünftigen Bedarfs gesehen. Sie werden damit zur Zielgruppe regionalpolitischer Agenden und Gegenstand von Regionalentwicklung (vgl. Bitzan 2017: 216). Damit einher geht u.a. eine Häufung von Partizipationsprozessen, die auch Jugendliche einbinden sollen. Sie werden oftmals unter der Regie von Verwaltung oder Planungsbüros durchgeführt, was aus der Perspektive der Sozialen Arbeit nicht unkritisch gesehen werden kann. Herrenknecht (2018: 105) konstatiert, dass Jugendpartizipation von Planungsbüros oft eher „im Vorrübergehen" und ohne fachliche Expertise betrieben wird. Teilweise beobachten wir auch Partizipationsprozesse mit Feigenblattfunktion, etwa dann, wenn Jugendliche zur Darstellung von Bottom-up-Prozessen in der Phase der Antragstellung eingebunden werden, später aber nicht von den eingeworbenen Fördermitteln profitieren.

3.1 Unterschiedliche Leitperspektiven in Maßnahmen der Jugendpartizipation

Dabei sind Gelingensfaktoren von Jugendpartizipation seit langem bekannt (vgl. u.a. BBE 2016). Bekannt ist auch, dass Jugendpartizipation heute vor allem außerhalb formaler oder institutioneller Kontexte stattfindet (vgl. Wigger 2019: 5). Aus Perspektive Sozialer Arbeit erscheint es umso wichtiger zu sein, klar Stellung zu dieser neuen Konstellation von Akteur*innen zu beziehen. Das Zukunftszentrum Holzminden-Höxter (ZZHH) hat daher im Rahmen einer Studie Narrationen über Partizipationspraktiken im Akteur*innendreieck Jugendliche-Verwaltungsfachkräfte-Sozialarbeitende analysiert (vgl. Schametat et al. 2021). Im Ergebnis konnten im Rahmen einer Rahmenanalyse (vgl. Goffman 1977) unterschiedliche Leitperspektiven der Akteur*innengruppen rekonstruiert werden. Dabei wurde deutlich, dass diese untereinander teilweise stark divergieren und ein hohes Potenzial für Missverständnisse und Konflikte bergen. Während Jugendliche ihre Erzählungen über erlebte Partizipation entlang der Leitperspektiven *Autonomiebestrebung, Interessenvertretung, Machtgefälle* oder *Altruismus* konstruieren, stehen bei den Verwaltungsfachkräften der *Informationsgewinn*, vor allem aber der *Ordnungsrahmen* im Vordergrund. Interaktionsprobleme treten dann auf, wenn bspw. verwaltungsseitig zur Kompensation von Mobilitätsdefiziten einseitig auf den Busfahrplan (Ordnungsrahmen) verwiesen wird, ohne die aktuelle Situation der Jugendlichen zu reflektieren. Hier könnte der ganzheitliche Ansatz der Lebensweltorientierung durch eine supervidierende Einlassung der Sozialen Arbeit zu Verständigungen beitragen. Doch auch Sozialarbeitende, für welche die Leitperspektiven *pädagogischer Akt, Partizipationsintensität* und *staatliches Mandat* rekonstruiert wurden, sind nicht davor gefeit, Missverständnisse zu produzieren. Dies geschieht etwa, wenn sie ihr pädagogisches Handeln nicht transparent machen und Jugendliche dadurch womöglich überfordern.

Moderation könnte die Prozesse der Partizipation von Jugendlichen fördern. Soziale Arbeit verfügt über das notwendige Wissen für gelingende Partizipation und die entsprechenden Fähigkeiten, Prozesse zu organisieren und zu vermitteln.

3.2 Offene Kinder- und Jugendarbeit als Playerin in der Regionalentwicklung

Im Hinblick auf die Partizipation von Jugendlichen ist deutlich geworden, dass die Expertise der Sozialen Arbeit dringend benötigt wird. Auch im Diskurs um die Zukunft der Offenen Kinder- und Jugendarbeit (OKJA) wird Regionalentwicklung bereits seit vielen Jahren als mögliches neues Handlungsfeld diskutiert (vgl. Faulde

2020). Dieser Diskurs gab Anlass zu einer weiteren Studie, mit der das ZZHH über eine standardisierte Onlinebefragung im Mai 2020 die Erfahrungen und Meinungen der Praktiker*innen der OKJA zur Kooperation mit Regionalentwicklung beleuchtet hat (vgl. Schametat/Engel 2021).

In der Befragung, an der 129 Sozialarbeitende der OKJA teilnahmen, zeigte sich eine enorme Bandbreite der Tätigkeitsfelder und Netzwerke. Vor allem im Hinblick auf den Kenntnisstand zum Thema und der gefühlten Nähe gab es große Unterschiede: Einige der befragten Fachkräfte waren bereits recht intensiv in Prozesse der Regionalentwicklung eingebunden, der überwiegende Teil fühlte sich jedoch eher schlecht informiert und sah sich nicht als Teil eines Netzwerkes in der Regionalentwicklung. Die Auswertung von Kontaktintensitäten zu Kooperationspartner*innen zeigte zudem eine deutliche Fokussierung auf soziale Nahräume. Die intensivsten Kontakte bestanden zu Schulen, Stadt- oder Kommunalverwaltung, Schulsozialarbeit, Jugendamt und Vereinen (nach Intensität absteigend), während Kreisverwaltungen eher im Mittelfeld und Regionalmanagements auf den hinteren Plätzen landeten. Ein Großteil der befragten Fachkräfte ist somit wenig bis gar nicht in Netzwerke regionaler Planung eingebunden.

Dennoch bewertet der überwiegende Teil der Befragten den Einfluss von Prozessen der Regionalentwicklung auf die eigene berufliche Praxis als sehr hoch und schätzt eine Kooperation als (sehr) wichtig ein. Umgekehrt wird der Einfluss Sozialer Arbeit auf diese Prozesse gegenwärtig als sehr gering eingeschätzt, insbesondere im Vergleich mit anderen Akteur*innengruppen.

Erhebliche Unterschiede zeigen sich auch in der Art der Einbindung (hier waren Mehrfachnennungen möglich). Während ein Drittel sich kaum bis gar nicht eingebunden sieht, sind etwa die Hälfte der Befragten eher über informelle Formate eingebunden. Immerhin jeweils rund 50 Befragte sind über Arbeitsgruppen- und Kreise sowie über die passive Teilnahme an Veranstaltungen beteiligt. Der Anteil derjenigen, die sich in einer aktiveren Rolle sehen, fällt demgegenüber wesentlich geringer aus: Moderationen oder Vorträge bei Veranstaltungen der Regionalentwicklung kannten 27 Befragte. 21 partizipierten über konkrete Projektarbeit und lediglich 17 waren Mitglieder einer regionalen Steuerungsgruppe und damit mandatierte Mitentscheider*innen.

Als Hindernisse für eine stärkere Kooperation wurden vor allem fehlende Strukturen oder Ressourcen sowie ein subjektiv empfundenes „schlechtes Standing“ der Sozialen Arbeit gesehen. Dieses schlechte Standing äußerte sich u.a. in dem Gefühl fehlender Wertschätzung für die Arbeit sowie der fehlenden Wahrnehmung der sozialarbeiterischen Expertise.

4 Fazit

Die Studie zur Frage, inwiefern Sozialarbeiter*innen im Handlungsfeld der Offenen Kinder- und Jugendarbeit sich selbst als Player und Expert*innen der Regionalentwicklung wahrnehmen und wahrgenommen werden, zeigt in Verbindung mit den Befunden in den Handlungsfeldern der Engagementförderung und der Seniorenangebote deutlich die Potenziale auf, die Soziale Arbeit in Prozesse der Regionalentwicklung einbringen könnte.

Periphere ländliche Regionen sind wesentlich stärker als urbane Regionen darauf angewiesen, ihre endogenen Potenziale zu entwickeln, vor allem in Bezug auf Fachkräfte. Die Integration der Methoden, Perspektiven und des Wissens Sozialer Arbeit wäre für Regionalentwicklung eine große Chance, um wirkungsvolle Maßnahmenketten zu bilden. Diese Expertise wird dringend benötigt und sollte selbstbewusst beworben werden. „Kohäsion entsteht dort, wo die relevanten Akteur*innen ihre Fähigkeiten zum Wohle der Allgemeinheit einbringen" – in diesem Glaubenssatz liegen augenscheinlich große Schnittmengen zwischen Sozialer Arbeit und Regionalentwicklung.

Die Studie von Schametat und Engel (2021) zeigt in Ansätzen auf, dass die für diesen Dialog notwendigen Organisationsstrukturen noch stärker entwickelt und institutionalisiert werden müssen (vgl. Schametat/Engel 2021: 315). Dazu gehören beispielsweise fachbereichsübergreifende Arbeitsgemeinschaften zwischen planenden, ordnenden und mit Sozialer Arbeit, Gesundheit und Bildung beauftragten Disziplinen in den Verwaltungen. Trägerübergreifend könnten Regionalkonferenzen der Sozialarbeiter*innen einen Beitrag zur regelmäßigen und zielgerichteten Analyse und Kommunikation leisten, nicht zuletzt, indem sie Bedarfe verschiedener Zielgruppen aufzeigen. Die für Regionalentwicklung verantwortlichen Personen könnten und sollten die Kompetenzen Sozialer Arbeit nutzen, damit Partizipationsprozesse gelingen. Gemeint ist damit vor allem, dass die Ergebnisse dieser Prozesse auch umgesetzt werden. Insbesondere vor dem Hintergrund digitaler Transformation und Mediatisierung ist die Entwicklung zielgruppen- und bedarfsgerechter Informationen eine wichtige Aufgabe zur Förderung von Kohäsion, mit dem Ziel, Teilhabe und Engagement zu ermöglichen und zu fördern. Der Zugang zu Informationen ist nach wie vor ein Instrument der Ermächtigung, das Positionen in Verhandlungen oder der Durchsetzung von Maßnahmen bestimmt.

Sozialer Arbeit käme mit einer starken Integration in Prozesse der Regionalentwicklung eine Schlüsselrolle zu, indem räumliche Disparitäten vermieden und die Zukunftsfähigkeit sichergestellt werden könnte. Dies gilt insbesondere für periphere Regionen in Deutschland und Europa, die durch das Prinzip Zentraler Orte (und nicht zuletzt auch die Mängel in der Breitbandversorgung) und divergierende ökonomische und soziale Entwicklungen in mehrfacher Hinsicht gefährdet sind, in ihren Informationszugängen beschränkt zu werden.

Literatur

Amann, Anton/Kolland, Franz (Hrsg.) (2014): Das erzwungene Paradies des Alters? Weitere Fragen an eine kritische Gerontologie. 2. Aufl. Wiesbaden: Springer VS.

BBE Geschäftsstelle gGmbH (Hrsg.) (o.J.): Leitfaden Jugendbeteiligung in Kommunen. Grundlagen für Aufbau von Jugendforen für Demokratie (2., aktualisierte und erweiterte Aufl.).

Bitzan, Maria (2017): „Empirie und Politik". Praxisforschung als Beitrag zur Jugendpolitik. In: Lindner, Werner/Pletzer, Winfried (Hrsg.), Kommunale Jugendpolitik. Weinheim/Basel: Beltz, S. 215–231.

Bode, Ingo (2016). Strukturen und Reformen der Altenhilfe und Pflege im internationalen Vergleich. Expertise zum Siebten Altenbericht der Bundesregierung. https://www.siebter-altenbericht.de/fileadmin/altenbericht/pdf/Expertise_Bode.pdf [Zugriff: 10.01.2020].

Busch, Claudia (2020): VivAge Lebensabend im Dorf - Seniorenangebote auf landwirtschaftlichen Betrieben: Schlussbericht. https://www.tib.eu/de/suchen/id/TIBKAT:1757841415/ [Zugriff: 04.08.2021].

Corsten, Michael/Kauppert, Michael/Rosa, Hartmut (2008): Quellen bürgerschaftlichen Engagements. Die biographische Entwicklung von Wir-Sinn und fokussierten Motiven. Wiesbaden: VS Verlag.

Deutsche Gesellschaft für Soziale Arbeit (2016): Kerncurriculum Soziale Arbeit. Eine Positionierung der Deutschen Gesellschaft für Soziale Arbeit. https://www.dgsa.de/fileadmin/Dokumente/Aktuelles/DGSA_Kerncurriculum_final.pdf [Zugriff 24.06.2021].

Deutscher Bundestag (Hrsg.) (2002): Bericht der Enquête-Kommission „Zukunft des Bürgerschaftlichen Engagements". Bürgerschaftliches Engagement: auf dem Weg in eine zukunftsfähige Bürgergesellschaft. Opladen: Leske + Budrich.

Engel, Alexandra/Rüger, David/Schneider, Jessica (2019): Freiwilligenorientierte Engagementförderung. Vom Eigensinn ausgehen. In: Soziale Arbeit 10/2019, S. 362–367.

Faulde, Joachim/Grünhäuser, Florian/Schulte-Döinghaus, Sarah (Hrsg.) (2020): Jugendarbeit in ländlichen Regionen. Regionalentwicklung als Chance für ein neues Profil. Weinheim: Beltz Juventa.

Ferrera, Maurizio (2012): Established Welfare States. – The South European Countries. In: Castles, Francis G./Leibfried, Stephan/Lewis, Jane/Obinger, Herbert/Pierson, Christopher (Hrsg.). The Oxford Handbook of the Welfare State. Oxford: Oxford University Press, S. 616–629.

Goffman, Erving/Vetter, Hermann (1977): Rahmen-Analyse. Ein Versuch über die Organisation von Alltagserfahrungen. Frankfurt a.M.: Suhrkamp.

Hassink, Jan (2015): Die Niederlande als Vorreiterin. Die Entwicklungen des Care Farming Sektors. In: Green Care S1/2015, S. 6–10.

Herrenknecht, Albert (2018): Jugendliche als „Dorfraumpioniere“. Erfahrungen mit einem LEADER-Jugend-Projekt (I). In: deutsche jugend 66, H. 3, S. 103–110.

Ihlebæk, Camilla/Ellingsen-Dalskau, Linda/Berget, Bente (2016): Motivations, experiences and challenges of being a care farmer -results of a survey of Norwegian care farmers. In: Work 53 (1), S. 113–121.

Kewes, Andreas/Munsch, Chantal (2020): Engagement im Feld der Wohlfahrt zwischen Resonanz und Widerspruch. In: Forschungsjournal Soziale Bewegungen 33 (1), S. 37–50.

Klie, Thomas/Heislbetz, Claus/Schuhmacher, Birgit/Keilhauer, Anne/Rischard, Pablo/Bruker, Christine (2017): Ambulant betreute Wohngruppen. Bestandserhebung, qualitative Einordnung und Handlungsempfehlungen. Abschlussbericht. AGP Sozialforschung und Hans-Weinberger-Akademie (Hrsg.): Studie im Auftrag des Bundesministeriums für Gesundheit, Berlin. https://www.bundesgesundheitsministerium.de/fileadmin/Dateien/5_Publikationen/Pflege/Berichte/Abschlussbericht_AGP_HWA_Wohngruppen-Studie.pdf [Zugriff: 13.05.2020].

Krug, Melanie/Corsten, Michael (2010): Sind Nicht-Engagierte nicht eigensinnig? In: Pilch Ortega, Angela/Felbinger, Andrea/Mikula, Regina/Egger, Rudolf (Hrsg.): Macht – Eigensinn – Engagement. Lernprozesse gesellschaftlicher Teilhabe. Wiesbaden: VS Verlag, S. 41–61.

Rüger, David/Engel, Alexandra (2019): Die Absichten Freiwilliger verstehen. In: Soziale Arbeit 1/2019, S. 21–27.

Schametat, Jan/Engel, Alexandra (2021): Offene Kinder- und Jugendarbeit in ländlichen Räumen in Prozessen der Regionalentwicklung: Eine Studie zur Fachkräfteperspektive. In: deutsche jugend 7-8/2021, S. 308–316.

Schametat, Jan/Engel, Alexandra/Schenk, Sascha (2021): Jugendpartizipation in ländlichen Räumen. Divergierende Leitperspektiven von Akteur:innengruppen. In: Soziale Arbeit 70 (10-11), S. 417–423.

Thieme, Frank (2008): Alter(n) in der alternden Gesellschaft. Eine soziologische Einführung in die Wissenschaft vom Alter(n). Wiesbaden: VS Verlag für Sozialwissenschaften.

Wigger, Annegret/Pohl, Axel/Reutlinger, Christian/Walther, Andreas (2019): Praktiken Jugendlicher im öffentlichen Raum – zwischen Selbstdarstellung und Teilhabeansprüchen: eine Annäherung. In: Pohl, Axel et al. (Hg.): Praktiken Jugendlicher im öffentlichen Raum – Zwischen Selbstdarstellung und Teilhabeansprüchen, Sozialraumforschung und Sozialraumarbeit. Wiesbaden: Springer VS, S. 1–22.

Zur Gestaltung des Zusammenlebens in der Migrationsgesellschaft – Spannungsfelder, Differenzerfahrungen und das Potenzial des Gemeinsamen

Monika Alisch, Martina Ritter, Catharina Hille, Jonas Hufeisen & Tatevik Mamajanyan

1 Einleitung

„Integriert Euch!" war 2015 der Titel des „Plädoyer[s] für ein selbstbewusstes Einwanderungsland" der Soziologin Annette Treibel, die damit „Integration als Projekt für alle" ausgerufen hatte. Die notwendige Weiterentwicklung des Integrationsbegriffs setzt bei seiner Ambivalenz zwischen „Integration *in* die Gesellschaft und Integration *als* Gesellschaft" (Treibel 2015: 33) an. Im öffentlichen oder alltäglichen Integrationsverständnis gehe es gerade seit den Fluchtzuwanderungen der Jahre 2015 und 2016 wieder um „Zugehörigkeit und Anpassung" (ebd.: 34) einer neuen, anderen Gruppe an „das Reglement der älteren Gruppe" (ebd.: 33) als vermeintlich kollektives Wir. Ein Verständnis von Integration, das sich auf die ganze Gesellschaft bezieht, bleibe dadurch ungenutzt, so Treibel. Sie hebt hervor, dass es z.B. bei der europäischen Integration „sogar *primär* um das Zusammenwachsen und den Zusammenhalt in dem sozialen Gefüge EU" gehe, „das sich permanent verändert" (ebd.: 34). Demokratie, Föderalismus, Individualismus, Gleichberechtigung und Bürgerbeteiligung sind für Treibel die Prinzipien, „die integrativ für die Gesellschaft Deutschlands" sind (ebd.: 38) und „die sie mit anderen Gesellschaften teilt, die sie aber auch von anderen Gesellschaften unterscheidet" (ebd.).

Anders ausgedrückt, wird Integration als Zusammenhalt verstanden und die Frage zu beantworten versucht, „was die(se) Gesellschaft zusammenhält" (vgl. ebd.).

Die Ambivalenz zwischen einem Alltagsverständnis von Integration, das im Modus von Zugehörigkeit *durch* Anpassung agiert, und einem Verständnis einer integrativen Gesellschaft, die Integration als Herausforderung permanenter Veränderung markiert, ist nichts, was irgendwo entschieden werden kann. In dem „gängigen Sinne von Integration" (ebd.: 41) drückt sich vor allem der Wunsch aus,

„dass alles so bleibt, wie es war oder ist – oder wie man *wahrnimmt*, dass es war oder ist“ (ebd.).

Das kann man kritisieren und der Instrumentalisierung des Integrationsbegriffs insbesondere in Bezug auf Migrationsprozesse den Kampf ansagen – in den sozialwissenschaftlichen Diskursen letztlich auch damit, gänzlich auf ihn zu verzichten und stattdessen z.B. einen Ansatz von Interkulturalität oder Postmigration zu favorisieren (vgl. u.a. Castro Varela 2013; Foroutan 2016). Aber auch eine Gesellschaft, die das Postmigrantische „auf das Nachwirken von Migration über die Generationen hinweg – sei es als personales, familiäres oder gesellschaftliches Narrativ, als Ordnungskriterium sozialer und gesellschaftlicher Macht, als Zugangsbarriere zur Definition nationaler Identität oder als Konfliktlinie ideologischer Positionierung“ (Foroutan 2016: 231) versteht, kommt nicht umhin, Wege zu finden – und sie auch zu gehen, um sich auf durchaus radikale Veränderungen für alle einzustellen und entsprechende Irritationen auszuhalten. Die im soziologischen Integrationsbegriff angelegte permanente Veränderung der Gesellschaft braucht sehr viel Zeit, bis alle sich zugehörig und zusammengehörig fühlen. In politischen und sozialwissenschaftlichen Diskussionen gilt es als unausweichlich, in der gesellschaftlichen Umsetzung bleibt es eine Herausforderung: „Integration ist eine Aufgabe für alle“ (Treibel 2015: 44).

In diesem Beitrag soll anhand des als Praxisforschung angelegten Projektes DIWAN[1] gezeigt werden, wie es im sozialräumlichen Kontext ländlich, kleinstädtischer Gemeinwesen gelingen kann, eine Öffentlichkeit für diese Aufgabe herzustellen und entsprechende Prozesse zu initiieren, diese Aufgabe lokal zu bearbeiten.

2 DIWAN – Projektziele und Methoden

Integration, verstanden als gesellschaftlicher Zusammenhalt, wie Treibel es in ihrem Plädoyer definiert, „basiert auf Kooperation, aber auch auf Konflikt. Reibungen und Auseinandersetzungen gehören ebenso dazu wie Annäherung und Sympathie, damit etwas Neues entsteht“ (Treibel 2015: 44). Im Praxisforschungsprojekt DIWAN geht es insofern darum, geeignete Formen zu finden, die es zulassen, Spannungen auszuhalten, Wissensstände sichtbar zu machen, Alltagsregeln zu thematisieren, Differenzen und Konflikte zu benennen und handhabbar zu machen.

1 „DIWAN – Dialogprozesse und Wanderausstellung für ein gelingendes Zusammenleben in der Migrationsgesellschaft“ ist eines von zehn Projekten, die im „Regionalen Innovationszentrum Gesundheit und Lebensqualität“ (RIGL Fulda) der Hochschule Fulda umgesetzt werden. Das RIGL-Fulda ist eine zentrale wissenschaftliche Einrichtung der Hochschule Fulda, die aus dem Bund-Länder-Programm „Innovative Hochschule“ von 2018 bis 2022 gefördert wird.

Ziel des Projektes ist es, ein wechselseitiges Verstehen sozialer Praxen unterschiedlicher sozialer Gruppen in der ländlichen Region Osthessen zu ermöglichen, die unterschiedlichen Interessenlagen dialogisch zu rekonstruieren, so gemeinwesenbezogene Lern- und Teilhabeprozesse zu initiieren, zu begleiten und zu analysieren sowie Ziele und Vorstellungen des Zusammenlebens in einer durch Migration und Einwanderung geprägten Gesellschaft möglichst partizipativ zu ermitteln.

Hintergrund für die sozialräumliche Fokussierung auf eine ländliche Region ist die im Integrationsgesetz von 2016 verankerte Verpflichtung zur Wohnsitznahme für sogenannte anerkannte Geflüchtete, die auf eine unter den Kommunen gerechte Auslastung der Aufgaben und Infrastruktur der Integration zielte. Die Wohnsitzregelung könne verhindern, „dass Wohnraum, Sprachkurse, Integrationsmöglichkeiten in den Ausbildungs- und Arbeitsmarkt sowie weitere Integrationsangebote vor allem im ländlichen Raum ungenutzt bleiben" (HMIS 2017a). Diese Regelung hat maßgeblich dazu beigetragen, dass „sich nun nahezu alle deutschen Kommunen, auch Kleinstädte und Landgemeinden sowie Bundesländer, in denen der Migrationsanteil bislang stark unterdurchschnittlich war, intensiv mit Flüchtlingshilfe und Integrationsaufgaben konfrontiert" sehen (Glorius et al. 2017: 126).

Für das DIWAN-Projekt ergaben sich daraus drei Adressat*innengruppen, deren Interessenorientierungen dialogisch hervorgebracht werden sollten: geflüchtete Zugewanderte – oder „Neue Deutsche", wie Treibel sie nennt, Einheimische (oder „Alte Deutsche") und hier insbesondere diejenigen, die sich in Initiativen der Geflüchtetenhilfe engagieren. Dabei sind wir davon ausgegangen, dass es relativ einfach sein würde, diese Gruppe Einheimischer für die Teilnahme an unserem Projekt zu gewinnen. Es sollten jedoch nicht nur diejenigen, die grundsätzlich der Zuwanderung positiv gegenüber eingestellt sind, erreicht werden, sondern auch diejenigen, die sich bisher nicht oder nicht öffentlich zu den Folgen der Zuwanderung bzw. der Zuweisung Geflüchteter in ihrem Gemeinwesen positioniert haben (zum Zugang zu den Gruppen siehe ausführlich Alisch/Ritter 2019: 196).

Dialoge zum Zusammenleben anzuregen, bedeutet nicht, dass ausschließlich als unterschiedlich definierte (aber in sich sehr heterogene) Gruppen – wie Zugewanderte und Einheimische – miteinander ins Gespräch gebracht werden. Uns war es wichtig, zunächst geschützte Räume zu schaffen, „in denen jede Person frei von Bevormundung, offenen Vorurteilen aber auch moralischer Verurteilung, Probleme, Sorgen, Wünsche oder auch Erwartungen an Andere aussprechen kann" (vgl. Alisch/Ritter 2019).

Mit der Partizipationsmethode der Zukunftswerkstätten (Jungk/Müllert 1989) wurde ein Gesprächsformat gewählt, „das zur Tradition von Handlungsforschung als ein Instrument der Demokratisierung von gesellschaftlichen Problemdefinitionen und Problemlösungen passt" (Alisch et al. 2021; vgl. Lewin 1975). Die Entwicklung des Instruments der Zukunftswerkstätten zielte auf eine „Wiederbelebung des Interesses am Gemeinsamen" (Jungk/Müllert 1989: 13) und entspricht dem Anliegen im DIWAN-Projekt, nicht nur Differenzen – im Alltag und in den Vorstellungen zum (Zusammen)leben – zu anderen sozialen Gruppen zu identifizieren, sondern diskursiv ein Interesse am gemeinsamen Lebensort und Gemeinwesen hervorzubringen.

In insgesamt 16 Zukunftswerkstätten in zehn Kleinstädten und Gemeinden der Region wurden Probleme, Ziele und Strategien der Geflüchteten und der Einheimischen rekonstruiert:

> „Die Kritikphase soll zu einer (vorläufigen) Bestandsaufnahme führen. Tatsächlich sollen Anliegen dabei *kritisch* vorgebracht werden (Probleme); Die Phantasie- oder Utopiephase gründet auf den Wünschen und Hoffnungen, vor allem aber gilt es, *positive* Lösungsvorschläge ohne Einschränkungen ihrer Umsetzbarkeit zu formulieren (Ziele); in der Verwirklichungsphase werden aus der kritischen Bestandsaufnahme und den positiven Entwürfen *praktische* Schritte abgeleitet (Strategien)" (May/Alisch 2011: 35).

Mit diesem Format wurde ein Prozess angestoßen, die Perspektive der jeweils Anderen einzunehmen, deren soziale Praktiken, ihr Alltagsleben und ihre Vorstellungen von einem Zusammenleben im Gemeinwesen zu verstehen. Methodisch wurden deshalb die Ergebnisse der Zukunftswerkstätten gruppenübergreifend und geöffnet für die lokale Bewohnerschaft in drei regionalen Konferenzen rückgekoppelt und diskutiert und so eine soziale Öffentlichkeit für ein „Interesse am Gemeinsamen" (Jungk/Müllert 1989: 13) herzustellen versucht.[2]

In den Zukunftswerkstätten und Rückkoppelungsrunden konnten so soziale Öffentlichkeiten entstehen, die in einem moderierten Prozess, den Raum für den Austausch von Interessen und Befürchtungen bieten. Die Moderation der Zukunftswerkstätten wird durch das Format der drei Phasen geleitet, während wir für die Rückkoppelungsveranstaltungen Ergebnisse und Diskussionsaspekte aus den Werkstätten eng an den Begrifflichkeiten der Sprecher*innen entlang formuliert und als Gesprächsanregung vorgestellt haben. Im Format der kleinen runden Tische und Gesprächsstationen wurden diese Präsentation, aber auch im Gespräch entstehende Aspekte diskutiert. Zentral ist auch hier, dass Moderator*innen an den

2 Aus diesen Konferenzen heraus wurden Personen gewonnen, die an der Vorbereitung der nächsten Projektphase, der mobilen Ausstellung „Zusammen: Leben in Osthessen", kuratiert von Dr. Georgia Rakelmann, mitwirken wollten. Mit der Ausstellung wird ab Oktober 2021 ein Kristallisationspunkt für Dialoge und Auseinandersetzungen zu Integration als Zusammenhalt geschaffen.

Tischen das Gespräch begleiten und ein Abgleiten in Klagen oder Beschuldigungen vermeiden helfen.

3 Differenzen und Gemeinsames

In der Auswertung der Gruppendiskussionen in den Zukunftswerkstätten konnten zum einen die unterschiedlichen *Erfahrungen* der beteiligten Personen und Gruppen herausgearbeitet werden. Auf diese Weise war es möglich, zu verdeutlichen, dass Menschen auf der Flucht ebenso mit dem Verlust von Kultur, Zuhause, Familie, Sprache und wirtschaftlicher Existenz umgehen müssen wie mit den Herausforderungen, abhängig zu sein im System aus professioneller und ehrenamtlicher Hilfe, Diskriminierungen im Alltag und in den Medien zu erleben und die Strukturen am neuen Lebensort verstehen zu lernen. Die einheimischen Bewohner*innen der ländlich/kleinstädtischen Gemeinwesen äußern Befürchtungen, dass ihre traditionelle Lebenswelt durch Zuwanderung infrage steht und nicht mehr „alles so bleibt wie es war oder ist – oder wie man es wahrnimmt, dass es war oder ist" (Treibel 2015: 41). Sie wollen sich nachvollziehbar weiter auf ihren Alltag, ihre Regeln und Gepflogenheiten verlassen können. Sie kennen Veränderung – weil sich die Welt immer verändert, aber fühlen sich der neuen Situation ein stückweit ausgeliefert und befürchten, dass die *Fremden* sich nicht in ihre Lebenswelt einordnen und *Fremde* bleiben. Gleichwohl sind sie eher unentschieden über die Folgen der Zuwanderung.

Die Erfahrungen der im Zuge der *Willkommenskultur* freiwillig für geflüchtete Menschen Engagierten beziehen sich auf genau diese Aufgabe, die sie in Anerkennung der Einwanderungsgesellschaft auf sich genommen haben: Sie erwarten (mehr) Unterstützung und Anerkennung für ihre freiwillige Arbeit und für *ihre* Geflüchteten. Sie äußern den Wunsch nach Reziprozität im Geben und Nehmen und suchen die Balance zwischen persönlicher Nähe und professioneller Distanz. Auch sie machen Erfahrungen mit Diskriminierung und Kritik, *weil* sie sich engagieren, und sehen ihren Beitrag zum Erhalt und zur Entwicklung des Gemeinwesens als unbeachtet.

Zum anderen konnte in den regionalen Konferenzen (Rückkoppelungsveranstaltungen) gezeigt werden, dass es neben diesen unterschiedlichen Erfahrungen sehr wohl gemeinsame Interessen gibt, die wir erstens gefasst haben als das Bedürfnis, *als Mensch ungestört zu leben*, d.h., insbesondere Privates haben und erhalten und sich darauf verlassen können, dass Grenzen des Privaten nicht überschritten werden und ein geschützter Raum besteht (vgl. ausführlich Alisch/Ritter 2021: 76ff.) wie auf eine soziale Umgebung, die man kennt. Als verbindend erwies sich ebenso das Bedürfnis danach, sich wohlzufühlen in der eigenen Gegenwart und zu wissen, dass diese und die eigene Vergangenheit etwas wert sind.

Zweitens konnte das Bedürfnis danach, *aufeinander bezogen zu sein,* als Gemeinsamkeit herausgearbeitet werden. Darunter haben wir Äußerungen gefasst, die den Wunsch nach Kontakt zu Anderen, dem Zusammensein mit Freund*innen und Familie zeigen, aber auch das Interesse am gemeinsam geteilten Ort, an dem man miteinander etwas gestalten oder nutzen kann, wo man sich im öffentlichen Raum bewegen und am lokalen Gemeinwesen teilhaben kann (vgl. ebd.: 80f.).

4 Gepflogenheiten des Zusammenlebens: Kritik woran und Forderungen an wen?

In den regionalen Konferenzen, in denen diese Ergebnisse dazu beitragen sollten, sich mit der Perspektive der jeweils *Anderen* auseinanderzusetzen, entstanden tatsächlich lebhafte Diskussionen, in denen sich zweierlei zeigte: Zum einen war der Bedarf, sich zu äußern und sich auf das zu beziehen, was in den Zukunftswerkstätten diskutiert wurde, immer noch sehr groß. Das hat zum anderen verdeutlicht, dass sowohl in den Werkstätten als auch in den darauf aufbauenden Diskussionen eine recht diffuse Mischung aus Wünschen, Kritik, Stereotypen, Fantasien oder Erwartungen an den Umgang miteinander geäußert wurde, die sich auf sehr unterschiedliche gesellschaftliche Ebenen beziehen und ganz unterschiedliche Akteure adressieren: den Staat, die Anderen, die Politik, die Geflüchteten, die Deutschen etc. Insofern ist die akademisch analytische Sortierung, wie wir sie oben dargestellt haben, durch eine weitere Sortierung zu ergänzen, die diese Ebenen der *Gepflogenheiten* voneinander getrennt betrachtet. Gepflogenheiten oder Konventionen markieren routinierte – und nicht immer reflektierte – Handlungsweisen. Den Begriff der Gepflogenheiten haben wir zunächst verwendet, weil er im Material differenziert zu finden ist:

> „Genauso erwarte ich eine hundertprozentige Anpassung an die Gepflogenheiten und Gegebenheiten bei uns. Das ist der rechtliche Rahmen, den er auch vorhin angesprochen hat, das ist das kulturell miteinander, das ist die Nachbarschaft, die wir hier vorhin angesprochen haben, das ist vielleicht das Mülltrennen, was in anderen Bereichen in den anderen Ländern net passiert. Anpassung in allen Lebensbereichen“ (ZW_VB_S).

Wir bleiben so auf der Ebene von Alltagssprache, die von den Subjekten benutzt wird, um ihre Fragen zu bedenken und zu sortieren. Die Ebene der akademisch-wissenschaftlichen und moralphilosophischen Diskussion in den Partizipationsprozess einzuführen, schien uns eher verwirrend. Für unsere eigene Diskussion stehen die Debatten um die Unterscheidung von Prinzipien, Normen, Werten und Konventionen allerdings hinter der hier vorgetragenen Überlegung.[3]

Wir haben unterschieden zwischen Gepflogenheiten, die auf der abstrakten *Ebene der Gesellschaft* und ihrer Institutionen verhandelt werden, der *Ebene des Gemeinwesens* und des Lokalen als gemeinsam geteilter Lebensort und die Ebene von Gepflogenheiten im Austausch *von Mensch zu Mensch*. Jede dieser Ebenen kann in der Alltagspraxis angesprochen werden, manchmal in einer Äußerung oder Erzählung, wir nehmen hier eine analytische Trennung vor.

4.1 Gesellschaft: die abstrakteste Ebene

Um für *die Gesellschaft* als abstrakteste Ebene von Gepflogenheiten als solche zu sprechen, mag dieser Begriff unterkomplex gewählt sein. Jedoch geht es um den Rahmen des Zusammenhalts und damit um die Integration als Gesellschaft, die geregelt wird. Gesetze, rechtliche Regelungen und Verordnungen stecken die Rahmenbedingungen des Zusammenlebens ab. Die gesellschaftlichen Institutionen – wie Wirtschaft, Demokratie, Bildung, Kunst und Kultur sowie Kritik, Ansprüche und Erwartungen an sie – gehören zu dieser Ebene der Gepflogenheiten, bei der es schwierig ist, einen und eine Adressat*in zu identifizieren. Zu dieser Ebene der Gepflogenheiten gehören auch grundlegende Überzeugungen und Prinzipien wie Freiheit, Gleichheit, Gerechtigkeit oder Solidarität, die in Verfassungen und dergleichen verankert sind. Vorstellungen dazu haben auch die Teilnehmenden der Zukunftswerkstätten mit freiwillig Engagierten:

> „Integration heißt, dass man unsere Werte anerkennt und sagt sozusagen, ich will eine Art Deutscher werden und nicht: ‚Ich lebe hier, weil hier gib Geld und Leute sind doof, aber hier gib Geld‘, so in der Art, ne? Sondern, dass man sagt: Das ist meine Heimat oder mein Zuhause jetzt und, ja, will ich eben //“ (ZW_HR_E).

Diskutabel ist hier, welche Werte denn gemeint sind und auf welche Perspektiven sich die Beteiligten einigen können. Im nächsten Zitat wird die Ebene des Grundgesetzes direkt angesprochen und eingefordert:

3 Vgl. dazu auch Ritter 2008.

> „Aber für mich ist auch ganz wichtig, oder mein Wunsch ist auch, dass unser Grundgesetz anerkannt wird. Dass auch die Frauen von den Geflüchteten die Gleichberechtigung erfahren hier“ (ZW_HR_E).

4.2 Gepflogenheiten des Lokalen

Diese Ebene von Gepflogenheiten und unausgesprochenen Regeln bezieht sich auf die lokalen Gemeinwesen als Lebensorte. Hier haben sich in den Zukunftswerkstätten umfangreich Alltagsregeln offenbart, die als solche jedoch nur indirekt ausgesprochen werden. Sie gelten gerade denen, die ein Alltagsverständnis von Integration haben, das fordert, „Die sollen sich integrieren!“ (Treibel 2015: 33), als Maß von Integration und Nicht-Integration – ohne die tatsächliche Bedeutung und die Sichtbarkeit lokaler Konventionen zu hinterfragen. Insofern geht es um Alltägliches wie die Frage, ab welcher Abendstunde man *Zimmerlautstärke* einhalten *muss*, ob deutsche Mülltrennung oder die Straßenverkehrsordnung selbsterklärend sind und um Fragen danach, ob das Osterfest am Ort sichtbarer sein muss als das Zuckerfest.

Wir gehen mit unserem Ansatz, für die Aushandlung der Bedeutung solcher Fragen soziale Öffentlichkeiten herzustellen, davon aus, dass diese Aushandlungen eine Voraussetzung dafür sind, das von Zugewanderten und ebenso von Einheimischen geäußerte Interesse zu verwirklichen, miteinander am Lebensort etwas zu gestalten, Orte und Räume zu nutzen und sich mit den eigenen Fähigkeiten und Erfahrungen, in die Entwicklung des lokalen Gemeinwesens einzubringen. Erst dann können z.B. die Erwartungen eines freiwillig Engagierten an die neu Zugewanderten erfüllt werden, wenn er sich überlegt:

> „Ich denk jetzt einfach mal an die Geflüchteten, die sind ja sehr oft gut miteinander vernetzt. Da würd’ ich mir […] wünschen, dass von dieser Seite auch mal so ein paar Initiativen ergriffen werden und man auf die einheimische Bevölkerung zugeht“ (RK_VB).

4.3 Von Mensch zu Mensch

Die Gepflogenheiten und Alltagsregeln, die sich in der Nachbarschaft als Rahmung gelingenden Zusammenlebens zeigen, verändern ihre Bedeutung, wenn es um den konkreten persönlichen Kontakt geht. Dies ist die Ebene, auf der soziale Beziehungen entstehen und die wechselseitigen Erwartungen zwischen zugewanderten und einheimischen Personen darüber entscheiden, welche Gepflogenheiten unverzichtbar erscheinen und welche auch aufgegeben werden können, ohne dass es den eigenen Alltag und das eigene Wohlbefinden wirklich beeinträchtigt. Es geht um gegenseitigen Respekt, Anerkennung und Wertschätzung, aber auch um die Möglichkeit und Kompetenz, Kritik an Handlungsweisen oder Verhalten zu äußern. Auf dieser Ebene der Beziehung kann es durchaus um weichere Normen gehen, die zwar auf Rechtsnormen oder Verfassungsprinzipien basieren, aber im Alltag leicht eingeschränkt werden können. So geht es auch um das Einhalten der Privatsphäre der Anderen, die Freiheit, persönliche Fragen selbst zu entscheiden, die eigene Religion oder Überzeugung zu leben. Hierzu gehört auch das Bedürfnis danach, die eigene Vergangenheit behalten und schätzen zu können, mit der Familie leben zu können und zufrieden zu sein.

> „Ich habe einen deutschen Nachbar, jemand, keine Ahnung, zwei oder drei, die Leute machen immer so einen Druck *(Nachbarn klopfen an seiner Tür)*. Einmal waren so viele Probleme, warum zu mir immer, ‚Zimmer kaputt' sagen sie, kuck mal. Aber immer ist Problem trinken, rauchen, kommen zu Hause, nichts machen, geh schlafen, so machen". *(Nachbarn klopfen manchmal an seiner Tür und sagen ihm, dass er laut ist, dass er abends keinen Alkohol trinken und nicht rauchen soll, er soll schlafen gehen)* (ZW_VB_G).

Hier ist zwar die Ebene der Gepflogenheiten von *Mensch zu Mensch* angesprochen – gleichzeitig verweist diese Kommunikation jedoch auch auf die abstrakteste Ebene der Grundrechte, die zwar vom Erzähler nicht eingefordert werden, aber dennoch in einem potenziellen Austausch über die Situation als Hintergrund miteinbezogen werden muss. Genauso geht es auch häufig um Fragen zum konventionellen Benehmen, so wird hier oft die Frage nach dem persönlichen Gruß per Handschlag oder das Verlangen nach Freundlichkeit beim Öffnen der Tür oder Pünktlichkeit verhandelt.

4.4 Was tun mit den Gepflogenheiten?

Auf allen drei Ebenen wäre es wichtig, im Gespräch die verschiedenen Regeln, Handlungen, Normen und Prinzipien, aber auch Konventionen zu äußern, zu erläutern und für Verständnis und Verständigung zu werben. Klären müssen die Betroffenen miteinander, welche Gepflogenheiten unabdingbar einzuhalten sind und welche eben nicht zwingend eingefordert werden müssen. Dafür ist es notwendig, die Bedeutung der jeweiligen Gepflogenheit auch zu verstehen. Vor diesem Hintergrund ist eine gewisse Flexibilisierung von Gepflogenheiten und Alltagsregeln wichtig. Wird es gelingen, einen Diskurs zu fördern, in dem die Subjekte ihre Alltagsregeln, Werte und Konventionen des Zusammenlebens vorstellen, vergleichen und ggf. verändern? Dazu braucht es die Kompetenz der Subjekte, zu unterscheiden zwischen Prinzipien, Normen und Rechten, die auf Grundrechten basieren, und Konventionen, die den Alltag mit Routinen abfedern – um die beiden Extreme von Gepflogenheiten zu nennen – und herauszufiltern, was Übereinkünfte sein können, die Rechtsnormen entsprechen und die die Interessen und Bedürfnisse der Subjekte aufnehmen.[4]

5 Perspektivenwechsel in sozialen Öffentlichkeiten und Beteiligung am demokratischen Prozess

Die bereits angesprochenen Orte des Austausches für Aushandlungsprozesse des Zusammenlebens werden gebraucht, um die unterschiedlichen Erwartungen und Gedanken zu sortieren. Es handelt sich um einen gestalteten Prozess, der Auseinandersetzungen fördert, um Konflikte oder Meinungsverschiedenheiten konstruktiv lösen zu können. Die Reflexion eigener Vorstellungen und Erwartungen im Zusammenspiel der moderierten Dialoge mit anderen soll ebenso klären, wo – für jeden selbst – die Grenzen des Verhandelbaren liegen. Dieses *Sortieren* der Vorstellungen und Erwartungen dient dazu, zu hinterfragen, welche von diesen so bedeutend sind, dass es angemessen ist, sie von anderen einzufordern.

Dazu ist in der soziologischen Grundlagentheorie durch George Herbert Mead als Grundmechanismus der Integration als Gesellschaft und der Identitätsbildung das „Taking the attitude of the other“ (Mead 1973) konzeptualisiert worden. Diesen Mechanismus beherrschen wir alle und auf diesen können wir uns daher alle beziehen. Wir schlagen daher vor, diesen Mechanismus des Perspektivenwechsels – d.h., die Perspektive der anderen Person einzunehmen und aus deren Perspektive auf die Welt zu schauen – als Reflexionsmechanismus zu nutzen. Dies schließt an die alltagssprachliche Idee an, *sich in einen Anderen hinein zu versetzen*. Es kommt darauf an, diesen Mechanismus bewusst analytisch und nicht normativ zu nutzen, um Verständigung zu ermöglichen.

So geht es in der folgenden Äußerung nicht um eine Zuschreibung, sondern um den Vorschlag des Perspektivenwechsels, der natürlich für alle Beteiligten gelten muss:

4 Wir beziehen uns hier auf Unterscheidungen, wie sie in der Philosophie diskutiert werden, vgl. dazu Habermas 1983, 1992.

> „Und dann hab ich versucht den Frauen zu sagen: ‚Ich hab das respektiert, ihr müsst auch ein bisschen respektieren, dass die Leute nicht so offen mit euch umgehen, weil ihr halt anders seid. Ich hab mich [bei einem Auslandsaufenthalt] dort den Menschen angepasst.' So hab ich versucht, die Brücke zu schlagen, um das einfach auch so'n bisschen zu erklären, dass man auch so ein bisschen Verständnis für uns haben muss" (ZW_FD_E).

Durch unsere partizipative Methode wurde eine wechselseitige Perspektivenübernahme (Kenngott 2012) anvisiert und es sollte eine differenzsensible Reflexion (Lamp 2007) ermöglicht werden, um durch den entstehenden Perspektivenwechsel aller Beteiligten binäre Zuordnungen wie Fremde und Alteingesessene oder richtig und falsch aufzulösen.

Die Auflösung der binären und diskriminierenden Zuordnungen ist Voraussetzung für Teilhabe am gesellschaftlichen Prozess, in dem Differenz und Unterschied akzeptiert werden können, also der Integration als Gesellschaft (vgl. Treibel 2015). Doch die Entstehung eines neuen gesellschaftlichen Zusammenhalts braucht die möglicherweise auch konflikthafte Auseinandersetzung über Gemeinsames und Verschiedenes und einen Einigungsprozess auf ein Gemeinwesen, das von allen Betroffenen gestaltet werden kann. Die permanente Veränderung von Gesellschaft als Integrationsprozess verlangt also den Austausch über Interessen, um Kooperation zu ermöglichen, und muss daher auch Konflikt zulassen. Die „Hegung" (Dubiel 1999) von Konflikten wäre dann tatsächlich der Versuch, Konflikte nicht zu unterdrücken, aber auch nicht eskalieren zu lassen, sondern Rahmen und Räume anzubieten, in denen sie ausgetragen werden können. Versteht man Demokratie und Integration als permanente Prozesse, in denen die Zivilgesellschaft quasi mit sich selbst spricht und neue Formen des gesellschaftlichen Zusammenhalts entwickelt, dann können vielfältige soziale Öffentlichkeiten ein Medium sein, in dem sich die Subjekte miteinander verständigen und demokratisch handeln.

Denn die Teilhabe am Gemeinwesen ist selbst Teil des demokratischen Prozesses, der mehr beinhaltet als die Verhandlung politischer Programme. Soziale Arbeit, die mit Gemeinwesenarbeit soziale Öffentlichkeiten für Beteiligung und für Aushandlungsprozesse schafft, eröffnet so Räume für die Stabilisierung oder gar Entstehung von gesellschaftlichem Zusammenhalt.

Literatur

Alisch, Monika/May, Michael (2011): Methodologische und forschungsmethodische Überlegungen zur Rekonstruktion integrationsbezogener Orientierungsmuster. In: dies. (Hrsg.): Integrationspotenziale in kleinen Städten. Rekonstruktion der Interessensorientierungen von Zuwanderern. Opladen/Berlin/Farmington Hills, MI: Verlag Barbara Budrich, S. 29–42.

Alisch, Monika/Ritter, Martina (2019): DIWAN – Versammlungsorte für ein gelingendes Zusammenleben in der ländlichen Einwanderungsgesellschaft. In: Alisch, Monika (Hrsg.): Zwischenräume. Sozialraumentwicklung in der Migrationsgesellschaft. Beiträge zur Sozialraumforschung, Band 20. Opladen/Berlin/Toronto: Verlag Barbara Budrich, S. 179–202.

Alisch, Monika/Ritter, Martina (2021): Von der „Flüchtlingsunterkunft“ zum Gemeinwesen – Wohnen als Prozess und soziale Praktik. In: Alisch, Monika; May, Michael (Hrsg.): Ein Dach über dem Kopf – Wohnen als Herausforderung von Sozialraumentwicklung. Beiträge zur Sozialraumforschung, Bd. 24, Opladen/Berlin/Toronto: Verlag Barbara Budrich, S. 71–90.

Castro Varela, Maria do Mar (2013): Ist Integration nötig? Eine Streitschrift. Freiburg: Lambertus.

Dubiel, Helmut (1999): Integration durch Konflikt. In: Friedrichs, Jürgen/Jagodzinski (Hrsg.): Soziale Integration. Sonderheft der Kölner Zeitschrift für Soziologie und Sozialpsychologie, 39/1999. Opladen/Wiesbaden: Westdeutscher Verlag, S.132–146.

Foroutan, Naika (2016): Postmigrantische Gesellschaften In: Brinkmann, Heinz Ulrich/ Sauer, Martina (Hrsg.): Einwanderungsgesellschaft Deutschland. Entwicklung und Stand der Integration Wiesbaden: Springer VS, S. 227–255.

Glorius, Birgit/Kordel, Stefan/Mehl, Peter/Schammann, Hannes/Weidinger, Tobias (2017): Abschlussdiskussion. In: Mehl, Peter (Hrsg.): Aufnahme und Integration von Geflüchteten in ländliche Räume: Spezifika und (Forschungs-)herausforderungen. Beiträge und Ergebnisse eines Workshops am 6. und 7. März 2017 in Braunschweig. Thünen Report 53, S. 125–137.

Habermas, Jürgen (1983): Moralbewußtsein und kommunikatives Handeln. Frankfurt a.M.: Suhrkamp.

Habermas, Jürgen (1992): Faktizität und Geltung. Beiträge zur Diskurstheorie des Rechts und des demokratischen Rechtsstaats. Frankfurt a.M.: Suhrkamp.

Hessisches Ministerium des Innern und für Sport (HMIS) (2017): Landesregierung erlässt Verfahren zur Verpflichtung der Wohnsitznahme für Flüchtlinge. Pressestelle des HMIS vom 23.8.2017.

Jungk, Robert/Müllert, Norbert R. (1989): Zukunftswerkstätten – mit Phantasie gegen Routine und Resignation. München: Heyne Taschenbuch.

Kenngott, Eva-Maria (2012): Perspektivenübernahme. Zwischen Moralphilosophie und Moralpädagogik. Zugl.: Potsdam, Univ., Diss., 2010. 1. Aufl. Wiesbaden: VS.

Lamp, Fabian (2007): Soziale Arbeit zwischen Umverteilung und Anerkennung. Der Umgang mit Differenz in der sozialpädagogischen Theorie und Praxis. Bielefeld: transcript.

Lewin, Kurt (1975): Tat-Forschung und Minoritätenprobleme. In: Lewin, Kurt (Hrsg.): Die Lösung sozialer Konflikte. Bad Nauheim: Christian-Verlag, S. 278–304.

Mead, George Herbert (1973): Geist, Identität und Gesellschaft. Herausgegeben von Charles W. Morris. Frankfurt a.M.: Suhrkamp.

Treibel, Annette (2015): Integriert Euch! Ein Plädoyer für ein selbstbewusstes Einwanderungsland. Frankfurt a.M./New York: Campus.

Freundschaftliche Beziehungen als Kohäsion in der Migrationsgesellschaft

Jens Vogler, Monika Alisch, Anke Freuwört & Manuela Westphal

1 Einleitung

Teilhabe von (Neu-)Zugewanderten zu ermöglichen, gilt als eine zentrale Aufgabe Sozialer Arbeit und wird in unterschiedlichen institutionalisierten Settings umgesetzt. Dabei hat sich in den letzten Jahren, auch als Reaktion auf die Fluchtmigration seit 2015, eine Arbeitsteilung zwischen professioneller und zivilgesellschaftlicher organisierter Sozialer Arbeit in der kommunalen Migrationsarbeit etabliert. In dieser übernehmen nicht professionelle Personen vielfach die Beziehungsarbeit (Westphal et al. 2020).

Solche sozialen Beziehungen – zwischen „Einheimischen" und Zugewanderten – sind nach Ansicht des Sachverständigenrats für Integration und Migration (2017) für die Teilhabe Zugewanderter unerlässlich. Angenommen wird, dass sich daraus „längerfristige Bindungen und Freundschaften ergeben können" (ebd.: 5). Die Bundesregierung fördert seit 2015 die Initiierung von Beziehungen über Patenschaftsprojekte im Bundesprogramm „Menschen stärken Menschen" für den gesellschaftlichen Zusammenhalt (vgl. BMFSFJ 2017: 6).

Im Forschungsprojekt ProZiS (Alisch/Westphal 2019) werden solche freundschaftlichen Beziehungen und ihr Beitrag für Kohäsion in der Migrationsgesellschaft empirisch in den Mittelpunkt gerückt. Grundlage bilden 15 narrativ angelegte Paarinterviews mit Zugewanderten und Nicht-Zugewanderten. Das Erkenntnisinteresse folgt der Frage, ob solche Beziehungen das Potenzial einer migrationsgesellschaftlichen Solidarität haben, wie Broden und Mecheril (2014) es nennen. In diesem Beitrag wird deshalb die Forschung zu sozialen Beziehungen zwischen Personen mit und ohne (aktueller) Zuwanderungserfahrung aufbereitet (Abschnitt 2) und das Verständnis einer migrationsgesellschaftlichen Solidarität dargelegt (Abschnitt 3). Danach wird unser Forschungsansatz skizziert (Abschnitt 4) und erste Ergebnisse präsentiert, die sich auf den Beginn der Beziehung und deren Aushandlung in der Gesprächsorganisation beziehen (Abschnitt 5). Der Beitrag schließt mit einer Diskussion der empirischen Analyse und einem Ausblick (Abschnitt 6).

2 Forschungen zu sozialen Beziehungen in der Migrationsgesellschaft

Zu Beziehungen zwischen Menschen mit und ohne Zuwanderungserfahrung liegen empirische Studien aus der Migrationsforschung vor, welche die soziale Integration von Migrant*innen „anhand von Freundschaften mit Deutschen vor dem theoretischen Hintergrund des Konzepts des sozialen Kapitals" (Haug 2003: 716) beleuchten.

Sozialisationstheoretische Forschungen fokussieren die Entstehungskontexte sogenannter interethnischer Freundschaften im Kindes- bzw. Jugendalter z.B. im Zusammenhang von Schule und Peers (Reinders 2004). Sie interessieren sich für den „inhaltlichen Austausch über die jeweiligen Kulturen in interethnischen Freundschaftsdyaden" (Worresch 2011: 22) oder dafür, „ob der Anteil einheimischer bester Freunde mit den Schulleistungen von Kindern mit Migrationshintergrund zusammenhängt" (Gansbergen 2014: 284).

Mit der Fluchtmigration 2015 hat sich der Forschungsschwerpunkt auf Beziehungen von freiwillig Engagierten und Geflüchteten verschoben. Stein und Weingraber analysieren, wie Geflüchtete die Beziehung zu ehrenamtlichen Helfer*innen erleben und unterscheiden im Ergebnis freundschaftliche und fürsorgliche Beziehungsstrukturen (vgl. 2019: 301). Zudem liegen Evaluationsstudien von Patenschaftsprojekten vor, die Patenschaften als Grundlage für längere und engere Beziehung sehen (vgl. Schüler 2017: 5). Patenschaften für unbegleitete minderjährige Flüchtlinge werden von den Pat*innen und den Jugendlichen familial-freundschaftlich konnotiert (vgl. Raitelhuber 2017: 77ff.). In der Evaluation der Patenschaften des Bundesprogramms „Menschen stärken Menschen" wird festgestellt, dass sich – aus Sicht der Freiwilligen – mehrheitlich freundschaftliche oder familiäre Beziehungen entwickeln (vgl. BMFSFJ 2017: 77).

Diese Forschungsergebnisse zeichnen ein positives Bild über den Zusammenhang von Teilhabe und sozialen Beziehungen durch die Aktivierung zivilgesellschaftlicher Patenschaften. Allerdings bleibt offen, wie Freundschaft von den Beteiligten verstanden und alltagspraktisch gelebt wird. Im Folgenden wird diese Frage erkenntnistheoretisch gerahmt und danach der Forschungsansatz und erste Erkenntnisse dargelegt.

3 Solidarität als kohäsives Moment

Im Aufruf aus Erziehungswissenschaft, Pädagogik und Sozialer Arbeit „Für Solidarische Bildung in der globalen Migrationsgesellschaft" (Mecheril et al. 2015) wird zu einer globalen solidarischen Bildung aufgefordert und das Ziel formuliert, „möglichst faire Möglichkeiten und gleiche Rechte für alle" (Mecheril et al. 2015: 3) zu realisieren. Herausgestellt wird, dass sich ein Modell von Solidarität aus gegenseitig Nicht-Vertrauten konzipiere (vgl. ebd.: 2). Schwenken und Schwiertz (2021) konkretisieren solidarisches Handeln im zivilgesellschaftlichen Engagement – genauer: in promigrantischen Praktiken. Entsprechendes Engagement für sichere Fluchtwege und die Mobilisierung gegen Abschiebung nehmen sie als transversale und inklusive – im Gegensatz zur exklusiven – Solidarität in den Blick. Transversal meint hier das Überschreiten von Grenzen, Identitäten und gesellschaftlichen Positionen. Inklusiv zeigt an, dass sich „zunächst lose geknüpfte Verbindungen zu neuen Beziehungsweisen, Kollektivitäten und Vorstellungen von Zugehörigkeit verdichten [können, die Autor*innen], die das Potenzial haben, bestehende Ungleichheiten abzumildern" (ebd.: 169). Eine so verstandene Solidarität benötigt keine ähnliche und gemeinsam geteilte bzw. vorgestellte Lebensweise. Migrationsgesellschaftliche Solidarität wird weiter als ein „involviertes Handeln" (Broden/Mecheril 2014: 15) bestimmt, mit dem Ziel, gesellschaftliche Veränderungen anzustoßen. Als eine spezifische Form dieses Handelns beschreiben Perko und Czollek „die Idee des Verbündet-Seins" (2014: 153), die „sich gegen Macht und Herrschaftsverhältnisse und die dadurch hergestellte Exklusion, strukturelle Diskriminierung und soziale Ungleichheit bestimmter Menschen" (2014: 153f.) richtet. Perko fasst dieses Konzept als eine „Art politischer Freundschaft" (2020: 17), in der „die Anliegen der Anderen zu meinen Anliegen werden" (ebd.).

Wenn für Kohäsion in Migrationsgesellschaften solche Solidaritätsverhältnisse als unabdingbar angenommen werden, dann erscheint es erstrebenswert, nach diesen Verhältnissen zu suchen, sie zu erkennen und transformativ auch für die Soziale Arbeit zu verbreiten. Das betrifft insbesondere die Tätigkeitsfelder Sozialer Arbeit, in denen soziale Beziehungen initiiert und gezielt *Nicht-Vertraute* (vgl. Mecheril et al. 2015: 2) mit der Absicht der Verbesserung von sozialer Teilhabe und des gesellschaftlichen Zusammenhalts zusammengebracht werden (z.B. in Freiwilligenagenturen).

Wenn wir freundschaftliche soziale Beziehungen auf diese Weise betrachten, ist weniger ihr „Beitrag zu einer gelingenden Integration" (BMFSFJ 2017: 13) von Interesse, sondern das – von den Beziehungen ausgehende – gesellschaftlich vermittelnde Verhältnis, hin zu einer „offenere[n, die Autor*innen] Gesellschaft, die nationale Ausschlüsse überwindet" (Schwenken/Schwiertz 2021: 188). Zu fragen ist, ob aufseiten der Nicht-Zugewanderten ein kritisches Bewusstsein für die eigene Gruppenzugehörigkeit und ein Wissen um Ausgrenzungsmechanismen vorhanden sind und ob dieses Bewusstsein bzw. Wissen dazu führt, als Verbündete solidarisch zu sprechen und zu handeln und das Anliegen der Zugewanderten zu übernehmen. Oder kurz: Zeigen sich bei den von uns einbezogenen Freundschaftspaaren Formen von *Verbündet-Sein*?

4 Forschungsansatz

In Anlehnung an Ansätze der Freundschaftsforschung (Schobin 2013) wird Freundschaft von uns als ein soziales Konstrukt untersucht, das sich erst im Umgang bzw. in der Interaktion der Beziehungspartner*innen miteinander – und nicht bereits im Vorfeld normativ bestimmen lässt (vgl. Krinninger 2009: 194). Daher wurden Paarinterviews (vgl. Wimbauer/Motakef 2017) als Tandeminterviews mit Zugewanderten und Nicht-Zugewanderten, die sich selbst als Freund*innen bezeichneten, durchgeführt. Mit dieser Methode ist die Intention verbunden, sich der Freundschaft und einem denkbaren *Verbündet-Sein* über „die Ebene der Performanz" (Przyborski/Wohlrab-Sahr 2014: 109) zu nähern. Ein Tandeminterview eröffnet Forschenden die Möglichkeit, eine „Beobachtungsgelegenheit" (Hirschauer/Hoffmann/Stange 2015) zu konstruieren, in der freundschaftliche bzw. solidarische Beziehung nicht nur beschrieben wird, sondern im Interview selbst stattfindet.

Über verschiedene Feldzugänge haben wir befreundete Personen gesucht und 15 Freundschaftspaare für ein Interview gewinnen können. Die Anfragen erfolgten u. a. über Patenschaftsprogramme, ehemals Engagierte, Migrant*innenselbstorganisationen, Einrichtungen des Gemeinwesens und über öffentliche Veranstaltungen. Bei acht Tandems wurde der Kontakt über die Person hergestellt, die selbst *zugewandert* ist.

Die 15 Tandems (T) waren sowohl geschlechtshomogen als auch -heterogen zusammengesetzt. Die Zugewanderten (Z) waren zwischen 19 und 47 Jahre alt und lebten zum Zeitpunkt des Interviews zwischen drei und 20 Jahren in Deutschland. Die befreundeten Nicht-Zugewanderten (n-Z) waren 24 bis 72 Jahre alt. In elf Tandems sind die Nicht-Zugewanderten älter als die Zugewanderten.

Die Tandeminterviews wurden narrativ-angelegt und dauerten bis zu zwei Stunden. Ein Interview wurde von einem Dolmetscher begleitet. Bei allen anderen war die deutschsprachige Voraussetzung gegeben.

Die Interviews wurden mehrschrittig ausgewertet: Es wurden verschiedene Formen der Beziehungsanbahnung und -aushandlung herausgearbeitet (5.1), die formale Gesprächsorganisation (5.2) und schließlich die Narrationen der Tandems analysiert (vgl. 6).

5 Ergebnisse: Freundschaft im Interview

Hier stellen wir Ergebnisse der ersten beiden Auswertungsschritte zur Diskussion, die z. T. mit einem anderen Fokus bereits veröffentlicht sind (vgl. Vogler et al. 2021).

5.1 Anbahnung und Aushandlung von Beziehung

Es konnten sechs Formen der Beziehungsanbahnung herausgearbeitet werden: Beziehungen, die über a) *Patenschaftsprojekte* oder ähnliche Initiativen initiiert wurden, b) *andere Dritte* gezielt vermittelt wurden, c) *über Sprachunterricht* zustande kamen, d) im *Studium,* bei der *Arbeit*, e) bei *Freizeitaktivitäten* oder f) *nachbarschaftlich* entstanden sind. Es zeigen sich zwei Entstehungsmomente, die wir als zufällig und als gezielt charakterisieren. Acht Tandems haben sich eher *zufällig* kennengelernt, weil sie z.B. an der Universität das gleiche Seminar besucht haben. Sieben Tandems sind über gezielte bzw. organisierte Hilfe, z.B. im Rahmen von Patenschaftprojekten, *angebahnt* worden.

Alle Tandems haben das Interview dafür genutzt, über das eigene Verständnis ihrer Beziehung ins Gespräch zu gehen. Deutlich wurde, dass eine wechselseitige Aushandlung über die Beziehung hier zum ersten Mal stattfand. Diese Aushandlungen unterschieden sich zwischen den zufällig und gezielt angebahnten Tandems. Eine nicht zugwanderte Interviewte, die ihre Tandempartnerin über die Arbeit kennenlernte, beschreibt:

> „Ich fand es richtig cool. […], anderthalb Stunden über eine Freundschaft nachzudenken, dass macht man ja nicht so intensiv." (T5)

Dies bestätigt ihre Tandempartnerin:

> „Ja, also das würden wir jetzt nicht machen […]"

Anders bei den angebahnten Beziehungen: Hier wird die Gelegenheit des Nachdenkens nicht durchweg positiv bewertet, sondern der Sinn des Gesprächs hinterfragt. Eine nicht zugewanderte Befragte – aus einem über einen Sprachkurs entstandenen Tandem – beschreibt:

> „Es ist ohnehin nicht für jedermann so selbstverständlich, über Beziehungen zu reden. War mir ehrlich gestanden auch nicht klar vorher. Ich dachte, dass es eher auf der Ebene des Faktischen bleiben würde." (T2)

Ihr Tandempartner war ebenso überrascht und erklärte, dass er davon ausging, dass praktisch-konkrete Themen der Beziehungsorganisation im Mittelpunkt stehen wie etwa „Hilfe für Sprache" (T2) und nicht die Beziehung an sich.

Es zeigt sich eine weitere Differenz darin, wie die Beziehung bezeichnet wird. Nicht angebahnte Tandems beschreiben ihre Beziehungen zueinander als „Freundschaft". Solche einheitlichen Beschreibungen finden sich in den angebahnten Tandems nicht.

Auch das Tandem T2 findet keine gemeinsame Beziehungsdefinition. Dies verwundert, weil die Nicht-Zugewanderte bei der Verabredung für das Interview diese Beziehung als Freundschaft bezeichnet hat und die Interviewanfrage an diese Bedingung geknüpft war. Im Interview selbst rudert sie zurück: Freundschaft sei „ein schwieriger Begriff in diesem Zusammenhang" (T2). Sie begründet:

> „Das ist eine ganz ungleiche Beziehung und das braucht sicherlich sehr lange Zeit, bis das nicht mehr so ungleich ist, sondern bis das sowas wie Freundschaft werden kann." (T2)

Ihr Tandempartner spricht auch nicht von einer Freundschaft, findet aber relativ schnell eine Beschreibung, die einer fürsorglichen Beziehung nahekommt:

> „Wie meine [...] große Schwester." (T2)

Die Tandems, in denen Hilfe und Unterstützung zunächst im Vordergrund standen, nutzen differente und graduell abgestufte Beschreibungen für ihre Beziehung. So auch in einem Tandem, das sich über ein Patenprojekt kennengelernt hat. Der Zugewanderte nennt die Beziehung „Freundschaft" (T12), der Nicht-Zugewanderte im Beisein des Freundes eine „gute Bekanntschaft" (T12).

5.2 Gesprächsorganisation

Im zweiten Auswertungsschritt wurde die Intervieworganisation und der Sprecher*innenwechsel (s. z.B. Birkner et al. 2020: 106ff.) analysiert. Wir identifizierten vier Varianten der Gesprächsorganisation, die wir als die reagierende, die moderierende, die (re-)präsentierende und die zurückhaltende Gesprächsorganisation bezeichnen.

5.2.1 Die reagierende Gesprächsorganisation

Mehrheitlich reagieren die Nicht-Zugewanderten auf unseren unspezifisch adressierten Erzählimpuls. Sie treffen eine Selbstwahl und ergreifen das Rederecht, egal ob die Beziehung gezielt angebahnt war oder nicht. Die Nicht-Zugewanderten sind in zehn der Interviews diejenigen, die sich aufgerufen sehen, das Kennenlernen und den Verlauf der Beziehung aus ihrer Perspektive zu erzählen. Eine Nicht-Zugewanderte begründet ihr Reagieren so:

> „Dann müsste ich anfangen, weil ich war der Ausgangspunkt.“ (T3)

Die Interviewten ohne Zuwanderungsgeschichte reagieren nicht nur mehrheitlich auf den Erzählimpuls, sondern haben auch den größeren Gesprächsanteil. Im Interview T3 vergehen 24 Minuten, bis die Zugewanderte ihre Sicht des Kennenlernens und die Entwicklung der Freundschaft erzählt.

Wer beginnt und wer wie lange spricht, ist besonders bemerkenswert, wenn es die Zugewanderten waren, die für das Interview angefragt und mit ihnen alle organisatorischen Vereinbarungen getroffen wurden.

5.2.2 Die moderierende Gesprächsorganisation

Die Nicht-Zugewanderten übernehmen in dieser Sprechform die Aufgabe der Moderation, indem sie Themen vorgeben:

> „Erzähl doch mal die Geschichte […].“ (T1)

Oder sie geben Gesprächsinhalte (mehr oder weniger direkt) vor, da diese aus ihrer Sicht benannt werden sollten:

„Z: I mean, you helped us with the, the facilities like-.

n-Z: Wir haben eine Waschmaschine gekauft und ein Sofa. Ja.

Z: Waschmaschine und Sofa, ja. For us, it was a bit difficult to move it from the one place to the other place. We needed a car and we had no driving license and there was no permission to drive.

n-Z: Stimmt, ja. Aber das sind ja so äußerliche Dinge irgendwie. Also, wir hatten uns auch, finde ich, immer sehr gut verstanden irgendwie. […]. Also so ein Austausch. Und wir haben auch sehr bald so Gespräche geführt über Politik und [n-Z: Ja.] und Philosophie und über alles Mögliche.

Z: All the things, ganz Vieles, different cultures, what they have, what I know about other countries […]“ (T4)

Das Gespräch wird moderierend organisiert, indem entweder eindeutig die Zugewanderten als Folgesprecher*innen adressiert werden oder ein Thema gesetzt wird. Diese Fremd- und Themenwahl wird von den Zugewanderten selten abgelehnt. Diese Form wird nur in gezielt angebahnten Beziehungen vollzogen.

5.2.3 Die (re-)präsentierende Gesprächsorganisation

Ebenso wie die moderierende Art, das Gespräch zu organisieren, verläuft das Gespräch im Modus der (Re-)Präsentation in angebahnten Beziehungen einseitig. Das heißt, die Nicht-Zugewanderten sprechen stellvertretend für und über die Zugewanderten. In einem über Dritte vermittelten Tandem, stellt die Nicht-Zugewanderte kaum die gemeinsame und nicht die eigene Geschichte in den Mittelpunkt der Erzählung, sondern die ihres Tandempartners:

> „Das hast du auch geschafft und hast deine Sprachprüfungen alle gemacht. Dann hat er im Klinikum gearbeitet, auch im Fahrdienst hast du gearbeitet." (T1)

oder

> „Aber man muss dazu sagen, er ist auch ein sehr aufmerksamer junger Mann. Für sein Alter finde ich das also enorm." (T1)

In der (re-)präsentierenden Gesprächsorganisation erzählen nicht die Zugewanderten gemeinsame oder eigene Erlebnisse, sondern die nicht zugewanderten Tandempartner*innen übernehmen diese Erzählungen stellvertretend.

5.2.4 Die zurückhaltende Gesprächsorganisation

Am Ende der Interviews wurde gefragt, ob noch Themen anzusprechen sind, die den Interviewten wichtig sind. In einem Interview, in dem sich das Tandem über die Nachbarschaftshilfe – ausgehend vom Nicht-Zugewanderten – kennengelernt hat, verneint der Nicht-Zugewanderte diese Frage („Nö", T9), um kurz darauf die *Moderation* zu übernehmen und seinen zugewanderten Freund zu fragen und explizit als Nachfolgesprecher zu adressieren:

> „Hast du noch was? Kannst du ruhig sagen?" (T9)

Dieser verneint nach einer kurzen Pause ebenso:

> „Nein ich habe auch nichts zu sagen." (T9)

und ergänzt, wieder nach einer kurzen Pause

> „Das meiste haben wir gesagt." (T9)

Nicht nur die Zugewanderten halten Erzählungen zurück, auch die Nicht-Zugewanderten. Ein über einen Sprachkurs entstandenes Tandem beschreibt gegen Ende des Interviews, welche Interessen geteilt und welche Themen in der Beziehung besprochen werden. An dieser Stelle beginnt die Nicht-Zugewanderte – in einer moderierenden Art – darzulegen:

„n-Z: You tell me everything, do I tell you everything about me?

Z: No.

n-Z: No. I do not.

Z: I do not want to insist on someone." (T4)

Für beide Interviewpartner*innen scheint es Konsens zu sein, bestimmte Themen nicht zu thematisieren – auch nicht in der Beziehung jenseits des Interviews.

Zurückhaltung deutet darauf hin, Inhalte, die in Verbindung mit biografischen Ereignissen stehen und möglicherweise die gemeinsame Beziehung betreffen, nicht im Interview oder/und nicht den Tandempartner*innen gegenüber, darlegen zu wollen.

Zusammenfassend zeigt sich *erstens*, dass die inhaltliche und sprachliche Beschreibung von Freundschaft und damit die Reflexions- und Definitionsversuche der Tandems zu keiner eindeutigen Bestimmung von ‚Freundschaft' im Tandem führen. *Zweitens* ist es ein Unterschied, eine Freundschaft zu beschreiben oder Freundschaft im Interview zu zeigen. Die Formen der Gesprächsorganisation weisen darauf hin, dass sich der Umgang in Beziehungen, die von ihrer Grundstruktur auf Hilfe (z.B. in Patenschaften) basierten, nachhaltig asymmetrisch bleiben. Diese sind auch als Freundschaften kaum symmetrisch vorstellbar.

6 Diskussion: Kohäsion durch freundschaftliche Beziehung?

Bei der Frage nach einem *Verbündet-Sein* in gezielt angebahnten Freundschaften kann anhand der Analyse gesagt werden, dass sich nur sehr wenige Momente einer migrationsgesellschaftlichen Solidarität andeuten. In der Gesprächsorganisation wird weder eine (selbst-)kritische Reflexion von Gruppenzugehörigkeit noch ein

Bezug auf Ausgrenzungsmechanismen deutlich. Es werden tendenziell eher Integrationsleistungen präsentiert. In der Konsequenz wäre zu sagen, dass bestehende Ungleichheiten aufgrund asymmetrischer sozialer und diskursiver Positionierung performativ reproduziert werden. Es deutet sich eine exklusive Solidarität an, wenn der Umgang *in* und die Themen *der* Beziehung in erster Linie den Vorstellungen der Nicht-Zugewanderten entsprechen (vgl. Schwenken/Schwiertz 2021: 167ff.).

Wenn diese Freundschaften im kohäsiven Sinn zu einer migrationsgesellschaftlichen Solidarität beitragen sollen, muss ein „transformativer Prozess" (Reimers 2018: 56) angestoßen und das politische Moment herausgestellt werden. Nicht allein der praktische Zweck der Freundschaft – z.B. die Hilfe der Nicht-Zugewanderten für die Zugewanderten – wäre zu fokussieren, sondern die kritische Auseinandersetzung mit Diskriminierung und der damit verbundenen eigenen Privilegien.

Wenn der Blick vom Performativen gelöst wird, scheint sich allerdings eine Transformation in den Tandems auf einer inhaltlichen Ebene anzudeuten und z.B. Anliegen des Freundes zu eigenen Anliegen zu werden:

> „Immer bekam deine Frau keinen Termin und auch ein Anruf bei der Botschaft in [Stadt] ging gar nicht, auf eine E-Mail wurde nicht geantwortet und dann habe ich Freunde angesprochen, die mal im diplomatischen Dienst waren, und die haben mir geraten, mich an das Auswärtige Amt in Berlin zu wenden in der Sache und dann hat es nur noch eine Woche gedauert und dann hatte [Name] den Termin. Also es gibt immer Wege." (T2)

Diese und weitere Erfahrungen gilt es weiter aufzuspüren. Im dritten Auswertungsschritt werden daher *in* den Narrationen, Ansätzen und Praxen einer potenziellen migrationsgesellschaftlichen Solidarität rekonstruiert (vgl. Freuwört et al. i. E.).

Literatur

Alisch, Monika/Westphal, Manuela (2019): Zwischenräume professionell und zivilgesellschaftlich organisierter Sozialer Arbeit mit Zugewanderten. In: Alisch, Monika (Hrsg.): Zwischenräume – Sozialraumentwicklung in der Migrationsgesellschaft. 1. Aufl. Opladen/Berlin/Toronto: Verlag Barbara Budrich, S. 99–114.

Birkner, Karin/Auer, Peter/Bauer, Angelika/Kotthoff, Helga (2020): Einführung in die Konversationsanalyse. De-Gruyter-Studium. Berlin/Boston: Walter de Gruyter.

BMFSFJ (2017): Wirkungsanalyse des Patenschaftsprogamms im Bundesprogramm „Menschen stärken Menschen". Bericht. https://www.bmfsfj.de/resource/

blob/117596/%e2%80%8bed5f189dae3bf142645cb4b87db14f0e/wirkungsanalyse-des-patenschaftsprogramms-menschen-staerken-menschen-data.pdf [Zugriff: 15.01.2021].

Broden, Anne/Mecheril, Paul (2014): Solidarität in der Migrationsgesellschaft. Einleitende Bemerkungen. In: Broden, Anne/Mecheril, Paul (Hrsg.): Solidarität in der Migrationsgesellschaft. Befragung einer normativen Grundlage. Bielefeld: transcript, S. 7–20.

Freuwört, Anke/Alisch, Monika/Vogler, Jens/Westphal, Manuela (i. E.): Freundschaften als Solidaritätspotenzial für Migrationsgesellschaften. In: Österreichisches Jahrbuch für Soziale Arbeit.

Gansbergen, Anna (2014): Der Zusammenhang zwischen interethnischen Freundschaften und Schulleistungen von Grundschulkindern. In: Bicer, Enes/Windzio, Michael/Wingens, Matthias(Hrsg.): Soziale Netzwerke, Sozialkapital und ethnische Grenzziehungen im Schulkontext. Wiesbaden: Springer VS, S. 269–286.

Haug, Sonja (2003): Interethnische Freundschaftsbeziehungen und soziale Integration. Unterschiede in der Ausstattung mit sozialem Kapital bei jungen Deutschen und Immigranten. In: Kölner Zeitschrift für Soziologie und Sozialpsychologie 55, 4, S. 716–736.

Hirschauer, Stefan/Hoffmann, Anika/Stange, Annekathrin (2015): Paarinterviews als teilnehmende Beobachtung. Präsente Abwesende und zuschauende DarstellerInnen im Forschungsgespräch. In: FQS 16, 3.

Krinninger, Dominik (2009): Freundschaft, Intersubjektivität und Erfahrung. Empirische und begriffliche Untersuchungen zu einer sozialen Theorie der Bildung. Pädagogik. Bielefeld: transcript.

Mecheril, Paul/Melter, Claus/Messerschmidt, Astrid/Velho, Astride (2015): Für solidarische Bildung in der globalen Migrationsgesellschaft. Ein Aufruf aus Erziehungswissenschaft, Pädagogik und Sozialer Arbeit. https://www.aufruf-fuer-solidarische-bildung.de/sites/default/files/flucht_und_bildung_-_ein_erziehungswissenschaftlicher_aufruf.pdf [Zugriff: 26.08.2021].

Perko, Gudrun (2020): Social Justice und Radical Diversity. Veränderungs- und Handlungsstrategien. Weinheim/Basel: Beltz Juventa.

Perko, Gudrun/Czollek, Leah Carola (2014): Das Konzept des Verbündet-Seins im Social Justice als spezifische Form der Solidarität. In: Broden, Anne/Mecheril, Paul (Hrsg.): Solidarität in der Migrationsgesellschaft. Befragung einer normativen Grundlage. Bielefeld: transcript, S. 153–166.

Przyborski, Aglaja/Wohlrab-Sahr, Monika (2014): Qualitative Sozialforschung. Ein Arbeitsbuch. 4., erw. Aufl. München: Oldenbourg.

Raitelhuber, Eberhard (2017): Pilotprojekt „Open.Heart – Familien und Patenschaften für unbegleitete minderjährige Flüchtlinge“ der Kinder- und Jugendanwaltschaft Salzburg. Abschlussbericht der wissenschaftlichen Begleitung. Salzburg.

Reimers, Sophie (2018): Vernetzung und Solidarität gegen die Ohnmacht. Krisenmomente in der haupt- und ehrenamtlichen Arbeit mit Geflüchteten und deren Ursachen. In: Schiffauer, Werner/Eilert, Anne/Rudloff, Marlene (Hrsg.): So schaffen wir das – eine Zivilgesellschaft im Aufbruch. Bedingungen für die nachhaltige Projektarbeit mit Geflüchteten. Eine Bilanz. Bielefeld: transcript, S. 33–59.

Reinders, Heinz (2004): Entstehungskontexte interethnischer Freundschaften in der Adoleszenz. In: Zeitschrift für Erziehungswissenschaft 7, 1, S. 121–145.

Sachverständigenrat deutscher Stiftungen für Integration und Migration (2017): Was wirklich wichtig ist: Einblicke in die Lebenssituation von Flüchtlingen. Kurzinformation des SVR-Forschungsbereichs 2017-1. https://www.bosch-stiftung.de/sites/default/files/publications/pdf_import/SVR_Was_Fluechtlingen_wirklich_wichtig_ist.pdf [Zugriff: 23.06.2021].

Schobin, Janosch (2013): Freundschaft und Fürsorge. Bericht über eine Sozialform im Wandel. 1. Aufl. Hamburg: Hamburger Edition HIS.

Schüler, Bernd (2017): Im Spiegel der Freiwilligenagenturen: Ankommenspatenschaften. Einsichten aus einem Modellprojekt für geflüchtete und einheimische Menschen. bagfa-Analyse. Berlin.

Schwenken, Helen/Schwiertz, Helge (2021): Transversale und inklusive Solidaritäten im Kontext politischer Mobilisierungen für sichere Fluchtwege und gegen Abschiebungen. In: Dinkelaker, Samia/Huke, Nikolai/Tietje, Olaf (Hrsg.): Nach der „Willkommenskultur". Geflüchtete zwischen umkämpfter Teilhabe und zivilgesellschaftlicher Solidarität. Edition Politik. Bielefeld: transcript, S. 165–192.

Stein, Margit/Weingraber, Sophie (2019): Wie erleben Geflüchtete die Beziehung zu ihren ehrenamtlichen Helfer*innen? Eine qualitative Interviewstudie mit geflüchteten Menschen. In: Stein, Margit (Hrsg.): Flucht, Migration, Pädagogik. Willkommen? Aktuelle Kontroversen und Vorhaben. Bad Heilbrunn: Julius Klinkhardt, S. 293–303.

Vogler, Jens/Alisch, Monika/Westphal, Manuela/Freuwört, Anke (2021): Das Versprechen, dass aus Fremden Freund*innen werden. Analyse von Tandeminterviews zwischen Zugewanderten und nicht-Zugewanderten. In: Theorie und Praxis der Sozialen Arbeit 72, 3, S. 220–227.

Westphal, Manuela/Alisch, Monika/Vogler, Jens/Freuwört, Anke (2020): Helfen im Kontext neuer Arbeitsteilungen!? Zur Veränderung der Sozialen Arbeit durch Zuwanderung. In: Migration und Soziale Arbeit 42, 3, S. 260–267.

Wimbauer, Christine/Motakef, Mona (2017): Das Paarinterview. Wiesbaden: Springer Fachmedien Wiesbaden.

Worresch, Vanessa (2011): Interethnische Freundschaften als Ressource. Die Rolle des kulturellen Austauschs in interethnischen Freundschaften. Schriftenreihe Empirische Bildungsforschung, Band 16. Würzburg: Online-Publikationsserver der Universität Würzburg.

Kohäsion in Sorgebeziehungen – Menschen mit kognitiven und seelischen Behinderungen in der Funktion als Alltagsbegleiter*innen in Altenpflegeheimen

Birgit Golda-Mayntz

1 Hintergründe zum Thema

Neue Formen des Sorgens in stationären Einrichtungen der Altenhilfe sehen einzelne Menschen in Verhältnisse gegenseitiger anteilnehmender Verantwortlichkeit und Anerkennung eingebunden. Ziel sei es dabei, dass sich in verschiedenen Quartieren tragfähige Sorgestrukturen etablieren, die aus einem Mix aus professionellen und freiwilligen Hilfeleistungen bestehen und eine sorgende Gemeinschaft, orientiert an der Idee der Caring Community, bilden (Klie 2014: 115). Nach Kruse ist der Begriff der „Sorgenden Gemeinschaft" und das ‚Prinzip der geteilten Verantwortung' für die sozialethische und sozialpolitische Diskussion von großem Wert (Zimmermann 2018: 48).

In diesen sorgenden Gemeinschaften könnten dann vielfältige Lebensmöglichkeiten für Menschen mit Demenz geschaffen werden, in denen es um eine Kultur der Ermöglichung und Ermutigung in einem Mix von Hilfen aus professionellen Pflegefachkräften und Helfer*innen geht und „gelebte Menschenwürde" praktiziert wird (Zimmermann 2018: 11).

Heimleitungen von Pflegeeinrichtungen sind gesetzlich verpflichtet, Mitarbeiter*innen mit Behinderung zu beschäftigen oder eine Ausgleichsabgabe zu zahlen. „Dabei ist allerdings zu berücksichtigen, dass eine ‚sorgende Gemeinschaft' eher als ein Ideal denn als eine für unsere Gesellschaft(en) repräsentative Sorgestruktur anzusehen ist. Und doch sollte nicht übersehen werden, dass Sorgestrukturen existieren, die dieses Ideal umsetzen" (Zimmermann 2018: 44).

Vor diesem Hintergrund wurde in diesem Bereich im Rahmen einer Forschungsstudie eine Konstellation untersucht, in der Erwachsene mit kognitiven und seelischen Behinderungen in der Funktion als Alltagsbeleiter*innen hochbetagte Menschen sowie Senior*innen mit spät erworbenen Behinderungen betreuen.

In der Studie wird das Thema der Sorge und damit auch das verantwortliche Handeln aus den Perspektiven der sorgenden Alltagsbegleiter*innen mit Behinderung sowie der Versorgten sowie aus der Perspektive der Pflegefachkräfte beobachtet. Eine Kultur der Sorge soll auch eine Kultur der Ermöglichung und Ermutigung sein und Möglichkeiten von Kommunikation, Teilhabe und Anerkennung bieten. Diese kann interdisziplinär zusammen mit der Sozialen Arbeit gewährleistet werden und bildet durch diese gemeinsame sorgende Praxis eine Form von Kohäsion.

Der Beruf „Alltagsbegleiter*in" wurde in Alten- und Pflegeheimen im Rahmen der deutschen Pflegereform 2008, infolge des Pflege-Weiterentwicklungsgesetzes, eingeführt. Die zusätzliche soziale Betreuung nach § 43b SGB XI für pflegebedürftige und demenziell erkrankte Menschen existiert seit 2017. Mitarbeiter*innen im Sozialdienst von Altenpflegeeinrichtungen sind als Ansprechpartner*innen für die Interessen von Alltagsbegleiter*innen und Betreuungsassistent*innen zuständig und bringen auf diese Weise Expertise Sozialer Arbeit in die Praxis ein.

Im Rahmen der aktuellen Studie konnte eruiert werden, dass heutzutage in einer bundesweiten Initiative leitende Sozialpädagog*innen der Altenhilfe und Pflegedienstleiter*innen im interdisziplinären Team inklusive Qualifizierungsmaßnahmen zum*zur Alltagsbegleiter*in in der Altenhilfe seit 2015 mit Einführung des Pflegestärkungsgesetzes I konzipierten und noch weiterentwickeln, damit auch Menschen mit Beeinträchtigungen in diesem Bereich tätig sein können und damit einen wichtigen Beitrag für die Care Community in diesem Handlungskontext leisten.

Darüber hinaus nehmen leitende Sozialpädagog*innen heutzutage in Sozialdiensten der Altentenhilfe eine Vermittlerrolle zwischen den Beteiligten ein und sind der professionelle Ansprechpartner für die Pflegefachkräfte, um eine *Kohäsion* in diesen Sorgebeziehungen aufzubauen und aufrechtzuerhalten. Denn aufgrund des steigenden Bedarfes an adäquaten sozialen Betreuungsmöglichkeiten für pflegebedürftige Heimbewohner*innen und des wachsenden Personalmangels sind Alltagsbegleiter*innen in diesem Bereich zunehmend von Relevanz. Qualitativ gute Beispiele bezüglich der sozialen Betreuung von alten Menschen in Altenpflegeheimen durch Alltagsbegleiter*innen sind aktuell auch von der Lebenshilfe Österreich, der mitschaffe GmbH Schweiz und aus Schweden bekannt.

2 Stand der Forschung

Insgesamt wurde bisher über diese Thematik wenig geforscht, sodass nur die Studie „Perspektivenwechsel: Menschen mit geistiger Behinderung arbeiten als Seniorenhelfer*innen", ein Kooperationsprojekt der Stiftung Zentrum für Qualität in der Pflege u. Lebenshilfe im Jahre 2011 als Ausgangslage diente (Schmidt 2012).

> „In diesem gemeinsamen bundesweiten Projekt wurden die Erfahrungen, Erfolgsfaktoren sowie die Herausforderungen vergangener Modellkonzepte mit Hilfe eines umfassend konzipierten Fragebogen mit verschieden Aspekten in halbstandardisierten Interviews mit Führungskräften von Werkstätten für Menschen mit Behinderungen und Einrichtungsleiter*innen von Alten- und Pflegeheimen und Alltagsbegleiter*innen mit Behinderungen erfasst und ausgewertet und in einer gemeinsamen Publikation dargestellt." (Schmidt 2012)

Für die Studie wurde eine strukturierte Befragung in 17 ausbildenden Werkstätten für behinderte Menschen (WfbM), 29 kooperierenden Altenhilfeeinrichtungen und 56 behinderten Alltagsbegleiter*innen durchgeführt. Die damaligen Ergebnisse wurden einer Expertenrunde zur Auswertung vorgelegt. Sie sagten aus, dass Pflege und menschenwürdige Betreuung als gesamtgesellschaftliche Aufgabe zu verstehen sei und Menschen mit Behinderung in diesem Bereich eine Bereicherung für alle darstellten und somit ein anderer, positiver Blick auf diese Personengruppe gelenkt werden könnte. Damals wurde vom Zentrum für Qualität in der Pflege und von der Lebenshilfe beispielsweise danach gefragt, wie die Alltagsbegleiter*innen auf ihre Tätigkeit vorbereitet und ausgebildet wurden, welche Barrieren überwunden werden und welche Kooperationen gestärkt werden mussten, damit solche Projekte erfolgreich sein können.

3 Forschungsfragestellungen

Mit der intensiven Auseinandersetzung und differenzierten Analyse von (asymmetrischen) Sorgebeziehungen und der Teilhabe in der Arbeits- und Lebenswelt Altenheim wurden die folgenden Forschungsfragestellungen erarbeitet: Wie können Alltagsbegleiter*innen mit Behinderung diese Tätigkeit für die Senior*innen unter Berücksichtigung der eigenen Verletzlichkeit ausüben und gestalten und einen wichtigen Beitrag für die Care Community in diesem Handlungskontext leisten? Welche Anerkennungs- und Machtverhältnisse sind in den (asymmetrische) Beziehungen zwischen den Alltagsbegleiter*innen, Heimbewohner*innen, Pflegefachkräften und Sozialpädagog*innen zu unter Berücksichtigung der Geschlechterverhältnisse zu beobachten? Und wie kann die Profession Soziale Arbeit die Arbeitnehmer*innen mit Behinderung an ihren Arbeitsplätzen begleiten und welche Unterstützung erhalten sie bei Überforderung?

4 Forschungsdesign

Die Daten dieser Studie wurden und werden noch mittels ethnografischer Verfahren (teilnehmende Beobachtung und leitfadengestützte Interviews) langfristig erhoben und mit einer Grounded-Theory-Methode verknüpft, die das Forschungsinteresse, aus einer mikrosozialen Perspektive heraus, auf soziales Handeln und Handlungsmuster von sozialen Akteuren richtet. Während die Forschung mit der Grounded-Theory-Methode am Ende zu einer Theorieentwicklung führen soll (Equit 2016), ist das Ziel der Ethnografie die Untersuchung von sozialem Handeln von Menschen in ihrer Lebenswelt, in dem offen oder verdeckt am täglichen Leben der untersuchten Menschen teilgenommen wird (Breidenstein 2015). „Soll soziales Handeln untersucht werden, entsteht die Notwendigkeit dieses Handeln zu beobachten und nicht nur die Darstellungen bzw. Interpretationen der Beteiligten über ihr Handeln zu erfragen“ (Honer 2011: 31).

Die beiden Forschungsrichtungen der Ethnografie und der Grounded Theory weisen einige Gemeinsamkeiten auf, weil sie in einer rund 50-jährigen Geschichte parallel entwickelt, verbreitet und etabliert wurden. „Die Grounded Theory als Methodologie (GTM) ist vor allem für explorative Forschungsfragen geeignet und für solche, die eine Prozess- und Handlungsorientierung beinhalten“ (Strauss 1996: 23).

Insofern wurden für die aktuelle Studie die ethnografischen Verfahren gewählt, in denen sich Beobachtungsphasen mit leitfadengestützten Interviewgesprächen und der Überprüfung der Fragestellungen und Theoriekonstruktionen abwechseln.

Für diese Beobachtungstudie stellten sich fünf Frauen mit Lernschwierigkeiten, zwei Männer mit Down-Syndrom in Bayern und fünf Frauen und drei Männer mit Lernschwierigkeiten und psychischer Erkrankung in Hessen zur Verfügung, die schon über zwei Jahre bei ihrer Arbeit begleitet wurden. Im folgenden Abschnitt werden hierzu zwei Beispiele aus zwei Beobachtungsprotokollen vorgestellt und kurz erläutert.

> „Ich erblicke Simon, der gerade dabei ist, zwischen den Tischen und Bewohnern herumzulaufen und laut wiederholend kommentiert: ‚Würstchen gibt es, Würstchen gibt es heute. Und Kartoffelsalat und Kartoffelsalat.‘ Eine Bewohnerin, die geistig sehr mobil ist, nimmt die Lautäußerungen von Simon mit Humor und antwortet schmunzelnd: ‚Das ist aber schön, Simon.‘ ‚Ja, schön, nich?‘ antwortet ihr Simon.“

> „Anne sagt: ‚Ich habe schon alles vorbereitet, wir können los. Ich habe hier auch die Liste mit den Bewohnerinnen, die ich besuchen möchte.‘ Anne fragt nun sehr höflich die Bewohnerinnen in der Runde: ‚Haben Sie Lust mitzukommen, damit ich Ihnen die Fingernägel lackieren kann?‘ Anne geht gezielt auf die Bewohnerin zu, die am rechten Rand der Sitzreihe sitzt, beugt sich zu ihr herunter und fragt sie nochmal. Diese antwortet leise: ‚Ja.‘“

Schon an diesen Beispielen wird deutlich, wie sich die Alltagsbegleiter*innen mit Behinderung bei ihrer Arbeit engagieren und wie sie sich bei der Durchführung ihrer Tätigkeiten auch selbst gekonnt mit eigenen kreativen Inszenierungen in Szene setzen.

Insbesonders werden nun diese Personen in ihren Arbeitssituationen in der aktuellen Coronapandemie beobachtet, wie sie die Arbeitsbedingungen mit Maskenpflicht und Abstandhalten verkraften und meistern. Viele Menschen mit Behinderung können aufgrund ihrer Beeinträchtigungen keinen Mund-Nasen-Schutz tragen und sind daher von der Pflicht befreit. Aber sie spüren die Konsequenzen der Coronaeinschränkungen deutlich. Es fallen die Nachmittagsgruppen nicht nur für die Senior*innen, sondern auch für die Alltagsbegleiter*innen aus, sie dürfen sich nicht mehr direkt neben die Bewohner*innen setzen und mit ihnen Fotoalben durchblättern. All diese freudigen Zuwendungen sind erst einmal passé.

5 Theoretische Zugänge

Theoretisch stützt sich die Studie zum einen auf den Themenbereich der Sorge, der sowohl in der Gerontologie und der Pflegewissenschaft als auch wieder stärker in Sozialen Arbeit diskutiert wird und da besonderes in der Care-Ethik. Dabei wird auf verantwortungsethische, kommunikative und leib-seelische Aspekte der Sorge-Ethik zurückgegriffen (Klie 2014). Die Sorgeethik sieht den einzelnen Menschen in Verhältnissen gegenseitiger Verantwortlichkeit für vulnerable Menschen und Anerkennung eingebunden (Großmaß 2014).

In dieser Studie werden die Formen der Sorge, einmal ‚die Sorge für sich' und ‚die Sorge für Andere' aufgegriffen und maßgeblich mit den Theorien von Michel Foucault und Emmanuel Lévinas bearbeitet.

In seinem philosophischen Werk ‚Die Sorge um sich' hat Michel Foucault den Ansatz der Selbstsorge in der Antike, in der Übungen zur Lebenskunst praktiziert wurden, analysiert und die Ethik der Selbstsorge für die heutige Zeit weiterentwickelt (Ruffing 2013).

> „Zur Sorge um sich gehört auch die Intensivierung der gesellschaftlichen Beziehungen" (Foucault 1987: 74).

Und dies kann dadurch geschehen, dass sich jüngere Menschen für die Sorge hochaltriger Menschen einsetzen.

Im Werk von Levinas erkennt das Subjekt seine ethische Aufgabe im Angesicht des Anderen (im Angesicht des dementen Anderen) und erkennt dabei diesen Anderen in seinem Anderssein und ebenso dessen Hunger nach Anerkennung an (Krewani 2012). Es sei unmöglich, sich der Verantwortung, der Sorge und des Einstehens für den Anderen zu entziehen.

> „Die Beziehung zu dem Anderen ist nach Levinas eine Beziehung, die sich nie erschöpft" (Krewani 2012: 48).

Je mehr sich das Subjekt als verantwortliches Subjekt sieht und sich von sich entfremdet, je mehr findet es zu der eigentlichen Identität des menschlichen Ichs (Krewani 2012).

Bezogen auf die Soziale Arbeit ist ganz besonders die Care-Ethik hervorzuheben, weil darin alle Tätigkeiten fürsorgliche Aspekte enthalten sind (Großmaß 2011).

Die Studie stützt sich zum anderen auch auf die Themengebiete der Anrufung und Adressierung nach Butler, weil es im Forschungsprozess interessante Beobachtungen gab, wie und als welche Person Alltagsbegleiter*innen mit Behinderungen angesprochen wurden.

In ihrem Modell der Anrufung stellt Butler heraus, dass das Angesprochen-Werden durch den Anderen ein Akt der Anerkennung sei, weil das Subjekt durch eine Bezeichnung anerkennbar gemacht werde (Balzer 2014). Durch die Anerkennung der Bezeichnung machen sich Menschen selbst zu Subjekten. Dieser Akt ist auch als „performativer Vorgang zu verstehen, der ein Subjekt erst hervorbringt, indem er ein Individuum anruft und darin Normen der Anerkennbarkeit unterwirft“ (Wiede 2014). Es sind Bedingungen, die den*die Einzelne*n zu einem gesellschaftlich akzeptierten und handlungsfähigen Subjekt machen (Wiede 2014).

Butler stellt in ihren Schriften zudem einen Zusammenhang zwischen Zuschreibung, Subjektwerdung und Anerkennung dar. Sie definiert Anerkennung als ein wechselseitiges Adressierungsgeschehen und und zeigt entsprechend ihrer philosophischen Überlegungen auf, unter welchen gesellschaftlichen Rahmenbedingungen Individuen adressiert, zu Subjekten hervorgebracht und dementsprechend anerkannt werden (Balzer 2014). Bezogen auf die Studie wird untersucht, wie und in welcher Rolle die Alltagsbegleiter*innen mit Behinderungen angesprochen werden.

Zudem wurden während der ethnografischen Forschung wiederkehrende Selbstinszenierungen vonseiten der Alltagsbegleiter*innen bei der Durchführung ihrer Tätigkeiten beobachtet und dabei diese Handlungen und soziales Rollenverhalten in der Interaktion zwischen Heimbewohner*innen und Alltagsbegleiter*innen nach den Theorien von Erving Goffman (Goffman 1959) analysiert. Goffman untersuchte ethnografisch mithilfe der teilnehmenden Beobachtung menschliches Verhalten, erkannte darin, dass Menschen ihr Verhalten und ihre Handlungen in vielen kleinteiligen ‚Face-to-Face'-Interaktionen inszenieren, bezeichnete diese als „kulturelle Aufführung“ und benutzte für seine Theorie des sozialen Handelns die Metapher des Theaters.

Hierin beschrieb Goffman, dass das Individuum Darsteller*in und Erzeuger*in von Eindrücken ist, das damit beschäftigt ist, ein Schauspiel zu inszenieren (Goffman 1959).

> „Wir sind Schauspieler und interpretieren unsere Rolle vor einem Publikum, das eine oder mehrere Personen sein kann“ (Delling 2014: 73).

Die Fähigkeiten und Eigenschaften von Darsteller*innen und der jeweiligen Rolle haben ihre Bedeutung für das alltägliche Schauspiel in der Welt und werden vom Individuum beim Erlernen der Rolle angewendet und weiter ausgebaut (Abels 2010). Goffman meinte, dass die Rolle, die man spielt, und das Selbst des Individuums oft in der Gesellschaft gleichgesetzt werden und somit ein Bild von ihm entsteht, welches ihm als ein Selbst zugeschrieben wird. Jedoch entspricht dieses Selbst nicht seinem Besitzer, sondern ist ein Gesamtbild aus der Gesamtszene seiner Handlungen (Goffman 1959). Bezogen auf die ethnografische Studie stellte sich außerdem heraus, dass die Alltagsbegleiter*innen mit Behinderung in gewisser Weise eine Rolle spielen und darin ihre Fähigkeiten erweitern und dabei in bestimmte Machtverhältnisse zwischen sich, den Pflegefachkräften und Pflegeheimbewohner*innen verwickelt sind, die sie auch für sich produktiv nutzen können.

Schließlich setzt sich die Studie mit dem Thema Anerkennung nach Honneth (Honneth 2003) auseinander. Honneth befasste sich über Jahrzehnte hinweg intensiv mit dem Anerkennungsbegriff. Er bezog sich dabei auf die Jenaer Schriften von Georg Wilhelm Friedrich Hegel über den Leitgedanken eines Kampfes um Anerkennung und überarbeitete und erweitere das von Hegel erstellte Konzept für ein sittliches Gemeinwesen (Balzer 2014).

Die Anerkennungstheorie richtet dabei ihren Blick auf die autonome Selbstverwirklichung des Menschen innerhalb einer sozialen Gemeinschaft und innerhalb eines Rechtssystems.

Honneths intersubjektive Anerkennungsformen gliedern sich in die Sphären Liebe, Achtung/Respekt und Solidarität (Honneth 2003), in denen Subjekte auf der Mikroebene in ihren persönlichen Bedürfnissen, Besonderheiten und Fähigkeiten positiv und wechselseitig bestätigt werden. Honneth argumentiert sogar, dass die reziproke Anerkennung mit der Zuschreibung wertiger Eigenschaften nicht nur als grundlegende Komponente für moralische Verantwortlichkeit anzusehen ist, sondern sogar die Voraussetzung dafür ist (Balzer 2014: 56).

Auf der Ebene der Solidarität beschreibt Honneth beispielsweise, dass Arbeitnehmer*innen in einem Betrieb symmetrisch anderen soziale Wertschätzung für deren jeweilige Fähigkeiten und Eigenschaften für die gemeinsame praktische Arbeit entgegenbringen, diese anerkennen und stärken, sodass sich andere als wertvoll für die Gesellschaft erfahren können.

Innerhalb dieser dritten Anerkennungssphäre führt Honneth noch eine Anerkennungsweise ein, die er als eine solidarische Zustimmung bezeichnet (Honneth 2003). „Für die Anerkennung des Anderen in dieser solidarischen Zustimmung muss sich das Subjekt erst zu dem Anderen hin öffnen, um diesen als Anderen solidarisch anerkennen zu können (Honneth 2003: 210).

Dahingehend ist das Anerkennen von Heimbewohner*innen und Pflegenden als Subjekte ein offener, immer wieder neu zu interpretierbarer Prozess der Anerkennung (Butler 2001), in dem auch Machtverhältnisse nach Foucault unter den Akteuren aufgedeckt werden, worin deutlich wird, dass Anerkennungspraxen immer auch in Machtverhältnisse verwickelt sind (Balzer 2014).Jedoch sollte man nach Foucaults These der „Produktivität der Macht" die Wirkungen der Macht nicht immer negativ beschreiben, denn in Wirklichkeit sei „die Macht produktiv und würde Wirkliches produzieren" (Foucault 1987). Es sei auch für das Subjekt möglich, die Macht umzuwerten und für sich nutzbar zu machen (Bernardy 2014).

6 Forschungsbefunde

Was heißt dies für die Frage nach sozialer Kohäsion in Sorgebeziehungen im Kontext Sozialer Arbeit?

Die Forschungsbefunde der aktuellen Studie zeigen, dass Alltagsbegleiter*innen mit kognitiven und seelischen Behinderungen in der Lage sind, Emotionen und Gefühle von Senior*innen und auch bei Menschen mit Demenz zu erkennen und auf sie einzugehen. Sie können diese Tätigkeit für die Senior*innen gut gestalten und damit einen wichtigen Beitrag für die Care Community und gesellschaftliche *Kohäsion* in diesem Handlungskontext leisten.

Sie besitzen die Fähigkeit, ihre sozialen Handlungen selbstbewusst im Heimalltag zu inszenieren, sodass sie dafür positive Rückmeldungen und Anerkennung von den Senior*innen und Fachkräfte erleben.

Es finden aber auch exklusive Prozesse, verbunden mit Machtverhältnissen zwischen den Akteur*innen, statt, die von der Profession Soziale Arbeit mit Arbeitnehmer*innen mit Behinderung an ihren Arbeitsplätzen bearbeitet werden müssen, um die gemeinsamen Ziele, nämlich eine menschenwürdige Betreuung der Altenheimbewohner*innen, zu gewährleisten.

Gerade auch jetzt in der Coronazeit ist es wichtig, ein „Wir-Gefühl" bei den beteiligten Fachkräften und Alltagsbegleiter*innen mit Behinderung zu erreichen. Die Sozialpädagog*innen im Altenheim-Sozialdienst sollten besonders bei Mitarbeiter*innen mit Behinderung auf Anzeichen wie z.B. psychische Spannungen und körperliche Beschwerden aufgrund von Überforderung achten, weil sie ein erhöhtes Risiko haben, selbst zu erkranken. Es sollte ihnen mehr Wertschätzung entgegengebracht werden. In empathischen Gesprächssituationen sollten der Umgang mit der eigenen Verletzlichkeit, der Umgang mit herausforderndem Verhalten der Pflegeheimbewohner*innen sowie die Bewältigung der Verlusterfahrung nach dem Tod vertrauter Bewohner*innen bearbeitet werden.

Es kristallisierte sich ebenfalls heraus, dass es für Alltagsbegleiter*innen förderlich ist, sich in spezifischen Qualifizierungsmodulen zusammen mit Sozialarbeiter*innen und anderen interessierten Bürger*innen inklusiv ausbilden zu lassen, um *Kohäsion* bei dieser Tätigkeit zu implementieren und aufrechtzuerhalten.

Literatur

Abels, Heinz (2010): Interaktion, Identität, Präsentation. Berlin: Springer VS.

Balzer, Nicole (2014): Spuren der Anerkennung, Studien zu einer sozial- und erziehungswissenschaftlichen Kategorie. Berlin: Springer VS.

Bernardy, Jörg (2014): Warum Macht produktiv ist, Genealogische Blickschule mit Foucault, Nietzsche und Wittgenstein. Paderborn: Wilhelm Fink.

Breidenstein, Georg/Hirschauer, Stefan/Kalthoff, Herbert/Nieswand, Boris (2015): Ethnografie: Die Praxis der Feldforschung. Stuttgart: UTB.

Butler, Judith (2001): Psyche der Macht. Berlin: Suhrkamp.

Dellwing, Michael (2014): Zur Aktualität von Erving Goffman. Berlin: Springer VS.

Equit, Claudia/Hohage, Christoph (2016): Handbuch Grounded Theory. Weinheim: Beltz.

Foucault, Michel (1987): Das Subjekt und die Macht. In: Dreyfus, Hubert L./Rabinow, Paul/Foucault, Michel: Jenseits von Strukturalismus und Hermeneutik. Weinheim: Beltz Athenäum.

Goffman, Erving (1959): The Presentation of Self in Everyday Life. New York: Anchor Books/Doubleday.

Großmaß, Ruth/Perko, Gudrun (2011): Ethik für soziale Berufe. Stuttgart: UTB Verlag

Honneth, Axel (2003): Kampf um Anerkennung. Berlin: Suhrkamp.

Klie, Thomas (2014): Wen kümmern die Alten? Auf dem Weg in eine sorgende Gesellschaft. München: Pattloch.

Krewani, Wolfgang Nikolaus (2012): Emmanuel Levinas: Die Spur des Anderen, Untersuchungen zur Phänomenologie und Sozialphilosophie. Freiburg i.Br./München: Karl Alber.

Ruffing, Reiner (2013): Der Sinn der Sorge. München: Karl Alber Verlag.

Schmidt, Ulla/Suhr, Ralf (2012): Perspektivenwechsel: Menschen mit geistiger Behinderung arbeiten als Seniorenhelfer*innen. Berlin: Zentrum für Qualität in der Pflege, Lebenshilfe.

Strauss, Anselm L./Corbin, Juliet M. (1996): Grounded Theory: Grundlagen qualitativer Sozialforschung. Weinheim: Beltz.

Wiede, Wiebke (2014): Subjekt und Subjektivierung. https://www.docupedia.de/zg/Wiede_subjekt_und_subjektivierung_v1_de_2014 [Zugriff: 08.01.2021].

Zimmermann, Harm-Peer (2018): Kulturen der Sorge, Wie unsere Gesellschaft ein Leben mit Demenz ermöglichen kann. Frankfurt a.M./New York: Campus.

Zwischen Kohäsion und Spaltung – Transnationale Perspektiven auf die Überwindung von Kinderarmut

Erich Fenninger, Alexander Nöhring, Valentin Persau & Judith Ranftler

1 Soziale Arbeit und unser politischer Auftrag: Der Kampf gegen Kinderarmut

Auch in unseren reichen Gesellschaften gehört Armut zum Leben vieler Kinder und Jugendlicher. Etwa jede*r Fünfte wächst mit Einschränkungen im materiellen, sozialen, gesundheitlichen und/oder kulturellen Wohlergehen auf. Gesellschaftliche Diskurse zur Kinderarmut beziehen sich oftmals auf das Elternhaus bzw. vermeintlich verminderte Erwerbs- oder Bildungsmotivationen und tragen damit zur Individualisierung von Armut bei (Hübenthal 2018: 88). Demgegenüber weisen vor allem Akteur*innen des Wohlfahrtsstaates stets darauf hin, dass Armut strukturelle Ursachen hat und Kinder dieser passiv ausgesetzt sind (AWO 2017). Aber selbst wenn Eltern erwerbstätig sind, reicht dies in Zeiten eines ausufernden Niedriglohnsektors oft nicht aus, um der Armut zu entfliehen. Mittlerweile erleben allein in Deutschland etwa die Hälfte aller Kinder, die in Bedarfsgemeinschaften nach dem SGB II leben, dass mindestens eines ihrer Elternteile einer Erwerbstätigkeit nachgeht (DGB 2020).

Als AWO Bundesverband, Volkshilfe Österreich und Zukunftsforum Familie schlagen wir seit vielen Jahren vor, eine Kindergrundsicherung einzuführen. Angemessen an die jeweiligen nationalen Traditionen des Sozialstaates ist die Kindergrundsicherung für uns der Ausgangspunkt eines Perspektivwechsels, der den Sozialstaat vom Kind aus denkt und allen Kindern und Jugendlichen das Recht auf ein Aufwachsen in Wohlergehen garantiert.

Ausgehend von unserem Auftrag als Gestalter*innen des Sozialstaates begreifen wir unseren Kampf gegen Kinderarmut als politischen Auftrag Sozialer Arbeit. Dieses Bewusstsein schließt an die Ziele des Internationalen Verbandes der Sozialarbeiter*innen (International Federation of Social Workers – IFSW) an:

> „The Mission of IFSW is to advocate for social justice, human rights and social development through plans, actions, programs and the promotion of best

> practice models in social work within a framework of international cooperation“ (IFSW 2016: 1).

Im Folgenden zeigen wir auf, was uns beim Kampf gegen Kinderarmut antreibt, worauf wir unsere Ideen gründen und wie wir in den beiden nationalen Kontexten Österreich und Deutschland für eine Kindergrundsicherung einstehen. Nur gemeinsam und im engen Austausch miteinander, das ist unsere Überzeugung, können wir den Kampf gegen die Kinderarmut gewinnen.

2 Kinder und Jugendliche als Akteur*innen ihrer Lebenswelten

Während am Beginn der Kinderarmutsforschung der 1980er-Jahre der Fokus darauf lag, das Kind als eigenständiges Subjekt anzuerkennen, besteht aktuell der wesentliche Erkenntnisschritt darin, das Subjekt im Zusammenwirken seiner spezifischen, unmittelbaren Lebensbedingungen und im „Ensemble der gesellschaftlichen Verhältnisse“ (Gramsci 2004: 95) zu verstehen. Armutsbetroffene Kinder und Jugendliche sind demnach Akteur*innen, die innerhalb des Bedingungsgefüges von existenziellem Mangel ihre eigene soziale Praxis entwickeln. Diese wird von der subjektiv erfahrenen, fehlenden Verfügung über die gesellschaftlichen Lebensbedingungen determiniert, von denen ihre individuellen Befriedigungs- und Entfaltungsmöglichkeiten abhängen (Holzkamp 1997: 30). Der im Zuge der kindlichen Alltagspraxis stattfindende Prozess der Vergesellschaftung kommt zum einen durch eine existenziell nicht ausreichend gesicherte Lebenslage und zum anderen durch die gegebenen gesellschaftlichen Bedingungen zustande (Holzkamp 2000: 196). Diese fehlenden Verfügungsmöglichkeiten äußern sich auch im Verhalten von Kindern und Jugendlichen, indem sie frei bleiben von gegenstandsbezogenem Erlernen einer auf Selbstbestimmung und Verwirklichung ausgerichteten Lebensführung. Ihr Lernprozess orientiert sich am Gegebenen und nicht am Möglichen, d.h., sie lernen in und mit der Armut zu leben, nicht sie zu überwinden. Ihre Wünsche enden dort, wo die von nicht armutsbetroffenen Kinder sich auf dem Fundament einer nachhaltig gesicherten Existenz erst entfalten.[1]

Kinder sind als soziale Akteur*innen für die Entwicklung von Autonomie und einer selbstbestimmten Persönlichkeit auf den Zugang zu existenzsichernden, sozialen und kulturellen Ressourcen angewiesen und gelten in dieser negativen Abhängigkeit als besonders vulnerabel (Chassé et al. 2010: 51). Trotz des Zusammenhangs mit der elterlichen Einkommensarmut ist es also notwendig, Kinder- und Jugendarmut nicht darauf zu reduzieren und sie als eigenständige und relevante

1 Vergleiche dazu beispielsweise: IV 24, Z. 34 und IV 13, Z.9.

Problemlage im Hier und Jetzt anzuerkennen. Die Entwicklung des Selbstwertgefühls wird massiv behindert, wenn Kinder und Jugendliche sich aufgrund von Abwertung und Ausgrenzung weniger wert als Andere fühlen müssen (Honneth 2015: 87). Materiell benachteiligte Kinder erleben fortgesetzt, dass ihre individuellen Entwicklungsmöglichkeiten im Kontext von sozialer und kultureller Teilhabe auf ihre soziale Position festgeschrieben werden (Hüther 2015: o. S.).

3 Kinderarmut in Deutschland und Österreich: Eine Bestandsaufnahme

In wohlhabenden Gesellschaften kennzeichnet sich Armut weniger durch einen Mangel an existenziellen Gütern (absolute Armut), sondern durch Ausschluss von gesellschaftlichen Teilhabemöglichkeiten (relative Armut). Entsprechend ist arm, wer weniger als 60 Prozent des Medianeinkommens zur Verfügung hat (Armutsrisiko- bzw. Armutsgefährdungsquote). In der deutschen Gesamtbevölkerung liegt die Armutsrisikoquote derzeit bei 15,9 Prozent (Mikrozensus 2019). Differenziert nach Altersgruppen ergibt sich bei den unter 18-Jährigen ein Anteil von 20,5 Prozent, das sind etwa 2,8 Mio. Kinder und Jugendliche. Bei den 18- bis 25-Jährigen ist der Anteil mit 25,8 Prozent der höchste altersbezogene Wert (BMAS 2021: 478). Gemessen am Bezug von Leistungen der Grundsicherung nach SGB II (Hartz IV) sind 12,9 Prozent bzw. 1,849 Mio. der unter 18-Jährigen arm (Aust 2021: 9). In Österreich liegt die Armutsgefährdungsquote mit etwa 14 Prozent auf ähnlichem Niveau und bei 0- bis 17-Jährigen bei etwa 18 Prozent (EU-SILC 2020). Ein junger Mensch zu sein, ist damit sowohl in Deutschland als auch in Österreich mit einem überdurchschnittlichen Armutsrisiko verbunden.

Dabei unterliegen bestimmte Familienformen bzw. -konstellationen einem besonders hohen Armutsrisiko: Alleinerziehenden-Haushalte (42,7 Prozent in Deutschland) und Haushalte mit drei und mehr Kindern (30,9 Prozent in Deutschland) sind besonders betroffen. Längsschnittdaten zeigen zudem, dass sich für etwa zwei Drittel der Kinder und Jugendlichen Armut im Zeitverlauf verfestigt hat und für mindestens 5 Jahre durchgängig oder mit Unterbrechungen besteht (Bertelsmann Stiftung 2020: 2).

Als Träger von etwa 2500 Kindertagesstätten wurde auch innerhalb der AWO diese „Infantilisierung" der Armut (Hauser 1997) erkannt. Mit der AWO-ISS-Kinderarmutsstudie sollte ab 1997 eine empirische Grundlage für das eigene Engagement, insbesondere bei der fachlichen Weiterentwicklung der Praxis der Sozialen Arbeit mit armen Kindern und Jugendlichen sowie für die sozialpolitische Arbeit geschaffen werden. Aus einer Erhebung bundesweiter Daten von ca. 1000 Kindern in 60 Kindertagesstätten der AWO im Jahr 1999, an der die Fachkräfte in den Einrichtungen maßgeblich beteiligt waren, wurde eine Langzeitstudie, in der die 1993 geborenen Kinder wiederholt an kritischen Übergängen – am Übergang von Kita in die Grundschule, von der Grundschule in die Sekundarstufe I, von der Sekundarstufe I in die Sekundarstufe II und beim Übergang ins junge Erwachsenenalter – quantitativ und qualitativ befragt wurden (Holz et al. 2012). Die AWO-ISS-Kinderarmutsstudie ist damit eine der umfassendsten Längsschnittstudien zum Thema Kinderarmut in Europa.

Anhand der Biografien der Befragten kann nachvollzogen werden, wie sich ein Aufwachsen im Wohlergehen im Vergleich mit einem Aufwachsen in materieller Deprivation langfristig auf das Leben der heute jungen Erwachsenen ausgewirkt hat. Für die Analyse ist dabei die multidimensionale Analyse von Armut anhand der Erhebung von materiellen, kulturellen, sozialen und gesundheitlichen Lebenslagendimensionen zentral. Damit wird der Versuch unternommen, das komplexe Wirken von Armut auf verschiedene Lebensbereiche der Kinder besser zu erfassen (Volf et al. 2019).

Die Befunde der aktuellen Welle (vorgestellt 2019), in der die Befragten inzwischen 25 und 26 Jahre alt sind, zeigen, dass Kinderarmut ein zentrales, langfristiges Entwicklungsrisiko ist und sich Armutserfahrungen in Kindheit und Jugend mit dem Übergang ins Erwachsenenalter vielfach fortsetzen. Ein Drittel der Befragten bleibt von der Kindheit bis ins junge Erwachsenenalter arm. Umgekehrt ist die Mehrheit der jungen Erwachsenen, deren Kindheit von finanzieller Sicherheit geprägt war, auch im weiteren Lebensverlauf nicht mit Armut in Berührung gekommen. Ob sich Einkommensarmut negativ in andere Lebenslagen überträgt, wird auch von inner- und außerfamiliären Unterstützungsstrukturen beeinflusst. Der Übergang ins junge Erwachsenenalter ist eine Phase der ökonomischen Verselbstständigung und damit eine Chance, die familiäre Armut zu verlassen. Damit ein solcher Schritt allen gelingt, sind etwa eine wirksame Unterstützung bei der Integration in Ausbildung und Arbeit entscheidend (Volf et al. 2019; AWO Bundesverband 2019).

Die AWO hat aus der Studie politische Forderungen abgeleitet. Die Eckpunkte dieser Forderungen betreffen die Bekämpfung von Familienarmut durch armutsfeste Arbeit, die Einführung einer Kindergrundsicherung, die Stärkung der armutspräventiven Ausrichtung der sozialen Infrastruktur, Investitionen in Bildung und die aktive Gestaltung von Übergängen ins junge Erwachsenenalter.

4 Politische Ableitungen: Kindergrundsicherung in Deutschland und Österreich

Sowohl die AWO und das Zukunftsforum Familie als auch die Volkshilfe Österreich arbeiten seit vielen Jahren intensiv an politischen Visionen und Modellen einer Kindergrundsicherung. Um auf deren Umsetzung hinzuwirken, stehen Strategien des Wissensaufbaus beispielweise in Form von (aktivistischen) qualitativen Studien und volkswirtschaftlichen Berechnungen, der Bewusstseinsbildung durch politische Kampagnen sowie der fachpolitischen Lobbyarbeit im Vordergrund. Dieses geschieht vor dem Hintergrund nationaler wohlfahrtsstaatlicher Regelungen. Im Folgenden stellen wir die beiden unterschiedlichen Ansätze dar: Die Arbeit des Bündnisses KINDERGRUNDSICHERUNG in Deutschland und die projekthafte Umsetzung einer Kindergrundsicherung in Österreich.

4.1 Bündnis KINDERGRUNDSICHERUNG

In der Bekämpfung von Kinderarmut sind mindestens zwei Ansätze voneinander zu unterscheiden und nur beide zusammen können zu einer kohärenten Strategie zusammengefasst werden:[2]

- Die *Verhaltensprävention*, d.h. die Stärkung der eigenen Ressourcen des Kindes, um mit widrigen Umständen im eigenen Aufwachsen umgehen zu können; Resilienzförderung und Stärkung der Selbstwirksamkeitserfahrung gehört hier ebenso dazu wie die Verbesserung der Armutssensibilität und Betreuungsrelation in Kindertagesbetreuung, Schule oder dem Übergang von Schule in Beruf. Diese Ansätze können Armutsfolgen für Kinder und Jugendliche abbauen, sie verändern jedoch nichts an den gesellschaftlichen Verhältnissen, die zu Armut führen.
- Die *Verhältnisprävention*, d.h. der politische Kampf dafür, dass Kinder und Jugendliche gar nicht erst in Armut geraten. Dieses beinhaltet die Förderung *Guter Arbeit*[3] für die Eltern, Umverteilung von Geld und die Stärkung der finanziellen Freiheiten der Kinder, Jugendlichen und Familien.[4]

---

2 Aufgrund (fach-)politischer Anschlussfähigkeit verwenden wir im Folgenden den Begriff „Prävention“, wenngleich dieser in den vergangenen Jahren zunehmend in Kritik geraten ist (Lüders 2011). Alternativen, die es jedoch für den (fach-)politischen Armutsdiskurs weiter zu qualifizieren gilt, wäre beispielsweise das Konzept der Verwirklichungschancen von Amartya Sen (Hübenthal 2018: 70ff.).

3 Zum Begriff *Gute Arbeit* vgl. beispielsweise DGB-Index Gute Arbeit 2021.

4 Die Unterscheidung in *Verhaltens- und Verhältnisprävention* geht u.a. zurück auf die Idee der Präventionskette und die Armutsforscherin Gerda Holz vom Institut für Sozialarbeit und Sozialpädagogik e.V. (Holz/Mitschke 2019: 23).

In Deutschland sorgt der Dualismus aus Kindergeld und Kinderfreibeträgen im Steuerrecht dafür, dass Kinder aus Familien, in denen die Eltern ein sehr gutes Einkommen erzielen, um bis zu 100 Euro pro Monat besser gefördert werden als Kinder in Haushalten mit mittleren Einkommen. Wird zudem die Förderung von Kindern im Sozialrecht (SGB II/XII, Kinderzuschlag u. W.) daneben gestellt, so ergibt sich ein noch ungerechteres Bild: Das Existenzminimum, welches der Staat Kindern und Jugendlichen für ihr Aufwachsen verfassungsrechtlich zugesteht, ist für die Ärmsten am geringsten angesetzt und für die Reichsten am höchsten. In besonderem Maße unterscheiden sich die Beträge, die eine soziale und kulturelle Teilhabe sicherstellen sollen: Dem steuerlichen Freibetrag für Bildung, Erziehung und Ausbildung (BEA) in Höhe von aktuell 244 Euro und Monat stehen durchschnittlich 27 Euro im Bildungs- und Teilhabepaket (BuT) für die Ärmsten gegenüber (ZFF 2018: 7f.).

Ausgehend von dieser sozialen Schieflage haben der AWO Bundesverband, das Zukunftsforum Familie und Der Kinderschutzbund 2009 das Bündnis KINDERGRUNDSICHERUNG gegründet, um für ein Modell einzutreten, welches den Familienlastenausgleich „vom Kopf auf die Füße“ stellt, d.h., vom Kind aus denkt und jedes Kind gleich behandelt. Die Idee ist, dass das steuerliche Existenzminimum in Höhe von derzeit 699 Euro pro Monat und Kind (im Jahr 2022) für alle Kinder gilt. Im Gegenzug können pauschale Leistungen wie Kindergeld, Kinderregelsätze im SGB II, Kinderzuschlag oder die steuerlichen Freibeträge entfallen. Der tatsächliche Auszahlbetrag wird allerdings anhand des elterlichen Einkommens bemessen: Arme Familien erhalten den Höchstbetrag für ihre Kinder, reiche Familien nur einen deutlich kleineren, verfassungsrechtlich aber notwendigen, *Sockel*. Mittlerweile sind im Bündnis 18 Organisationen und 13 Wissenschaftler*innen zusammengeschlossen.[5]

Bei der konzeptionellen sowie der politischen Arbeit wird das Bündnis getragen von vier zentralen Kriterien, die unbedingt erfüllt sein müssen, um von einer echten Kindergrundsicherung sprechen zu können:

1. *Alle Kinder müssen der Gesellschaft gleich viel wert sein!* Das Bündnis tritt ein für ein einheitliches und auskömmliches Existenzminimum für alle Kinder und Jugendliche.
2. *Starke Schultern können mehr tragen als schwache!* Eine Kindergrundsicherung soll in Abhängigkeit von dem Einkommen der Eltern ausbezahlt werden.

---

5 Ausgangspunkt war das Modell einer Kindergrundsicherung von Irene Becker und Richard Hauser, in welchem diese zum ersten Mal konzeptionell durchdacht wurde; vgl. eine spätere Veröffentlichung dazu von Becker/Hauser (2012). Mittlerweile wurde das Modell intensiv weiterentwickelt; vgl. Homepage des Bündnisses www.kinderarmut-hat-folgen.de

3. *Die Kindergrundsicherung muss die vertikale Gerechtigkeit stärken!* Die Höhe muss so sein muss, dass Armut vermieden wird.
4. *Eine Leistung ist erst dann gut, wenn sie dort ankommt, wo sie gebraucht wird!* Die Kindergrundscherung muss so einfach und zugänglich sein, dass sie alle erreicht.

Mit der Bundestagswahl 2021 in Deutschland hat sich die Debatte beschleunigt: Im Koalitionsvertrag von SPD, Grünen und FDP ist die Kindergrundsicherung als Vorhaben fest verankert. Eine Reihe von familien- und sozialpolitischen Leistungen sollen in die Kindergrundsicherung einfließen, sie soll in ihrer Höhe neu bemessen werden und perspektivisch - leider nicht bereits von Beginn an - auch die Kinderfreibeträge aus dem Steuerrecht in sich aufnehmen. Vorausgegangen waren Versprechungen zur Kindergrundsicherung in den Wahlprogrammen einiger Parteien, ein entsprechender Beschluss der Konferenz der Arbeits- und Sozialminister*innen der deutschen Bundesländer (ASMK) sowie von Gewerkschaften und kommunalen Spitzenverbänden. Es ist nun aber wichtig, dass die Umsetzung nicht in einem Sparmodell geschieht und am Ende auch wirklich Kindergrundsicherung drin ist, wo sie darauf geschrieben wird.

Auch wenn politische Mühlen meist langsam mahlen und erst recht, wenn es um Themen der Umverteilung auf Bundesebene geht: Das Beispiel des Bündnis KINDERGRUNDSICHERUNG zeigt, dass es sich lohnt, die Erfahrungen aus der Sozialen Arbeit in politische Konzepte zur Bekämpfung von Kinderarmut zu transformieren und dafür zu streiten.

4.2 Kindergrundsicherung in Österreich

Die Volkshilfe Österreich hat im Januar 2019 ein Forschungsprojekts zum Thema Kindergrundsicherung gestartet, um die politische Vision der Beendigung von Kinderarmut in Österreich einer Praxisreflexion zu unterziehen und die Wirkung von materieller Absicherung zu erheben. Dazu wurden neun Familien mit insgesamt 23 Minderjährigen über einen Zeitraum von zwei Jahren von der Volkshilfe mit der Kindergrundsicherung ausgestattet.

Die Begleitforschung erhebt mit sozialwissenschaftlichen Methoden, die spezifisch auf Kinder angepasst wurden, die Situation vor dem Projekt sowie die Auswirkungen der Kindergrundsicherung auf die Lebensrealität der Betroffenen. Dabei wird der Fokus auf die Frage gelegt, inwiefern durch die Individualisierung zwischen wirtschaftlichem Wohlergehen und Deprivation die strukturelle Diskriminierung legitimiert und wirtschaftlich benachteiligte Menschen stigmatisiert werden (Mecheril 2012: 64).

Für armutsbetroffene Kinder und Jugendliche ist Geld ein omnipräsentes Thema: „Ah, i hab nur an Wunsch und zwar, dass vielleicht die Mama ned öfters halt so Geldprobleme hat“ (IV 13, Z.9). Die Wichtigkeit und Wirkung der finanziellen Ausstattung konstituiert sich aus dem gegebenen Mangel und nicht durch die Verfügbarkeit und wird so zum Daseinszustand.

Beengte und überbelegte Wohnverhältnisse sind dafür verantwortlich, dass der überwiegende Teil der Kinder und Jugendlichen aus dem Forschungsprojekt kein eigenes Zimmer zur Verfügung hat. Es fehlen räumliche Möglichkeiten zur Entfaltung von Spiel- und Lernaktivitäten sowie Rückzugsmöglichkeiten und Intimsphäre: „Ins Badezimmer [...]. Ja also ich liebe es dort sehr, weil dort ist es sehr entspannend und ruhig und man kann sich auch dort einsperren“ (IV 25, Z.62).

Im Alltag armutsbetroffener Kinder und Jugendlicher zeigt sich episodisch wiederkehrend die Sorge vor nicht ausreichender Befriedigung mit Lebensmitteln. Viele Interviewpassagen handeln vom primären und existenziellen Bedürfnis, sich ausreichend ernähren zu können, wie sich dies in Antworten zu anderen Themenbereichen wie nach Wünschen für die Freizeitgestaltung zeigt: „[...] dacht mir jetzt, okay, wenn's jetzt nicht in Erfüllung geht, meine Mutter braucht das Geld, damit wir Essen ham und so“ (IV 24, Z.34).

Die Betroffenen agieren existenz- und nicht interessenorientiert. Sie passen ihre Bedürfnisse und Wünsche an die objektiven Gegebenheiten an und verhalten sich sozial kooperativ. Besonders bedrückend ist in diesem Zusammenhang, dass Kinder und Jugendliche eine starke Mitverantwortung zur Absicherung der Existenz fühlen und ihre Eltern als existenzsichernd anerkennen.

Das Projekt der Volkshilfe Österreich befindet sich aktuell (Sommer 2021) in der Abschlussphase der Erhebungen. Es zeigt sich bereits jetzt, dass die gesicherte Deckung von grundlegenden Bedürfnissen wie Wohnraum, Versorgung mit Nahrungsmitteln und Bekleidung von den Projektteilnehmer*innen besonders häufig kommuniziert wird. Die ausreichende Versorgung damit könnte die Ausgangslage für Kinder und Jugendliche bilden, um aus sozialer Isolation und Abwertung herauszutreten.

> „Die größte Veränderung darin is, jo, ich mach mir halt viel weniger Sorgen mehr darüber wegn Geld und sowas und deswegn hab ich auch ein klareren Kopf in der Schule. [...] In diesn Halbjahr, Schulhalbjahr hab ich mich einfach Millionen Mal verbessert in der Schule, aber auch nur weil ich weniger Stress zu Hause hatte.“[6]

6 Auszug aus einem Jahresgespräch mit einem 13-jährigen Jungen aus dem Projekt Kindergrundsicherung.

Die gesicherte Deckung von grundlegenden Bedürfnissen kann auch zu einer Verbesserung der gesundheitlichen Lage führen; bspw. zeigt sich im Projekt bei einem chronisch an Bronchitis erkrankten Jugendlichen, dass sich die Intensität der Erkrankung deutlich zurückbildet, wodurch der Schulbesuch für ihn regelmäßiger möglich war, was auch auf seine sozialen Beziehungen Auswirkungen zeigte. Auch bei anderen zeigen sich Veränderungen:

> „[F]rüher war ich schon ein bisschen schüchtern und hab halt wenig geredet, also ich hab nicht in der Schule sehr viel geredet. Und auf einmal begann ich einfach zu reden, ich weiß nicht, wie es passiert wurde, aber ich traute mich, mehr herauszukommen und mehr auch zu sagen und so weiter und ja."[7]

Mit der Erfahrung von wirtschaftlicher Absicherung der Familie geht auch die Veränderung der sozialen Praxis der Betroffenen einher. Im Forschungsprojekt Kindergrundsicherung konnte beobachtet werden, dass das Handeln der Betroffenen stärker interessengeleitet angetrieben war und die Äußerung von eigenen Wünschen und Bedürfnissen häufiger vorkam als zuvor. Die soziale Kooperation innerhalb der Familie stellte weiterhin eine relevante Größe dar und es war eine gewisse Vorsicht bei der Planung der Zukunft erkennbar. Dennoch ist die Planung und gedankliche Auseinandersetzung mit den eigenen Zukunftsvorstellungen an sich bereits eine zentrale Erkenntnis, weil sie das Heraustreten aus der sozialen Isolation und eine Steigerung des Selbstbewusstseins bedeutet.

5 Was uns antreibt

In diesem Artikel haben wir, ausgehend von der theoretischen und empirischen Problematik der Kinderarmut, dargestellt, mit welchen Instrumenten und Methoden zivilgesellschaftliche Akteure – das Bündnis KINDERGRUNDSICHERUNG in Deutschland und die Volkshilfe Österreich – gegen Kinderarmut vorgehen. Die Zielsetzung, allen Kindern ein Aufwachsen und eine Zukunft ohne Armut und Ausgrenzung zu ermöglichen, ist uns dabei gemein. Wir sind der Überzeugung, dass es für das Engagement gegen Kinderarmut verschiedene Zugänge braucht. Dabei wollen wir eine starke politische Lobby für Kinder sein. Daher setzen wir bei ihren Bedarfen und Bedürfnissen an. Nimmt man Kinder und Jugendliche als Subjekte ihrer eigenen Lebenswelt zum Ausgangspunkt, ist Soziale Arbeit zwangsläufig politisch, indem sie einerseits den Subjektstatus stärkt und befähigt sowie

---

7 Auszug aus einem Jahresgespräch mit einem elfjährigen Mädchen aus dem Projekt Kindergrundsicherung.

anderseits stets dafür kämpfen muss, dass die politischen und gesellschaftlichen Rahmenbedingungen allen Kindern gerecht werden. Wichtig ist das Hinwirken auf ein gesellschaftliches Klima und einen Armutsdiskurs, der armutsbetroffene Kinder und Jugendliche nicht stigmatisiert und strukturell benachteiligten Familien die Schuld an ihrer Lage nicht zuschreibt. Stattdessen muss sich der Subjektstatus auch in einer gesellschaftlichen Teilhabe niederschlagen, die eine gleichberechtigte Mitgestaltung der gesellschaftlichen Verhältnisse ermöglicht.

Literatur

Aust, Andreas (2021): Kein Kind zurücklassen. Warum es wirksame Maßnahmen gegen Kinderarmut braucht. Expertise des Deutschen Paritätische Wohlfahrtsverband Gesamtverband e.V. Erstellt unter Mitarbeit von Dr. Rock, Joachim und Werner, Lukas. https://www.der-paritaetische.de/fileadmin/user_upload/Publikationen/doc/expertise-kinderarmut-2021.pdf [Zugriff: 20.08.2021].

AWO Bundesverband e.V. (2019): Armut im Lebensverlauf. Kindheit, Jugend und Junges Erwachsenenalter. Forderungen der AWO anlässlich der Fünften Phase der AWO-ISS-Langzeitstudie. https://www.awo.org/sites/default/files/2019-11/191104_Br_Armut_im_CV_bf.pdf [Zugriff: 20.08.2021].

AWO Bundesverband e.V. (2017): Selber schuld? Analyse der AWO von strukturellen und institutionellen Armutsursachen. https://www.awo.org/arm-und-selber-schuld-nein [Zugriff: 13.08.2021].

Becker, Irene/Hauser, Richard (2012): Kindergrundsicherung, Kindergeld und Kinderzuschlag. WSI-Diskussionspapier. https://www.wsi.de/de/faust-detail.htm?sync_id=HBS-005226 [Zugriff: 13.08.2021].

Bertelsmann Stiftung (2020): Factsheet Kinderarmut in Deutschland. file:///C:/Users/axn/AppData/Local/Temp/291_2020_BST_Facsheet_Kinderarmut_SGB-II_Daten__ID967.pdf [Zugriff: 13.08.2021].

Bundesministerium für Arbeit und Soziales (2021): Lebenslagen in Deutschland – der Sechste Armuts- und Reichtumsbericht der Bundesregierung. https://www.armuts-und-reichtumsbericht.de/SharedDocs/Downloads/Berichte/sechster-armuts-reichtumsbericht.pdf?__blob=publicationFile&v=6 [Zugriff: 20.08.2021].

Chassé, Karl August/Zander, Margherita/Rasch, Konstanz (2010): Meine Familie ist arm. Wie Kinder im Grundschulalter Armut erleben und bewältigen, 4. Auflage. Wiesbaden: VS Verlag für Sozialwissenschaften.

Deutscher Gewerkschaftsbund (DGB) (2020): Weiterhin 1,5 Millionen Kinder im Hartz-IV-Bezug. file:///C:/Users/axn/AppData/Local/Temp/DGB-Auswertung-Weiterhin-1-5-Millionen-Kinder-im-Hartz-IV-Bezug.pdf [Zugriff: 23.08.2021].

DGB-Index Gute Arbeit (2021): https://index-gute-arbeit.dgb.de/dgb-index-gute-arbeit/was-ist-der-index [Zugriff: 13.08.2021].

Gramsci, Antonio (2004): Erziehung und Bildung. Herausgegeben im Auftrag des Instituts für Kritische Theorie von Merkens, Andreas. Hamburg: Gramsci-Reader Argument Verlag.

Holz, Gerda/Mitschke, Caroline (2019): Die Monheimer Präventionskette. Von der Vision zur Verwirklichung kindbezogener Armutsprävention auf kommunaler Ebene. https://www.iss-ffm.de/fileadmin/assets/veroeffentlichungen/downloads/Mo.Ki-Praeventionskette.pdf [Zugriff: 13.08.2021].

Holzkamp, Klaus (1997): Schriften I. Normierung-Ausgrenzung-Widerstand. Hamburg: Argument Verlag.

Holzkamp, Klaus (2000): Schriften VII. Die gesellschaftliche Natur des Menschen – die natürliche Gesellschaftlichkeit des Individuums. Aufsätze 1977–1983. Hamburg: Argument Verlag.

Honneth, Axel (2015): Verdinglichung. Eine anerkennungstheoretische Studie. Um Kommentare von Judith Butler, Raymond Geuss und Jonathan Lear erweiterte Ausgabe. Frankfurt a.M.: Suhrkamp.

Hübenthal, Maksim (2018): Soziale Konstruktionen von Kinderarmut. Sinngebungen zwischen Erziehung, Bildung, Geld und Rechten. Weinheim/Basel: Beltz Juventa.

Hüther, Gerald (2015): „Wer glücklich ist, kauft nicht." Interview von Zaremba, Nora Marie (2015) in Wirtschaftswoche. https://www.wiwo.de/technologie/green/gehirnforschung-wer-gluecklich-ist-kauft-nicht/13551020.html [Zugriff: 08.03.2022].

International Federation of Social Workers – IFSW (2016): Constitution of International Federation of Social Workers, Adopted at the 2016 General Meeting, Seoul Korea. https://www.ifsw.org/wp-content/uploads/ifsw-cdn/assets/ifsw_10741-10.pdf [Zugriff: 13.08.2021].

Lüders, Christian (2011): Von der scheinbaren Selbstverständlichkeit präventiven Denkens. In: DJI-Impulse 2/2011, S. 4–6. https://www.dji.de/veroeffentlichungen/forschungsmagazin-dji-impulse/dji-impulse-2011.html [Zugriff: 18.11.2021].

Mecheril, Paul/Melter, Claus (2012): Gegebene und hergestellte Unterschiede – Rekonstruktion und Konstruktion von Differenz durch (qualitative) Forschung. In: Schimpf, Elke/Stehr, Johannes (Hrsg.): Kritisches Forschen in der Sozialen Arbeit. Gegenstandsbereiche-Kontextbedingungen-Positionierungen-Perspektiven. Wiesbaden: Springer VS, S. 263–274.

Volf, Irina/Laubstein, Claudia/Sthamer, Evelyn (2019): Wenn Kinderarmut erwachsen wird... AWO-ISS Langzeitstudie zu (Langzeit-)Folgen von Armut im Lebensverlauf. Institut für Sozialarbeit und Sozialpädagogik e. V.

Zukunftsforum Familie e. V. (ZFF) (2018): Familienförderung vom Kopf auf die Füße stellen. Positionspapier Monetäre Familienförderung. https://www.zukunftsforum-familie.de/wp-content/uploads/zff_pp_2018_MoneLeistungen.pdf [Zugriff: 13.08.2021].

Datenverzeichnis

IV 2: 12-jähriger Bub, interviewt am 06.12.2018
IV 12: Alleinerziehende Mutter, interviewt am 12.09.2018
IV13: 12-jähriger Bub, interviewt am: 12.09.2018
IV15: 12-jähriger Bub, interviewt am 18.03.2019
IV25: 12-jähriges Mädchen, interviewt am 21.06.2019

Soziale Kohäsion als Reflexionskonzept zur Wohnraumproblematik im Großherzogtum Luxemburg

Céline Dujardin

1 Kontext der Wohnraumproblematik

Im Großherzogtum Luxemburg ist die Nachfrage an bezahlbarem Wohnraum deutlich höher als das bestehende Angebot (Reuter 2017). Die Wohnungspreise belaufen sich derzeit durchschnittlich zwischen 6.057–7.145€/m², wobei die Varianz durch die Größe des Wohnraums und der Nähe zur Hauptstadt bestimmt wird (OBS & STATEC 2020). Wohnungspolitisch wurde lange die Aussicht auf Eigentum durch die schleichende Abschaffung der Vermögenssteuer sowie der Aufgabe der Erbschaftssteuer gefördert, mit der Folge, dass 70% der Einwohner auch Immobilienbesitzer sein sollen (Stoldt 2017). Für finanziell benachteiligte Haushalte stellen die Wohnkosten von mindestens 40% des verfügbaren Budgets allerdings eine sehr hohe Ausgabe dar. Hierdurch kann sogar eine Verschärfung des Armutsrisikos durch die Wohnkosten beobachtet werden (Ametepe 2019).

Das Großherzogtum Luxemburg kann als Einwanderungsgesellschaft beschrieben werden. Die luxemburgische Bevölkerung setzt sich aus den folgenden Nationalitäten zusammen: 52,5% Luxemburger und 40,1% Nationalitäten aus den weiteren 27 EU-Mitgliedsstaaten, wobei 15,6% Portugiesen den größten Anteil darstellen (Klein/Peltier 2019). Ergebnisse der European Value Study zeigen, dass sozialer Erfolg sowohl von Luxemburgern als auch von Zugezogenen am Hausbesitz bewertet und das Mieten als Fehlinvestition angesehen wird. Als Folge dazu kann die Desintegration von Luxemburgern ins benachbarte Ausland beobachtet werden, hauptsächlich wegen den hohen Wohnkosten im eigenen Land (Stoldt 2017).

Als Antwort auf die stetig steigenden Wohnungspreise und den Bedarf an Wohnraum sollte das Prinzip der sozialen Diversität (frz. „mixité sociale") dienen. Es wird als wohnungspolitisches Ziel festgehalten, wobei die entsprechende Umsetzung überwiegend den Gemeinden übertragen und am sozialen Wohnungsbau festgemacht wird (Van Driessche/Mir 2013). Die soziale Diversität wird in diesem Zusammenhang durch sozialdemografische Indikatoren definiert, z.B. Haushaltseinkommen, Alter oder Bildungsstand. Die entsprechende Analyse bestätigt die soziale Diversität anhand der aufgezeichneten Unterschiede innerhalb der Bevölkerung. Demnach stellt sich die Frage, wie wohnungspolitisch mit der sozialen Diversität umgegangen werden kann, ohne eine Gettoisierung in bestimmten Vierteln auszulösen. Ein vielfältiges Wohnungsangebot wird hier als Lösung für die Entwicklung einer diversifizierten und nachhaltigen Gesellschaft aufgeführt. Dem gegenüber steht jedoch der dominante Wunsch nach Fortbestand der Verlangsamung des Flächenverbrauchs und der Vorrechte der Verdichtung, um das Land möglichst rentabel zu machen (Van Driessche/Mir 2013). Laut rezenter Statistik sind lediglich 9,8% des Großherzogtums bebaute Flächen (STATEC 2020: 5). In diesem Zusammenhang kritisiert Stoldt (2017), dass die Bevölkerungszusammensetzung eher Baupromotoren überlassen wird und gewisse kommunale Baupolitiken ein Mittel zu sein scheinen, bestimmten Bevölkerungsgruppen den Zugang zu Wohnraum zu erleichtern oder zu erschweren.

Aus diesen diskriminierend erscheinenden Entwicklungen ergeben sich wachsende Herausforderungen für die Sozialpolitik. Der Wunsch, sozialer Diversität in der Gesellschaft gerecht zu werden, verweist auf das Anliegen nach sozialer Kohäsion und gesellschaftlichem Zusammenhalt, was sich auf bestehende und zukünftige Angebote der Sozialen Arbeit auswirkt (vgl. Borrmann/Fedke/Thiessen 2019).

2 Soziale Kohäsion als Reflexionskonzept

Nach Habermeier (2005) umfasst die soziale Kohäsion den Ist-Zustand des Zusammenhalts einer Gemeinschaft – von der Paarbeziehung bis zur Gesamtgesellschaft – und nicht seine Entstehung. Die soziale Kohäsion als Ziel hingegen ist ein Soll-Zustand, der mehrere Fragen aufwirft, z.B. ob soziale Kohäsion planbar ist oder sich verstärken lässt, ob sie immer ein theoretischer Idealtyp der Gesellschaft bleibt oder ob die Soziale Arbeit soziale Kohäsion unterstützen kann, ohne ihre Klienten in ein Abhängigkeitsverhältnis zu setzen. Für Borrmann, Fedke und Thiessen (2019) verweist das Anliegen nach sozialer Kohäsion und gesellschaftlichem Zusammenhalt auf ein Spannungsverhältnis, das sich in den Zielsetzungen der Sozialen Arbeit bemerkbar macht. Es zeigt sich im beobachteten Zusammenhang zwischen individuell begleiteten Krisen und gesellschaftlichen Wandlungsprozessen. Soziale Kohäsion als Ziel zu verfolgen, kennzeichnet die Soziale Arbeit sowohl durch reflektiertes, methodisches Handeln auf die konkrete Situation bezogen als auch als Unterstützer für die Anpassung angemessener, struktureller Rahmungen. Für Vonneilich (2020) eignet sich das Konzept der sozialen Kohäsion zur Untersuchung von sozialen Beziehungen und verweist auf die subjektiven Einschätzungen und auf das Zugehörigkeitsgefühl des Einzelnen. Die empfundene Zugehörigkeit zu einer Gruppe, auch subjektive Kohäsion, kann von der strukturellen Kohäsion, d.h. den sozialen Beziehungen, den tatsächlichen Aktivitäten sowie den geteilten Werten innerhalb einer Gruppe, abweichen. Vonneilich (2020) macht gleichermaßen auf mögliche negative Prozesse aufmerksam wie soziale Exklusion, Stigmatisierung oder Diskriminierung, die vornehmlich aus dem Mangel sozialer Kontakte zwischen Gruppen entstehen.

In Bezug auf die Zielvorstellungen für die Soziale Arbeit macht Borrmann deutlich, dass das Spannungsfeld in der *Differenz zwischen individuellen und strukturellen Problemlagen* (Borrmann 2019: 83) liegt. Das Streben nach sozialer Kohäsion zeigt sich demnach vor allem in der Bearbeitung individueller Lebenssituationen, die nicht im Einklang zu den gesellschaftlichen Vorstellungen verlaufen. In diesem Zusammenhang unterstreicht Borrmann, dass der Sozialen Arbeit *eine gesellschaftliche Funktion zugewiesen* wird (Borrmann 2019: 85). Diese Funktion und Orientierung am sozialen Zusammenhalt kann als historisch gewachsen betrachtet werden. Gerade in Bezug auf Wohnungslosigkeit sollte hier noch die von Borrmann (2019) aufgegriffene Gefahr der Abhängigkeit zu geschaffenen Strukturen erwähnt werden, ein Verhältnis, das Habermaier (2005) ebenfalls aufgreift.

Im vorliegenden Beitrag soll die Perspektive auf soziale Kohäsion als Reflexionsmodell zur dargestellten Wohnraumproblematik Luxemburgs und dem Umgang mit Wohnungslosigkeit aus der Perspektive der Sozialen Arbeit dienen. Folgende Fragen sollen in diesem Beitrag ausgearbeitet werden: Wie kann soziale Kohäsion als Zielvorstellung in der Sozialen Arbeit verfolgt werden? Wie werden individuelle Problemlagen behandelt? Wie macht das Handlungsfeld der Wohnungslosigkeit auf die strukturellen Problemlagen aufmerksam?

3 Wohnungslosigkeit und Soziale Arbeit

Eine sehr weit verbreitete und geteilte Definition von Obdach- und Wohnungslosigkeit wird in der Europäischen Typologie für Wohnungslosigkeit (ETHOS) festgehalten. Sie verfolgt das Ziel, die konzeptuelle und operationelle Definition von Wohnungslosigkeit nutzen zu können, um sowohl die verschiedenen Problemsituationen zu definieren als auch eine Vielzahl von Wohnsituationen zuordnen zu können. Die Typologie gliedert sich in vier Kategorien: obdachlos, wohnungslos, ungesichertes Wohnen und unzureichendes Wohnen (FEANTSA 2005). Jede Kategorie dieser Typologie lässt sich in je einem Satz kurz skizzieren: „Obdachlos" beschreibt Menschen, die auf der Straße leben oder in Notunterkünften schlafen. „Wohnungslos" verweist auf Menschen in Übergangswohnheimen, Frauenhäusern,

Auffangstellen für Flüchtlinge, Jugendheimen, Strafanstalten und medizinischen Einrichtungen. „Ungesichertes Wohnen" beinhaltet das Wohnen ohne rechtliche Absicherung, in drohender Zwangsräumung oder der Gewalt ausgesetzt. „Unzureichendes Wohnen" verdeutlicht die Wohnsituation in Provisorien und ungeeigneten oder überbelegten Räumen (ebd.).

Die bestehenden Vergleichsstudien des *European Observatory on Homelessness* erlauben vertiefende Einblicke in die Problematik der Wohnungslosigkeit und dem entsprechenden gesellschaftlichen Umgang. Die Studie zur Obdachlosenhilfe in Europa (2018) definiert die Typologie der Dienstleistungen im Bereich der Wohnungslosigkeit (*Typology of Homelessness Services*) und eröffnet somit Möglichkeiten zur Übersicht und zur Einordnung der Angebote, überwiegend aus der Sozialen Arbeit. Die Typologie wurde mit dem Ziel entwickelt, bestehende Definitionen von Dienstleistungen und einhergehenden Strategien im Umgang mit Wohnungslosigkeit festzuhalten und miteinander zu vergleichen. Sie besteht aus einer zweidimensionalen Struktur: Einerseits wird der Fokus auf Wohnraum (*housing focused vs. non-housing focused*), andererseits auf das Ausmaß der Unterstützung (*high intensity support vs. low intensity support*) gelegt (Pleace, Baptista, Benjaminsen & Busch-Geertsema 2018). Folgende Beispiele veranschaulichen die Typologie (vgl. ebd. 2018: 22): Die Unterbringung einer Person in einer gezielten Entziehungsbehandlung ist nicht wohnungsorientiert ausgerichtet, zeichnet sich jedoch durch einen hohen Grad an Unterstützung aus (*non-housing focused; high intensity support*). Klassische Nachtunterkünfte bieten zwar ein Dach über dem Kopf, werden jedoch in der Typologie als nicht wohnungsorientiert und sehr niederschwellig eingestuft (*non-housing focused; low intensity support*). Die Housing-First-Ansätze definieren sich wohnungsorientiert mit einer intensiv möglichen Begleitung (*housing focused; high intensity support*). Alle weiteren wohnungsorientierten Dienstleistungen ohne Unterstützung über das Wohnproblem hinaus bilden ebenfalls eine Kategorie in der Typologie (*housing focused; low intensity support*).

Der wahrscheinlich größte Anteil der Obdachlosenhilfe besteht europaweit aus niederschwelligen Dienstleistungen, die grundlegende Unterstützung außerhalb des Wohnungswesens bieten oder die Bereitstellung von Notfallunterkunft/vorübergehender Unterbringung enthalten. In vielen Ländern wird zwischen den beiden Angeboten kaum unterschieden, da sie oft entweder im gleichen Gebäude oder von der gleichen Einrichtung angeboten werden. Im Gegensatz dazu sind Dienste, die obdachlosen Menschen sofort ein dauerhaftes Zuhause bieten, in den meisten Ländern nur begrenzt präsent (Pleace et al. 2018). In der Gegenüberstellung der Analyse aus 16 europäischen Ländern, Luxemburg ausgeschlossen, können wir beobachten, dass Luxemburg über ein solides Angebot an Dienstleistungen verfügt. Ähnlich wie in anderen Ländern besteht eine größere Bandbreite in urbanen als in ruralen Gegenden. Die Beobachtungen in Luxemburg-Stadt zeigen, dass die Angebote vom Bestehen von Suppenküchen und Kleiderstuben (*non-housing focused; low intensity support*) bis zu Housing-First-Ansätzen (*housing focused; high intensity support*) reichen. Gemäß der ETHOS-Typologie lassen sich alle Definitionen, von der Obdachlosigkeit bis hin zum unzureichendem Wohnen, in der luxemburgischen Hauptstadt wiederfinden. Es besteht eine Vielzahl von Strukturen wie Notunterkünfte und Übergangswohnheime, Auffangstellen für Flüchtlinge, Frauenhäuser oder spezialisierte Kliniken. Im Jahr 2020 zählt Luxemburg-Stadt 122.300 Einwohner (STATEC 2020: 14) von den insgesamt 626.100 registrierten Personen im Land (STATEC 2020: 11). Gerade im Bereich der Obdachlosigkeit ist es an dieser Stelle wichtig, auf eine bestehende Dunkelziffer hinzuweisen. Der nationale Bauprojektentwickler, Fonds für Wohnungswesen (F*onds du Logement*), hat zwar seinen Sitz in Luxemburg-Stadt, ist aber auf nationaler Ebene für die Erschließung von Bauland und entsprechendem Bau von erschwinglichen Wohnungen zum Verkauf und zur Vermietung zuständig. Sowohl Einzelpersonen als auch soziale Einrichtungen und Gemeinden können dort ihre Anträge stellen. Gemäß der Struktur der Typologie der Dienstleistungen kann der Fonds für Wohnungswesen als wohnungsorientiert mit sehr geringem Grad an Unterstützung (*housing focused; low intensity support*) eingestuft werden. Die Dienststelle Wohnungswesen (*Service Logement*) der Stadt Luxemburg hat eine Vielzahl von Aufgaben, die nach der Typologie sehr weit auseinandergehen, z.B. sowohl die Betreuung von Mietern in Sozialwohnungen als auch die Verwaltung von entsprechenden Wohnungen oder die Geschäftsführung von Notunterkünften in der Stadt, wo die Betreuung der Menschen von anderen Instanzen, vor allem gemeinnützigen Organisationen, übernommen wird. Neben diesen wohnungsorientierten Dienststellen mit eher begrenzter Begleitung der Person bietet der Streetwork einen sehr hohen Grad an Unterstützung und funktioniert wohnungsorientiert, wenn die begleitete Person es wünscht. Mehrere soziale Einrichtungen decken das Angebot des Streetworks in Luxemburg-Stadt ab. Die Streetworker nehmen Kontakt zu den Menschen auf der Straße auf, um sie auf weiterführende Angebote zur Verbesserung ihrer Lebensverhältnisse aufmerksam zu machen. In einer wohnungsorientierenden Perspektive kann der Streetworker als Bindeglied zwischen der Person und der Notschlafstelle dienen, in dem er die notwendigen Kontakte herstellt. Ebenso kann er auf Tagesangebote und Aufenthaltsstellen im Stadtviertel hinweisen. Zum Einblick in die entsprechenden Angebote in der luxemburgischen Hauptstadt gehören die Notfallunterkünfte und vorübergehende Unterkünfte, aber auch Housing-First-Ansätze. Housing First wurde für wohnungslose Personen, die einen hohen Grad an Unterstützung benötigen, z.B. durch Erkrankungen, mangelndem sozialen Netzwerk oder langfristiger Obdachlosigkeit, entwickelt, und dabei wird als Ausgangsbasis Wohnraum zur Verfügung gestellt. In diesem Ansatz haben die Personen weitgehende Entscheidungsmöglichkeiten in Bezug auf ihre Lebenssituation. Eine alkoholabhängige Person wird beispielsweise dazu angeregt, den Konsum zu reduzieren oder sich einer Behandlung zu unterziehen, während Abstinenz in einem Stufenmodell eine notwendige Etappe ist, um weiterhin Zugang zu Wohnraum zu erhalten (Pleace 2016: 12). In Luxemburg wird klar zwischen einer Notfallunterkunft (meist *night shelter* oder *halle de nuit*) und einer vorübergehenden Unterkunft unterschieden, wobei letztere oft ihren Ursprung als Notfallunterkunft hat. Die Fürsorge in der Notfallunterkunft bleibt sehr niederschwellig oder wird durch die Streetworker gewährleistet, während die Betreuung deutlich intensiver in den vorübergehenden Unterkünften gestaltet wird. Hier zeichnet sich aktuell ein Umbruch im Konzept ab: Das praktizierte Stufenmodell, das die Person zuerst „wohnfähig" macht, wird teilweise durch Housing-First-Ansätze ersetzt. Im Gegensatz zur europäischen Vergleichsstudie (vgl. Pleace et al. 2018) wird in Luxemburg zwischen Notfallunterbringung und vorübergehender Unterbringung unterschieden, allerdings werden hier Grenzen in solchen Fällen undeutlich, wo ein Stufenmodell in dauerhaftes Wohnen überleiten soll. Die Soziale Arbeit im Streetwork hingegen zeichnet sich in Luxemburg als grundlegende Unterstützung außerhalb des Wohnungswesens ab (vgl. Pleace et al. 2018).

4 Handlungsfeld Wohnungsnot und soziale Kohäsion

Sowohl die Thematisierung des Wohnens bzw. der Wohnungsnot als auch die der sozialen Kohäsion finden sich in der Sozialen Arbeit wieder und scheinen ihre Kernaufgabe zu erweitern (vgl. Borrmann 2019; Reutlinger 2017). Wohnen ist ein Menschenrecht und der fehlende oder unzureichende Zugang zu Wohnraum ist somit ein Arbeitsgebiet der Sozialen Arbeit (Reutlinger 2017: 60). Soziale Arbeit reagiert auf Personen oder Randgruppen bezogen, was schlussendlich auf ein soziales Problem – hier Wohnraum – und gesellschaftliche Herausforderungen aufmerksam macht (Borrmann 2019). Die Wohnungsnot bestimmter Bevölkerungsgruppen appelliert an die Rolle der Sozialen Arbeit, die allerdings ungeklärt zum sozialen Problem des Wohnraums steht: Einerseits trägt die Soziale Arbeit handlungsleitend vor allem im Quartiermanagement und in der Gemeinwesenarbeit, aber auch als Vermittlerin in Stadtentwicklungsprozessen zum Erhalt und Schutz von Wohnraum bei. Andererseits kann ihr Aufgreifen der Wohnfrage als verändertes Selbstverständnis aufgefasst werden (Reutlinger 2017: 61). Prinzipiell können wir beobachten, dass der Sozialen Arbeit gesellschaftliche Anliegen übertragen werden. Sie übernimmt das, was durch andere soziale Sicherungssysteme nicht mehr aufgefangen wird. Dadurch erhält sie eine gesellschaftliche Funktion, die über die individuelle Bearbeitung von Problemlagen hinausgeht (Borrmann 2019: 85). In der Konzentration der Sozialen Arbeit auf bestimmte Personen und Personengruppen gehört nicht nur die Betreuung oder Hilfeleistung, die oft Möglichkeiten der Lebensgestaltung der Betroffenen einschränken und mit Gefahren der Gettoisierung verbunden sind, sondern auch die kritische Aufklärung über die Problemlage (Reutlinger 2017: 62).

Für Luxemburg kommen wir hier auf das wohnungspolitische Ziel der sozialen Diversität zurück, das schlussendlich der Sozialen Arbeit überlassen wird. Die Gefahr der Gettoisierung besteht an einigen Stellen, kann allerdings auch zum sozialen Zusammenhalt innerhalb des abgesonderten Wohnviertels führen, was weder dem Streben nach sozialer Diversität noch der Zielsetzung nach sozialer Kohäsion entspricht. Sogar im Sinn von empfundener Zugehörigkeit (vgl. Vonneilich 2020) verharren ganze Personengruppen in abgesonderten Vierteln, und gerade Randgruppen laufen Gefahr, gesellschaftlich ausgeschlossen zu bleiben. Diese Entwicklung der Gettoisierung zeigt sich am Kreisverkehr der Straße *Dernier Sol* im luxemburgischen Stadtteil *Bonnevoie*, das sehr viele Dienstleistungen beherbergt, etwa eine Kleiderstube, eine Suppenküche, vorübergehende Unterbringungsstrukturen für Einzelpersonen und Familien, eine Koordinationsstelle des Streetworks, Ärzte ohne Grenzen oder das Café Courage als Aufenthaltsort am Tag. Auf sehr kleinem Raum befinden sich viele Strukturen für obdachlose und wohnungslose Personen. Durch diese präsente Bereitschaft, auf individuelle Problemlagen einzugehen, stellt sich die Frage, ob Soziale Arbeit soziale Kohäsion unterstützen oder verfolgen kann, ohne ihre Klienten in ein Abhängigkeitsverhältnis zu setzen (vgl. Borrmann 2019).

5 Fazit und Ausblick

Mit dieser Frage gelangen wir zurück zu den Ausgangsfragen um soziale Kohäsion in Bezug auf Wohnungsnot und zu dem Thema, wie sie als Zielvorstellung Sozialer Arbeit verfolgt werden kann. Die Ansätze der Sozialen Arbeit sind sehr vielfältig und versuchen durch die verschiedensten Angebote der betroffenen Person einen Platz in der Gesellschaft zu ermöglichen. Hier stellt sich die Frage, ob soziale Kohäsion überhaupt förderbar ist oder ob sie eine Idealvorstellung der Gesellschaft bleibt. Die Soziale Arbeit funktioniert weiterhin überwiegend durch die Bearbeitung von individuellen Problemlagen. Es reichen die Ansätze, wie in Abschnitt 3 aufgezeigt, von der Ausstattung in Kleiderstuben bis zum Zugang in einer stationären Unterbringung oder sogar ins eigenständige Wohnen. Die Soziale Arbeit im

Bereich der Wohnungslosigkeit macht durch erweiterte Angebote in Bezug auf von ihr identifizierte Bedarfe aufmerksam, die allein jedoch nicht die strukturellen Problemlagen lösen können. Verschiedene Akteure der Sozialen Arbeit kritisieren den Mangel an sozialem und bezahlbarem Wohnraum, was die lange Warteliste des Fonds für Wohnungswesen verdeutlicht. Trotz der wesentlichen Stimme der Sozialen Arbeit bedarf es weiterer Studien zur nationalen Situation der Wohnungslosigkeit mit entsprechendem Ausbau der aktuellen Datenlage, um eine vollständigere und zusammenhängende Perspektive auf die Wohnraumproblematik zu erhalten. Hinzu kommt, dass Sozial- und Wohnungsbaupolitik den sozialen Wohnungsbau und den bezahlbaren Wohnraum mit ihren Instrumenten voranbringen sollte, damit die Klienten der Sozialen Arbeit überwiegend aus ihrem aktuellen Abhängigkeitsverhältnis heraustreten können.

Literatur

Ametepe, Fofo (2019): Le logement, amplificateur des inégalités au Luxembourg. In: Regards, 18(8). https://statistiques.public.lu/catalogue-publications/regards/2019/PDF-18-2019.pdf [Zugriff: 30.08.2021].

Borrmann, Stefan (2019): Soziale Kohäsion als normatives Ziel? Soziale Probleme und ihre Bearbeitung durch Akteure der Sozialen Arbeit. In: Borrmann, Stefan/Fedke, Christoph/Thiessen, Barbara (Hrsg.): Soziale Kohäsion und gesellschaftliche Wandlungsprozesse. Herausforderungen für die Profession Soziale Arbeit. Wiesbaden: Springer VS, S. 77–87.

Borrmann, Stefan/Fedke, Christoph/Thiessen, Barbara (2019): Herausforderungen für die Profession Soziale Arbeit im Spannungsfeld Sozialer Kohäsion und gesellschaftlicher Wandlungsprozesse. Eine Einführung. In: Borrmann, Stefan/Fedke, Christoph/ Thiessen, Barbara (Hrsg.): Soziale Kohäsion und gesellschaftliche Wandlungsprozesse. Herausforderungen für die Profession Soziale Arbeit. Wiesbaden: Springer VS, S. 1–7.

FEANTSA (2005): ETHOS – European Typology on Homelessness and Housing Exclusion. https://www.feantsa.org/en/toolkit/2005/04/01/ethos-typology-on-homelessness-and-housing-exclusion [Zugriff: 30.08.2021].

Habermeier, Rainer (2005): Soziale Kohäsion. In: Hitotsubashi Journal of Social Studies, 37(1), S. 1–17.

Klein, Charlie/Peltier, François (2019): 93% de la population luxembourgeoise sont des ressortissants de l'UE-28. In: Regards, 7(5). https://statistiques.public.lu/catalogue-publications/regards/2019/PDF-07-2019.pdf [Zugriff: 30.08.2021].

OBS & STATEC (2020): Le Logement en chiffres. Grand-Duché de Luxembourg. https://statistiques.public.lu/catalogue-publications/logement-en-chiffres/2020/PDF-Logement-9.pdf [Zugriff: 30.08.2021].

Pleace, Nicholas (2016): Housing First Guide. Europe. https://housingfirsteurope.eu/assets/files/2017/12/housing-first-guide-deutsch.pdf [Zugriff: 30.08.2021].
Pleace, Nicholas/Baptista, Isabel/Benjaminsen, Lars/Busch-Geertsema, Volker (2018): Homelessness Services in Europe. EOH Comparative Studies on Homelessness. Brussels: European Observatory on Homelessness.
Reuter, Jean-Paul (2017): Wohnst du schon oder suchst du noch? Über Schwierigkeiten adäquat wohnen zu dürfen und den Versuch Lösungen zu finden. In: Forum für Politik, Gesellschaft und Kultur, 372, S. 24–26.
Reutlinger, Christian (2017): Soziale Arbeit und Wohnen: Gefangen in einer funktional-industriekapitalistischen Raumordnung und darüber hinaus blind für Praktiken pädagogischer Ortsgestaltung? Eine sozialgeographische Spurensuche. In: Meuth, Miriam (Hrsg.): Wohn-Räume und pädagogische Orte. Erziehungswissenschaftliche Zugänge zum Wohnen. Wiesbaden: Springer VS, S. 59–95.
STATEC (2020): Luxemburg in Zahlen. 2020. Luxembourg: Imprimerie Centrale.
Stoldt, Jürgen (2017): Wer darf, wer wird in Zukunft in Luxemburg wohnen? In: Forum für Politik, Gesellschaft und Kultur, 372, S. 18–20.
Van Driessche, Isabelle/Mir, Marie-Laure (2013): Le Luxembourg et la mixité sociale. In: Forum für Politik, Gesellschaft und Kultur, 330, S. 33–35.
Vonneilich, Nico (2020): Soziale Beziehungen, soziales Kapital und soziale Netzwerke – eine begriffliche Einordung. In: Klärner, Andreas/Gamper, Markus/Keim-Klärner, Sylvia/Moor, Irene/von der Lippe, Holger/Vonneilich, Nico (Hrsg.): Soziale Netzwerke und gesundheitliche Ungleichheiten. Eine neue Perspektive für die Forschung. Wiesbaden: Springer VS, S. 33–48.

Soziale Arbeit und Sonderpädagogik im Spannungsverhältnis von Kooperation und Konkurrenz. Perspektiven der Zusammenarbeit in inklusionsorientierten schulischen Settings

Eva Marr & Nina Thieme

1 Einleitende Bemerkungen zur Bestimmung des Verhältnisses von sozialer Kohäsion als gesellschaftlicher Dimension Sozialer Arbeit und Inklusion in schulischen Settings

Soziale Arbeit sei, so die *International Federation of Social Workers* im Jahr 2014, „ein praxisorientierter Beruf und eine akademische Disziplin, die den sozialen Wandel und die Entwicklung, den *sozialen Zusammenhalt* sowie die Befähigung und Befreiung von Menschen fördert“ (IFSW 2014; Hervorheb. die Verf.). Sozialer Zusammenhalt – bzw. soziale Kohäsion als bedeutungsähnlicher Begriff (vgl. Bertelsmann Stiftung 2013: 13), bei dem es um Gemeinsamkeit, Vertrauen, Gegenseitigkeit und Solidarität geht (vgl. Allmendinger 2015: 128) –, kann demnach als ein wesentliches, gleichwohl relativ abstraktes Ziel der gesellschaftlichen Funktion Sozialer Arbeit bestimmt werden.

Mit Möller lässt sich dieses Ziel wie folgt konkretisieren: Kohäsion sei auf der *„Ebene der Spielräume der Individuen“* (2013: o. S.; Hervorheb. im Original) und auf der *„Ebene überindividueller Einheiten“* (ebd.; Hervorheb. im Original) zu sichern. Während es auf der letztgenannten vornehmlich darum gehe, die „Anschlussfähigkeit gesellschaftlicher Subsysteme [wie z.B. Institutionen][1] untereinander [zu organisieren]“ (ebd.), erfordere die Sicherung von Kohäsion mit Blick auf die individuumsbezogene Ebene die „Einbeziehung von Individuen in gesellschaftliche Prozesse“ (ebd.). Anschließend an die 2009 in Deutschland in Kraft getretene UN-Behindertenrechtskonvention (UN-BRK) wird, trotz entsprechender Begriffsheterogenität (vgl. Köpfer/Powell/Zahnd 2021: 11), diese „Einbeziehung von Individuen in gesellschaftliche Prozesse“ (ebd.), vor allem von Menschen mit Behinderungen, vielfach als Inklusion bezeichnet (vgl. Gomolla 2018: 159). Kohä-

1 In eckige Klammern Gesetztes verweist an dieser Stelle und im Folgenden in direkten Zitaten auf Ergänzungen oder Anmerkungen der Verfasserinnen.

sion wird demnach – neben seiner Funktion als politisches Leitbild – als Konzept verwandt, „das auf die Inklusion sämtlicher Mitglieder einer Gesellschaft ausgerichtet ist" (Oelkers/Schierz 2016: 3). Auf diese wesentliche Dimension sozialer Kohäsion (vgl. dazu auch Jenson 1998: 16)[2] wird im vorliegenden Beitrag die Aufmerksamkeit gerichtet.

Ein bedeutsames Feld, in dem in jüngerer Zeit Inklusion in Form einer gemeinsamen Bildung und Erziehung von Kindern und Jugendlichen mit und ohne Behinderungen zu realisieren versucht wird, sind inklusionsorientierte schulische Settings[3]. Als eine grundlegende Bedingung bzw. gar als „Herz" (Florian 2017: 248)[4] schulischer Inklusion und somit als existenziell bedeutsam für diese wird die berufsgruppenübergreifende Kooperation[5] verschiedener, vor allem päda-

---

2 Jenson bestimmt in ihrer Darlegung des Standes kanadischer Forschung zu sozialer Kohäsion „inclusion" als eine Dimension von „social cohesion", allerdings führt sie „belonging", „participation", „recognition" und „legitimacy" (1998: 15) als vier weitere Dimensionen an; in den von ihr rezipierten Forschungsarbeiten wird Inklusion vorrangig als Inklusion in den Arbeitsmarkt gefasst.

3 Wir sprechen im Folgenden von *inklusionsorientierten* schulischen Settings, weil durch den Begriff *inklusiver* Settings eine umfängliche Realisierung von Inklusion in solchen Settings transportiert werden würde, wir jedoch Inklusion im Sinn einer Vision verstehen (vgl. Marr/Molnar/Thieme 2021: 28), die in schulischen, nach wie vor auch auf Selektion und Allokation zielenden Kontexten in umfassender Weise nicht realisierbar scheint (vgl. auch Ahrbeck 2015: 31). Zudem verwenden wir den Begriff schulischer *Settings*, weil mit dem Begriff der *Schule* eine Einheitlichkeit suggeriert wird, die der empirischen Vielfalt schulischer Settings, in denen es Inklusion umzusetzen gilt, nicht gerecht wird: So kooperieren sogenannte *inklusive Regelschulen* mit verschiedenen externen Institutionen (z.B. mit Beratungs- und Förderzentren), um den Anspruch von Inklusion zu realisieren, unterschiedliche Akteur*innengruppen (z.B. Regel- und Sonderschullehrkräfte, Professionelle der Sozialen Arbeit, Schulbegleitungen) arbeiten in unterschiedlichen Konstellationen (z.B. als Teams innerhalb und/oder außerhalb des Unterrichts, fokussiert auf einzelne Schüler*innen oder auf (Klassen-)Gruppen), ausgehend von unterschiedlichen Voraussetzungen (z.B. mit und ohne Festanstellungen an der jeweiligen Schule, mit unbefristeten und befristeten Verträgen, als professionelle*r Experte*Expertin oder als Laie*Laiin) zusammen. Wir sprechen nur dann von *Schule*, wenn es konkret im Rahmen der empirischen Rekonstruktion in diesem Beitrag um die inklusionsorientierte Ganztagsgrundschule geht, an der wir das der Rekonstruktion zugrunde liegende Material erhoben haben: An dieser inklusionsorientierten Schule sind neben den Regelschullehrkräften sozial- und sonderpädagogische Fachkräfte fest angestellt.

4 Florian verweist unter Rückgriff auf Kyrö-Ämmälä und Lakkala darauf, dass das „Herz" inklusiver Bildung und Erziehung Kooperation sei, allerdings nicht nur zwischen verschiedenen Fachkräften, sondern auch zwischen diesen, Schüler*innen und Eltern (vgl. 2017: 249).

5 Für unsere Präferenz des Terminus der berufsgruppenübergreifenden Kooperation gegenüber dem im Diskurs prominenteren Begriff der multiprofessionellen Kooperation sprechen zwei Gründe: Zum einen ist der Begriff der berufsgruppenübergreifenden Kooperation der umfassendere Begriff. Während mit multiprofessioneller Kooperation auf die „Zusammenarbeit von Professionen" (Bauer 2014: 273) verwiesen ist, bezeichnet der Begriff der berufsgruppenübergreifenden Kooperation die Zusammenarbeit verschiedener Berufsgruppen, wobei darunter auch professionalisierte Berufsgruppen, sprich: Professionen, fallen. Dementsprechend erfor-

gogischer Fachkräfte angesehen (vgl. Arndt 2014: 74; Hopmann/Böhm-Kasper/Lütje-Klose 2019: 401), insbesondere zwischen Regelschullehrkräften, sozial- und sonderpädagogischen Akteur*innen und zunehmend auch Schulbegleitungen.

Gleichwohl die wissenschaftliche Auseinandersetzung mit berufsgruppenübergreifender Kooperation in schulischen Settings vorwiegend auf den Mehrwert einer solchen Zusammenarbeit fokussiert ist, „wird in der Fachliteratur [zunehmend, Anm. die Verf.] auch auf Kooperationsrisiken und -schwierigkeiten sowie Strukturprobleme der Kooperation […] aufmerksam gemacht" (Olk/Speck/Stimpel 2011: 67). Als ein wesentliches Kooperationshindernis wird in der auch über das schulische Feld hinausgehenden Auseinandersetzung Konkurrenz thematisiert: So werde „Konkurrenz [zumeist] als Gegenpol zur Kooperation, d.h. also als Nicht-Kooperation, […] definiert" (Weise 1997: 2; vgl. auch Kühn/Weck 2013: 86). Gemäß einer solchen dichotomischen Konstruktion erscheinen Kooperation und Konkurrenz als unvereinbar, wie auch die Bedeutungen der lateinischen Ursprünge beider Begriffe – *cooperatio* und *concurrentia* – nahelegen: „Kooperation ist gleichgerichtet; Konkurrenz hingegen entgegengerichtet" (Schönig 2015: 71).

Vor diesem Hintergrund möchten wir im vorliegenden Beitrag in einem ersten Schritt, empirisch fundiert, der Frage nachgehen, wie das – bisher für den schulischen Kontext berufsgruppenübergreifender Kooperation nur marginal untersuchte – Verhältnis von Kooperation und Konkurrenz, am Beispiel der Zusammenarbeit zwischen sozial- und sonderpädagogischen Akteur*innen, in inklusionsorientierten schulischen Settings konstruiert wird. Dazu werden wir auf die auszugsweise sozialwissenschaftlich-hermeneutische Rekonstruktion (vgl. Soeffner 2004, 2005) eines protokollierten, berufsgruppenübergreifenden Teamgesprächs an einer inklusionsorientierten Ganztagsgrundschule zurückgreifen, das wir im Rahmen der FallKo-Verbundstudie[6] aufgezeichnet haben (vgl. Kap. 2). In einem zweiten Schritt werden wir die Ergebnisse unserer Rekonstruktion unter Berücksichtigung

---

dert dieser Begriff keine eindeutige Positionierung bezüglich der professionstheoretischen Kontroverse, ob es sich bei den in inklusionsorientierten schulischen Settings tätigen pädagogischen Berufsgruppen um Professionen handelt oder nicht. Zum anderen lässt der Begriff offen, wie viele Berufsgruppen an der Kooperation beteiligt sind. Während die Kooperation von zwei Berufsgruppen strenggenommen nicht mit dem Terminus der *multi*professionellen Kooperation gefasst werden kann, kann der Begriff der berufsgruppenübergreifenden Kooperation, genau wie der der interprofessionellen Kooperation, genutzt werden, um Formen der Zusammenarbeit von mindestens zwei verschiedenen Berufsgruppen zu bezeichnen.

6 Mit der von Oktober 2017 bis September 2020 vom BMBF geförderten FallKo-Verbundstudie („Wer macht wen und was wie zum Fall? Rekonstruktionen zur Fallkonstitution und Kooperation sonder- und sozialpädagogischer Professioneller in inklusiven Schulen") haben wir qualitativ-rekonstruktiv untersucht, wie sonder- und sozialpädagogische Akteur*innen in ganztägigen, inklusionsorientierten Schulen und Beratungs- und Förderzentren Fälle konstituieren und wie sie in dem Zusammenhang Zuständigkeiten – vor dem Hintergrund organisationaler Rahmen-

unserer einleitenden Bemerkungen reflektieren: Uns interessiert, inwieweit Konkurrenz berufsgruppenübergreifende Kooperation als wesentlich erachtete Gelingensbedingung von Inklusion (in schulischen Settings) gefährden kann und somit schlussendlich auch soziale Kohäsion, deren Realisierung als ein wesentliches Ziel der gesellschaftlichen Funktion Sozialer Arbeit gilt (vgl. Kap. 3).

2 „Wie profilieren wir uns, ohne uns da das Wasser abzugraben?" Zur (Re-)Konstruktion des Verhältnisses von Konkurrenz und Kooperation

Materiale Basis der auszugsweise dargestellten sozialwissenschaftlich-hermeneutischen Rekonstruktion ist ein protokolliertes Teamgespräch der Arbeitsgruppe zum Gemeinsamen Lernen[7] einer ganztägigen, inklusionsorientierten Grundschule. Mitglieder dieser Gruppe sind die Schulleiterin Frau Muth[8], der Sonderpädagoge Herr Robinson, die Sonderpädagogin Frau Klein, die Lehramtsanwärterin für Sonderpädagogik Frau Kamp und die Sozialpädagogin Frau Brecht. Die Regelschullehrerin Frau Schneider ist an die Arbeitsgruppe mit einem aktuellen Anliegen herangetreten und deshalb zu der Sitzung eingeladen worden.

Im folgenden Auszug des Gesprächs geht es um das Schulprogramm, in das Herr Robinson, der Sonderpädagoge, gemeinsam mit der am Gespräch nicht teilnehmenden Sonderpädagogin in Ausbildung, Frau Müller-Jahn, den Bereich des Gemeinsamen Lernens einarbeiten soll.

Er erläutert im Folgenden die damit verbundenen Herausforderungen:

> Herr Robinson: ähm ja (.) und jetzt was n hartes stückchen arbeit is (*Frau Klein: hm (zustimmend)*) das is eben ähm ja sich zu profilieren (*Frau Klein + Frau ?: hm (zustimmend)*) wo ähm arbeitet die sozialpädagogische (*Frau Klein: hm (zustimmend)*) ähm (.) profession wo arbeitet die sonderpädagogische wi-äh-wie profilieren wir uns ohne uns da das wasser abzugraben (Schule B, GL-Sitzung, 02.05.2018, Z. 803-808)[9]

---

bedingungen – aushandeln (vgl. ausführlich Silkenbeumer/Thieme 2019). Das in diesem Beitrag verwendete Material entstammt der Kasseler Teilstudie.

7 Rechtliche Grundlage zur Umsetzung der Aufgabe, das gemeinsame Lernen von Kindern und Jugendlichen mit und ohne Behinderungen in allen Schulformen zu ermöglichen, bildet die UN-BRK, in der ein inklusives Bildungsangebot auf allen Ebenen gefordert wird.

8 Alle Namen sind pseudonymisiert.

9 Transkriptionskonventionen: Es erfolgt eine durchgehende Kleinschreibung (ausgenommen sind Eigennamen, Abkürzungen, Akronyme, Einzelbuchstaben); es erfolgt keine Interpunktion

Mit dem Sprechakt des Sonderpädagogen („ähm ja (.) und jetzt") wird eine Zäsur markiert: Etwas vorangehend Thematisiertes wird abgeschlossen, und der Gesprächsraum wird für etwas Neues geöffnet. Dieses Neue wird jedoch nicht unmittelbar angeführt, sondern zunächst folgt ein Einschub („was n hartes stückchen arbeit is"), der sich auf etwas noch zu Thematisierendes bezieht. Mittels dieser Voranstellung schwört Herr Robinson seine Kolleg*innen darauf ein, dass das, worauf er Bezug nehmen wird, „n hartes stückchen arbeit" sei. Mit der ursprünglichen Redewendung „ein hartes Stück Arbeit" ist darauf verwiesen, dass etwas nur mit großen Mühen zu erreichen ist und eine hohe Anstrengungsbereitschaft sowie ein entsprechendes Durchhaltevermögen aufseiten derjenigen erfordert, die das „harte Stück Arbeit" auf sich nehmen (müssen) und bewältigen sollen. In Abgrenzung zu der ursprünglichen Redewendung wird hier jedoch von einem „harten Stückchen Arbeit" gesprochen. Es wird also der Diminutiv verwendet. Während dem Diminutiv allgemeinhin die Funktionen der Verkleinerung und der Verniedlichung zukommen, gewinnt man hier den Eindruck, dass die Kolleg*innen zwar darauf eingeschworen werden sollen, was sie erwartet und was durch Herrn Robinson als mühselig markiert wird, sie aber gleichzeitig nicht entmutigt werden sollen. Zu erwarten ist also im Folgenden die Nennung einer sehr herausfordernden, zugleich hinsichtlich ihrer Bewältigung aber nicht unmöglichen Aufgabe.

Diese Aufgabe, so fährt der Sonderpädagoge fort, „[...] is eben ähm ja sich zu profilieren". Das reflexive Verb „sich profilieren" verweist darauf, dass sich jemand ein Profil erarbeitet, in dem Sinn, dass er*sie (besondere) Kompetenzen für einen bestimmten Aufgabenbereich entwickelt. Folgt man Nieke, dass „*Kompetenz* [...] zwei voneinander unterscheidbare Bedeutungen [umfasst,] [...] [nämlich] zum einen [...] *Kompetenz* [als] Fähigkeit und zum anderen [als] Zuständigkeit, Befugnis" (Nieke 2012: 35; Hervorheb. im Original), wird deutlich, dass „sich profilieren" auf sich profilierende Akteur*innen bezogen ist, diese sich aber nur vor und in Abgrenzung zu anderen Akteur*innen profilieren können. Das heißt, dieses Verb ist ein Verb, durch das Akteur*innen zwingend in ein Verhältnis zueinander gesetzt werden: Auf der einen Seite benötigen die sich profilierenden Akteur*innen ein Publikum, vor dem sie sich profilieren und auf dessen Anerkennung sie hoffen. Auf der anderen Seite profilieren sie sich in Abgrenzung zu Anderen, d.h., sie grenzen sich von diesen – aufgrund des eigenen, besonderen Profils – ab.

(ausgenommen sind offenkundige Fragen, die durch ein Fragezeichen in Klammern angezeigt werden). Kurze Einwürfe, die keinen Wechsel der Sprecher*innenrolle darstellen, werden kursiv in Klammern angezeigt: „*(Frau Klein: hm)*"; ebenso werden signifikante Veränderungen der Sprechweise oder andere Artikulationen vermerkt, bspw. „*(leise)*". Pausen werden mit ihrer Länge in Klammern angegeben: „(3)"; Pausen unter einer Sekunde werden mit „(.)" festgehalten.

Zieht man an dieser Stelle das immanente Kontextwissen hinzu, dass sich die Ausführungen des Sonderpädagogen auf die Erweiterung des Schulprogramms um den von den sonder- und sozialpädagogischen Fachkräften der Schule verantworteten Bereich des Gemeinsamen Lernens beziehen, kommen als Publikum, vor dem es sich zu profilieren gilt, zwei Akteur*innengruppen infrage: zum einen die Regelschullehrkräfte, die als „dominante Leitprofession“ (Bauer 2018: 735) die Institution Schule in besonderer Weise prägen, zum anderen diejenigen, die durch ein Schulprogramm adressiert werden, nämlich vor allem Schüler*innen, Eltern, der Schulträger, das Schulamt und ggf. die interessierte Öffentlichkeit.

Die Frage, wer sich vor diesem Publikum zu profilieren hat, wird erst im folgenden Sprechakt des Sonderpädagogen expliziert: Es gelte zu klären, „wo ähm arbeitet die sozialpädagogische [...] ähm (.) profession wo arbeitet die sonderpädagogische“. Mit dem Fragewort „wo“ wird allgemeinhin nach einem bestimmten, sozialgeografisch lokalisierten Ort gefragt. Dass aber die Frage Herrn Robinsons primär nicht auf die Nennung eines solchen Ortes zielt, wird deutlich über das vorangehend Thematisierte: Wenn das „sich profilieren“ entscheidend darin besteht zu klären, „wo“ die sonder- und die sozialpädagogische „Profession“ arbeitet, dann muss es darum gehen, so legt es die Rekonstruktion des Verbs „sich profilieren“ nahe, die anscheinend nicht eindeutig und klar abgrenzbaren Zuständigkeitsbereiche der beiden Berufsgruppen herauszuarbeiten. In eigentümlicher Ambivalenz dazu steht der Begriff der Profession, auf den Herr Robinson zurückgreift. Denn: Mit diesem Begriff werden professionssoziologisch Berufsgruppen bezeichnet, die bereits als profiliert gelten. Diese erfolgreiche Profilierung, die Herr Robinson der Sozialen Arbeit und der Sonderpädagogik über die Bezeichnung als Professionen grundsätzlich attestiert, ist in inklusionsorientierten, schulischen Settings anscheinend brüchig geworden. Wäre dem nicht so, würde sich die Frage nach (erneuter) Profilierung, sowohl vor den Regelschullehrer*innen als auch in Abgrenzung zu der jeweils anderen Profession, nicht stellen. Es ist demnach erforderlich, das Verhältnis beider Professionen zueinander, das in dieser Form erst durch ihr Zusammentreffen in inklusionsorientierten, schulischen Settings entstanden ist, neu zu bestimmen.

Das hier durch den Profilierungsbegriff zum Ausdruck gelangende Konkurrenzverhältnis zwischen Sozialer Arbeit und Sonderpädagogik reproduziert sich im Folgenden: Zunächst wird die Bedeutsamkeit der Frage nach (erneuter) Profilierung mittels der anschließenden Wiederholung („wi-äh-wie profilieren wir uns“) hervorgehoben. Zugleich wird über die dann folgende Fortführung des Sprechaktes („ohne uns da das wasser abzugraben“) nochmals betont, dass die sozial- und sonderpädagogischen Akteur*innen im Profilierungsgeschehen nicht nur in ein Verhältnis zu den Regelschullehrkräften gesetzt werden („wie profilieren wir uns" vor diesen), sondern auch in ein Verhältnis zueinander („ohne uns da das wasser abzugraben"). Mit der Redewendung „jemandem das Wasser abgraben" ist auf die mittelalterliche Kriegstechnik verwiesen, aus Burggräben das Wasser mittels kleiner Kanäle abzulassen, um so das feindliche Terrain, die Burg, erobern und besetzen zu können. Auch wenn Herr Robinson auf die Notwendigkeit einer *gemeinsamen* Profilierung von Sozialer Arbeit und Sonderpädagogik vor den Regelschullehrkräften als Leitprofession im schulischen Kontext verweist, wird mit der angeführten Redewendung das im Profilierungsbegriff bereits angelegte Konkurrenzpotenzial erneut thematisch: So verfügen Professionen über eigene Zuständigkeitsbereiche, eigenes Terrain, das aber nicht immer trennscharf und in einem statischen Sinn von den Zuständigkeitsbereichen anderer Professionen abzugrenzen ist, sondern das es immer wieder zu behaupten und durchzusetzen gilt.

3 Abschließende Reflexionen: Gefährdet Konkurrenz berufsgruppenübergreifende Kooperation als wesentliche Gelingensbedingung von (schulischer) Inklusion und beeinträchtigt sie soziale Kohäsion?

In der sozialwissenschaftlich-hermeneutischen Analyse des Teamgesprächs ist ein spezifisches Verhältnis von Kooperation und Konkurrenz rekonstruiert geworden, das es im Folgenden zunächst in theoretisierender Weise in den Blick zu nehmen gilt. Im Anschluss werden wir reflektieren, inwiefern die hier deutlich werdende Gestalt von Konkurrenz (im Verhältnis zu Kooperation), gemäß der in der wissenschaftlichen Auseinandersetzung vorfindlichen Annahme, zu einer Gefährdung berufsgruppenübergreifender Kooperation als wesentlicher Gelingensbedingung von Inklusion (in schulischen Settings) führen kann. Wäre dem so, könnte letztlich auch die Realisierung des Ziels der gesellschaftlichen Funktion Sozialer Arbeit, zu sozialer Kohäsion beizutragen, be- bzw. sogar verhindert werden.

Mit dem Sprechakt „wi-äh-wie profilieren wir uns ohne uns da das wasser abzugraben", der sich auf die zu bewerkstelligende Aufgabe der Erweiterung des Schulprogramms um den Bereich des Gemeinsamen Lernens bezieht, bringt der Sprecher Herr Robinson die sich aus seiner Perspektive stellende zentrale Herausforderung zum Ausdruck: Wie kann es den sozial- und sonderpädagogischen Fachkräften an der inklusionsorientierten Ganztagsgrundschule gelingen, sich vor allem *vor* den Regelschullehrkräften zu profilieren, d.h., die gemeinsame Kompetenz und zugleich Zuständigkeit für den zusammen verantworteten Bereich des

Gemeinsamen Lernens auszuweisen, ohne sich jedoch gegenseitig in einen Konkurrenzkampf zu verstricken?

In der Formulierung dieser Herausforderung wird einerseits eine Kooperationsnotwendigkeit betont, nämlich hier mit Bezug auf eine Profilierung *vor* den Regelschullehrkräften. Andererseits – zugleich – gelangt in zweifacher Weise ein Bewusstsein von Herrn Robinson dafür zum Ausdruck, dass die sozial- und die sonderpädagogische Profession auch in einem durch Konkurrenz geprägten Verhältnis zueinander stehen: Manifest wird das Bewusstsein für ein solches Konkurrenzverhältnis im Profilierungsbegriff, denn Profilierung meint nicht nur Profilierung *vor* einer Instanz, hier vor allem vor den Regelschullehrkräften, sondern gleichzeitig auch Profilierung in *Abgrenzung zu* Anderen, hier zur jeweils anderen Profession. Genau diese triadische Konstellation kennzeichnet, folgt man Simmel, Konkurrenz. Konkurrenz, so formuliert es Hölkeskamp, rekurrierend auf Simmel, bezeichne

> „zunächst nur ‚solche Kämpfe, die in den parallelen Bemühungen' der Konkurrenten ‚um einen und denselben Kampfpreis bestehen' – und dabei, das ist entscheidend, darf sich dieser Preis eben ‚nicht in der Hand eines der Gegner' befinden. In ‚der besonderen Kampfform der Konkurrenz' ringen die daran beteiligten ‚Parteien' also nicht ‚unmittelbar miteinander', ‚sondern um den Erfolg ihrer Leistungen bei einer dritten Instanz'" (2014: 34).

Gemäß den Ausführungen Herrn Robinsons konkurrieren also, so könnte man es zuspitzen, die Sonderpädagogik und die Soziale Arbeit um die Gunst (vgl. Werron 2011: 231) der Regelschullehrkräfte, *vor* denen es sich zu profilieren gilt.

Darüberhinausgehend, und an dieser Stelle wird auf das Konkurrenzverhältnis in bildlicher Weise verwiesen, soll es nicht zu einem Kampf der Konkurrierenden in der Form kommen, dass man sich gegenseitig das Wasser abgrabe. Auch wenn Herr Robinson davon ausgeht, dass ein von ihm antizipierter Kampf der konkurrierenden Professionen zwar zu vermeiden sei, bleibt die Annahme ihrer grundlegenden Konkurrenz, zum Ausdruck gelangend im Profilierungsbegriff, bestehen.

Demzufolge wird also ein interdependentes Verhältnis von Kooperation und Konkurrenz konstruiert, das als ein widersprüchliches entworfen wird (vgl. dazu auch Schönig 2015: 74), in dem Sinn, dass im Rahmen der berufsgruppenübergreifenden Kooperation ein Konkurrenzkampf um ‚fremdes' Terrain zu vermeiden sei. Kooperation wird also als erstrebenswert beurteilt, Konkurrenz gelte es zu vermeiden. Zugleich scheint aber auch auf, „dass es sich bei beiden Begriffen, [sic] um vielschichtige, normative und vage Begriffe handelt, die schon aufgrund ihrer Vagheit kaum eindimensional gegenübergestellt [und] nur bei einer sehr einfachen Betrachtung als dichotomisch aufgefasst werden können" (ebd.). Dies zeigt auch die

Rekonstruktion: Die sozialpädagogische und die sonderpädagogische Profession, die in der inklusionsorientierten Ganztagsgrundschule berufsgruppenübergreifend kooperieren, sind in einem relationalen Verhältnis zueinander positioniert, das sich zugleich als Konkurrenzverhältnis fassen lässt. Dies ist bedingt dadurch, dass beide Professionen auf die Behauptung und Durchsetzung von Deutungsmacht und Zuständigkeit angewiesen sind, auch, um sich vor den Regelschullehrkräften profilieren zu können.

Kooperation und Konkurrenz stehen demnach in einem komplexen Verhältnis, entgegen der in der wissenschaftlichen Auseinandersetzung vielfach vertretenen Annahme (vgl. dazu Bengtsson/Kock 2000: 412). Ihre nur auf den ersten Blick „diametrically different logics" (ebd.) amalgamieren in einem Zustand, der sich mit dem Kunstwort „Koopkurrenz" beschreiben lässt. Das insbesondere in betriebswirtschaftlichen Forschungskontexten Anwendung findende Konzept der „Koopkurrenz", das in der „Mitte der 1990er Jahre […] [als] Dualismus von Kooperation und Konkurrenz in die internationale wissenschaftliche Diskussion eingeführt […] [und dort] als ‚Coopetition'[10] rezipiert [wurde]" (Himpel 2009: 2), ist

> „als Beschreibung für […] [einen] Zustand eingeführt [worden], bei dem nicht nur Einigkeit, Harmonie und Kooperation, sondern zeitgleich – gewissermaßen auf einer zweiten Interaktionsebene parallel stets ‚mitschwingend' – auch Rivalität, Wettbewerb und Konkurrenz zwischen […] Akteuren existiert. Koopkurrentes Verhalten ist damit gekennzeichnet durch den Dualismus von kooperativen und konkurrenten Motiven im Rahmen von Interaktionsrelationierungen" (ebd.: 82).

Wenn also Kooperation und Konkurrenz im Kontext berufsgruppenübergreifender Zusammenarbeit in inklusionsorientierten schulischen Settings – so legt es unsere empirische Rekonstruktion nahe – in einem interdependenten Verhältnis zueinander stehen, da Professionen sich einerseits immer in einer „[i]nterprofessional competition" (Abbott 1988: 59) befinden, andererseits zugleich in berufsgruppenübergreifenden Settings auf Kooperation angewiesen sind, ist davon auszugehen, dass (schulische) Inklusion nicht an der Konkurrenz der zugleich kooperierenden Berufsgruppen scheitern muss. Denn: Konkurrenz erweist sich nicht „als Gegenpol zur Kooperation, d.h. also als Nicht-Kooperation" (Weise 1997: 2), sondern als konstitutiver Bestandteil kooperierender Beziehungen professioneller Berufsgrup-

---

10 Der ursprünglich von Brandenburger und Nalebuff (vgl. 1996) „mit Blick auf die Nutzung der Spieltheorie in der Managementlehre propagiert[e]" (Schönig 2015: 12) Begriff der ‚Coopetition' (vgl. auch Jansen/Schleissing 2000) setzt sich „als Kunstwort aus den Wortbestandteilen ‚coo' (von cooperation) und ‚petition' (von competition) zusammen […]" (Himpel 2009: 101).

pen. Trotz Konkurrenz erscheint Kooperation – als wesentliche Gelingensbedingung von Inklusion (in schulischen Settings) – realisierbar, sodass schlussendlich Soziale Arbeit auch in koopkurrenten Verhältnissen, hier zur Sonderpädagogik, zur Realisierung von (schulischer) Inklusion als einer wesentlichen Dimension sozialer Kohäsion einen Beitrag leisten kann.

Literatur

Abbott, Andrew (1988): The system of professions. An essay on the division on expert labor. Chicago und London: The University of Chicago Press.

Ahrbeck, Bernd (2015): INKLUSION – Ein unerreichbares Ideal? In: Braches-Chyrek, Rita/Fischer, Carina/Mangione, Cosimo/Penczek, Anke/Rahm, Sibylle (Hrsg.): Herausforderung Inklusion. Schule – Unterricht – Profession. Bamberg: University of Bamberg Press, S. 27–44.

Allmendinger, Jutta (2015): Soziale Ungleichheit, Diversität und soziale Kohäsion als gesellschaftliche Herausforderung. Online verfügbar unter: https://www.vhw.de/fileadmin/user_upload/08_publikationen/verbandszeitschrift/FWS/2015/3_2015/FWS_3_15_Allmendinger.pdf [Zugriff: 08.08.2021].

Arndt, Ann-Kathrin (2014): Multiprofessionelle Teams bei der Umsetzung inklusiver Bildung. In: Archiv für Wissenschaft und Praxis der sozialen Arbeit 45, 1, S. 72–79.

Bauer, Petra (2014): Kooperation als Herausforderung in multiprofessionellen Handlungsfeldern. In: Faas, Stefan/Zipperle, Mirjana (Hrsg.): Sozialer Wandel. Herausforderungen für Kulturelle Bildung und Soziale Arbeit. Wiesbaden: Springer VS, S. 273–286.

Bauer, Petra (2018): Multiprofessionalität. In: Graßhoff, Gunther/Renker, Anna/Schröer, Wolfgang (Hrsg.): Soziale Arbeit. Eine elementare Einführung. Wiesbaden: Springer VS, S. 727–739.

Bengtsson, Maria/Kock, Sören (2000): „Coopetition“ in Business Networks – to Cooperate and Compete Simultaneously. In: Industrial Marketing Management 29, 5, S. 411–426.

Bertelsmann Stiftung (Hrsg.) (2013): Radar gesellschaftlicher Zusammenhalt – messen was verbindet. Gesellschaftlicher Zusammenhalt im internationalen Vergleich. Online verfügbar unter: https://www.bertelsmann-stiftung.de/de/publikationen/publikation/did/gesellschaftlicher-zusammenhalt-im-internationalen-vergleich [Zugriff: 13.08.2021].

Brandenburger, Adam M./Nalebuff, Barry J. (1996): Co-opetition. 1. A revolutionary mindset that combines competition and cooperation. 2. The game theory strategy that’s changing the game of business. New York, NY: Doubleday.

Florian, Lani (2017): The Heart of Inclusive Education is Collaboration. In: Pedagogika 126, 2, S. 248–253.

Gomolla, Mechthild (2018): 2.4 Schulsystem, „neue Steuerung" und Inklusion. In: Sturm, Tanja/Wagner-Willi, Monika (Hrsg.): Handbuch schulische Inklusion. Opladen/Toronto: Verlag Barbara Budrich, S. 159–174.

Himpel, Frank (2009): Koopkurrenz in internationalen Luftverkehrsallianzen. Ein theoretisch-konzeptioneller Forschungs- und Erklärungsansatz. Wiesbaden: Gabler.

Hölkeskamp, Karl-Joachim (2014): Konkurrenz als sozialer Handlungsmodus – Positionen und Perspektiven der historischen Forschung. In: Jessen, Ralph (Hrsg.): Konkurrenz in der Geschichte. Praktiken – Werte – Institutionalisierungen. Frankfurt a.M./New York: Campus, S. 33–57.

Hopmann, Benedikt/Böhm-Kasper, Oliver/Lütje-Klose, Birgit (2019): Multiprofessionelle Kooperation in inklusiven Ganztagsschulen in der universitären Lehre. In: HLZ (Herausforderung Lehrer*innenbildung – Zeitschrift zur Konzeption, Gestaltung und Diskussion) 2, 3, S. 400–421.

IFSW (2014): Globale Definition des Berufs der Sozialen Arbeit. Online verfügbar unter: https://www.qualitative-research.net/index.php/fqs/article/view/867 [Zugriff: 08.07.2021].

Jansen, Stephan A./Schleissing, Stephan (Hrsg.) (2000): Konkurrenz und Kooperation. Interdisziplinäre Zugänge zur Theorie der Co-opetition. Marburg: Metropolis.

Jenson, Jane (1998): Mapping Social Cohesion: The State of Canadian Research. Canadian Policy Reasearch Networks Study No. F03. Online verfügbar unter: http://www.cccg.umontreal.ca/pdf/CPRN/CPRN_F03.pdf [Zugriff: 13.07.2021].

Köpfer, Andreas/Powell, Justin J.W./Zahnd, Raphael (2021): Entwicklungslinien internationaler und komparativer Inklusionsforschung. In: Dies. (Hrsg.): Handbuch Inklusion international. Globale, nationale und lokale Perspektiven auf Inklusive Bildung. Opladen/Berlin/Toronto: Verlag Barbara Budrich, S. 11–41.

Kühn, Manfred/Weck, Sabine (2013): Interkommunale Kooperation, Konkurrenz und Hierarchie. In: Bernt, Matthias/Liebmann, Heike (Hrsg.): Peripherisierung, Stigmatisierung, Abhängigkeit? Deutsche Mittelstädte und ihr Umgang mit Peripherisierungsprozessen. Wiesbaden: Springer VS, S. 83–106.

Marr, Eva/Molnar, Daniela/Thieme, Nina (2021): „wir gehen einen neuen weg in der (.) ja äh ja in der definition unserer arbeit" – Sichtweisen auf berufsgruppenübergreifende Zusammenarbeit im Kontext inklusionsorientierter Schulen. In: Der pädagogische Blick (Themenheft „Komparative pädagogische Berufsgruppenforschung II", herausgegeben von Julia Schütz und Nikolaus Meyer) 29, 1, S. 27–38.

Möller, Kurt (2013): Kohäsion? Integration? Inklusion? Formen und Sphären gesellschaftlicher (Ein)Bindung. In: Aus Politik und Zeitgeschichte. Bundeszentrale für politische Bildung. Online verfügbar unter: https://www.bpb.de/apuz/156777/kohaesion-integration-inklusion [Zugriff: 26.07.2021].

Nieke, Wolfgang (2012): Kompetenz und Kultur. Beiträge zur Orientierung in der Moderne. Wiesbaden: Springer VS.

Oelkers, Nina/Schierz, Sascha (2016): Editorial: Soziale Kohäsion. In: Sozialmagazin 12, 1, S. 1–3.

Olk, Thomas/Speck, Karsten/Stimpel, Thomas (2011): Professionelle Kooperation unterschiedlicher Berufskulturen an Ganztagsschulen – Zentrale Befunde eines qualitativen Forschungsprojekts. In: Stecher, Ludwig/Krüger, Heinz-Hermann/ Rauschenbach, Thomas (Hrsg.): Ganztagsschule – Neue Schule? Eine Forschungsbilanz. Sonderheft 15 der Zeitschrift für Erziehungswissenschaft. Wiesbaden: VS, S. 63–80.

Schönig, Werner (2015): Koopkurrenz in der Sozialwirtschaft. Zur sozialpolitischen Nutzung von Kooperation und Konkurrenz. Weinheim/Basel: Beltz Juventa.

Simmel, Georg (1908): Der Streit. In: Soziologie. Untersuchungen über die Formen der Vergesellschaftung. Band 11 der Gesamtausgabe, herausgegeben von Otthein Rammstedt. Frankfurt a.M.: Suhrkamp, S. 284–382.

Silkenbeumer, Mirja/Thieme, Nina (2019): Wer macht wen und was wie zum Fall? Rekonstruktionen zur Fallkonstitution und Kooperation sonder- und sozialpädagogischer Professioneller in inklusiven Schulen (FallKo). In: Soziale Passagen 11, 1, S. 205–208.

Soeffner, Hans-Georg (2004): Auslegung des Alltags – Der Alltag der Auslegung. Zur wissenssoziologischen Konzeption einer sozialwissenschaftlichen Hermeneutik. Konstanz: UVK.

Soeffner, Hans-Georg (2005): Sozialwissenschaftliche Hermeneutik. In: Flick, Uwe/ von Kardorff, Ernst/Steinke, Ines (Hrsg.): Qualitative Forschung. Ein Handbuch. 4. Aufl. Reinbek bei Hamburg: Rowohlt Taschenbuch, S. 164–174.

Weise, Peter (1997): Konkurrenz und Kooperation. Online verfügbar unter: https:// www.fairness-stiftung.de/pdf/WeiseKonkurrenzLangfassung.pdf [Zugriff: 08.04.2021].

Werron, Tobias (2011): Zur sozialen Konstruktion moderner Konkurrenzen. In: Tyrell, Hartmann/Rammstedt, Otthein/Meyer, Ingo (Hrsg.): Georg Simmels große „Soziologie". Bielefeld: transcript, S. 227–258.

Das Regenbogenspektrum nicht im Auge – Gegenwart und Entwicklungsoptionen einer für geschlechtliche Identitäten und sexuelle Vielfalt sensiblen Sozialen Arbeit

Maike Wagenaar

1 Soziale Kohäsion als europäischer Auftrag auch an die Soziale Arbeit

In einer Sondertagung hat sich der Europäische Rat bereits im Jahr 2000 unter der Überschrift „Employment, Economic reform an social Cohesion" (European Parliament 2000) mit der Frage beschäftigt, welchen gesamtgesellschaftlichen Herausforderungen sich die Mitgliedsländer gegenübersehen. Dabei wurde festgestellt:

> „The European Union is confronted with a quantum shift resulting from globalisation and the challenges of a new knowledge-driven economy. These changes are affecting every aspect of people's lives and require a radical transformation of the European economy. The Union must shape these changes in a manner consistent with its values and concepts of society and also with a view to the forthcoming enlargement" (European Parliament 2000).

Bemerkenswerter als diese Analyse ist aus Sicht des hier zu behandelnden Themas aber die Zielrichtung, die daraufhin festgelegt wurde:

> „The Union has today set itself ***a new strategic goal*** for the next decade: *to become the most competitive and dynamic knowledge-based economy in the world capable of sustainable economic growth with more and better jobs and greater social cohesion.* Achieving this goal requires an ***overall strategy*** aimed at: […] modernising the European social model, investing in people and combating social exclusion" (European Parliament 2000; Herv. i.O.).

Gerade unter der Auseinandersetzung des im Juni 2021 in Kraft getretenen Gesetzes zur Einschränkung der Informationen über Homosexualität im Mitgliedsstaat Ungarn ist die Europäische Union sehr intensiv mit der Frage des Umgangs mit sexueller Orientierung und geschlechtlicher Identität beschäftigt (vgl. Deutschlandfunk 2021). So ist das im Jahr 2000 ins Auge gefasste Ziel der Förderung des sozialen Zusammenhaltes und der Bekämpfung sozialer Ausgrenzung weiterhin weder erreicht noch aus den Augen zu verlieren.

Borrmann sieht die Soziale Arbeit als Profession prädestiniert dafür, tätig zu sein an der „Schnittstelle zwischen Individuum, Gemeinschaft und Gesellschaft" (Borrmann 2020: 55). Er sieht dies einerseits als gesellschaftlichen Auftrag, den es zu erfüllen gilt, andererseits aber auch als Professionsauftrag: „Damit kann resümiert werden, dass soziale Kohäsion in der Tat die normativ positiv besetzte Vision – oder Realutopie – sein kann, die in der Disziplin Sozialer Arbeit durch Theoriebildung und in der Praxis Sozialer Arbeit durch konkrete Handlungen von Sozialarbeiterinnen und Sozialarbeitern anzustreben ist" (ebd). Auch in der globalen Definition Sozialer Arbeit ist soziale Kohäsion als Auftrag und Selbstzuschreibung festgeschrieben: „Social work is a practice-based profession and an academic discipline that promotes social change and development, social cohesion, and the empowerment and liberation of people" (International federation of social workers 2014). Nun hat Borrmann mit der Kategorie der Realutopie schon deutlich gemacht, dass soziale Kohäsion als ein Anspruch, der nur so weit wie möglich erfüllt werden kann, eher als ein Kontinuum zu sehen ist. Dennoch muss dieser Anspruch sicherlich zu allererst für die Soziale Arbeit selbst und ihr professionelles Handeln gelten.

2 Queerness als Handlungsfeld für Kohäsion

Im Folgenden soll deshalb der Frage nachgegangen werden, inwiefern die Soziale Arbeit dieses Ziel in Bezug auf queere Jugendliche selbst einlöst. Als queer werden hier Jugendliche verstanden, die sich in Bezug auf ihr biologisches Geschlecht, ihre Geschlechterrolle, die Geschlechtsidentität oder die sexuelle Orientierung als abweichend von der heteronormativen Zweigeschlechtlichkeit verstehen. Heteronormativität wird hier mit Klapeer verstanden „als herrschafts- und machtkritisches Konzept zur Analyse von und Intervention in gesellschaftliche Ungleichheiten" (Klapeer 2015: 27).

Der Bereich der sexuellen Orientierung und geschlechtlichen Identität hat in den letzten Jahren in Deutschland eine ganze Reihe von Liberalisierungen erfahren und ist deshalb prädestiniert dafür, der Frage nachzugehen, inwieweit, durch den in diesem Feld vollzogenen gesellschaftlichen Wandel, die äußerlich zu vermutende Kohäsion tatsächlich vorherrscht. So wurde mit dem „Gesetz zur Beendigung der Diskriminierung gleichgeschlechtlicher Gemeinschaften: Lebenspartnerschaften“ vom Februar 2001 die Eintragung einer Lebenspartnerschaft als erster Schritt zur Gleichstellung gleichgeschlechtlicher Beziehungen vollzogen. Mit dem „Gesetz zur Umsetzung des Gesetzes zur Einführung des Rechts auf Eheschließung für Personen gleichen Geschlechts“ vom Dezember 2018 erfolgte dann eine weitgehende rechtliche Gleichstellung der Lebensgemeinschaften. In Bezug auf geschlechtliche Identitäten hat sich mit dem „Gesetz zur Änderung der in das Geburtenregister einzutragenden Angaben“ vom Dezember 2018 die Möglichkeit ergeben, die Diversität der geschlechtlichen Identität, wenn auch mit einer Hilfskonstruktion eines dritten Geschlechts, abzubilden. Allerdings gilt diese Möglichkeit allein bei „Personen mit Varianten der Geschlechtsentwicklung“ (§ 45b Personenstandsgesetz). Diesen gesetzlichen Änderungen sind jeweils auch gesellschaftliche Diskurse vorausgegangen, die eine entsprechende Öffnung ermöglicht haben. Jedoch weist Thuider darauf hin, dass trotz (oder wegen) der „zu konstatierenden sexuellen Liberalisierungstendenzen auch massive Anfeindungen oder Forderungen zur Abschaffung der oben genannten Errungenschaften“ (Thuider 2019: 101) festzustellen sind – oder, wie Krell und Oldemeier konstatieren:

> „Eine Beschreibung von lesbischen, schwulen, bisexuellen sowie transgeschlechtlichen und queeren Lebensrealitäten ist daher unzutreffend, wenn sie nicht auch in gleicher Weise auf die widersprüchliche Situation hinweist: Denn nach wie vor ist sexuelle und geschlechtliche Vielfalt das gesellschaftliche ‚Außen/Andere/Abweichende‘ und mit zahlreichen Defizit-Zuschreibungen versehen wie z. B. einem ‚auffälligen‘ Lebensstil oder einem per se erhöhten Morbiditätsrisiko. Darüber hinaus bedarf es nach wie vor eines ‚Coming-outs‘, also einer Erklärung bzw. Richtigstellung gegenüber ‚Anderen‘, um sich von der meist unhinterfragten und vorausgesetzten Heterosexualität und Cisgeschlechtlichkeit zu distanzieren“ (Krell/Oldemeier 2016: 47).

Umso wichtiger ist es, dass diejenigen, die als Berufsgruppe qua Definition für das Empowerment und die Selbstermächtigung von Menschen, die Stärkung der Vielfalt und die Förderung der sozialen Kohärenz (mit) zuständig sind, sich ihrer Verantwortung bewusst sind und die eigene Rolle intensiv wahrnehmen. Einen ersten Anhaltspunkt für die gesellschaftlichen Notwendigkeiten liefern Thiessen, Dannenbeck und Wolff: „Der Zusammenhalt postfordistischer Gesellschaften bedarf daher einer neuen Orientierung an sozialer Gerechtigkeit und stellt zugleich spezifische Anforderungen an die Soziale Arbeit. Hierzu sind profunde Analysen zu Ausschlussprozessen und Wiederaneignung von Handlungsfähigkeiten gleichermaßen notwendig“ (2019: 2).

3 Untersuchung zu queeren Jugendlichen

Eine von der Autorin maßgeblich mitverfasste Studie soll zugrunde gelegt werden, um der Frage nachzugehen, ob Soziale Arbeit ihrem Anspruch als Förderin von Vielfalt und sozialer Kohäsion gerecht wird. Dafür werden im Weiteren zunächst zentrale Erkenntnisse aus der Studie wiedergegeben, bevor dieser Frage nachgegangen wird.

In der 2018/2019 durchgeführten Studie wurden einerseits Fachkräfte aus der zielgerichteten Arbeit mit queeren Jugendlichen in zwei Gruppeninterviews befragt. Andererseits wurden Fachkräfte der Jugendarbeit (z.B. Schulsozialarbeitende, Mitarbeitende in Jugendverbänden, in Beratungsstellen), die nicht explizit queere Angebote vorhalten, in Einzelinterviews zu den von ihnen festgestellten Bedarfen queerer Jugendlicher befragt. Dies geschah beide Male einerseits in einem großstädtischen, andererseits in einem ländlichen Raum.

In den Gruppeninterviews mit Expert*innen aus Einrichtungen mit queeren Angeboten wurde deutlich, dass die Bedarfe der Jugendlichen in der städtischen Region „vor allem Bedarfe an lokalen niedrigschwelligen und programmlosen Angeboten wie z.B. einem gemeinsamen Grillen, aber auch an spezifisch adressierten Angeboten wie queeren Jugendzentren“ sind (Wagenaar/Hellige/Nagel 2019: 13). Im ländlichen Raum hingegen wurde eher ein Bedarf „in der Unterstützung beim Coming-out-Prozess gesehen, der durch positive Bestärkung durch Vorbilder und den Rückhalt einer Jugendgruppe geschehen sollte“ (ebd.).

Die Interviewpartner*innen benannten folgende Punkte, die sie im Hinblick auf eine professionelle Praxis als defizitäre Kontexte wahrnehmen:

- mangelndes Wissen der Allgemeinbevölkerung und der Bildungs- und Beratungsinstitutionen zu queeren Themen
- Dominanz der Heteronormativität
- mangelnde Offenheit bei Angeboten der nicht explizit queeren Jugendarbeit
- in ländlicher Region sind nur wenige, dezentrale Angebote vorhanden, die für immobile Jugendliche bei schlechter Verkehrsinfrastruktur nicht zu erreichen sind (vgl. ebd.: 15).

Diese Ergebnisse der Gruppeninterviews wurden mit aufgenommen in die Befragung von Fachkräften der Jugendarbeit im Einzelsetting.

In den Einzelinterviews wurde deutlich, dass in einem großen Teil der Einrichtungen keine queeren Jugendlichen wahrgenommen wurden. So berichtete eine Mitarbeitende aus einem Jugendzentrum von zwei lesbischen Mädchen in 20 Jahren offener Jugendarbeit. Insgesamt wurde von den meisten Einrichtungen angegeben, dass Queerness ein eher untergeordnetes Thema sei (vgl. Wagenaar/Hellige/Nagel 2019: 18). Wenn überhaupt Kontakte mit queeren Jugendlichen vorhanden waren, dann, bis auf eine Einrichtung, fast ausschließlich mit schwulen oder lesbischen Jugendlichen. Wenn in Einrichtungen Queerness bewusst thematisiert wurde, beispielsweise weil die Einrichtung Beratungen anbot, die von Trans*-Jugendlichen in Anspruch genommen wurden, oder weil eine Mitarbeiterin selbst lesbisch war und dies offen kommunizierte, fanden auch viele Gespräche zu dem Themenspektrum statt. Wo es keine Sensibilität der Mitarbeitenden gab, wurde eher berichtet, Queerness spiele keine Rolle. Aus Sicht dieser Einrichtungen standen andere Beratungsbedarfe im Vordergrund. So seien beispielsweise Themen wie Schulverweigerung oder selbstverletzendes Verhalten deutlich mehr im Fokus (vgl. ebd.: 18). Ein möglicher Zusammenhang zwischen Schulverweigerung wegen negativer Erfahrungen in der Schule mit der eigenen sexuellen Identität oder der geschlechtlichen Orientierung wurde dabei nicht reflektiert. Auch das Outing, dass für den Schulalltag eine Rolle spielen kann, wird hier in seiner Bedeutung übersehen. Dabei ist das Outing ein nicht endender Prozess: „Bei einem äußeren Coming-out, auch Going Public genannt, handelt es sich um einen lebenslangen Prozess, denn in einer heteronormativen Welt muss eine Person im Prinzip bei jeder neuen Begegnung abwägen, ob und wann sie mitteilt, dass sie nicht heterosexuell ist oder ein anderes Geschlecht als das ihr zugeschriebene hat“ (Timmermanns/Thomas/Uhlmann 2017: 21).

Themen wie Sexualität und sexuelle Orientierung werden in den meisten Einrichtungen wenig thematisiert. Gründe dafür sehen die Interviewten zum einen in Rechtsunsicherheiten und Angst vor Klagen durch Eltern, zum anderen darin, sich bei diesem Thema auch selbst als Person zeigen zu müssen und dies beim Thema Sexualität als Überschreiten einer eigenen Grenze wahrzunehmen (vgl. ebd.: 21).

Insgesamt wurde in der Untersuchung deutlich, dass queere Themen für die meisten Fachkräfte, wenn sie nicht in Einrichtungen mit einem speziellen Fokus auf diese Zielgruppe ausgerichtet sind, oder Queer-Kompetenz aus eigenem Erleben haben, gar nicht erst wahrgenommen werden. Dadurch wird dann konstatiert, dass queere Jugendliche nicht den Weg in die Einrichtung finden und Angebote deshalb nicht nötig sind. Dass aber sehr wohl queere Jugendliche in den Einrichtungen sind, diese ihre Queerness aber nicht öffentlich machen und damit sowohl einen Teil ihrer Persönlichkeit, als auch einen Teil der Ursachen ihrer Probleme (bewusst oder unbewusst) verdecken, ist den Fachkräften nicht klar.

4 Bewusstseinskontexte als hilfreiches Instrument

Es sollen deshalb im Weiteren zunächst die bereits 1965 entwickelten und 2018 von Gerlach und Schupp (vgl. Gerlach/Schupp 2018) aufgegriffenen Bewusstseinskontexte von Glaser und Strauss (vgl. Glaser/Strauss 1974) in den Blick genommen werden, um das Spannungsfeld von Nicht-Sehen, Nicht-Wahrnehmen und Nicht-Handeln aufzumachen, in dem sich die Fachkräfte der Sozialen Arbeit in Bezug auf queere Jugendliche häufig bewegen. Glaser und Strauss stellten fest, dass amerikanische Ärzt*innen bei Patient*innen, deren Tod unmittelbar bevorstand, dies nur selten klar und deutlich mit den Patient*innen oder den Angehörigen kommunizierten.

> „Viel häufiger geben sie durch gelegentliche Bemerkungen vorsichtige, versteckte Hinweise und verlassen sich auf die Bereitschaft des Patienten, diese Hinweise aufzunehmen und richtig zu deuten. Zieht ein Patient es aber vor, die verhängnisvolle Bedeutung nicht zu verstehen, nehmen Ärzte an, daß er nicht ernstlich mit der Tatsache seines bevorstehenden Todes konfrontiert zu werden wünscht“ (ebd: 17).

Glaser und Strauss arbeiteten verschiedene Bewusstseinskontexte heraus, die, je nach gegenseitiger Offenheit oder Verschlossenheit gegenüber der Realität des Sterbens, unterschiedliche Interaktionen der beiden Seiten möglichen machten. Gerlach und Schupp beziehen sich in der Argumentation der Übertragungsmöglichkeit der Bewusstseinskontexte von Sterbenden auf Homosexualität auf Plummer. Dieser „stellt in Analogie zur Awareness-Theorie von Glaser und Strauss fest, dass die Interaktion zwischen hetero- und homosexuellen Menschen ebenso vom Wissen, von Vermutung oder vom Nicht-Wissen hier der Homosexualität maßgeblich beeinflusst wird“ (Gerlach/Schupp 2018: 199). Aus Sicht der Autorin kann das Feld hier über die Homosexualität hinaus um andere Bereiche der sexuellen Orientierung oder geschlechtlichen Identität erweitert werden. Denn auch hier geht es „um den Umgang mit einem Tabuthema, bei denen eine Informationsasymmetrie die Interaktion zwischen den Beteiligten bestimmt“ (ebd.). Und auch hier ist ein Outing, ein Ansprechen des Andersseins nötig, um die eigene Identität sichtbar zu machen, weil sie aufgrund der zweigeschlechtlichen heteronormativen Gesellschaftsvorstellung häufig nicht vermutet oder mitgedacht wird.

Nachfolgend werden die vier für den Zusammenhang dieser Arbeit maßgeblichen Bewusstseinskontexte erläutert.

Im *geschlossenen Bewusstseinskontext* wird die eigene sexuelle Orientierung oder geschlechtliche Identität verschwiegen (entweder vollständig gegenüber allen Personen oder gegenüber bestimmten Personen wie Eltern, Mitschüler*innen...) und vom Gegenüber auch nicht wahrgenommen oder vermutet (vgl. ebd: 201). In diesem Bewusstseinskontext ist es für den*die jugendliche Person nötig, einen wesentlichen Teil der eigenen Person und Persönlichkeit vor anderen Personen oder dem gesamten Umfeld zu verstecken. Dies kann zu Missempfindungen oder auch zum gesellschaftlichen Rückzug führen.

Im *geschlossenen Bewusstseinskontext der Vermutung* besteht der Wunsch der Geheimhaltung durch die queere Person, einzelne Personen oder Gruppen hegen aber Vermutungen bezüglich der Queerness. Dieser Bewusstseinskontext birgt die Gefahr eines zwangsweisen Outings gegen den Willen der Person (vgl. ebd: 204).

Im *Bewusstseinskontext der tabuisierten Offenheit* wird davon ausgegangen, dass ein Wissen um die Queerness vorhanden ist, dies jedoch nicht angesprochen oder thematisiert wird.

> „Die Tabuisierung der Homosexualität kann in der Interaktion entweder dadurch aufrechterhalten werden, dass die homosexuelle Person mit weitgehender Sicherheit annimmt, dass ihr Umfeld darüber Bescheid weiß, es aber nicht thematisiert. Oder das Umfeld weiß um die Homosexualität einer Person, die wiederum davon nichts weiß oder ahnt" (ebd.:205).

So könnte eine Schulsozialarbeiterin beispielsweise vermuten, dass eine jugendliche Person transident ist, dies jedoch nicht mit der Person kommunizieren. Somit ist kein Gespräch und keine Aktivität zu dem Thema möglich und es bleibt bei einer Vermutung und keinem, möglicherweise, hilfreichen Gesprächs- oder Unterstützungsangebot.

Im *offenen Bewusstseinskontext* besteht eine beidseitige Offenheit. Das Umfeld ist über die Queerness informiert und die queere Person kommuniziert dies offen. „Die Folge eines offenen Bewusstseinskontextes ist eine nicht mehr notwendige Informationskontrolle, wodurch ein offener Umgang mit der eigenen Biografie, also der individuellen homosexuellen Identitätskonstruktion und einhergehender spezifischer Bedürfnisse resultiert" (ebd.: 208).

In einem Umfeld von Geschlossenheit oder Tabuisierung wird ein Gespräch über geschlechtliche Identität oder sexuelle Orientierung unmöglich. Damit wird ein wesentlicher Teil der Person von den Gesprächsinhalten ausgeschlossen. Da es, wie deutlich wurde, für Jugendliche in diesem Bereich immer wieder Gesprächsbedarf gibt oder Probleme auftreten (wie Angst vor dem Coming-out), die einen Gesprächsbedarf nahelegen würden, wird es mit diesen Bewusstseinskontexten unmöglich, diese Themen anzusprechen. Gleichzeitig hat dieses Verschweigen eines großen Teils der Persönlichkeit auch zur Folge, dass Anschlussthemen wie

Partnerschaft nicht besprochen werden können. Wenn eine von der Gesellschaft als weiblich gelesene Person im geschlossenen Bewusstseinskontext gefragt wird, ob sie einen Freund hat, ist eine Auskunft über den Beziehungsstatus eigentlich ohne ein Outing nicht möglich. In einem offenen Bewusstseinskontext könnte eine so alltägliche und für Jugendliche häufig wesentliche Frage leicht anders formuliert werden. Bei der Frage, ob die Jugendliche in einer Beziehung lebe, könnte sie, auch ohne ein direktes Outing, Auskunft geben.

5 Hat Soziale Arbeit das Regenbogenspektrum (nicht) im Auge?

Dass auch heute noch trotz zahlreicher dargelegter Öffnungsschritte und vorhandener (auch rechtlicher) Möglichkeiten, queere Jugendliche große Sorgen vor dem Coming-out haben und im geschlossenen Bewusstseinskontext oder im Bewusstseinskontext der Vermutungen oder der tabuisierten Offenheit bleiben, weil sie Nachteile oder Repressionen fürchten oder sich einfach als ‚nicht normal' wahrnehmen, ist eine bedauerliche Realität. Dass aber Soziale Arbeit, als Profession, die explizit den Auftrag der Ermöglichung des sozialen Zusammenhalts, eben nicht nur der Mehrheitsgesellschaft, hat, sich nach wie vor als relativ blind gegenüber queeren Jugendlichen zeigt, macht nachdenklich. Hiltrud von Spiegel macht schon in dem Vorwort ihres Werkes zum methodischen Handeln in der Sozialen Arbeit deutlich: „Das berufliche Handeln in der Sozialen Arbeit wird durch den reflexiven Einsatz der eigenen ‚Person als Werkzeug' verwirklicht" (von Spiegel 2013: 9). Hier scheinen die Sozialarbeitenden selbst allzu oft Opfer der zweigeschlechtlichen heteronormativen Gesellschaftskonstruktion zu werden und dabei die eigene Kompetenz der „Reflexion individueller Wertestandards" und der „Ambiguitätstoleranz", die von Hiltrud von Spiegel als zentrale Kompetenzen von Sozialarbeitenden identifiziert werden, aus den Augen zu verlieren (von Spiegel 2013: 89).

Um dem Professionsanspruch in Bezug auf queere Jugendliche zukünftig besser gerecht zu werden, scheint zunächst eine eigene Auseinandersetzung der Fachkräfte mit ihren Vorstellungen von Sexualität, geschlechtlicher Identität und sexueller Orientierung notwendig. Durch das eigene Bewusstsein kann ein reflexiver Umgang mit der eigenen Haltung ermöglicht werden (vgl. ebd.). Neben der Arbeit an der eigenen Haltung ist auch das sozialarbeiterische Können nötig, um queere Jugendliche mit ihren Bedarfen zu erreichen. Zentral ist hierbei sicherlich die „*Fähigkeit zum dialogischen Verstehen:* Fachkräfte müssen die Botschaften und Deutungen der Adressaten wahrnehmen und entschlüsseln können. Hierzu brauchen sie Empathie und die Fähigkeit zum Perspektivenwechsel, um aus deren Sicht ihr Motiv oder Anliegen zu verstehen" (ebd.: 92; Herv. i.O.). Für einen offenen Bewusstseinskontext sind die fachlichen Fähigkeiten der Sozialarbeitenden und ihre reflexive berufliche Haltung von elementarer Bedeutung.

Dass soziale Kohäsion ein Thema ist, das auch im Feld queerer Jugendlicher durch Soziale Arbeit zu bearbeiten ist, ist hiermit ausreichend deutlich geworden, dass dies bisher häufig nicht geschieht und die Profession hier noch einen Nachholbedarf hat, ebenfalls. Wobei nicht verschwiegen werden soll, dass im Land bereits zahlreiche Sozialarbeitende auf diesem Gebiet wertvolle Arbeit leisten und als Multiplikator*innen dienen können; jedoch nur, wenn ihre Kolleg*innen überhaupt bereit sind, das Regenbogenspektrum ins Auge zu fassen.

Literatur

Borrmann, Stefan (2020): Soziale Arbeit, Sozialpädagogik und soziale Kohäsion. Welchen Beitrag können wissenschaftlich-disziplinär zu trennende Teilbereiche der Sozialen Arbeit zur Bestimmung einer normativen Zielsetzung dieser leisten? In: Birgmeier, Bernd/Mührel, Eric/Winkler, Michael (Hrsg.): Sozialpädagogische SeitenSprünge. Einsichten von außen, Aussichten von innen: Befunde und Visionen zur Sozialpädagogik. Weinheim/Basel: Beltz Juventa, S. 51–58.

Deutschlandfunk (2021): Ungarns Gesetz über Homosexualität. Scharfe Kritik an Orban auf EU-Gipfel. https://www.deutschlandfunk.de/ungarns-gesetz-ueber-homosexualitaet-scharfe-kritik-an.1939.de.html?drn:news_id=1273559 [Zugriff: 28.06.2021].

European Parliament (2000): Lisbon European Council 23and 24 March 2020 Presidency Conclusions. https://www.europarl.europa.eu/summits/lis1_en.htm [Zugriff: 28.06.2021].

Gerlach, Heiko/Schupp, Markus (2018): Bewusstseinskontexte und Identitätskonstruktionen homosexueller Frauen und Männer im Setting der Altenpflege – Ergebnisse einer Studie. In: Pflege & Gesellschaft 23, 3, S. 197–211.

Glaser, Barney G./Strauss, Anselm L. (1974): Betreuung von Sterbenden. Eine Orientierung für Ärzte, Pflegepersonal, Seelsorger und Angehörige. Göttingen: Vandenhoeck & Ruprecht, 2. Aufl.

International federation of social workers (2014): Global Definition of Social Work. https://www.ifsw.org/what-is-social-work/global-definition-of-social-work/ [Zugriff: 28.06.2021].

Klapeer, Christine M. (2015): Vielfalt ist nicht genug! Heteronormativität als herrschafts- und machtkritisches Konzept zur Intervention in gesellschaftliche Ungleichheiten. In: Schmidt; Friederike/Schondelmayer, Anne-Christin/Schröder Ute B. (Hrsg.): Selbstbestimmung und Anerkennung sexueller und geschlechtlicher Vielfalt Lebenswirklichkeiten. Forschungsergebnisse und Bildungsbausteine. Wiesbaden: Springer Fachmedien, S. 24–44.

Krell, Claudia/Oldemeier, Kerstin (2016): I am what I am? – Erfahrungen von lesbischen, schwulen, bisexuellen, trans und queeren Jugendlichen in Deutschland. In: GENDER - Zeitschrift für Geschlecht, Kultur und Gesellschaft 8,2, S. 46–64.

Spiegel, Hiltrud von (2013): Methodisches Handeln in der Sozialen Arbeit. München/ Basel: Ernst Reinhardt Verlag.

Thiessen, Barbara/Dannenbeck, Clemens/Wolff, Mechthild (2019): Sozialer Wandel und Kohäsionsforschung–Eine Einleitung. In: Thiessen, Barbara/Dannenbeck, Clemens/Wolff, Mechthild (Hrsg.): Sozialer Wandel und Kohäsion, Sozialer Wandel und Kohäsionsforschung. Wiesbaden: Springer Fachmedien, S. 1–13.

Timmermanns, Stefan/Thomas, Peter Martin/Uhlmann, Christine (2017): Dass sich etwas ändert und sich was ändern kann. Ergebnisse der LSBT*Q-Jugendstudie „Wie leben lesbische, schwule, bisexuelle und trans* Jugendliche in Hessen?“ Wiesbaden: Hessischer Jugendring e. V.

Tuider, Elisabeth (2019): Diskursive Schauplätze Geschlecht und Sexualität –Zur Normalisierung von Gewalt. In: Thiessen, Barbara/Dannenbeck, Clemens/Wolff, Mechthild (Hrsg.): Sozialer Wandel und Kohäsion, Sozialer Wandel und Kohäsionsforschung. Wiesbaden: Springer Fachmedien, S. 99–114.

Wagenaar, Maike/Hellige, Barbara/Nagel, Rebecca unter Mitarbeit von Dierkes, Mirjam (2019): „ALSO RÜHR’ DAS JETZT NICHT AN, SONST WERDEN NOCH ALLE SCHWUL!“ Ergebnisse der Studie zu Bedarfen und Angeboten von lesbischen, schwulen, bisexuellen, trans* und inter* Adressat*innen aus Sicht der Kinder- und Jugendarbeit. https://f5.hs-hannover.de/fileadmin/HsH/Fakultaet_V/Bilder/Aktuelles/News/HS-Hannover_Broschuere_StudieLGBTI_20191029-Mail.pdf [Zugriff: 17.08.2021].

Teil IV:
Internationaler Austausch zur Sozialen Arbeit

Gemeinwesenarbeit als Demokratiearbeit. Von trinationalen Erfahrungen mit Rechtsruck, Konsens und Konflikt

Friedemann Bringt, Anna Fischlmayr, Brigitte Schletti, Sabine Stövesand, Christoph Stoik & Jan Zychlinski

Dieser Artikel beschreibt auf Grundlage eines trinationalen Erfahrungsaustausches zu aktuellen Entwicklungen der Gemeinwesenarbeit (GWA) deren Chancen und Grenzen als Demokratiearbeit in der Auseinandersetzung mit gesellschaftlichen Spaltungstendenzen durch soziale Ungleichheit, politischen Rechtsdrift und anhaltende Ablehnung gesellschaftlicher Diversität in Österreich, der Schweiz und in Deutschland.

1 Demokratiegefährdungen durch Diskursverschiebung und gesellschaftliche Rechtsdrift

Die Morde und Anschläge des NSU, am Kasseler Regierungspräsidenten Lübcke, von Halle und Hanau in Deutschland oder der Fund eines für extrem rechte Milizen bestimmten Waffenlagers in Österreich (vgl. NZZ, 15.12.2020) verschaffen der Gefahr rechter Gewalt kurzfristige Aufmerksamkeit. Dieser Fokus kann jedoch bestehende Kontinuitäten aggressiver Ungleichwertigkeitsvorstellungen, einen schleichenden Rechtsdrift demokratischer Gesellschaften sowie die stärker werdende gesellschaftliche Spaltung zwischen Befürworter*innen demokratischer und menschenrechtsorientierter Standards einerseits und deren Verächter*innen, bis hin zu den Wahlerfolgen der FPÖ, einer stark nach rechts gerückten ÖVP unter Sebastian Kurz in Österreich und der SVP in der Schweiz[1] andererseits verdecken. In Deutschland waren Aufstieg und Rechtsdrift der AfD im Zeitraffertempo zu beobachten. Er ist Ergebnis einer partiellen Modernisierung und Normalisierung

---

1 Die 1971 gegründete Schweizerische Volkspartei (SVP) kann als Prototyp und Vorbild für rechtspopulistische Parteien in Europa gelten. Sie sorgte mit der Annahme mehrerer rassistischer Volksinitiativen u.a. „gegen den Bau von Minaretten“ für richtungsweisende Siege der neurechten Politik in Europa.

des extrem rechten und rechtspopulistischen Lagers, das so für ein breiteres Milieuspektrum attraktiv wird, aktuelle gesellschaftliche Themen aufgreift sowie völkisch-nationalistisch und aggressiv eigenwohlorientiert konnotiert. Die Normalisierung einer rechtspopulistischen politischen Praxis hat inzwischen traditionelle „Volksparteien“ erfasst, von der ÖVP bis zu Kräften in der CSU. Diese Diskursverschiebung steht in engem Zusammenhang mit einer rassistisch aufgeladenen migrationspolitischen Debatte und neoliberaler Wirtschafts- und Sozialpolitik, die auch sozialdemokratische Parteien mitgetragen und sogar initiiert haben (z.B. Hartz IV).

Praxiserfahrungen aus der Mobilen Beratung gegen Rechtsextremismus in Deutschland (vgl. Bringt/Klare 2019a) bestätigen diese in ganz Europa spürbare Rechtsverschiebung der letzten Jahrzehnte seit dem zivilgesellschaftlichen Zu-Fall-Bringen des „Eisernen Vorhangs“. Der Bericht „30 Jahre Friedliche Revolution und Deutsche Einheit“, beschreibt das Problem für Ostdeutschland:

> „Offen thematisiert werden muss in Politik und Gesellschaft die Frage nach dem geeigneten Umgang mit […] einer antiaufklärerischen, exkludierenden und antidemokratischen ‚Zivilgesellschaft‘. Hierunter ist zivilgesellschaftliches Engagement zu verstehen, das sich – […] gerade durch seinen nicht zivilen Charakter auszeichnet (durch Verschwörungstheorien[2], Abschottung gegenüber Fremden, Ablehnung der repräsentativen Demokratie und sogar durch einen gewaltförmigen Charakter)“ (BMI 2020: 102).

Die hier konstatierte und durch Untersuchungen zu Gruppenbezogener Menschenfeindlichkeit (GMF) (vgl. Zick/Küpper 2021) der vergangenen 25 Jahre in Deutschland empirisch belegte „dunkle Seite der Zivilgesellschaft“ (vgl. Roth 2004) ist ein Symptom für die Abwendung einer prekarisierten Mitte von deliberativ-humanistischen Demokratiekonzepten und solidarischer Gemeinwohlorientierung (vgl. Bringt 2021: 56ff.). Diese eigenwohlorientierte Zivilgesellschaft richtet ihre aggressive Besitzstandsverteidigung nicht nur gegen Menschen mit Migrationsgeschichte, sondern auch generell gegen Menschen, die von veralteten Normen und Rollenbildern abweichen (z.B. binäre und heteronormative Geschlechterbilder). Mit Blick über den deutschsprachigen Tellerrand hinaus sprechen Demokratieforschende von einer „dritte[n] Welle der Autokratisierung“ (vgl. Lührmann/Lindberg 2019). Sie zeigt sich darin, dass sich autoritäre und menschenfeindliche

---

2 Die Verfasser*innen dieses Textes plädieren dafür, nicht den irreführenden Begriff „Verschwörungstheorien“ zu nutzen, weil sich Verschwörungserzählungen weder auf Fakten noch logische Argumentationen beziehen.

Orientierungen in Teilen der Zivilgesellschaft verankert haben und sich entsprechende Regierungen legal durchsetzen.

2 GWA zwischen Konflikt und Konsens

Gemeinwesenarbeit (GWA) als Demokratiearbeit kann in solchen gesellschaftlichen Realitäten demokratische Selbstwirksamkeitserfahrungen und Konfliktbearbeitungsmechanismen im lebensweltlichen Alltag der Menschen einüben helfen und damit Beiträge für einen stärkeren gesellschaftlichen Zusammenhalt liefern. Sie muss sich dafür allerdings selbstkritisch mit den ihr eigenen systemisch-allparteilichen Vorstellungen (vgl. Bringt/Klare 2019b) und ihrem verklärten Blick auf die zivilgesellschaftlichen Selbstorganisationen der Menschen auseinandersetzen. Sie muss menschenrechtsorientierte Handlungspraktiken wiederentdecken, die in den radikaldemokratischen Ansätzen des Community Organizing oder der transformativ-kritischen GWA-Tradition bereits entwickelt und eingeübt wurden.

Ein Bezug auf die genannten emanzipatorischen Traditionen von GWA ist jedoch nicht selbstverständlich. GWA-Definitionen sind interpretationsoffen, je nach politischem Kontext (und Förderprogrammen): „GWA setzt weniger an Einzelfällen an, sondern ist charakterisiert durch die Aufgabe der Gestaltung von Verhältnissen – allerdings nicht im herkömmlichen sozial-planerischen Sinn von oben, sondern im gemeinsamen Tun mit Betroffenen und in politischen Interventionen der Professionellen“ (Bitzan 2016: 373). Was „Gestaltung“, was „gemeinsames Tun“ beinhalten und wie letztlich politisch interveniert wird, kann sehr unterschiedlich sein.

In der GWA existieren recht vielfältige Konzepte, die sich zwischen einem integrativ-affirmativen und einem transformativ-kritischen Pol bewegen. Ihre Ziele richten sich entweder eher auf Gemeinschafts- und Wertebildung, Veränderung von Verhaltensweisen und Reformen im Rahmen der gegebenen Gesellschaftsordnung oder auf die Umverteilung von Macht und materiellen Ressourcen, bis hin zu veränderten Besitz- und Produktionsverhältnissen (z.B. durch Genossenschaften) in Richtung einer grundlegenden Transformation des gesellschaftlichen Status quo. Die Interventionen von GWA wären demzufolge in erster Linie konsensorientiert (kooperieren, verhandeln) oder konfliktorientiert (direkte Aktionen, Mietstreiks) (vgl. Specht 1973; Bitzan 2018).

Ein zentraler Unterschied im GWA-Verständnis ergibt sich bis heute daraus, ob a) in erster Linie eine immanente Stadtteilperspektive eingenommen und die Probleme an den Stadtteil geheftet werden („Problemstadtteil“), für den ein „besonderer Entwicklungsbedarf“ (Bundesprogramm Soziale Stadt) konstatiert wird, oder ob b) soziale Probleme im Zusammenhang gesamtgesellschaftlicher Verursachungszusammenhänge und ökonomischer, sozialer und staatsbürgerlicher Rechte thematisiert werden.

Der Begriff des Gemeinwesens oszilliert inhaltlich zwischen Homogenität und Heterogenität (vgl. Barta 2017). GWA-Arbeiter*innen können ihre Rolle eher als Leitung oder Begleitung verstehen, als neutrale intermediäre Instanz oder als parteilich für eine unterprivilegierte Gruppe. Adressat*innen werden entsprechend als zu aktivierende Klient*innen gesehen oder als tätige Subjekte, die ihr (Über-) Leben aktiv organisieren. Partizipation, ein zentrales Leitprinzip, kann gemeint sein als bloße Teilnahmegewährung oder als substantielle Teilhabe, als Mitentscheidung oder Selbstbestimmung (Lüttringhaus 2001; Wagner 2017).

Für die genannten Pole stehen die klassischen Konzepte von Murray Ross und Saul Alinsky, auf sie wird bis heute, indirekt oder direkt, in der GWA zurückgegriffen: Ross geht von der hohen Bedeutung von Kompromissen für das Gleichgewicht eines Gesellschaftssystems aus, dessen Ordnung an sich nicht infrage gestellt wird. Die zentralen Probleme sah er in der Auflösung von Zugehörigkeitsgefühlen, Gleichgesinntheit und Individualität in der „Massengesellschaft". Ursachen lägen in der Industrialisierung, der Verstädterung und menschlicher Verschiedenheit, die „unkoordiniert und auseinanderstrebend, ins Chaos führen" würde (Lindemann 1951 zit. n. Ross 1972: 94). GWA hatte und hat in dieser Perspektive deshalb vor allem die Aufgabe der Gemeinwesenintegration. Sie vollzieht sich als Prozess der Gemeinschaftsbildung durch Begegnung und gemeinsames Tätigsein für Belange der lokalen Community. Dabei sollen gemeinsame Werte und Beziehungen entstehen, die es ermöglichen, „besser mit Menschen zusammenzuwirken, die ‚anders' sind als man selbst" (Ross 1972: 66). „Anders sein" und „Differenz" wurden, damals wie heute, zumeist nicht im Kontext von gesellschaftlichen Strukturkategorien und Herrschaftsverhältnissen thematisiert, sondern als bloße Verschiedenheit: „Unterschiedliche Menschen im Stadtteil haben auch unterschiedliche Meinungen und Interessen" (Riede 2017: 9).

Alinsky kann hingegen als radikaler Basisdemokrat bezeichnet werden. Sein Anliegen war, Menschen darin zu unterstützen, Machtkonzentrationen und Privilegien zu bekämpfen, Minderheitenrechte zu schützen, gegen Rassismus und entfremdete Arbeit vorzugehen und gegen die „Teile eines jeden Systems, die [...] Menschen zu einem Roboter machen könnten [...], zu ängstlichen, sorgenvollen und betrübten Schafen in Menschengestalt" (Alinsky 1973: 28). Er stellte die „Menschenrechte weit über die Eigentumsrechte" (ebd.). Sein Anliegen war die Veränderung von Mehrheitsverhältnissen und Machtverteilungen unter den Bedingungen der Demokratie. Diese funktioniert seiner Auffassung nach nur, wenn die Bürger*innen sich in eigenen Organisationen zusammenschließen, sich konfliktbereit zeigen, permanent Druck erzeugen und sich einmischen. Dass Community Organizing keine bloße Marginalie ist, sondern GWA-Projekte quer durch die Republik inspiriert, wird z.B. im „Handbuch Community Organizing" (2015) deutlich.

Im Folgenden kommen wir zu einer kurzen, exemplarischen Auseinandersetzung mit der GWA-Praxis in unterschiedlichen Kontexten.

2.1 Gemeinwesenarbeit in Wien

Die GWA in Wien ist eingebettet in eine diversifizierte Trägerlandschaft unterschiedlicher Arbeitsfelder, von der offenen Kinder- und Jugendarbeit über caritative Nachbarschaftshilfe bis hin zu stadtteilbezogener Bürger*innenbeteiligung. In den letzten Jahren erfolgte ein Zuwachs an öffentlich finanzierten gemeinwesenorientierten Projekten, der auch als Antwort der Stadt auf gesellschaftliche Spaltungstendenzen eingeordnet werden kann. Wir erörtern in diesem Abschnitt aktuelle Entwicklungen und Funktionen der GWA in Wien: zur Bewältigung urbaner Herausforderungen einer wachsenden Stadt, zur Vorbeugung und Beruhigung von Interessenkonflikten, als politisches Steuerungs- und Herrschaftsinstrument und als sicherheits- und ordnungspolitisches Instrument.

Die Gefahr gesellschaftlicher Spaltungstendenzen lassen sich in Wien als wachsender Stadt zunächst hinsichtlich der Verfügbarkeit von leistbarem Wohnraum, dem Nutzungsdruck auf öffentliche Räume und sozialer Infrastruktur sowie der Verdrängung einkommensschwacher Gruppen an die Peripherie konstatieren. Die urbanen Transformationen stehen u.a. in Zusammenhang mit demografischen Veränderungen, Migration und einer rechtspopulistischen, rassistischen öffentlichen Auseinandersetzung über Migration in Österreich. Die Stadt reagiert hier u.a. mit dem Ausbau gemeinwesenorientierter Ansätze, die sich mit Segregation, Gentrifizierungsprozessen und der Aushandlung von Interessenkonflikten bei der Verdichtung und den Veränderungsprozessen im Wohnumfeld auseinandersetzen sollen. Die GWA wird zum Instrument von kommunaler Politik. Sie wird eingesetzt, um Präsenz in öffentlichen Räumen und im kommunalen Wohnbau zu zeigen. Die zum Teil kurze Laufzeit beauftragter Projekte, insbesondere im geförderten Wohnbau, aber vor allem aufgrund der politischen Instrumentalisierung, kann jedoch dazu führen, dass die Nachhaltigkeit angestoßener Prozesse und die Einbindung benachteiligter Gruppen nicht im ausreichenden Maße erfolgen. Ein zunehmender ökonomischer Druck auf Träger, die für ihr Fortbestehen von Folgeaufträgen abhängig sind, um die sie unter marktähnlichen Konditionen mit anderen Einrichtungen konkurrieren, erschwert zudem emanzipatorische Formen der GWA (vgl. Stoik 2018: 80f.).

Das Verhältnis der Stadt zu gemeinwesenorientierten Bottom-up-Initiativen sind seit jeher geprägt von einer Wiener Tradition des paternalistischen, kommunalen Wohlfahrtsstaates: Projekte, die beispielsweise aus Protestbewegungen der 1970er- und 1980er-Jahre entstanden, wurden teils durch die Stadt finanziell abgesichert, dadurch aber auch pazifiziert und für städtische Interessen genutzt (vgl. Reinprecht 2012: 83). Eine im (Bundes-)Ländervergleich gut ausgebaute soziale Infrastruktur dämpft die Auswirkungen sozialer Ungleichheiten für Betroffene, jedoch auch die Kritik an fortbestehenden neoliberalen Macht- und Herrschaftsverhältnissen.

Dieser Umgang mit gesellschaftlichen Konflikten zeigt sich seit den 2000er-Jahren auch am Zuwachs an städtisch initiierten und finanzierten, gemeinwesenorientierten, multiprofessionalen sozialen Diensten. Diese zielen auf eine allparteiliche Vermittlung von Interessenkonflikten an stark frequentierten Plätzen, in öffentlichen Verkehrsmitteln, in Parks und im Kommunalen Wohnbau ab. GWA wird im Sinne eines städtischen Beschwerdemanagements dazu angehalten, Konflikte als lokale, individuelle Problemstellungen auf horizontaler Ebene zu behandeln, womit nicht nur die demokratiepolitische Bedeutung von GWA, sondern auch das Potenzial emanzipatorischer Kollektivierung in den Hintergrund rücken (vgl. Stoik 2018: 81f.).

Seit Mitte der 1980er-Jahre erstarken in Österreich rechte Parteien, die, anders als in Deutschland, von Großparteien zu Koalitionspartnern gemacht und so politisch legitimiert wurden. Das sozialdemokratisch regierte Wien reagiert auf die Kriminalisierung von Zuwanderung mit einer verstärkten Rede von Sicherheit und Ordnung. Populistische Entscheidungen wie die Räumung des Karlsplatzes 2010 und das Alkoholkonsumverbot am Praterstern 2018 lassen sich in diese Logik einordnen. Auch der städtische „Wien-Bonus" als Vortritt für lange in Wien lebende gegenüber zugezogenen Menschen zu kommunalen Wohnungen ist als populistische Antwort auf eine Ethnisierung der Sozialen Frage zu werten. All diese Maßnahmen wirken auf GWA und beziehen sie teils mit ein.

Gemeinwesenorientierte Organisationen und Projekte sind hier gefordert, ihre fachliche Haltung gegenüber (kommunalen) Auftraggeber*innen zu schärfen. Dem ökonomischen Druck zum Trotz sollten Räume der kritischen Reflexion wie die jährliche Fachtagung in Strobl, die AG Sozialer Raum der ogsa (vgl. Websites) o. Ä. genutzt werden, um sich gegenseitig zu stärken, solidarisch zu positionieren und problematische Aufträge ablehnen zu können.

2.2 Gemeinwesenarbeit in Bern

Wie am Beispiel Wien schon beschrieben, sind Wachstumstendenzen, Verdichtung, Nutzungskonflikte im öffentlichen Raum, Verdrängung, fehlender bezahlbarer Wohnraum zentrale Themen, mit denen sich die GWA auch in Bern auseinanderzusetzen hat.

Die Geschichte der GWA in Bern beruht auf verschiedenen Bottom-up-Initiativen seit den frühen 1960er-Jahren. Als Ergebnis dieser meist basisdemokratisch organisierten Initiativen entstanden eine Vielzahl von Quartiertreffs sowie einige professionell geführt Quartierzentren. 1967 wurde die heutige Vereinigung Berner Gemeinwesenarbeit (VBG) als Partner der Stadt Bern zur Koordination all dieser Aktivitäten ins Leben gerufen. Von vornherein war die VBG in dieser Konstellation eher konsens- denn konfliktorientiert. Eine Wende vom damals stark angebotsorientierten Dach- zum Fachverband setzte mit Sparmaßnahmen der von der SVP dominierten Kantonsregierung ein, welche die Finanzierung und damit die Existenz der VBG bedrohten. Intensive politische und fachliche Auseinandersetzungen erreichten, dass die rot-grüne Stadtregierung mit einer neuen Form der Leistungsverträge die Weiterarbeit ermöglichte. Seither profiliert sich die VBG immer stärker als tatsächliche Arbeit in den Quartieren, weg von den „Angeboten" in den Treffs und Zentren. Mit dem Prinzip der Leistungspartnerschaft ist weiter eher die Konsensorientierung im Vordergrund, vor allem findet aber eine Professionalisierung der GWA statt.

Die enge finanzielle Anbindung an die Stadtverwaltung bringt es mit sich, dass über aktuell zweijährige Leistungsverträge „Spielregeln" festgelegt und Erwartungen einerseits sowie Aktivitäten und Handlungsfelder anderseits ausgehandelt werden. Der stärkere Einbezug in stadtentwicklerische Partizipations- und Konfliktlösungsprozesse ist das Resultat konstruktiver Auseinandersetzungen mit der zuständigen Verwaltungsabteilung. Gemäß des Leistungsvertrages hat die VBG folgenden Auftrag: Emanzipatorische Zusammenarbeit mit Quartierbewohner*innen und relevanten Akteur*innen mittels Sozialraumanalysen, professionellem Projektmanagement, Empowerment, intermediärer Arbeit, Ressourcenerschließung, Förderung von Nachbarschaften und Unterstützung der Integration ins Quartier sowie Informations- und Öffentlichkeitsarbeit. Dabei wird neben den o. g. breiten Themen der Fokus vor allem auf Menschen gerichtet, die erschwerten oder keinen Zugang zu den formalisierten Partizipationsmöglichkeiten der demokratischen Abläufe in der Schweiz haben und meist auch weniger Sozialkapital besitzen, um informelle Wege zu ihren Gunsten zu mobilisieren. Hier geht es darum, diesen Menschen die Möglichkeit zu geben, sich in ihrem unmittelbaren Lebensumfeld zu artikulieren und sich gehört und ernstgenommen zu fühlen. Damit erstarkt Selbstvertrauen und es gelingt besser, auf Nachbar*innen zuzugehen, mit ihnen ein verbessertes Klima im Quartier zu prägen und Nutzungskonflikte zu entschärfen. Dabei erleben sie sowohl Selbst- als auch kollektive Wirksamkeit, was sie erneut stärkt.

Dieser Zugang ist angesichts der Tatsache besonders wichtig, dass fast 40 Prozent der Schweizer Bevölkerung eine Migrationsgeschichte hat (Bundesamt für Statistik 2019). Hingegen repräsentieren ehemalige ur-demokratische Institutionen wie Quartiervereine weiterhin vor allem die weiße schweizerische Bevölkerung. Wenn z.B. in einem eher marginalisierten Quartier noch Exponenten der (o.g.) lokalen SVP direkt gegenüber dem Quartierbüro ins neu erworbene Quartierrestaurant einziehen und sogar nationale Parteianlässe durchführen, dann ist die GWA sehr gefordert. Sie muss vor Ort die Werte einer solidarischen, offenen und pluralen Gesellschaft vorleben und damit einen Gegenentwurf zu konservativ-populistischen bis rechtsradikalen Tendenzen bieten. Gleichzeitig gilt es aber immer wieder auch, Brücken zu bauen und sich gemeinsame Ressourcen zu erschließen. So kann beispielsweise im Schaffen von Begegnungsmöglichkeiten in einem Quartier oder durch den Aufbau einer Quartiergruppe im Sinne des Community Organizing Austausch ermöglicht werden, der das Leben in einer heterogenen Nachbarschaft als gestaltbar und interessant erscheinen lässt. So wird das Verständnis für andere(s) gefördert und Konflikte können gemeinsam gelöst werden.

Natürlich stehen auch die Mitarbeiter*innen der VGB immer wieder vor ganz unterschiedlichen Fragen und Herausforderungen, die auf der Ebene der Quartiere und Stadtteile nicht gelöst werden können. Hier kommt es darauf an, ein Gleichgewicht von intermediären Ansätzen, aber auch anwaltschaftlich-emanzipatorischem Handeln zu finden.

2.3 Mobile Beratung als gemeinwesenorientierte Vitalisierungspraxis einer demokratischen Zivilgesellschaft in Deutschland

Der in Folge rassistischer Mord- und Brandanschläge in Hoyerswerda, Hünxe, Rostock, Mölln etc. ab 1992 in Deutschland entwickelte menschenrechts- und gemeinwesenorientierte Ansatz Mobiler Beratung gegen Rechtsextremismus (MB; vgl. BMB 2017) fußt auf der empirischen Forschung zu GMF und den eingangs konstatierten antidemokratischen Tendenzen in der Zivilgesellschaft. Er schafft eine Verbindung von extern wahrgenommenen Demokratiedefiziten mit den Alltagsanliegen der Menschen. Partizipative Bildungs-, Diskussions- und Projektangebote ermöglichen den Aufbau, sich längerfristig mit demokratiegefährdenden Einstellungen auseinandersetzender lokaler *Dialogräume und Initiativen*. Damit setzt MB auf zivilgesellschaftliche Selbstkorrektur gegen antidemokratische Spaltungstendenzen. Genutzt werden klassische GWA-Methoden, wie aktivierende Befragung, Vernetzung lokaler Akteur*innen und beteiligungsorientierte generationsübergreifende Projektformen sowie folgende konzeptionelle Schwerpunkte:

2.3.1 Menschenrechtsorientierung und reflexive Parteilichkeit

Die GWA-Praxis entwickelt MB auf Grundlage ihrer externen Fachanalyse und menschenrechtsorientierten Haltung in Verbindung mit den Anliegen der Adressat*innen. Engagement gegen GMF wird sowohl von Kommunalpolitik, als auch lokaler Öffentlichkeit häufig marginalisiert. MB verhält sich gegenüber solchen Ausschlussprozessen nicht neutral. Sie nimmt vielmehr eine reflexiv-parteiliche Haltung gegenüber marginalisierten Gruppen, ein. Sie unterstützt die Auseinandersetzung mit gesellschaftlichen Konflikten, z.B. der rassistisch aufgeladenen Ablehnung geflüchteter Menschen oder aggressiven Raumaneignungen extrem rechter Gruppen, etwa durch film-, literatur- oder theatergestützte Informations- und Bildungsangebote. Ursachen von Flucht, Vertreibung und Migration oder die Vernetzungen rechtspopulistischer und -extremer Akteur*innen und deren Strategien werden so thematisiert, Werte wie Mitgefühl, Solidarität und Menschenrechte erlebbar gemacht. Die Auseinandersetzung mit extrem rechten Akteur*innen, etwa im Heimat- oder Sportverein kann spielerisch und argumentativ erprobt werden. MB nutzt hierzu theaterpädagogische Elemente auch unter Hinzuziehung entsprechender Fachkräfte. Eine wissenschaftliche Grundlage dafür, eigene fachliche Impulse mit einer klaren menschenrechtsorientierten Haltung zu verbinden, bietet die Soziale Arbeit als Menschenrechtsprofession nach Silvia Staub-Bernasconi (vgl. Staub-Bernasconi 2006: 16ff.). Mit dem Verweis auf ein eigenes sozialprofessionelles Mandat mahnt sie eine fachliche und politische Unabhängigkeit Sozialer Arbeit und damit der GWA von den Interessen geldgebender Instanzen und der Adressat*innen an.

2.3.2 Verknüpfung lokaler Anliegen mit politischer Bildung und erlebbarer demokratischer Mitwirkung

Ist z. B. das Thema grenzüberschreitende Schulpartnerschaft ein lokales Anliegen, verknüpft MB solche Interessen etwa mit der lokalhistorischen Auseinandersetzung zu NS-Zwangsarbeit und aktuellen Informationen zu extrem rechter Gewalt. So entsteht aus einer Geschichtswerkstatt mit Schüler*innen und deren Verknüpfung mit einem deutsch-israelischen Schüler*innenaustausch ein mehrjähriges internationales Menschenrechtsprojekt, das lokale Geschichte(n) von Ausgrenzung, Gewalt und Verletzung von Menschenrechten zum Ausgangspunkt einer alltagsnahen und intensiven Auseinandersetzung mit heutigen Ausgrenzungs- und Gewalterfahrungen macht. Besteht der lokale Bedarf in Ortsgestaltung und Tourismusentwicklung, so entwickelt MB mit Partner*innen die Idee, in grenzüberschreitenden Steinmetzworkshops für Jung und Alt Sandsteinskulpturen herzustellen und in einem Wanderweg mit Lapidarium und Kneipp-Becken auszustellen. So wird ein lokalhistorischer Baustoff zum Mittel dafür, durch partizipative Projektarbeit die Verweilzeit von Tourist*innen im Ort, interkulturelle Kompetenzen und lokale Wirksamkeitserfahrungen zu vergrößern.

2.3.3 Stärkere Einbeziehung sozial-kultureller Bildungsangebote in die GWA

Ist den lokalen Initiativen etwa das Thema erreichbare und bezahlbare Zugänge zu Kultur (Bringt/Klare 2019a: 39ff.) oder Wiederbelebung sozialer Kommunikation im Ort wichtig, unterstützt MB Adressat*innen bei der Entwicklung eines Nachbarschaftscafés und eines Dorfladens. Diese Herstellung eines lokalen Dialograumes wird mit inhaltlichen Angeboten für die interkulturelle Begegnung Ortsansässiger mit Zugezogenen (z.B. Geflüchteten) sowie mit kulturellen Angeboten der politischen Bildung durch thematische Lesungen, Kino- und Theateraufführungen verbunden. Parallel wird durch die Beteiligung lokaler Akteur*innen an der Gestaltung solcher Dialogräume lokalpolitische Selbstwirksamkeit erfahrbar und ein verändertes Verständnis von Demokratie als gelebtem Alltag gestärkt (vgl. Bringt 2021: 56ff.).

3 Resümee

Als Fazit unserer Diskussion möchten wir herausheben: Die Demokratie in allen drei Ländern ist gefährdet durch Diskursverschiebung, gesellschaftliche Rechtsdrift und soziale Spaltungen. GWA kann nicht hiervon entkoppelt gedacht werden. Es besteht die Notwendigkeit, sich selbstkritisch mit den eigenen Verstrickungen, Instrumentalisierungen bzw. Distanzierungen auseinanderzusetzen. Gleichzeitig bietet GWA Wissen und Methoden, um zu einer nachhaltigen, positiven Veränderung vor Ort beizutragen. Dafür muss sie sich selbstbewusster zeigen, sich vernetzen und sich im Spektrum ihrer vielfältigen Ansätze an den eigenen Traditionen einer fundierten Kritik der gesellschaftlichen Machtverhältnisse orientieren. Praktisch hat sie noch viel mehr Potenzial, den Schutz und die Weiterentwicklung der Demokratie durch kreatives, kollektives und widerständiges Handeln zu fördern, als sie sich selbst und andere ihr aktuell zugestehen.

Literatur

AG Sozialer Raum (ogsa): https://www.ogsa.at/arbeitsgemeinschaften/ag-sozialer-raum/ [Zugriff: 26.08.2021].

Alinsky, Saul. D. (1973): Leidenschaft für den Nächsten. Gelnhausen: Burckhardthaus-Verlag.

Alinsky, Saul(2011): Call Me a Radical. Organizing und Empowerment. Politische Schriften. Göttingen: Lamuv.

Barta, Sarah (2017): „Gemeinwesen" – ein Leitbegriff der Sozialen Arbeit? Eine kritische Auseinandersetzung von der staatsphilosophischen bis zur gesellschaftskritischen Perspektive. In: wissenschaftliches journal österreichischer fachhochschulstudiengänge soziale arbeit, Nr. 17, S. 101–110.

Bitzan, Maria (2016): Gemeinwesenarbeit. In: Grunwald, Klaus/Thiersch, Hans (Hrsg.): Praxishandbuch Lebensweltorientierte Soziale Arbeit. Handlungszusammenhänge und Methoden in unterschiedlichen Arbeitsfeldern. 3., vollständig überarbeitete Auflage. · Weinheim/Basel: Beltz Juventa, S. 371–381.

Bitzan, Maria (2018): Das Soziale von den Lebenswelten her denken. Zur Produktivität der Konfliktorientierung für die Soziale Arbeit. In: Anhorn, Roland/Schimpf, Elke/Stehr, Johannes/Rathgeb, Kerstin/Spindler, Susanne/Keim, Rolf (Hrsg.): Politik der Verhältnisse – Politik des Verhaltens. Widersprüche der Gestaltung Sozialer Arbeit. Wiesbaden: Springer Fachmedien, S. 51–69.

Bringt, Friedemann/Klare, Heiko (2019a): Mobile Beratung als Gemeinwesenarbeit. In: Schmitt, Sophie/Becker, Reiner (Hrsg.): Beratung im Kontext Rechtsextremismus. Felder. Methoden. Positionen. Frankfurt a.M.: Wochenschau-Verlag.

Bringt, Friedemann/Klare, Heiko (2019b): Systeme, Kontexte, Zusammenhänge. Grenzen systemischer Ansätze und notwendige Haltungsdiskurse in der Mobilen Beratung. In: Schmitt, Sophie/Becker, Reiner (Hrsg.): Beratung im Kontext Rechtsextremismus. Felder. Methoden. Positionen. Frankfurt a.M.: Wochenschau-Verlag.

Bringt, Friedemann (2021): Umkämpfte Zivilgesellschaft. Mit menschenrechtsorientierter Gemeinwesenarbeit gegen Ideologien der Ungleichwertigkeit. Soziale Arbeit und Menschenrechte, Band (4). Opladen: Verlag Barbara Budrich.

Bundesamt für Statistik (2019): https://www.bfs.admin.ch/bfs/de/home/statistiken/bevoelkerung/migration-integration/nach-migrationsstatuts.html [Zugriff: 26.8.2021].

Bundesministerium des Innern, für Bau und Heimat (2020): Abschlussbericht der Kommission „30 Jahre Friedliche Revolution und Deutsche Einheit". Berlin.

Bundesverband Mobile Beratung e.V. (2017): Mobile Beratung gegen Rechtsextremismus. Inhaltliche und methodische Grundsätze. Dresden: Eigenverlag.

Forum für Community Organizing und Stiftung Mitarbeit (Hrsg)(2015): Handbuch Community Organizing. Theorie und Praxis in Deutschland. Arbeitshilfen für Selbsthilfe und Bürgerinitiativen Nr. 46. 2. Auflage. Bonn: Stiftung Mitarbeit, S. 21–31.

Lührmann, Anna/Lindberg, Staffan I. (2019): A third wave of autocratization is here: what is new about it? In: Democratization, 26 (7), S. 1095–1113.

NZZ (2020): Drogen und Waffen: In der österreichisch-deutschen Neonazi-Szene sorgt ein alter Bekannter für Schlagzeilen. http://www.nzz.ch/international/waffen-aus-oesterreich-fuer-rechtsextreme-miliz-in-deutschland-Id.1592154 [Zugriff: 26.08.2021].

Reinprecht, Christoph (2012): Das Amerlinghaus darf keine Tiefgarage werden! Eine Betrachtung zum Amerling-Haus im vierten Jahrzehnt. In: Nußbaumer, Martina/Schwarz, Werner Michael (Hrsg.): Besetzt! Kampf um Freiräume seit den 70ern. Wien: Czernin Verlag, S. 80–83.

Riede, Milena, (2017): Brückenbau und Demokratieförderung durch Gemeinwesenarbeit in heterogenen Nachbarschaften. In: sozialraum.de 1/2017. https://www.sozialraum.de/brueckenbau-und-demokratiefoerderung-durch-gemeinwesenarbeit-in-heterogenen-nachbarschaften.php [Zugriff: 26.08.2021].

Ross, Murray G. (1972): Gemeinwesenarbeit. Theorie, Prinzipien, Praxis. Freiburg i.Br.: Lambertus.

Roth, Roland (2004): Die dunklen Seiten der Zivilgesellschaft – Grenzen einer zivilgesellschaftlichen Fundierung von Demokratie. In: Klein, Ansgar/Kern, Kristine/Geißel, Brigitte/Berger, Maria (Hrsg.): Zivilgesellschaft und Sozialkapital. Herausforderungen politischer und sozialer Integration. Wiesbaden: VS-Verlag, S. 41–64.

Specht, Harry (1973): Disruptive Taktiken in der Gemeinwesenarbeit. In: Müller, Wolfgang C./Nimmermann, Peter (Hrsg.): Stadtplanung und Gemeinwesenarbeit. München: Juventa, S. 208–227.

Staub-Bernasconi, Silvia (2006): Menschenwürde. Menschenrechte. Soziale Arbeit. Die Menschenrechte vom Kopf auf die Füße stellen. Opladen: Verlag Barbara Budrich.

Stoik, Christoph (2018): Auf der Spurensuche nach einer emanzipatorischen Gemeinwesenarbeit in Wien. Ein Thesenpapier. Soziales Kapital 19/2018. http://www.soziales-kapital.at/index.php/sozialeskapital/article/viewFile/571/1030.pdf [Zugriff: 26.08.2021].

Zick, Andreas/Küppers, Beathe (2021): Die geforderte Mitte. Rechtsextreme und demokratiegefährdende Einstellungen in Deutschland 2020/21. Bonn: Dietz-Verlag.

Gewaltschutzarbeit – ein Beitrag zur Kohäsion?

Gaby Lenz, Hannah Wachter, Lea Hollenstein, Regina-Maria Dackweiler & Reinhild Schäfer

Die gesellschaftliche Hinwendung zu mehr Geschlechtergerechtigkeit und der Kampf gegen Partnergewalt als gesellschaftliche Aufgabe findet in der Istanbul-Konvention (2011) ihren Niederschlag. Im internationalen Diskurs werden die Inhalte der Konvention unter den 4P: Prevention (Prävention), Protection (Opferschutz), Prosecution (Justiz) und integrated Policies (politische Maßnahmen) zusammengefasst. Die Konvention kann als Schritt zur Operationalisierung der Strategie für soziale Kohäsion des Europarates aufgefasst werden, denn er sieht „soziale Kohäsion als die Fähigkeit einer Gesellschaft, das Wohlergehen aller ihrer Mitglieder zu sichern und durch Minimierung von Ungleichheiten und Vermeidung von Marginalisierung Unterschiede und Spaltung zu bewältigen sowie Mittel zur Erreichung des Wohlergehens aller zu gewährleisten“ (Ministerkomitee des Europarates 2010: 2). Im Folgenden geben wir kurze Einblicke, wie mit der Ratifizierung der Istanbul-Konvention als Menschenrechtskonvention des Europarates zum Schutz von Frauen und Mädchen vor Gewalt in Österreich, der Schweiz und Deutschland politische Verantwortung übernommen wurde. Mit der Verpflichtung zum gesellschaftlichen Auftrag gegen Gewalt im Geschlechterverhältnis wird das Muster der Individualisierung und Privatisierung von Partnergewalt unterbrochen.

1 Cybergewalt gegen Frauen in Paarbeziehungen

Anhand der Diskussion verschiedener Aspekte der Studie „Cybergewalt gegen Frauen in Paarbeziehungen. Eine empirische Untersuchung des Vereins Wiener Frauenhäuser“ (Brem/Fröschl 2020) wird im Folgenden aufgezeigt, dass diese Gewaltform zum einen für Gewaltbetroffene Auswirkungen auf sozialer Ebene und damit auf soziale Kohäsion hat. Zum anderen wird deutlich, dass die Bearbeitung von Gewalt im Geschlechterverhältnis als individuelle Fallbearbeitung zu kurz greift und im Sinne der Istanbul-Konvention eine ganzheitliche Gewaltschutzstrategie auf den Ebenen aller eingangs genannten 4Ps notwendig ist.

In der Studie wurden mittels eines Mixed-Method-Designs über die Auswertung von 16 qualitativen Interviews und 140 quantitativ ausgerichteten Fragebögen die Erfahrungen betroffener Frauen zum Thema Cybergewalt durch ihren aktuellen oder ehemaligen Beziehungspartner untersucht (vgl. Brem/Fröschl 2020: 7). Unter Cybergewalt werden „alle Formen von Gewalt, die sich technischer Hilfsmittel und digitaler Medien (Handy, Apps, Internetanwendungen, E-Mails etc.) bedienen und/oder Gewalt, die im digitalen Raum – z.B. auf Onlineportalen oder sozialen Plattformen – stattfindet, verstanden“ (ebd.: 8). Deutlich wird, dass Cybergewalt sich in das Kontinuum der Gewalt sowie in Muster aus Dominanz und Kontrolle einordnen lässt und psychische, physische, ökonomische oder sexualisierte Gewaltformen fortsetzt und erweitert; mit zwei Spezifika: Erstens gaben die befragten Frauen an, dass Cybergewalt aufgrund der potenziell großen Reichweite besonders beängstigend sei: Jeder Post mit diffamierenden, erniedrigenden oder intimen Inhalten in sozialen Medien kann tausende Menschen erreichen, darunter beispielsweise Familienmitglieder oder Arbeitgeber*innen mit entsprechenden Folgen auf sozialer und/oder ökonomischer Ebene (vgl. ebd.: 35). Zweitens können Täter über Handys, die als zentrales Kommunikationsmittel im Alltag meistens mit dabei sind, ständig Kontrolle ausüben sowie soziale Kontakte und Reflexionen (allein und in Gesprächen) über die Beziehung stören. So berichtet eine interviewte Frau: „SMS non Stopp. In einer Minute kann er zehnmal anrufen. Wenn ich nicht abhebe, ruft er noch einmal an. Den ganzen Tag“ (ebd.: 15).

Die Ausübung von Cybergewalt hat Auswirkungen auf unterschiedlichen Ebenen:

Abb. 1: Auswirkungen von Cybergewalt

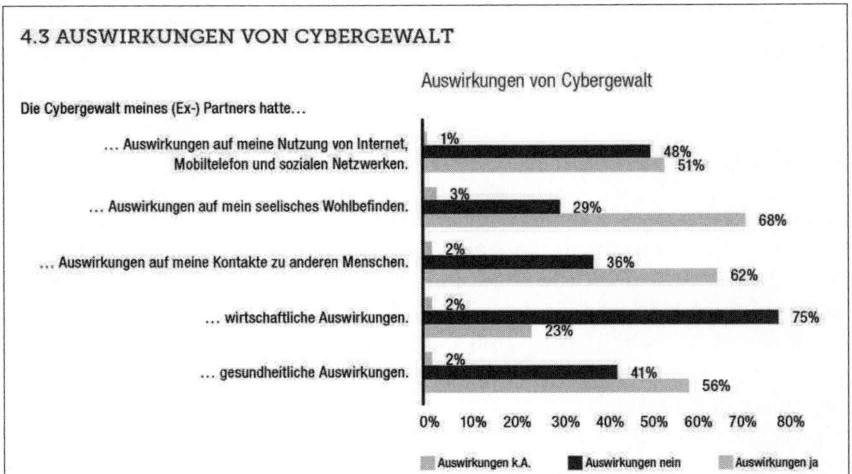

Quelle: Brem/Fröschl 2020: 31

Zu den Auswirkungen zählt beispielsweise der Rückzug aus dem digitalen Raum und eine veränderte bzw. verringerte Nutzung sozialer Medien. Dies ist – nicht nur, aber insbesondere – in Zeiten von Covid-19, in denen Menschen beruflich und sozial auf digitale Formate angewiesen sind, schädigend. Zudem ist die Forcierung sozialer Isolation eine Täterstrategie: „Es ist leicht vorstellbar, dass Isolation mit digitalen Mitteln herbeigeführt werden kann, indem Kontakte in sozialen Medien überwacht oder Gerüchte in Umlauf gebracht werden, die den Rückzug anderer bewirken" (Brem/Fröschl 2020: 14). Bricht die Frau die Kontakte aufgrund von Drohungen nicht von selbst ab, so kommt es häufig auch zu direkten Drohungen gegen Angehörige, welche in einen Rückzug resultieren.

Die genannten Schädigungen auf unterschiedlichen Ebenen, vor allem der soziale Rückzug von Frauen, sei es aus dem analogen oder digitalen Kontakt, aus beruflichen Zusammenhängen oder der Nachbarschaft, haben Folgen für die soziale Kohäsion. So erläutert beispielsweise Stövesand (2007) anhand der Gestaltung von Strukturen im Gemeinwesen die hemmende Wirkung von Gewalt:

> „Die geschlechtsspezifische individuelle und strukturelle Gewalt erschwert eine gleichberechtigte Teilhabe an den Ressourcen und der Gestaltung des Gemeinwesens erheblich – sie stellt einen Faktor dar, der die Aktivierung und Handlungsfähigkeit von Menschen beeinträchtigt, die Stabilisierung von Nachbarschaften verhindert und die Gemeinwesen-/Quartiersentwicklung hemmt" (Stövesand 2007: 148f.).

Soziale Kohäsion ist in diesem Sinne nur möglich, wenn Frauen frei von Gewalt leben können. Oder anders formuliert: Ein umfassender Gewaltschutz, der Prävention beinhaltet ,und die Arbeit an destruktiven Geschlechterverhältnissen sind ein Beitrag zur Kohäsion.

Daher braucht es neben einer ausreichend finanzierten individuellen Fallbearbeitung in multiprofessionellen Interventionsketten im Sinne der Istanbul-Konvention weitere Ebenen, eben die 4Ps. Beispiele aus dem Bereich Protection und Prevention werden nachfolgend skizziert.

- Protection: In der Wiener Studie wird gefordert, dass Internetanbieter*innen und Plattformbetreiber*innen vermehrt in die Pflicht genommen werden müssen, um den Schutz der gewaltbetroffenen Frauen zu garantieren (vgl. Fröschl/Brem 2020: 24). Die Forderung findet sich in Deutschland auch in der Handlungsempfehlung der Bundesregierung, welche im Dritten Gleichstellungsbericht die Ausgestaltung und Etablierung eines Schutzschirms bei digitaler Gewalt empfiehlt und somit beispielsweise das „Löschen von Hasskommentaren, das Schützen verifizierter Accounts sowie die Veranlassung einer zügigen Melderegistersperrung“ (BMFSFJ 2021: 38).

- Prävention: Eine umfassende Aufklärung der Öffentlichkeit und des sozialen Umfelds zu Formen und Dynamiken der Gewalt und zu hilfreichen Unterstützungsmöglichkeiten ist nötig, da unterstützende Freund*innen und Familienangehörige einer der wichtigsten Ressourcen für Frauen mit Gewalterfahrungen sein können (vgl. Brem/Fröschl 2020: 21). Als Leuchtturmprojekte lassen sich die in Deutschland und Österreich durchgeführten StoP-Projekte nach Stövesands Konzept „StoP-Stadtteile ohne Partnergewalt“ anführen oder das Projekt „Auswege“, welches im Rahmen dieses Artikels vorgestellt und diskutiert wird.

Im Due Diligence Standard der UN wird zudem auch explizit ein *transnational level* angeführt, welches u.a. die Strukturkategorie Klasse anhand der Stärkung der Arbeitsrechte von Migrantinnen in den Blick nimmt (vgl. Ertürk 2006: 21). Diese sind aufgrund ihrer Stellung im Erwerbsarbeitsprozess, im Zugang zum Erwerbsarbeitsmarkt und damit hinsichtlich der Verteilung gesamtgesellschaftlicher Ressourcen (vgl. Degele/Winker 2007: 7) einer besonderen Gefährdung ausgesetzt: In der Wiener Studie wurde u.a. deutlich, dass der Sozialstatus der Befragten häufig nicht dem Bildungsniveau entspricht. „Dies deutet auf ökonomische und aufenthaltsrechtliche Abhängigkeiten der betroffenen Frauen hin, da gerade Migrantinnen oftmals keine Arbeit finden, die mit ihrem Ausbildungsniveau übereinstimmt“ (Brem/Fröschl 2020: 27). Die strukturell bedingte ökonomische Prekarisierung wird auf individueller Ebene durch die ökonomische Schädigung durch Täter, beispielsweise Kontrolle von Netbanking oder Verleumdung bei Arbeitskolleg*innen, per Mail verstärkt. Das Ende der Cybergewalt gestaltet sich schließlich schwierig, weil Geld für ein neues Handy und damit den Kontaktabbruch fehlt. So stabilisieren sich am Ende Macht- und Herrschaftsverhältnisse.

2 Die Istanbul-Konvention – eine Chance für nachhaltige Gewaltschutzarbeit?

Seit 1977 das erste Frauenhaus der Schweiz errichtet wurde, hat die Frauenbewegung eine beeindruckende Erfolgsgeschichte geschrieben. Es wurden Frauen-/ Mädchenhäuser und Beratungsstellen eingerichtet, Wissensgrundlagen, Präventions- und Bildungsangebote entwickelt. Über Forschungsergebnisse zu Ausmaß, Folgen und gesellschaftlichen Kosten von Gewalt in der Partnerschaft (GiP) sowie (inter-)national vernetzte politische Aktivitäten wurden rechtlich-institutionelle Reformen durchgesetzt. Die Relevanz einer effektiven Gewaltschutzarbeit fand

Beachtung in Kampagnen, Rechtsprechung und politischer Planung. 1993 tritt das Bundesgesetz über die Hilfe an Opfer von Straftaten in Kraft (OHG). Die Forderung nach umfassenderen Konzepten gegen GiP findet Eingang in Politik und Rechtsprechung. GiP wird zum Offizialdelikt (2004), die Gewaltschutznorm in Art. 28b Zivilgesetzbuch verpflichtet die Kantone, ein Verfahren und eine Stelle (in der Regel Polizei) festzulegen, die bei Gewaltvorfällen die Wegweisung der Tatperson aus der geteilten Wohnung und weitere Schutzmaßnahmen verfügen kann (2007). Es entstehen kantonale Interventionsstellen, Kooperationsgremien und Gewaltschutzgesetze. Schutzmaßnahmen werden mit proaktiver Kontaktaufnahme mit Opfern und Täter*innen durch spezialisierte Beratungsstellen sowie Gefährdungsmeldungen an Kinderschutzbehörden verknüpft, teils wird ein Bedrohungsmanagement installiert.

Gewalt im Geschlechterverhältnis als Straftat und öffentliche Angelegenheit ermöglicht, dass gegen diese Gewalt staatlich interveniert wird. Das Private ist politisch – eine Erfolgsgeschichte der Frauenbewegung also, die soziale Kohäsion vorantreibt? Ja und nein, so die Antwort einer vom Schweizerischen Nationalfonds (SNF) geförderten qualitativen Studie zur Entwicklung feministischer Opferhilfeberatungsstellen eines Schweizer Kantons (vgl. Hollenstein 2020: 195–373). So lassen die Ergebnisse – quer zu den skizzierten Erfolgen – Prozesse der Individualisierung, Depolitisierung und Deprofessionalisierung erkennen, die sich in einer Tendenz zur funktionalen Einengung auf rechtliche Krisenintervention äußern. Die dieser Entwicklung zugrunde liegenden Dynamiken wurden von Hollenstein (vgl. ebd.) rekonstruiert und werden im Folgenden anhand von Abbildung 2 skizziert:

Abb. 2: Transformation feministischer Praxis

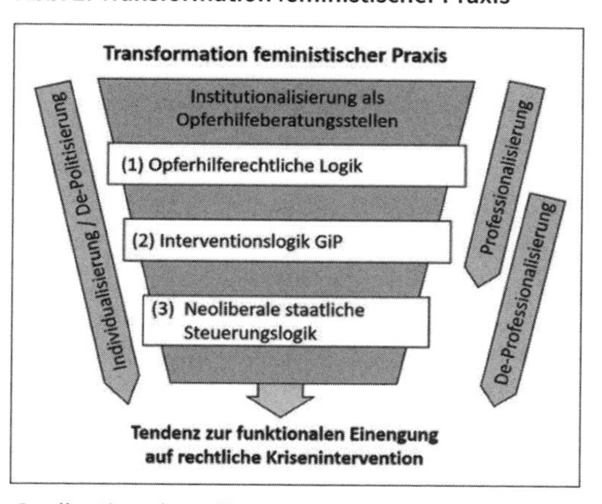

Quelle: Eigendarstellung (vgl. Hollenstein 2020: 198-200)

Ad (1) und (2): Mit den rechtlichen Erfolgen gewinnt die rechtliche Logik von Straf-/Zivilrecht, OHG und Gewaltschutzgesetz (GSG) an Bedeutung. Diese zielt auf (Wieder-)Herstellung von Recht und Gerechtigkeit, ist gesellschaftskonform und individualisiert Gewalt gegen Frauen. Diese wird zur Straftat, die Integritätsverletzungen verursacht; Gewaltbetroffene werden zu durch eine Straftat in ihrer Integrität verletzten Opfern mit Anspruch auf Schutz, Beratung und (finanzielle) Wiedergutmachung des erlittenen Unrechts; Täter*innen zu Straftäter*innen, die bestraft, finanziell zur Rechenschaft gezogen, weggewiesen, therapiert werden müssen. Eine an den gewaltverursachenden patriarchalen Machtverhältnissen ansetzende Prävention ist nicht vorgesehen. Es steht außer Frage: Die erwirkten rechtlich-institutionellen Reformen verbessern Opferschutz/-beratung sowie eine funktionierende interinstitutionelle Interventionskette bei GiP. Die feministischen Pionierprojekte werden zu in Politik und (Fach-)Öffentlichkeit anerkannten Opferhilfeberatungsstellen. Gleichzeitig transformiert sich mit den rechtlichen Aufträgen die absolute in eine relative Autonomie. Mit der Institutionalisierung, dem Fall- und Stellenwachstum steigt die finanzielle Abhängigkeit. Die Strukturierung der feministischen Handlungspraxis durch die rechtliche Logik steigt. Die Einzelfallarbeit und deren Professionalisierung sowie das darauf bezogene Ringen um Deutungshoheit in der interinstitutionellen Kooperation rücken in den Vordergrund.

Ad (3): Spätestens mit der neoliberalen Sparpolitik in den 2000er-Jahren eröffnet sich ein Spannungsfeld zwischen politisch-rechtlichen Erfolgen und dem politischen Willen, für den Gesetzesvollzug hinreichend finanzielle Mittel zur Verfügung zu stellen. Diese werden weitaus unterproportional zu den explodierenden Fallzahlen von GiP erhöht. Es entstehen Kapazitätsengpässe, die Arbeitsbelastung steigt, die Möglichkeit zur Gewährleistung einer nachhaltigen professionellen Opferberatung sinkt. Diese Tendenz wird mit der Einführung eines neoliberalen Kontraktmanagements verschärft: Über Leistungsdefinitionen eng entlang des OHG, die Abschaffung eines Sockelbeitrags, die ausschließliche Finanzierung über real für Opferberatung geleistete „produktive" Stunden und einen umfassenden Zugriff auf Eigenmittel werden Risiken in Bezug auf Schwankungen von Fall- und Beratungsvolumen, wie sie für die Krisenintervention typisch sind, auf private Vereine abgewälzt und deren Möglichkeit zu über den gesetzlichen Auftrag hinausgehende Tätigkeiten (z.B. Bildungsarbeit) drastisch begrenzt. Im Zuge der Inkraftsetzung des GSG setzt sich aufgrund des neoliberalen Steuerungsmechanismus, einer starken Unterbewertung des Fallwachstums und damit zusammenhängenden Kapazitätsengpässen eine Logik quantitativer Mengenbewältigung durch. Die Hilfe bei der Beantragung der zivilrechtlichen Verlängerung von Schutzmaßnahmen wird wegen der kurzen gesetzlichen Frist zur dringlichsten Aufgabe. Alles andere – Telefondienst, Beratung, deren Vor- und Nachbereitung, Inter-/Supervision, Weiterbildung, Leitungs- und Bildungsarbeit, etc. – wird rundherum organisiert, wie ein Interviewzitat aus dem erwähnten SNF-Projekt illustriert (Hollenstein 2020: 248):

> „Und auch so nur noch das Gefühl gehabt, ich bin am Tun, ich mache Feuerwehrarbeit, oder ich mache diese Verlängerung und schaue mal Krisenbewältigung, und nächste, nächste, nächste, aber eigentlich nicht mehr wirklich schauen kann, […] was ist das für in Prozess, den die Klientin schlussendlich brauchen würde." (Beraterin)

Eine nachhaltige Opferberatung, die auch den psychosozialen Aspekten der Fälle Rechnung trägt, ist nur noch in Einzelfällen möglich bzw. legitimationsbedürftig. Fachstellenarbeit, Weiterbildung, Fach-, Personal- und Organisationsentwicklung werden auf ein Minimum reduziert. Die individualisierende rechtliche Logik, die von Primärprävention absieht, setzt sich durch, die feministische Opferberatung wird deprofessionalisiert. Inzwischen wurden die Stellenprozente aufgrund der Forschungsergebnisse und der Ratifizierung der IK etwas erhöht. Die skizzierte Problemdynamik wurde dadurch – so ein aktuelles Gespräch mit einer Beraterin – abgeschwächt, aber nicht aufgelöst. Auch lässt der Alternativbericht der Zivilgesellschaft zur Umsetzung der IK (Netzwerk IK 2021) vermuten, dass sich auch in anderen Kantonen eine ähnliche Dynamik beobachten lässt. Der politische Wille fehle, für einen nachhaltigen Gewaltschutz hinreicht Mittel zur Verfügung zu stellen. Der Zivilgesellschaft seien keine Ressourcen für eine systematische Recherche und Berichterstattung zur Verfügung gestellt worden (ebd.: 8). Soll sich das Potenzial der IK für soziale Kohäsion entfalten – so das kurze Fazit –, müssen Politik, (Fach-)Öffentlichkeit und Zivilgesellschaft die skizzierten Dynamiken anerkennen, analysieren und in ihre Strategien zur Umsetzung der IK integrieren.

3 Differenzsensible (Primär-)Prävention zur Bekämpfung von Gewalt in der Paarbeziehung (GiP): Ältere Frauen und Männer im ländlichen Raum

Den Ergebnissen der bisher einzigen repräsentativen Studie zu Gewalt gegen Frauen in Deutschland (Schröttle/Müller 2004) zufolge hat jede vierte Frau im Alter von 16 bis 85 Jahren mindestens einmal in ihrem Leben körperliche und/oder sexuelle Partnerschaftsgewalt erlebt. Die Gewalterfahrungen Älterer (60+) gelangen jedoch noch immer überraschend wenig in den Fokus der Aufmerksamkeit. Dabei zeigen vorliegende Befunde (u.a. Kotlenga/Nägele 2013), dass die Gewalt im Alter nicht aufhört bzw. aufgrund krisenhafter Lebensereignisse wie Verrentung, nachlassender Gesundheit oder zunehmender sozialer Isolation auch erstmalig ausgeübt und von den Betroffenen aus Angst, Scham- und Schuldgefühlen erduldet wird. Obwohl es in Deutschland ein relativ dichtes Netz an Hilfe- und Unterstützungseinrichtungen bei GiP gibt, suchen gerade Ältere diese in den seltensten Fällen auf. Als ursächlich hierfür gilt neben Unkenntnis über vorhandene Hilfeeinrichtungen vor allem die für ältere Menschen häufig besonders starke Tabuisierung von Gewaltwiderfahrnissen in langjährigen (ehelichen) Intimbeziehungen, die die Gewaltopfer davon abhält, sich Hilfe und Unterstützung zu suchen. Zugleich gilt es eine Nicht-Thematisierung von (sexualisierter) Partnerschaftsgewalt in der sozial(arbeits-)wissenschaftlichen Alter(n)sforschung zu konstatieren, die GiP zumeist auf problematische Pflegebedürftigkeit bzw. -arbeit verengen (Dackweiler et al. 2020: 206).

Leben ältere Gewaltbetroffene in ländlich geprägten Regionen, verstärkt sich die Problematik durch bestehende Versorgungslücken, da Interventions- und Beratungsstellen sowie Zufluchtseinrichtungen zum Teil besonders ressourcenarm ausgestattet und zugleich für ein größeres Einzugsgebiet zuständig sind. Darüber hinaus sind auch ältere Gewaltbetroffene in ländlichen Regionen zusätzlich mit negativen Auswirkungen des Eingebundenseins in eine zahlenmäßig überschaubarere Gemeinschaft, größerer persönlicher Bekanntheit und daraus resultierender höherer sozialer Kontrolle konfrontiert. Dies trägt häufig nicht nur zu einer Bagatellisierung und Verkennung von Gewalt in der Paarbeziehung bei. Darüber hinaus können diese spezifischen sozialen Bedingungen ländlicher Räume dazu führen, dass eine Mauer des (Ver-)Schweigens gegenüber der Gewalt bei den Betroffenen selbst sowie in Familie, Nachbarschaft, Freundes- und Bekanntenkreis gebildet wird. Denn die verschiedenen Lebensbereiche Erwerbsarbeit, Familienleben und Freizeitgestaltung sind oft viel enger als in urbanen Regionen miteinander verwoben. Dies kann die Furcht der Betroffenen davor erhöhen, das nach außen gepflegte Bild der intakten Ehe und Familie zu zerstören und aus der Gemeinschaft ausgeschlossen zu werden (Völschow/Janßen 2016: 397ff.).

3.1 GiP bedeutet Gefährdung sozialer Kohäsion

GiP hat gravierende Auswirkungen auf Gesundheit und körperliche Unversehrtheit der Betroffenen jeden Alters und auf ihre familiären und sozialen Beziehungen, bedeutet also langwährend einen Verlust an Lebensqualität. Internationale Studien belegen zudem, dass GiP hohe ökonomische Kosten für die Gesellschaft verursacht. Zugleich hat das fortbestehende Beschweigen, Wegsehen bzw. Weghören gegenüber der vielfach noch immer als Privatangelegenheit geltenden Partnerschaftsgewalt von Angehörigen, Freund*innen, Nachbar*innen, Arbeitskolleg*innen etc. gesellschaftliche Auswirkungen. Denn damit geht der Verlust von Gemeinsamkeit, Vertrauen, Gegenseitigkeit und Solidarität einher, also mit Werten, welche den soziologischen Begriff der sozialen Kohäsion als einen normativen zu füllen suchen. Dessen Zentrum bildet die Einstellungsebene, denn das „Zusammenhalten ist sein Ursprung“ (Forst 2020: 46). Tabuisierung und Bagatellisierung von GiP gefährden somit gesellschaftlichen Zusammenhalt, der als Kitt für das Leben in der Gemeinschaft fungiert. Alle diese Folgen machen die Dringlichkeit von innovativen Präventionsstrategien für die hier ins Zentrum gerückte, weil bislang unterversorgte Betroffenengruppe Älterer im ländlichen Raum überdeutlich.

3.2 Die Istanbul-Konvention als Bezugspunkt partizipativ angelegter Praxisforschung

Wie kann es gelingen, GiP älterer Frauen und Männer im ländlichen Raum zu enttabuisieren und Hilfe- und Unterstützungsbereitschaft für die Betroffenen sowohl im sozialen Umfeld als auch bei Fachkräften zu aktivieren, die potenziell mit älteren Gewaltbetroffenen zu tun haben? Gestützt auf die Istanbul-Konvention wurde diese Frage in einem vom Hessischen Ministerium für Wissenschaft und Kunst über zehn Monate geförderten Praxisforschungsprojekt in einer ländlich geprägten Modellregion durch Regina-Maria Dackweiler und Reinhild Schäfer nachgegangen. Mit der Ratifizierung der Konvention ist die Bundesrepublik Deutschland die Verpflichtung eingegangen, insbesondere auch in ländlichen Räumen Schutzlücken zu schließen und primärpräventive Maßnahmen zu ergreifen. Hierbei bilden Ansätze, welche die Zivilgesellschaft adressieren und zur aktiven Beteiligung an der Verhütung von GiP ermutigen (Art. 12) und die Initiierung eines Bewusstseinswandels, indem offen über Partnerschaftsgewalt gesprochen und aufgeklärt wird (Art. 13), zentrale Bausteine. Im Dialog mit vier Praxispartner*innen aus der Modellregion wurde in dem Projekt die Entscheidung getroffen, in diesem Sinne einerseits ein Konzept für eine differenzsensible, zielgruppenspezifische Öffentlichkeitsarbeit zu entwickeln und andererseits eine interinstitutionelle Diskussion und Kooperation der Bereiche Gewaltschutz, Gesundheit und Altenarbeit zu initiieren.

3.3 Befunde und neue Wege

Gestützt auf eine Indikatoren geleitete Sozialraumanalyse, leitfadengestützte Expert*inneninterviews und Inhaltsanalysen vorhandener Informationsmaterialien der Fachdienste des Kreises mit Blick auf ältere Gewaltbetroffene ergaben sich folgende Befunde:

- Erstens zeigte sich, dass die historisch gewachsene politische Struktur des Landkreises von hoher Relevanz bei der Planung von Präventionsstrategien zu GiP Älterer ist.
- Zweitens, dass jenseits der Gewaltschutzmitarbeiterinnen bislang wenig Wissen bei den für das soziale Problem relevanten Akteur*innen im Kreis besteht.
- Drittens wurde die Lücke im Hilfesystem für gewaltbetroffene Männer sowie für Täter offenbar.
- Viertens bestätigten die Interviews vorliegende Befunde, dass es sowohl der Information und Sensibilisierung von Fachkräften und politischen Entscheidungsträger*innen als auch zivilgesellschaftlicher Akteur*innen bedarf, um der Tabuisierung und fehlenden Kenntnis von GiP bei Älteren zu begegnen.
- Deutlich wurde fünftens die Notwendigkeit längerer Vorbereitungsphasen von Öffentlichkeitskampagnen und die Gewinnung kreisweiter und kommunaler Schlüsselpersonen aus Politik, Kirche und Verwaltung für das Thema.
- Sechstens zeigte sich, dass von Gewalt betroffene ältere Frauen in vorhandenen Informationsmaterialien bislang nicht adressiert werden: Diese visualisieren und adressieren Frauen im reproduktiven Alter, häufig gemeinsam mit kleineren Kindern.

Orientiert an dem Gedanken, dass Prävention von GiP im Horizont der Istanbul-Konvention bedeutet, soziale Kohäsion zu stärken, wurde auf Grundlage dieser Befunde durch Regina-Maria Dackweiler und Reinhild Schäfer ein vom BMBF seit August 2020 gefördertes vierjähriges Praxisforschungsprojekt in der ländlich geprägten Modellregion, in welchem neue Wege der Primärprävention verfolgt werden, entwickelt: Anstelle von punktuellen Aktivitäten wird eine mehrjährige Öffentlichkeitskampagne ausgerollt, die unterschiedlichste Akteur*innen einbindet, sowie im Sinne des Edutainments Serious Games zu GiP entwickelt und erprobt, die Jugendliche und Erwachsene mit dem Ziel der Sensibilisierung und Aktivierung interaktiv einbeziehen.

4 Fazit

Die kurzen Einblicke in die Länderpraxen zeigen wichtige Maßnahmen und die Übernahme gesellschaftlicher Verantwortung. Gleichzeitig müssen diese Prozesse auf Nachhaltigkeit geprüft werden, damit der gesellschaftliche Wandel zu mehr Geschlechtergerechtigkeit und Gewaltschutz zur Förderung der sozialen Kohäsion vollzogen werden kann.

Literatur

BMFSFJ (2021): Dritter Gleichstellungsbericht. Digitalisierung geschlechtergerecht gestalten. https://www.bmfsfj.de/resource/blob/184436/a8af6c4a20b849626c1f735c49928bf0/20210727-dritter-gleichstellungsbericht-data.pdf [Zugriff: 17.08.2021].

Brem, Andrea/Fröschl, Elfriede (2020): Cybergewalt gegen Frauen in Paarbeziehungen. https://www.frauenhaeuser-wien.at/dokumente/vfw_studie_cybergewalt.pdf [Zugriff: 17.08.2021].

Council of Europe (2011): Übereinkommen des Europarats zur Verhütung und Bekämpfung von Gewalt gegen Frauen und häuslicher Gewalt. https://rm.coe.int/1680462535 [Zugriff:17.07.2021].

Dackweiler, Regina-Maria/Schäfer, Reinhild/Merkle, Angela/Peters, Franziska (2020): Verdrängungen, Verkennungen, Abschottungen? Geschlechterwissen zu Gewalt in der Paarbeziehung Älterer. In: Rose, Lotte/Schimpf, Elke (Hrsg.): Sozialarbeitswissenschaftliche Geschlechterforschung. Opladen: Verlag Barbara Budrich, S. 201–218.

Degele, Nina/Winker, Gabriele (2007): Intersektionalität als Mehrebenenanalyse. https://www.gabriele-winker.de/pdf/Intersektionalitaet_Mehrebenen.pdf [Zugriff: 17.08.2021].

Ertürk, Yakin (2006): The due diligence standard as a tool for the elimination of violence against women. Report of the Special Rapporteur on Violence against Women, Its Causes and Consequences. https://digitallibrary.un.org/record/565946 [Zugriff: 17.08.2021].

Forst, Rainer (2020): Gesellschaftlicher Zusammenhalt. Zur Analyse eines sperrigen Begriffs. In: WZB Mitteilungen, Heft 170, Dezember 2020, S. 45–47.

Hollenstein, Lea (2020): Gesellschaft, Organisation, Professionalität. Zur Relevanz von Professionspolitik in der Sozialen Arbeit. Wiesbaden: VS Springer.

Kotlenga, Sandra/Nägele, Barbara (2013): Es ist nie zu spät. Gewalterfahrungen älterer Frauen durch Partner und Ex-Partner. Informationen für die Beratungspraxis. Göttingen: Zoom e.V.

Lenz, Gaby/Weiss, Anne (Hrsg.) (2018): Professionalität in der Frauenhausarbeit. Aktuelle Entwicklungen und Diskurse. Wiesbaden: Springer.

Ministerkomitee des Europarates (2010): Die neue Strategie und Aktionsplan des Europarates für soziale Kohäsion. https://www.coe.int/t/dg3/socialpolicies/source/Die neue Strategie und Aktionsplan des Europarates für soziale Kohäsion dt-Version.pdf [Zugriff: 17.07.2021].

Netzwerk Istanbul Konvention (Hrsg.) (2021): Umsetzung der Istanbul-Konvention in der Schweiz. Alternativbericht der Zivilgesellschaft. https://istanbulkonvention.ch/assets/images/elements/Alternativbericht_Netzwerk_Istanbul_Konvention_Schweiz.pdf [Zugriff: 18.08.2021].

Schröttle, Monika/Müller, Ursula (2004): Lebenssituation, Sicherheit und Gesundheit von Frauen in Deutschland. Eine repräsentative Untersuchung zu Gewalt gegen Frauen in Deutschland. https://www.bmfsfj.de/blob/jump/84328/langfassung-studie-frauen-teil-eins-data.pdf [Zugriff: 17.08.2021]

Stövesand, Sabine (2007): Mit Sicherheit Sozialarbeit! Gemeinwesenarbeit als innovatives Konzept zum Abbau von Gewalt im Geschlechterverhältnis unter den Bedingungen neoliberaler Gouvernementalität. Münster: LIT Verlag.

Völschow, Yvette/Janßen, Wiebke (2016): „Das kann man gar nicht erklären." Partnergewalt im ländlichen Raum. Eine Analyse subjektiver Theorien über Gewalt. In: Equit, Claudia/Groenemeyer, Axel/Schmidt, Holger (Hrsg.): Situationen der Gewalt. Weinheim/Basel: Beltz, S. 390–406.

Momente der Inklusion und Exklusion in der schweizerischen und kroatischen Obdachlosenhilfe aus einer sozialarbeiterischen Perspektive

Gosalya Iyadurai, Esther Mühlethaler & Matthias Drilling

Obdachlosigkeit als extreme Form von Armut und Exklusion nimmt in nahezu allen Ländern Europas zu und betrifft eine zunehmend breite Personengruppe (European Commission 2013: 5). Dies verursacht einen erhöhten Druck auf die Unterstützungssysteme und Notstrukturen (FEANTSA 2018: 3). Der vorliegende Beitrag geht der Frage nach, inwiefern Angebote der Obdachlosenhilfe[1] dann noch zur sozialen Inklusion der Betroffenen beitragen und welche Rolle die Soziale Arbeit, als Trägerin zahlreicher Angebote der Obdachlosenhilfe, dabei einnimmt. Wir stützen uns auf erste Resultate der ethnografisch angelegten Forschung *Exploring Homelessness and Pathways to Social Inclusion: A Comparative Study of Contexts and Challenges in Swiss and Croatian Cities*[2] und zeigen an den Beispielen Schweiz und Kroatien auf, wie sich Inklusionsverständnisse und Strategien von Akteur*innen der Obdachlosenhilfe auf Inklusions- und Exklusionsprozesse auswirken.

Der Beitrag ist wie folgt aufgebaut: In einem ersten Teil werden die Verständnisse von *Obdachlosigkeit* und *sozialer Inklusion* aus Sicht der Sozialen Arbeit kurz diskutiert und die Kontexte der kroatischen und schweizerischen Obdachlosenhilfe aufgezeigt. In einem zweiten Teil werden anhand von Interviews mit Expert*innen aus der Obdachlosenhilfe drei Verständnisse von Inklusion unterschieden, die sich zum Teil konträr zum wissenschaftlichen Diskurs über soziale Inklusion verhalten. Aus den Befunden wird schließlich im dritten Teil die Notwendigkeit eines eigenen Mandats Sozialer Arbeit abgeleitet; eine menschenrechtsbasierte Soziale Arbeit bietet sich hier an, weil diese mit der weltweiten Forderung nach Anerkennung von *Wohnen als Menschenrecht* im Einklang steht.

---

1 Die Bezeichnung Obdachlosenhilfe meint in diesem Beitrag Organisationen, bei denen Menschen, die von Obdachlosigkeit betroffen sind, Unterstützung erwarten können, und Unterstützungsangebote, die an diese Menschen gerichtet sind.

2 Diese vergleichende Forschung wird zwischen 2019 und 2022 in vier Schweizer und kroatischen Städten durchgeführt und durch den Schweizerischen Nationalfonds SNF (Projekt 180631) und die Croatian Science Foundation CSF unterstützt.

1 Obdachlosigkeit und soziale Inklusion

1.1 Definitionen und Reaktionen auf Obdachlosigkeit in der Schweiz und in Kroatien

In Europa gibt es aktuell keinen Konsens über eine Definition von Obdachlosigkeit und somit auch keine einheitliche Methode zu ihrer Erhebung (Baptista/Marlier 2019: 23). Die daraus resultierende Beliebigkeit in der Problemwahrnehmung und -behandlung wird auch in den Ländern Schweiz und Kroatien sichtbar.

Während die Schweiz über keine offizielle Definition von Obdachlosigkeit verfügt und erste Bemühungen unternommen werden, ein Verständnis aufzubauen (Drilling/Mühlethaler/Iyadurai 2020), gelten in Kroatien offiziell Menschen als obdachlos, die an öffentlichen Plätzen bzw. auf der Straße wohnen. Menschen, die in Notschlafstellen oder in anderen niederschwelligen Einrichtungen ohne festen Wohnsitz übernachten, werden hingegen nicht als Obdachlose gezählt (Bežovan 2019: 5). Diese fehlende bzw. enge offizielle Definition von Obdachlosigkeit in den beiden Ländern verkennt die Komplexität und Breite der Problematik, wie sie in der Wissenschaft und in Fachkreisen anerkannt ist. In der Typologie für Obdachlosigkeit und Ausschluss vom Wohnungsmarkt (ETHOS) des europäischen Dachverbands der Wohnungslosenhilfe FEANTSA etwa, wird ein umfassenderes Verständnis von Obdachlosigkeit abgebildet, auf das auch wir uns in unserer Forschung stützen. Diese Typologie identifiziert drei Bereiche von Obdachlosigkeit und Exklusion aus dem Wohnungsmarkt:

> „Eine Wohnung zu haben kann verstanden werden als der Besitz eines Gebäudes (Raumes), über das die Person und ihre Familie die ausschließlichen Besitzrechte ausüben kann (physischer Bereich), in dem sie Privatheit aufrecht erhalten und Beziehungen pflegen kann (sozialer Bereich) und über die es einen legalen Rechtstitel gibt (rechtlicher Bereich)" (FEANTSA 2019).

Aus dem Zusammenspiel der drei Dimensionen werden 13 verschiedene Wohnsituationen abgeleitet, die unter den Kategorien *Obdachlosigkeit, Wohnungslosigkeit, Ungesichertes Wohnen* und *Ungenügendes Wohnen* gruppiert werden (ebd.). Die Obdachlosenhilfe, wie wir sie im Forschungsprojekt untersuchen, fokussiert in erster Linie auf die beiden Wohnsituationen, die unter *Obdachlosigkeit* fallen, d.h. auf Menschen, die im Freien oder in Notunterkünften übernachten.

Abgesehen von der fehlenden bzw. engen offiziellen Definition von Obdachlosigkeit existieren in Kroatien und in der Schweiz auch kaum nationale gesetzliche Grundlagen, die spezifische Maßnahmen zur Prävention und Bekämpfung von Obdachlosigkeit vorsehen und regeln würden. Wohnen wird zwar in den Sozialzielen der Schweizerischen Bundesverfassung als ein Grundbedürfnis definiert, doch gibt es keinen Rechtsanspruch. Vielmehr wird die Eigeninitiative von Wohnungssuchenden betont:

> „1 Bund und Kantone setzen sich in Ergänzung zu persönlicher Verantwortung und privater Initiative dafür ein, dass: [...]
>
> (e) Wohnungssuchende für sich und ihre Familie eine angemessene Wohnung zu tragbaren Bedingungen finden können; [...]
>
> 4 Aus den Sozialzielen können keine unmittelbaren Ansprüche auf staatliche Leistungen abgeleitet werden“ (Bundesverfassung der Schweizerischen Eidgenossenschaft 2021: Art. 41).

Für die Gewährleistung der Wohnversorgung sind in der föderalen Schweiz grundsätzlich die Kantone und Gemeinden zuständig. Eine nationale Strategie zur Verhinderung von Obdachlosigkeit fehlt deshalb. Staatlich geförderte Maßnahmen fokussieren hauptsächlich auf die Nothilfe und Notunterbringung und nur in sehr allgemein formulierten Strategien zur gemeinnützigen Wohnbauförderung auch auf präventive Aspekte (Drilling/Mühlethaler/Iyadurai 2020: 21ff.). Die operative Umsetzung von Hilfeleistungen für Menschen, die von Obdachlosigkeit bedroht oder betroffen sind, liegt in der Schweiz in vielen Kantonen bei privaten Vereinen, Kirchen und NGOs.

Auch in Kroatien existieren Maßnahmen vor allem auf lokaler Ebene, obwohl hier Obdachlosigkeit in einer nationalen Strategie (2014–2020) zur Bekämpfung von Armut und soziale Exklusion erwähnt wird. Diese Strategie empfiehlt, die Vorschläge der EU zur Bekämpfung von Obdachlosigkeit zu berücksichtigen (Bežovan 2019: 7ff.). Wie die Einrichtungen diese Vorschläge im operativen Bereich umsetzen sollen, wird allerdings nicht vorgegeben. Der EU-Beitritt Kroatiens und die darauffolgende EU-Finanzierung hatten zur Folge, dass die komplexe Problematik der Obdachlosigkeit in Kroatien mehr Anerkennung auf politischer Ebene erfahren hat (ebd.). Der sozialen Inklusion wird in Kroatien eine wichtige Bedeutung beigemessen (ebd.: 9). Denn in der EU ist soziale Inklusion ein Ziel der Strategie zur Prävention und Bekämpfung von Obdachlosigkeit: „For the first time, the EU set a headline social inclusion target – to lift at least 20 million people out of the risk of poverty and social exclusion“ (Baptista/Marlies 2019: 9). Die EU empfiehlt daher, in allen Mitgliedsstaaten und in allen Einrichtungen, in denen Betroffene Unterstützung erhalten, soziale Inklusion als strategisches Ziel zu verfolgen (ebd.). Was unter sozialer Inklusion im Zusammenhang mit Obdachlosigkeit verstanden werden kann, wollen wir nun ausführen.

1.2 Obdachlosigkeit als Frage von sozialer Inklusion

Die theoretischen Diskussionen zur sozialen Inklusion weisen auf eine große Bandbreite von Verständnissen hin (Balz/Benz/Kuhlmann 2012: 2). In unserem Forschungsprojekt stützen wir uns auf ein systemtheoretisches Verständnis und deuten soziale Inklusion immer bezogen auf gesellschaftliche Teilsysteme, die je spezifische Zugangs- und Teilnahmemöglichkeiten bestimmen (Merten 2004: 102). Fehlende soziale Inklusion bedeutet demnach den Ausschluss spezifischer Personengruppen aus bestimmten Teilsystemen, wie etwa dem Arbeits- oder Wohnungsmarkt. Dabei ist Ausschluss als ein Exklusionsphänomen mit *intersystemischer Verstärkung* zu verstehen, welches sich von einer reinen *Nicht Inklusion* unterscheidet (ebd.: 112). Das heißt, „dass es Fälle gibt, in denen Personen auf Grund ihres Ausschlusses aus einem System zugleich auch aus der Möglichkeit der Partizipation an anderen Systemen herausfallen" (ebd.).

Diese Logik ist im Bereich Obdachlosigkeit in verschiedener Hinsicht zu erkennen. So wird beispielsweise der Ausschluss aus dem Arbeitsmarkt als häufiger Grund für den Ausschluss aus dem Wohnungsmarkt genannt und zugleich die Wohnungslosigkeit für geringere Partizipationschancen im Teilsystem Arbeit verantwortlich gemacht. Soziale Inklusion verortet sich also in einem Spannungsfeld zwischen sozialen Interessen, sozialer Integration, Partizipation, Gleichstellung und Gerechtigkeit und kann als sozialpolitisches Konzept zur Teilhabe an der Gesellschaft verstanden werden (Balz/Benz/Kuhlmann 2012: 2). Dieses Verständnis greifen wir auf, um im folgenden Kapitel inklusive und exklusive Momente in der schweizerischen und kroatischen Obdachlosenhilfe aufzuzeigen.

2 Inklusions- und Exklusionsprozesse in der Obdachlosenhilfe

2.1 Untersuchte Angebote der Obdachlosenhilfe

Unsere Thesen zu inklusiven und exklusiven Momenten der schweizerischen und kroatischen Obdachlosenhilfe leiten wir aus Interviews mit Expert*innen der Obdachlosenhilfen und mit Nutzenden der Angebote in den vier untersuchten Städten Basel, Bern, Zagreb und Split ab. Datengrundlagen bilden leitfadengestützte Interviews mit Leitungspersonen, Mitarbeitenden und Freiwilligen, die in Einrichtungen der Obdachlosenhilfe arbeiten. Hinzu kommen biografische Interviews mit Menschen, die von Obdachlosigkeit betroffen sind, sowie Feldnotizen, die bei Besuchen und Freiwilligeneinsätzen in den Einrichtungen entstanden sind. Im vorliegenden Beitrag fokussieren wir die Perspektive der Expert*innen in den

Organisationen und die Leifadeninterviews mit ihnen. In Leitfragen haben wir sie dazu aufgefordert, zu erläutern, wie sie Obdachlosigkeit in ihrer Stadt wahrnehmen, wie sich die lokale Obdachlosenhilfe charakterisiert und welche Rolle ihre Organisation im Hilfesystem und in Bezug auf die soziale Inklusion von obdachlosen Menschen einnimmt. Das Material wurde mit einer qualitativen Inhaltsanalyse (Typ „Zusammenfassung") nach Mayring ausgewertet.

Aus den Interviews gehen folgende Eigenschaften der Obdachlosenhilfe in den vier untersuchten schweizerischen und kroatischen Städten hervor: Die Hilfe für obdachlose Menschen deckt die Bereiche Notschlafen/Unterkunft, Essen/Pflege/Kleidung, Tagesaufenthalt und Beratung in akuten Notsituationen ab. Sie fokussiert überwiegend die Grundversorgung und „Schadensminderung", d.h., nur wenige Organisationen führen neben der Notversorgung auch längerfristig orientierte Beratung durch Professionelle der Sozialen Arbeit durch oder verfolgen interdisziplinäre Ansätze, um der Komplexität von Obdachlosigkeit als Multiproblemlage gerecht zu werden. Während gewisse Einrichtungen über Leistungsverträge mit den Städten oder Kantonen (teil)finanziert werden, sind viele andere auf Spenden und Freiwilligenarbeit angewiesen. Dies kann zu großen Unterschieden zwischen den Organisationen bezüglich der Kontrolle über ihre Tätigkeiten sowie der Qualitätssicherung führen. Unterschiede sind auch hinsichtlich der Inklusionsverständnisse und strategischen Ausrichtungen erkennbar. Diese bilden Grundlage für die Entstehung inklusiver und exklusiver Momente in der Obdachlosenhilfe, wie im Folgenden aufgezeigt wird.

2.2 Inklusionsverständnisse und strategische Grundsätze in der Obdachlosenhilfe

Soziale Inklusion scheint für Akteur*innen der kroatischen und schweizerischen Obdachlosenhilfe ein abstrakter, theoretischer Begriff zu sein, dessen Übertragung auf das eigene Handeln nicht leicht fällt. Den Expert*innen fällt es schwer, konkrete Strategien zu benennen oder eine klare Positionierung einzunehmen, die auf die soziale Inklusion von obdachlosen Menschen abzielen. In den Argumentationsmustern in Zusammenhang mit sozialer Inklusion lassen sich aus den Interviews mit Vertreter*innen der Obdachlosenhilfe drei Verständnisse sozialer Inklusion identifizieren: ein idealisierendes, ein konzeptionelles und ein funktionales Verständnis. Diese Verständnisse werden teilweise gleichzeitig und ergänzend zum Ausdruck gebracht und stehen mit inklusionsfördernden und inklusionshemmenden Handlungsweisen in Zusammenhang:

- In einem *idealisierenden Verständnis* argumentieren Expert*innen erfahrungsgetrieben und stellen soziale Inklusion als positiv, erstrebenswert und als zu fördern dar; gleichzeitig aber auch als schwer erreichbar, utopisch und als Prozess, der lange dauert. Das idealisierende Verständnis basiert auf der Vorstellung eines gemeinsamen, kohäsiven gesellschaftlichen Lebens mit einer Anerkennung des Individuums und der gesellschaftlichen Verpflichtungen. So entfernt dieser Idealzustand der sozialen Inklusion für obdachlose Menschen wahrgenommen wird, so vage bleiben auch die Maßnahmen, die von den Einrichtungen ergriffen werden, um inklusive Wege zu fördern. So werden lediglich sporadische, kurzfristig ausgerichtete Angebote konzipiert, die auf soziale Inklusion abzielen sollen, beispielweise gemeinsame Essen in einem Restaurant oder das Ermöglichen von Kinobesuchen. Weil das Ziel der sozialen Inklusion so abstrakt erscheint, wird eher auf reagierend-linderndes Handeln fokussiert, um akute Not abzuschwächen. Dies kann allerdings kaum dazu beitragen, dass sich die prekäre Situation der Nutzenden ändert, wie folgende Einschätzung zeigt:

> „Es gibt Leute, die seit Jahren eine Wohnung suchen oder inzwischen auch schon resigniert haben. Da kommt die ganze Geschichte der Notschlafstelle hinzu – es gibt Menschen, die seit Jahren dort hausen, aber nicht wirklich wohnen, und auch nicht wirklich versorgt sind" (Leiter*in einer aufsuchenden Obdachlosenhilfe).

Notstrukturen sehen in ihrer Zielsetzung kaum die Förderung längerfristiger, inklusiver Veränderungsprozesse vor. Im Gegenteil: Häufig haben sie durch Zugangsbedingungen, beschränkte Öffnungszeiten, Nutzungsregeln und Sanktionsmechanismen selbst eine inklusionshemmende oder sogar exklusionsverstärkende Wirkung. Strukturelle Ausschlüsse aus Hilfesystemen sind Ausdruck einer disziplinierenden Grundhaltung, die auch darin erkennbar ist, dass Akteur*innen der Obdachlosenhilfe fordern, dass sich die Nutzenden *sozialverträglich* verhalten und ihre Lebensweise entsprechend verändern.

- Ein eher *konzeptionelles Verständnis* sozialer Inklusion ermöglicht es Akteur*innen der Obdachlosenhilfe mittels alltagsbezogener Konzepte auf mögliche inklusionsfördernde Schritte zu fokussieren. Soziale Inklusion wird hier nicht als Endziel dargestellt, sondern als vage Vorstellung von etwas, dem man sich prozessorientiert auf individueller wie struktureller Ebene anzunähern versucht. Teilweise werden dabei übergeordnete konzeptuelle Ansätze wie z.B. das

Housing-First-Modell[3] herangezogen oder inklusive Angebote wie etwa ein öffentliches Restaurant mit integriertem Beratungsdienst für obdachlose Menschen, genannt. Auf der Basis des konzeptionellen Verständnisses sozialer Inklusion werden proaktiv unterstützende Strategien beschrieben, welche Angebote vorsehen, die über Grundversorgung hinaus reichen und beratenden Charakter haben. Sie gründen auf einer akzeptierenden Haltung gegenüber obdachlosen Menschen: Der Selbstbestimmung und Autonomie wird ein hoher Stellenwert zugeschrieben, d.h., dem Individuum wird in seinem Wesen, seinem Weg und seinen Abweichungen von gewissen Normen grundsätzlich mit Offenheit begegnet.

- Akteur*innen der Obdachlosenhilfe mit einem eher *funktionalen Verständnis* sozialer Inklusion sind weder bestrebt, Systeme zu verändern, noch neue Konzepte und Projekte zu entwickeln. Aus ihrer Sicht kann soziale Inklusion im Rahmen der bestehenden Strukturen mit Triage und Wiedereingliederungsmaßnahmen erfolgen. Dieses Verständnis spiegelt sich in Zielsetzungen von Organisationen wider, die sich am Grundsatz orientieren, dass man nur die Möglichkeit offerieren müsse, Zugang zu Strukturen und Hilfsmitteln zu erhalten. Was danach geschieht, wird in die Verantwortung der Nutzenden gegeben. Soziale Inklusion im funktionalen Sinne wird als sich gegenseitig bedingender Prozess zwischen Individuum und Gesellschaft verstanden. Auf der einen Seite müssen gesellschaftlich gewollt Zugänge geschaffen werden, auf der anderen Seite bedeutet soziale Inklusion in diesem Verständnis auch Eigenleistung, Engagement und Wille auf der Seite der Betroffenen. Hilfsangebote sind demnach so konzipiert, dass sie im Sinne eines *Holprinzips* funktionieren, wie folgendes Beispiel illustriert:

> „Unser Motto ist: ‚Ich gehe nicht auf dich zu. Wenn du ein Bedürfnis hast, wenn du unser Angebot in Anspruch nehmen möchtest, sehr gerne, unsere Türen sind offen. Aber DU musst kommen.' Und wenn die Leute anders leben möchten, […] ja dann kann ich sie auch nicht zwingen" (Leiter*in einer Anlaufstelle).

3 Das *Housing-First*-Modell richtet sich an Menschen, die ein hohes Maß an Hilfe benötigen. Housing First priorisiert Wohnen als Ausgangspunkt eines Prozesses. In einem ersten Schritt wird Wohnraum zur Verfügung gestellt, womit die obdachlose Person sofort in die Lage versetzt wird, erfolgreich in der eigenen Wohnung als Teil einer Gemeinschaft zu leben. Ausgehend davon konzentriert sich Housing First in den weiteren Schritten auf die Verbesserung der Gesundheit, des Wohlbefindens und der sozialen Unterstützungsnetzwerke der obdachlosen Menschen (Pleace 2006: 12).

In dieser Argumentation wird soziale Exklusion u.a. mit fehlendem Willen der Betroffenen begründet und dadurch bagatellisiert, dass ihnen Obdachlosigkeit als bewusst gewählter Lebensstil unterstellt wird.

In allen Inklusionsverständnissen wird eine Grundhaltung von den Expert*innen ersichtlich, die soziale Inklusion in hohem Maße von der Eigeninitiative der obdachlosen Menschen und einem Umdenken in der Gesellschaft abhängig macht. Nur selten wird soziale Inklusion explizit als Ziel formuliert und gefördert. Häufiger ist zu beobachten, dass obdachlose Menschen neben ihrer Exklusion aus dem Bereich Wohnen und aus weiteren Teilsystemen auch innerhalb der Einrichtungen der Obdachlosenhilfe Exklusionserfahrungen machen. Aus unserer Sicht müsste daher die aktive Inklusionsförderung und die weitere Exklusionsvermeidung verstärkt in das strategische und operative Bewusstsein der Obdachlosenhilfe gelangen. Diese Forderung untermauern wir im letzten Kapitel mit theoretischen Ansätzen zu einer inklusiven Obdachlosenhilfe.

3 Die Rolle der Sozialen Arbeit in der Obdachlosenhilfe

Insgesamt fällt sowohl in Kroatien als auch in der Schweiz ein Bedarf nach Professionalisierung auf, d.h., nach einer stärkeren Anerkennung und Förderung der Obdachlosenhilfe als Teil der Sozialen Arbeit, die an der Schnittstelle zu anderen Disziplinen handelt, sich von rein karitativen Notstrukturen abhebt und soziale Inklusion zum Ziel hat. Um diesem Bedarf gerecht werden zu können, ist ein grundrechtbasiertes Verständnis von Wohnen erforderlich.

3.1 Wohnen als Verdienst versus Wohnen als Menschenrecht

Die untersuchten Einrichtungen der Obdachlosenhilfe bewegen sich häufig im Spannungsfeld zwischen den Ansprüchen ihrer Adressat*innen und dem staatlich oder zivilgesellschaftlich mandatierten Auftrag, und sie positionieren sich oft nicht eindeutig als Vertreter*innen der Grundrechte und gegen Ausgrenzung. Dies äußert sich immer wieder darin, dass in den Expert*inneninterviews von *Wohnen als Verdienst*, also als etwas, das man sich erarbeiten muss, gesprochen wird. Diese Haltung wird auch begründet mit den Ansprüchen des Wohnungsmarktes, die für eine selbstständige Wohnform festgelegt werden. Oftmals hat sich hier der Begriff der „Wohnkompetenz“ auf subtile Weise bereits in die sozialarbeiterische Betrachtungsweise auf Obdachlosigkeit eingewoben. Hinsichtlich einer Inklusionsförderung wäre es allerdings wichtig, dass sich die Organisationen nicht nur zwischen

Staat und Adressat*innen bewegen, sondern sich zusätzlich einem dritten Mandat der Sozialen Arbeit als Profession, welche sich an den Menschenrechten orientiert, verpflichten (Staub-Bernasconi 2009: 138). Dies würde im Bereich Wohnen bedeuten, dass Maßnahmen zur Prävention und Bekämpfung von Obdachlosigkeit auf ein grundrechtbasiertes Verständnis von *Wohnen als Menschenrecht* aufbauen, wozu die international anerkannten Menschenrechte sowie die internationalen (IFSW) und nationalen professionsspezifischen Ethikkodizes der Sozialen Arbeit Orientierungshilfen bieten. Eine solche Verankerung wäre Grundlage, um eine weitere zentrale Aufgabe der Sozialen Arbeit zu erfüllen: nämlich die Legitimität der Verfassung und Gesetzgebung des Staates infrage zu stellen und allfällige Diskrepanzen zur Diskussion zu stellen, indem sie etwa zusammen mit den Betroffenen öffentlich thematisiert werden (Staub-Bernasconi 2018: 267). Wenn Expert*innen der Obdachlosenhilfe anerkennen, dass im Teilsystem der Obdachlosenhilfe Normen gelten, die den Menschenrechten teilweise widersprechen, kann die Nicht-Nutzung gewisser Angebote und das Verbleiben mancher Personengruppen in einer ungesicherten Wohnsituation differenzierter verstanden werden. (Anhaltende) Obdachlosigkeit wäre dann nämlich als Folge mangelnder Alternativen zu verstehen, d.h. als Ausdruck davon, dass gewissen Menschen keine echten Alternativen zum Leben auf der Straße offenstehen. Diese Betrachtungsweise kann helfen, bestehende Zielsetzungen und Strategien der Einrichtungen hin zu einer mehr inklusiv ausgerichteten Obdachlosenhilfe anzupassen, die sich als Teil der Sozialen Arbeit verortet. Wie dies im Konkreten aussehen kann, werden wir im letzten Teil erläutern.

3.2 Inklusive Soziale Arbeit in der Obdachlosenhilfe

Eine professionelle Obdachlosenhilfe würde nicht hauptsächlich die Notlage der Betroffenen lindern wollen oder sogar akzeptieren, sondern stärker proaktive Unterstützung mit sozialer Inklusion als langfristige Zielsetzung anbieten. Unter inklusiver Obdachlosenhilfe verstehen wir Angebote, die sich spezifisch an Menschen richten, die von Obdachlosigkeit bedroht oder betroffen sind, und gleichzeitig aktiv zum Abbau struktureller Hürden, also der Vermeidung des Ausschlusses von Menschen aus mehreren gesellschaftlichen Teilsystemen beitragen. Diese Angebote zielen beispielsweise darauf ab, die prekäre (Wohn-)Situation der Betroffenen soweit zu stabilisieren, dass gemeinsam an den individuellen Problemen gearbeitet werden kann. Begleitung und Beratung, die auf Eigeninitiative der Betroffenen basieren, könnten so zu einer engen, bestärkenden und aufsuchenden Begleitung ausgebaut werden, die weiterführende und flexible Unterstützungsangebote beinhalten und nachhaltige Veränderungsprozesse anstoßen. Konkret könnte dies bedeuten, Housing-First-Projekte oder auch mobile Wohneinheiten (Containerwohnungen, Tiny Houses) in lebendigen Quartieren zu entwickeln, Selbsthilfeprojekte in jeder Richtung zu unterstützen, Arbeitsgelegenheiten in unterschiedlichen Sparten zu eröffnen, Treffpunkte außerhalb der Obdachloseneinrichtungen zu initiieren etc. In den Angeboten bräuchte es ausgebildete Sozialarbeitende, die nach professionellen Standards arbeiten und Nutzenden mit Berücksichtigung ihrer Vielfalt, ihrer individuellen Bedürfnisse und ihrer eigenen Vorstellungen hinsichtlich sozialer Inklusion enge Begleitung anbieten. Damit soziale Inklusion zur Zielsetzung der Obdachlosenhilfe werden kann, müssten zudem bestehende institutionelle Strukturen und Rollen der einzelnen Akteur*innen der Obdachlosenhilfe grundlegend infrage gestellt werden und ein Umdenken auf der Ebene der Einrichtungen, der Verwaltung und der Politik stattfinden. Mit dem Wissen um die Bedeutung des sicheren Wohnens als Ausgangspunkt zur Teilhabe von Menschen an der Gesellschaft sollte Wohnen als Menschenrecht anerkannt werden und der Staat Voraussetzungen für genügend bezahlbaren Wohnraum schaffen sowie eine nationale Strategie zur Bekämpfung von Obdachlosigkeit entwickeln.

4 Fazit

Im Beitrag wird eine Grundhaltung von Expert*innen der Obdachlosenhilfe in der Schweiz und in Kroatien thematisiert, die nicht nur soziale Inklusion zu einem hohen Maß von Eigeninitiative abhängig macht und wenig proaktive aufsuchende Unterstützung anbietet, sondern auch bewusst gewisse Personen von ihren Dienstleistungen ausschließt. Eine inklusionsfördernde Obdachlosenhilfe dagegen anerkennt das Trippelmandat der Sozialen Arbeit und baut auf professionsethischen sowie auf menschenrechtsbasierten Grundsätzen auf und geht mit aufsuchenden Ansätzen gezielt auf Menschen zu, die von Obdachlosigkeit betroffen oder bedroht sind, um an ihren individuellen Problemlagen anzusetzen, strukturelle Hürden abzubauen sowie sozialstaatliche und wohnungsmarktpolitische Veränderungen einzufordern.

Literatur

Balz, Hans-Jürgen/Benz, Benjamin/Kuhlmann, Carola (Hrsg.) (2012): Soziale Inklusion. Grundlagen, Strategien und Projekte in der Sozialen Arbeit. Wiesbaden: VS Verlag für Sozialwissenschaften.

Baptista, Isabel/Marlier, Eric (2019): Fighting homelessness and housing exclusion in Europe. A study of national policies. Brussels: European Commission.

Bežovan, Gojko (2019): ESPN Thematic Report on National strategies to fight homelessness and housing exclusion – Croatia. Brussels: European Commission.

Bundesverfassung der Schweizerischen Eidgenossenschaft vom 18.04.1999 (Stand 07.03.2021).

Drilling, Matthias/Mühlethaler, Esther/Iyadurai, Gosalya (2020): Obdachlosigkeit. Erster Länderbericht Schweiz. Muttenz: Fachhochschule Nordwestschweiz.

European Commission (2013): Confronting Homelessness in the European Union. Towards Social Investment for Growth and Cohesion – including implementing the European Social Fund 2014–2020. https://eur-lex.europa.eu/legal-content/EN/TXT/PDF/?uri=CELEX:52013SC0042&from=EN [Zugriff: 21.07.2021].

FEANTSA (2018): Third overview of Housing Exclusion in Europe. https://www.feantsa.org/download/full-report-en1029873431323901915.pdf [Zugriff: 21.07.2021].

FEANTSA (2019): ETHOS – Europäische Typologie für Obdachlosigkeit, Wohnungslosigkeit und prekäre Wohnversorgung. https://bawo.at/101/wp-content/uploads/2019/11/Ethos_NEU_d.pdf [Zugriff: 13.07.2021].

Merten, Roland (2004): Inklusion/Exklusion und Soziale Arbeit. Überlegungen zur aktuellen Theoriedebatte zwischen Bestimmung und Destruktion. In: Merten, Roland/Scherr, Albert: Inklusion und Exklusion in der Sozialen Arbeit. Wiesbaden: VS Verlag für Sozialwissenschaften, S. 99–118.

Pleace, Nicholas (2016): Housing First Guide Europe. Brussels: FEANTSA.

Staub-Bernasconi, Silvia (2009): Soziale Arbeit als Handlungswissenschaft. In: Birgmeier, Bernd/Mührel, Eric (Hrsg.): Die Sozialarbeitswissenschaft und ihre Theorie(n). Positionen, Kontroversen, Perspektiven. Wiesbaden: VS Verlag für Sozialarbeitswissenschaften, S. 130–146.

Staub-Bernasconi, Silvia (2018): Soziale Arbeit als Handlungswissenschaft. Soziale Arbeit auf dem Weg zu kritischer Professionalität. 2. Aufl. Opladen/Toronto: Verlag Barbara Budrich.

Soziale Arbeit weiterdenken – Kohäsion in Europa in Vielfalt stärken

Martin Stummbaum, Kirsten Rusert, Regina Völk, Jutta Harrer-Amersdorffer & Wolfgang Krell

Der Beitrag findet seine empirische Basis in der wissenschaftlichen Begleitforschung zum Modellprojekt „Horisontti" (2015–2019). Horisontti überschreitet als in Norddeutschland angesiedeltes Modellprojekt nationalstaatliche Grenzen und verortet sozialpädagogische (Aus-)Bildungs- und Beschäftigungsförderung in einem transnationalen europäischen Setting in Deutschland, Finnland und Frankreich. Das Projekt Horisontti wurde im Rahmen der ESF-Integrationsrichtlinie Bund, Handlungsschwerpunkt Integration durch Austausch (IdA) vom Bundesministerium für Arbeit und Soziales und dem Europäischen Sozialfond gefördert. Förderziel ist eine nachhaltige Integration von benachteiligten Jugendlichen und arbeitslosen jungen Menschen in (Aus-)Bildung und Beschäftigung.

Anhand der wissenschaftlichen Begleitforschungsergebnisse von Horisontti lassen sich Notwendigkeiten, Herausforderungen und Perspektiven einer nationalstaatlichen, Grenzen überschreitenden Sozialen Arbeit in Europa exemplifizieren sowie Potenziale sozialer Kohäsion in einem Europa in Vielfalt diskutieren.

1 Horisontti als Modellprojekt zur beruflichen Qualifizierung in Europa

Die wissenschaftliche Begleitung erfolgte im Verständnis der Grounded Theory, die sich im Besonderen für innovative Modellprojekte wie Horisontti anbietet. Nach Strübing (2014: 10) definiert sich die Grounded Theory als „Forschungsstil zur Erarbeitung von in empirischen Daten gegründeten Theorien". Der iterative Erhebungsprozess der wissenschaftlichen Begleitforschung erfolgte in Partizipation mit Fachkräften und Teilnehmenden von Horisontti und fokussierte auf Wirkungs- und Entwicklungsprozesse im Maßnahmenverlauf. Flankierend wurden im Projektverlauf in Kooperation mit dem Masterstudiengang „Education" der Universität Vechta sowie mit dem Masterstudiengang „Management Consulting" der Hochschule Emden/Leer und der Universität Oldenburg zu ausgewählten Fragestellungen vertiefende qualitative und quantitative Erhebungen durchgeführt. Während der Projektlaufzeit (2015–2019) wurden mehrere Maßnahmen mit einer Dauer von jeweils sechs Monaten durchgeführt. Der Verlauf der Maßnahmen lässt sich in drei etwa gleichlange Phasen unterteilen: Vorbereitungsphase auf das Auslandspraktikum, Auslandspraktikumsphase und Transferphase.

Grundlegend für den erfolgreichen Verlauf der Maßnahmen waren:

1. Horisontti wurde von den Teilnehmenden nahezu ausschließlich als große Wertschätzung betrachtet („Die tun etwas für mich."). Die Teilnehmenden fühlten aufgrund der hohen Maßnahmenkosten einen Vertrauensvorschuss („Das kostet mehr als ein Bewerbungstraining – bestimmt hundertmal mehr. Die wollen mir helfen. Die glauben an mich.") und fassten hieraus Zuversicht, dass die Maßnahme erfolgreich sein wird („Ich hatte ein paar Bewerbungstrainings. Das lassen die dich halt machen. Einfach so. Das hier kostet richtig viel Geld. Das tun die nicht einfach so.").

   Konkurrierend zu diesen förderlichen Attribuierungen war die Teilnahmeentscheidung von Ängsten der Überforderung und des Zweifelns geprägt. Das bisherige Leben der überwiegenden Teilnehmenden vollzog sich in engen persönlichen und örtlichen Bezügen. Enge lebensweltliche Mobilitätserfahrungen und keine bzw. geringe Auslandserfahrungen ließen über das Auslandspraktikum klischeehafte Mutmaßungen entstehen („Die Finnen, die sind depri wegen der wenigen Sonne."/„Franzosen essen Frösche.").

2. Die geringen Fremdsprachenkompetenzen, die sich die Teilnehmenden in der Vorbereitungsphase aneignen konnten, ließen sich im Vorfeld als Schwierigkeit für ein erfolgreiches Auslandspraktikum in Finnland bzw. Frankreich identifizieren. Die Teilnehmenden berichteten auch durchweg, dass ihre Fremdsprachenkompetenzen zu gering waren, um sich „so richtig" auf Finnisch oder Französisch unterhalten zu können, und sie Hände und Füße zur Verständigung gebraucht hätten. Diese eingeschränkten Verbalisierungsmöglichkeiten stellten für die Teilnehmenden allerdings kein Manko dar, sondern kamen ihnen vielfach sehr entgegen („Ich kann besser sehen, was ich machen muss. Sprechen ist nicht meins."/„Der [Anleiter in Frankreich] hat mich nicht zugetextet. Der hat‘s mir gezeigt, wie es geht. Nicht oft, dann konnte ich es."). Auch führte dieses „Nichtmanko" während des Auslandspraktikums zu einer Erfahrungsumkehr von Fremdheit, die die Teilnehmenden reflektieren ließ, wie sie in Deutschland fremden bzw. fremd erscheinenden Menschen begegnen.

3. Arbeitspraktika in Finnland und Frankreich haben bei den Teilnehmenden zu einem positiv veränderten Selbst- und Weltbild geführt. Durchweg haben sich die Lebensentwürfe der Teilnehmenden aus einer vergangenheitsorientierten Weil-Attribuierung in eine zukunftsgerichtete Um-zu-Attribuierung gewandelt. Gebers (2017) konstatierte im Vergleich zu Auslandspraktika von Studierenden, dass die erhobenen positiven Perspektiven bei den Teilnehmenden von Horisontti vergleichbar sind; diese jedoch insoweit höher zu bewerten sind, da die Teilnehmenden von Horisontti anders als Studierende in Auslandsmaßnahmen nicht bereits bestehende Perspektiven optimieren, sondern erst Perspektiven entwickeln müssen. Dieses „ist weitaus schwieriger, […] eine Perspektive zu erlangen, wenn vorher keine bestand" (Gebers 2017: 73). Gebers (2017: 57) betont, dass der Auslandsaufenthalt für die Teilnehmenden von Horisontti [zumindest in den ersten Wochen] den Charakter eines Gefängnisaufenthalts[1] aufwies, was die Teilnehmenden zwang „durchzuhalten, Neues zuzulassen und Ander(e)s zu machen". Auf die Frage, ob es einen Unterschied gemacht hätte, wenn das Arbeitspraktikum nicht in Finnland bzw. Frankreich, sondern etwa in Bayern stattgefunden hätte, antworteten viele Teilnehmenden, dass sie es sich in Bayern getraut hätten, dass Arbeitspraktikum abzubrechen – getraut im überwiegenden Sinne von sich zugetraut, von Bayern wieder nach Norddeutschland (alleine) zurückzukommen, und getraut im Sinne von, das in sie gesetzte Vertrauen mit einem Maßnahmenabbruch zu enttäuschen, was den Teilnehmenden bei einer Maßnahme in Bayern leichter gefallen wäre, da diese ihrer Meinung nach weniger wertvoll bzw. wertschätzend gewesen wäre als die bewilligte Maßnahme in Finnland bzw. Frankreich.

2 Soziale Arbeit weiterdenken: Horisontti als eine Perspektive transnationaler Sozialer Arbeit in Europa

Im transnationalen europäischen Setting von Horisontti gelang es nicht nur, negative (Aus-)Bildungs- und Beschäftigungsverläufe zu unterbrechen sowie (aus-) bildungs- und beschäftigungsrelevante Entwicklungen zu befördern und vielfach den Transfer in (Aus-)Bildung und Beschäftigung zu unterstützen (vgl. Saadhoff-Waalkens 2020), sondern auch kohäsionsrelevante Erfahrungen und Kompetenzen zu vermitteln wie etwa:

1 Zur ethischen Reflexion von Zwangskontexten in der Sozialen Arbeit: Lindenberg/Lutz 2021

1. Interesse an und Vorstellung von Europa wecken;
2. Erfahrungsumkehr von Fremdheit;
3. Entstereotypisierung von rassistischen Vorannahmen;
4. Transnationale Europakompetenzen entwickeln;
5. (Europäische) Mobilitätsoffenheit fördern.

Die Diskussionen dieser Ergebnisse mit der Praxis der Sozialen Arbeit verliefen sehr kontrovers und fokussierten auf folgende Kritikpunkte: „Das sind Projektideen der Wissenschaft, die nichts mit den Realitäten der Praxis der Sozialen Arbeit zu tun haben", „Geld für dieses Projekt wäre besser für unterfinanzierte nationale Maßnahmen verwendet worden", „Praxis hat von Europa nur mehr Stress [wegen ESF-Finanzierung], sonst ist Europa kein Thema in der Praxis", „Transnationale Maßnahmen passen nicht zu einer lebensweltorientierten Sozialen Arbeit".

Weitere kontroverse Diskussionen entwickelten sich an dem aus Projektsicht Best Practice europäischer Mobilität, dass ein Teilnehmer von Horisontti von Deutschland nach Finnland gezogen ist und dort im Anschluss an sein Auslandspraktikum eine Ausbildung begonnen hat. Folgende Diskussionsbeiträge exemplifizieren grundlegende Vorbehalte gegen eine transnationale Soziale Arbeit:

> „Unsere Klient*innen haben andere Sorgen als Europa. [...] Und ich denke, Soziale Arbeit tut gut daran, ihre Probleme hier zu lösen und sie nicht zu exportieren."

> „Eine grenzüberschreitende Soziale Arbeit – ja, irgendwann mal in 20 Jahren oder so; jetzt macht das doch noch keinen Sinn. Wir sind das reichste Land in Europa und haben – bei allen Defiziten – die beste Soziale Arbeit. Die [anderen EU-Länder] müssen erst mal Zeit bekommen, auf Augenhöhe zu kommen. Dann macht es Sinn in der Sozialen Arbeit grenzüberschreitend in Europa zu arbeiten."

Die referierten Beiträge der Diskussionen mit der Praxis der Sozialen Arbeit zum Modellprojekt Horisontti decken sich mit den Erkenntnissen von Brandtner und Siebel (2020) zu den Herausforderungen der Öffnung der kommunalen Kinder- und Jugendhilfe für transnationale europäische Perspektiven. Brandtner und Siebel (2020) konstatieren für dieses Handlungsfeld der Sozialen Arbeit u.a. eine hohe Arbeitsüberlastung, unzureichende transnationale europäische Erfahrungen und Kompetenzen, fehlende Netzwerke und Strukturen sowie ein professionelles Selbstverständnis ohne entsprechenden Europabezug.

3 Soziale Arbeit weiterdenken: Herausforderungen einer transnationalen Sozialen Arbeit in Europa

Die kontroversen Diskussionen hinsichtlich der Ergebnisse der wissenschaftlichen Begleitforschung von Horisontti stehen konträr zu aktuellen Forderungen,

> „denjenigen Zielgruppen einen Zugang zu mobilitätsfördernden Angeboten zu ermöglichen, die bisher nicht erreicht werden. Grenzüberschreitende Mobilität wird dabei als Aspekt des Rechts auf gesellschaftliche Teilhabe angesehen [...] [und] hilft danach bei der Entwicklung einer europäischen Bürgerschaft, fördert die europäische Solidarität unter [...] Menschen und unterstützt das Zusammenwachsen und die europäische Integration insgesamt“ (Brandtner/Wisser 2016: 12).

Anhand des intra- und intersystemischen Vergleichs (Erath 2006: 69) sowie weiterer Ansätze der Wissenschaftskommunikation werden nachfolgend professionelle Wege aufgezeigt, wie bestehende Vorbehalte diskutiert und reflektiert sowie Perspektiven transnationaler Sozialer Arbeit in Europa begründet und befördert werden können.

3.1 Intra- und intersystemischer Vergleich für eine transnationale Soziale Arbeit

Soziale Arbeit bezieht sich auf die verschiedenen Referenzsysteme von Wissenschaft, Profession, Praxis und Studium. Entsprechend dem jeweiligen System kann auf verschiedene Gültigkeiten verwiesen werden (Erath/Balkow 2016: 13). Konstitutiv lässt sich herausstellen, dass wissenschaftliches Wissen, wenn auch nicht linear, zur Erweiterung der Problemlösekapazitäten des professionellen Handelns beiträgt. Dies erfordert jedoch eine heterarchische Nutzbarkeit wissenschaftlicher Erkenntnisse innerhalb der Praxis (Hüttemann/Sommerfeld 2015: 42). Grundlegend lassen sich zur Entwicklung der Professionalität in der Sozialen Arbeit drei zentrale Säulen benennen:

1. Professionelles Handeln: Innerhalb der professionellen Handlungsfähigkeit wirken Erfahrungswissen und wissenschaftlich-empirische Wissensbestände relational aufeinander. Diese Wechselbeziehung zwischen den persönlichen Erfahrungen und einer analytischen Rückbindung ermöglichen es der Fachkraft, situativ handlungsfähig zu bleiben.

2. Professionelles Selbstverständnis: Eine klare Eingrenzung und Funktion der Sozialen Arbeit im gesellschaftlichen Kontext eröffnen die Entwicklung eines professionellen Selbstverständnisses, auf welches sich die Fachkraft beziehen und durch dessen Einbeziehung ein professionstheoretischer Korpus entstehen kann.
3. Inszenierung der Fachlichkeit: Die Darstellung der Fachlichkeit im Rahmen von Organisationen und einer fachlichen Vertretung rahmen die Deutungshoheit der Profession (Ghanem 2018: 37).

So stringent und notwendig diese Argumentationslinie für ein übergreifendes Verständnis von Professionalität und wissenschaftlicher Rückbindung in der Praxis scheint, so umstritten zeigt sich die Umsetzung in der nationalen Debatte. Zentrale Herausforderungen wie verkürzte Studienzeiten bei gleichzeitig hohen Studierendenzahlen erschweren die Vermittlung umfassender Kenntnisse innerhalb der akademischen Ausbildung. Gleichzeitig verzeichnen viele Handlungsbereiche der Sozialen Arbeit steigende Fallzahlen. Exemplarisch sei auf die Kinder- und Jugendhilfe verwiesen, wo 2019 erstmals mehr als eine Million Fälle innerhalb des Leistungsspektrums registriert wurden (Statistisches Bundesamt 2021). Allein durch die in Folge entstehenden organisatorischen Rahmenbedingungen lassen sich fundamentale Schwierigkeiten in der nationalen Professionsentwicklung verdeutlichen (Erath/Harrer 2019: 126). Inhaltliche Auseinandersetzungen sind auf dieser Ebene noch nicht berücksichtigt, würden jedoch nationale Spannungsfelder in der Gegenstandsbestimmung der Sozialen Arbeit zusätzlich herausstellen. Vor diesem Hintergrund wird deutlich: Bereits im nationalen Kontext steht die Soziale Arbeit vor großen Herausforderungen. Doch wie transnationale Forschungsergebnisse (siehe 2.) verdeutlichen, kann die Erweiterung der Perspektive auch zur nationalen Weiterentwicklung der Sozialen Arbeit beitragen. Offenbleibt die Frage, unter welchen Bedingungen dies gelingen kann. Hier sei exemplarisch auf das Konzept des intra- und intersystemischen Vergleichs (Erath 2006: 69) verwiesen. Nationale Systeme versuchen entsprechend der eigenen Geschichte und politischen Einbettung, die eigene Leistungsfähigkeit unter Beweis zu stellen. Die auf dieser Basis entwickelten Lösungsansätze können vor dem Hintergrund fachlicher Dialoge transnational nutzbar werden. Dazu sei zunächst auf die Frage verwiesen, welche Position die Soziale Arbeit im jeweiligen gesellschaftlichen Kontext einnimmt. Hieraus lassen sich Ansatzpunkte für mögliche intersystemische Dialoge zwischen anderen relevanten Teilsystemen (wie Recht, Politik, Wirtschaft etc.) herauskristallisieren. Ausgehend von diesen Kommunikationsprozessen lassen sich Reaktions- und Kommunikationsmuster ableiten, welche dann in die transnationale Diskussion eingebettet werden können (ebd.).

Diese transnationalen Handlungsanstöße können sich auch aus der Auseinandersetzung mit den vorherrschenden nationalen Selbstbeschreibungen der Sozialen Arbeit ergeben. Hierbei sei beispielsweise auf das Wissenschafts-, Praxis- und Professionsverständnisses der Sozialen Arbeit in den verschiedenen (europäischen) Ländern verwiesen. Hieraus lässt sich ein intrasystemischer Dialog konstruieren, welcher die nationale Weiterentwicklung der Profession anregen kann (ebd.).

Resümierend lässt sich herausstellen, dass trotz bzw. gerade wegen nationaler Herausforderungen in Theorie und Praxis der Einbezug transnationaler Perspektiven in Europa als gewinnbringend für die Soziale Arbeit gelten kann; sofern ein heterarchisches und dialogisches Verständnis zugrunde gelegt wird.

3.2 Wissenschaftskommunikation für eine transnationale Soziale Arbeit

Für diese voraussetzungsvolle Perspektive einer dialogischen und heterarchischen Transnationalisierung Sozialer Arbeit in Europa bietet Wissenschaftskommunikation im Rahmen der Third Mission von Hochschulen eine geeignete konzeptionelle Hintergrundfolie (vgl. Rusert/Kart/Stein 2020), die vom originären nationalregionalen Kontext der Third Mission in einen transnationalen europäischen Kontext weiterzuentwickeln ist. Unterschiedlich konstruierte Sprachmodelle etwa von Profession und Disziplin in den beteiligten nationalregionalen Kontexten und verschiedene Sprachen begünstigen ein nur vordergründiges Verstehen sowie Missverständnisse und erfordern ein Verständnis von Transnationalität als respektvollen und gemeinsamen Lernprozess.

Mit Communities of Practice (CoP) konzipiert Wenger (2004) ein kollaboratives Setting, das eine heterarchisch-dialogische Basis für das Beschreiten transnationaler Perspektiven in der Sozialen Arbeit in Europa bereitstellt. In ihrer originären Form richten sich CoPs an Praktiker*innen, „die implizites Wissen kumulieren und durch die Entwicklung von Lösungen und Skills sowie dem Lernen aus Fehlern neues Wissen generieren, reproduzieren und transformieren, das der Community zugänglich gemacht wird“ (Rusert/Kart/Stein 2020: 197, vgl. Wenger 2004).

Abbildung 1: Communities of Practice

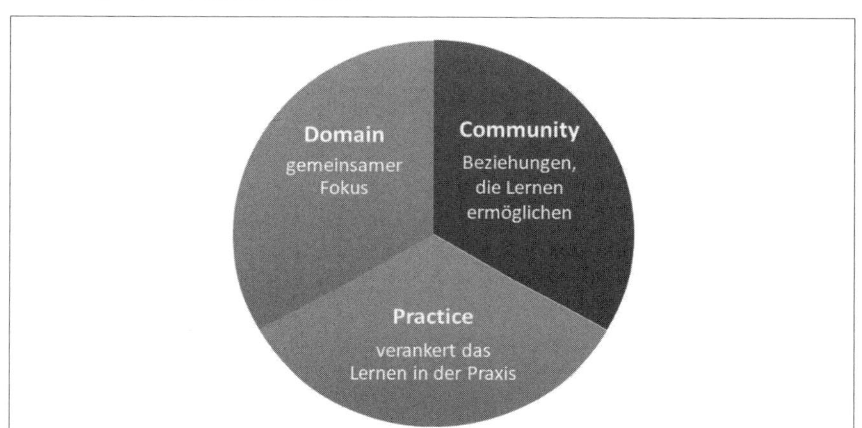

Quelle: Rusert/Kart/Stein 2020 nach Wenger 2004

Als eine besondere Form des Lernens in CoPs definiert Wenger (2009: 2) Social Learning Spaces als „places of genuine encounter among learners where they can engage their experience of practice“. Freiwilligkeit und Selbstorganisation sowie Transparenz und Offenheit auch für Noviz*innen sind Charakteristika, die respektvolles und gemeinsames Lernen in Communities of Practice (be)fördern.

Für das Gelingen des gemeinsamen Lernprozesses sieht Wenger (2009) Moderierende in einer Schlüsselfunktion, in der sie u.a. Konflikte thematisieren (etwa aufgrund fehlender Verständigung oder Äquivalenz; Braun 2006), vordergründigem Verstehen oder Missverständnissen vorbeugen, Machtunterschiede bearbeitbar machen sowie die gegenseitige Verständigung und das gemeinsame Verstehen unterstützen. In transnationalen Kommunikationssettings sind Moderierende des Weiteren gefordert, nicht nur auf konstruierte, sondern auch natürliche Sprachmodelle zu achten und Übersetzungen zu unterstützen.

> „Wenn das wechselseitige interkulturelle Verstehen im Sinne der kreativen Übersetzung gedacht werden muss, kann die Verständigung der Kulturen nur als ein reziproker Veränderungs- oder Erweiterungsprozess beider Seiten begriffen werden.“ (Renn 2002: 19).

Übersetzung als ein reziproker Veränderungs- oder Erweiterungsprozess kann mittels Kommunikationsmodellen unterstützt werden, die sich an Metaphern und dem Modellieren von Handlungen orientieren (Sullivan/Rees 2008; Pace 2017).

> „The particular metaphors that emerge will be dictated by the nature of the field and that of the material [...] but each can serve to help [...] to delve deeper into the nature of that discipline. " (Pace 2017: 50)

Aus der Zusammenarbeit in und der Etablierung eines europäischen Netzwerkes lassen sich für beteiligte sozialpädagogische Fachkräfte diese gegenseitigen Veränderungs- und Erweiterungsprozesse als eine persönliche und professionell bereichernde, aber auch anspruchsvolle nicht lineare Abfolge von drei Schritten exemplifizieren, wie Wolfgang Krell aus seiner langjährigen Tätigkeit berichtet:

1. In der Annahme, dass es im anderen Land ganz genauso läuft wie im eigenen Land tauschten wir uns aus und die ersten Informationen schienen unsere Annahme zu bestätigen. Im Weiteren kam es dann zu ersten Brüchen in der Übereinstimmung, die aber unsere Annahme (noch) nicht erschütterten.
2. Bei der Besprechung von praktischen Fragen, wie wir in unseren Ländern etwas konkret machen, mussten wir dann feststellen, dass in unseren Ländern Soziale Arbeit völlig verschieden ist und etwa Arbeitsansätze, Gesetze, Institutionen, Zuständigkeiten (scheinbar) nicht vergleichbar sind.
3. Erst als wir das Nichtvergleichbare sortierten und in den (Sinn-)Zusammenhängen der jeweiligen Länder diskutierten, konnten wir Unterschiede und Gemeinsamkeiten erkennen und verstehen, die uns transnationale Perspektiven diskutieren ließen und uns wichtige Anregungen für die Soziale Arbeit in unseren Ländern mitgaben.

4 Soziale Arbeit weiterdenken: Kohäsion und Vielfalt in Europa stärken

Die referierten Ergebnisse der wissenschaftlichen Begleitung von Horisontti und die zitierten Studien von Brandtner und Seibel (2020) sowie Brandtner und Wisser (2016) zeigen auf, dass Soziale Arbeit – will sie ihrem Selbstverständnis gemäß „social change and development, social cohesion, and the empowerment and liberation of people" (IFSW 2014) fördern – transnationale Perspektiven in Europa in Disziplin und Profession proaktiv (zu) beschreiten hat und kann.

Das Modellprojekt Horisontti belegt, dass sich in einem transnationalen Maßnahmensetting sowohl konkrete Problemstellungen hinsichtlich der Bildungs- und Beschäftigungsinklusion in Deutschland als auch aktuelle Herausforderungen bzw. Anforderungen etwa hinsichtlich der Mobilität, Integration und Kohäsion in Europa bearbeiten lassen.

In der Erfahrungsumkehr von Fremdheit eröffnet(e) der transnationale Maßnahmenzuschnitt von Horisontti den Teilnehmenden einen Möglichkeitsraum, etwa ihre Ein- und Vorstellungen von und zu Nationalität, Vielfalt und Rassismus zu reflektieren und zu modifizieren (vgl. Motzek-Öz 2017). Transnationale Maßnahmensettings der Sozialen Arbeit können damit sowohl europäische als auch biografische Mobilitätspotenziale von Teilnehmenden fördern und für das Phänomen, die Herausforderungen und die Perspektiven von Transnationalität in Europa ein professionelles Angebot offerieren (vgl. Nothnagel 2019; Büttner/Mau 2010).

Literatur

Brandtner, Hans/Siebel, Claudius (2020): Mehr Europa in die kommunale Jugendhilfe. Ergebnisse und Empfehlungen aus dem Modellprojekt „EuropaLokal“ (2017–2020). Bonn.

Brandtner, Hans/Wisser, Ulrike (2016): Grenzüberschreitungen. Europäische Mobilitätsangebote für sozial benachteiligte junge Menschen. Bonn.

Braun, Michael (2006): Funktionale Äquivalenz in interkulturell vergleichenden Umfragen: Mythos und Realität. Mannheim: GESIS-ZUMA. https://nbn-resolving.org/urn:nbn:de:0168-ssoar-49125-7 [Zugriff: 06.08.2021].

Büttner, Sebastian/Mau, Steffen (2010): Horizontale Europäisierung und Europäische Integration. In: Eigmüller, Monika/Mau, Steffen (Hrsg.): Gesellschaftstheorie und Europapolitik. Sozialwissenschaftliche Ansätze zur Europaforschung. Wiesbaden: Springer, S. 274–318.

Erath, Peter (2006): Sozialarbeitswissenschaft: eine Einführung. Stuttgart: Verlag W. Kohlhammer.

Erath, Peter/Balkow, Kerstin (2016): Soziale Arbeit: eine Einführung. Stuttgart: Verlag W. Kohlhammer.

Erath, Peter /Harrer, Jutta (2019): Current issues of social policy and social work in Germany. In: Chytil, Oldrich/Keller, Jan (Hrsg.): The European Dimension in Social Work Education and Practice. Prag: SLON, S. 117–128.

Gebers, Sina (2017): Bildung im europäischen Kontext – nicht nur für Studierende!? Eine Studie zum Horisontti-Projekt „Integration durch Austausch für langzeitarbeitslose und gering qualifizierte junge Menschen“ (unveröffentlichte Masterthesis der Erziehungswissenschaften der Universität Vechta). Vechta.

Ghanem, Christian (2018): Risikoorientierung und Professionalität in der Sozialen Arbeit. BAG-S Informationsdient Straffälligenhilfe 26 (2), S. 36–42.

Hüttemann, Matthias/Sommerfeld, Peter (2015): Forschungsbasierte Praxis. In: Sommerfeld, Peter/Hüttemann, Matthias (Hrsg.): Evidenzbasierte Soziale Arbeit. Nutzung von Forschung in der Praxis. Baltmannsweiler: Schneider Verlag Hohengehren, S. 40–59.

Lindenberg, Michael/Lutz, Tilman (2021): Zwang in der Sozialen Arbeit. Grundlagen und Handlungswissen. Stuttgart: Verlag W. Kohlhammer.

Motzek-Öz, Sina (2017): Handlungs(ohn)macht im Kontext. Eine biographische Analyse des Handels von Migrantinnen in transnationalen Unterstützungskontexten. Weinheim/Basel: Beltz Juventa.

Nothnagel, Martina (2019): Auch wir sind Migrant_innen! Migrant_innen aus Skandinavien, Deutschland und Spanien in Wien. Bielefeld: transcript.

Pace, David (2017): The Decoding Discciplines Paradigm. Bloomington: Indiana University Press.

Renn, Joachim (2002): Einleitung: Übersetzen, Verstehen, Erklären. Soziales und sozialwissenschaftliches Übersetzen zwischen Erkennen und Anerkennen. In: Renn, Joachim/Straub, Jürgen/Shimada, Shingo (Hrsg.): Übersetzung als Medium des Kulturverstehens und sozialer Integration. Frankfurt a.M.: Campus, S. 13–38.

Rusert, Kirsten/Kart, Mehmet/Stein, Margit (2020): One Mission? – Integrationsförderung in der dualen Berufsausbildung durch multilateralen und reziproken Transfer im regionalen Netzwerk. In: Gonser, Monika/Zimmer, Karin/Mühlhäußer, Nicola/Gluns, Danielle (Hrsg.): Wissensmobilisierung und Transfer in der Fluchtforschung. Münster: Waxmann, S. 189–204.

Saadhoff-Waalkens, Daniela (2020): Internationale Jugendarbeit auch für bildungsbenachteiligte junge Menschen – die Fachstelle Europa der LeeWerk-WISA GmbH im Landkreis Leer. In: Brandtner, Hans/Siebel, Claudius: Mehr Europa in die kommunale Jugendhilfe. Ergebnisse und Empfehlungen aus dem Modellprojekt „Europa-Lokal“ (2017–2020). Bonn, S. 33–36.

Statistisches Bundesamt (2020): Erzieherische Hilfen erreichen mit 1,02 Millionen Fällen im Jahr 2019 neuen Höchststand. https://www.destatis.de/DE/Presse/Pressemitteilungen/2020/11/PD20_456_225.html [Zugriff: 20.05.2021].

Strübing, Jörg (2014): Grounded Theory. Zur sozialtheoretischen und epistemologischen Fundierung eines pragmatistischen Forschungsstils. Wiesbaden: Springer Verlag.

Stummbaum, Martin (2019): Bericht zur wissenschaftlichen Begleitung von Horisontti. Augsburg (nicht veröffentlicht).

Sullivan, Wendy/Rees, Judy (2008): Clean Language: Revealing Metaphors and Opening Minds. Carmarthen: Crown House Publishing.

Wenger, Etienne (2004): Knowledge management as a doughnut: Shaping your knowledge strategy through communities of practice. In: Ivey Business Journal. https://iveybusinessjournal.com/publication/knowledge-management-as-a-doughnut/ [Zugriff: 06.08.2021].

Wenger, Etienne (2009): Social learning capability: four essays on innovation and learning in social systems. MTSS/GEP & EQUAL. https://wenger-trayner.com/wp-content/uploads/2011/12/09-04-17-Social-learning-capability-v2.1.pdf [Zugriff: 06.08.2021].

Wider die disziplinäre Spaltung in den Wissenschaften – Trans- und Interdisziplinarität als kohäsive und transnationale Strategie für Forschung in der Sozialen Arbeit

Manuela Brandstetter, Julia Hille, Samuel Keller & Ursula Unterkofler

Ausgehend von der Idee, Forschung in der Sozialen Arbeit zu forcieren, geht es in diesem Beitrag um die in großen nationalen und internationalen Fördercalls ausgeschriebene ‚Interdisziplinarität' als neue Chance, die Perspektive Sozialer Arbeit nachhaltiger in den wissenschaftlichen Diskurs einzubringen. Dadurch lassen sich nicht zuletzt auch neue Möglichkeiten erschließen, Forschungsfördermittel für die Bearbeitung relevanter aktueller Fragen der Sozialen Arbeit zu generieren. Der Beitrag exploriert jene Chancen, die sich aus erfahrener Interdisziplinarität und Internationalität für die Empirie Sozialer Arbeit offenbaren: Wie kann Kooperation in interdisziplinären Verbünden für die Soziale Arbeit zustande kommen? Und wie kann Spaltung und Hierarchisierung von Fächern und Disziplinen bewältigt werden, indem über Interdisziplinarität und -nationalität neue Perspektiven forciert werden?

1 Beiträge der Wissenschaft zur Bearbeitung großer gesellschaftlicher Herausforderungen

Verschiedene Gegenwartsbefunde aus Sozialtheorie, Gesellschaftsdiagnose sowie den Kulturwissenschaften thematisierten in den vergangenen Jahrzehnten die neuen globalen Herausforderungen, vor denen spätmoderne Gesellschaften sich wiederfinden. Themen wie ‚digitale Transformation', ‚Umwälzungen des Arbeitsmarkts', ‚globale Migrationsbewegungen' und ‚Klimakrise' bilden jene Reihe an zeitdiagnostischen Phänomenen, die mithilfe einzelner fachwissenschaftlicher Zugänge als nicht mehr hinreichend beforschbar gelten (Mittelstraß 2007; Castells/ Cardoso 2005). So schreibt Baecker (2007: 98ff.) idealtypisch von der Notwendigkeit der Schaffung einer *nächsten* Universität, die *aktuellen* Problemen bei ihrer Bewältigung mit neuen, grenzüberschreitenden und institutionstransformierenden Wegen der Lösung begegnen muss. Fachwissenschaftliche Erkenntnisse allein würden den Problemen, die mit o.g. Gesellschaftsbefunden einhergehen, nichts entgegensetzen können. Die „nächste Universität“ ist für Baecker (2007) also eine solche Wirkstätte, die Gegenständen wie ‚Gesundheit‘, ‚Klima‘, ‚Chancengleichheit‘, ‚Digitalität‘ Rechnung tragen kann und die das erfüllen wird, was Mittelstraß (2007: 5) unter „zukünftigen Themenkomplexen und Organisationsformen“ für die Wissenschaft versteht.

Mittelstraß (ebd.) fordert eine Abkehr von den institutionell bzw. historisch gewachsenen universitären Wissensstrukturen und rät Forschendengruppen zur Initiierung von lösungs- und zentrenorientierten Organisationsformen, um die Bearbeitung o.g. Themen zu gewährleisten. Analog zu Forderungen Novotnys (2000) und Dastons (1999) verlangt auch Mittelstraß (2007, 2018) einen *weiten epistemischen Blick* bei der Formulierung von Forschungsfragen (gleichermaßen wie bei der Zusammensetzung von Forschendengruppen), der die disziplinären Schranken durchdringt, um die großen Fragen der Gegenwartsgesellschaft angemessen behandeln zu können.

Dabei geht es den Vertreter*innen eines interdisziplinären Forschungsansatzes nicht um eine fundamentale Wissenschaftskritik bzw. um einen grundlegenden Einwand zu dem, wie Wissenschaften seit Jahrhunderten ihre tradierten Lehrstühle und ihre ‚jurisdictional claims‘ strategisch aufgebaut haben (vgl. dazu Mittelstraß 2007; Jahn 2015). Vielmehr wird hier eine seit Dekaden beforschte sowie theoretisch begleitete Strategie der Zusammenarbeit zwischen Disziplinen forciert, die einer relativ jungen Disziplin wie der Sozialen Arbeit in ihrem noch kurzen akademischen Werdegang entgegenkommt.

Gerade aufgrund ihrer jungen Geschichte und ihrer wenig tradierten und noch an vielen Standorten im Aufbau befindlichen Forschungsorganisationen hat Soziale Arbeit die Chance, sich in die ebenfalls im Aufbau befindlichen Netzwerke[1] und lösungsorientierten Zentren mit exakt ihrem Wissen einzubringen und ihre Expertise bei der Bewältigung aktueller Fragen proaktiv einzubringen (vgl. Abschnitt 2).

Mittelstraß (2018) und Novotny (2000) schreiben von einer neuen Notwendigkeit des umfassenden Einbezugs neuer und bislang unberücksichtigter Fächer, die imstande sind, soziale und technologische Innovationen zu verbinden und die – in Anbetracht dessen, was Castells (2005) in seiner ‚Netzwerkgesellschaft‘ erfasste – es auch ermöglichen, auf die beschleunigten Entwicklungen in komplexen sich zunehmend zu Netzwerken umfunktionierenden Systeme zu reagieren.

1 Mit dem Beispiel „Gesundheit nach Maß“ erörtern Gethmann et al. (2004), wie aus einer engen fachlichen Vertaktung der wissenschaftlichen Bezüge eine lose Kopplung und eine „alternative Form von Hierarchie“ wird.

Ein Beispiel veranschaulicht, wie in realwissenschaftlichen Kontexten solche interdisziplinären Forschungsverbünde unter Beteiligung von Sozialer Arbeit zustande kommen können: Im Frühjahr 2020 wandten sich zwei renommierte österreichische NGOs an Professor*innen einer Fachhochschule. Sie hatten an mehreren Projekten zur umfassenden Kommunikation und Dokumentation ihrer Betreuungs- und Pflegeleistungen schon teilgenommen. Die NGOs wollten disziplin- und professionsübergreifend eine digitale Kommunikation für ihre Organisation entwickeln und auch der Adressat*innenperspektive im Sinne der UN-Konvention Rechnung tragen: „Wir brauchen ein Kommunikationsinstrument, das in der Lage ist, durchgehend aus der Sicht von Betreuten (alten wie jungen) Bedürfnisse zu erheben, und dies an die richtigen Schnittstellen weiterleitet." Eine Postdoc-Sozialarbeiterin verantwortete dann die Arbeit eines interdisziplinären und interhochschulischen Konsortiums, das sich aus Informatiker*innen, Pflegewissenschaftler*innen, Selbstvertreter*innen und insgesamt fünf Bedarfsträger*innen (u.a. Ärztekammer, 24-Stunden-Betreuer*innen) zusammensetzte, um einen geteilten Forschungsförderantrag zu formulieren. Das Projekt namens LICA wurde 2021 von der österreichischen Forschungsfördergesellschaft im Umfang von 3,8 Mio. Euro gefördert (https://projekte.ffg.at/projekt/3985704).

Deshalb soll nun der Frage nachgegangen werden, welches Wissen Soziale Arbeit in interdisziplinären Verbünden allgemein einbringt und wie sie ihre Fähigkeiten darin behaupten kann.

2 Beiträge der Sozialen Arbeit zu interdisziplinärer Forschung

Seit ihrer Entstehung als Profession versteht Soziale Arbeit sich als interdisziplinär (z.B. Nadai et al. 2005). Gerade dies wurde und wird ihr über Dekaden bis in die Gegenwart als mangelnde disziplinäre Autonomie ausgelegt , was ihren Zugang zu disziplinär organisierter Forschungsförderung stark einschränkt. Deshalb ist es für die Soziale Arbeit zentral, Disziplinentwicklung voranzubringen, indem auch systematisch Grundlagenforschung betrieben wird. Gleichzeitig wird aber auch die Semantik der großen gesellschaftlichen Herausforderungen nicht nur in politischen Forschungsförderkontexten aufgegriffen, sondern auch aus der Sozialen Arbeit selbst heraus thematisiert. So formulierte z.B. die American Association of Social Work and Social Welfare (AASWSW) insgesamt zwölf ‚Grand Challenges for Social Work' die komplexe Themen als „some of our toughest social problems" (https://grandchallengesforsocialwork.org/about/) ansprechen. Diese werden als gesamtgesellschaftliche Problematiken verstanden und sind interdisziplinär zu bearbeiten. Die AASWSW macht damit deutlich, dass Soziale Arbeit zur Bearbeitung von Grand Challenges beizutragen hat.

Soziale Arbeit ist gerade vor dem Hintergrund ihrer interdisziplinären Traditionen (Braches-Chyrek 2013; Motzke 2014) prädestiniert, sich an interdisziplinären Forschungsverbünden zu komplexen gesellschaftlichen Thematiken zu beteiligen. Neben ihrer Expert*innenschaft an sozialen Dimensionen zu bearbeitender Problemstellungen weist sie forschungspraktisch viel Erfahrung und Vernetzung zur Gestaltung der Zugänge zu Feldern auf, die zur Erforschung dieser Dimensionen von Bedeutung sind. Weiterhin hat Soziale Arbeit Erfahrung mit Forschungsmethoden, die in der Lage sind, marginalisierte oder vulnerable Gruppen in Forschung einzubeziehen und dies forschungsethisch zu gestalten und zu reflektieren. So hat sich beispielsweise im Prozess der Entwicklung eines Forschungsethikkodex für die Soziale Arbeit gezeigt, dass diese eine ausdifferenzierte forschungsethische Praxis aufweist (DGSA 2020; Franz/Unterkofler 2021). Hinsichtlich der Herausforderungen, interdisziplinäre Forschungsprozesse als Kooperation von Vertreter*innen unterschiedlicher Disziplinen zu gestalten, verfügt Soziale Arbeit zudem über etablierte Methoden, Prozesse kooperativ und dialogisch zu gestalten, sodass Menschen mit unterschiedlichen Perspektiven angemessen beteiligt werden (z.B. Merten/Kaegi 2015; Krause/Rätz 2009). Gerade im Kontext traditionell-etablierter Disziplinen ist es zentral, Forscher*innengruppen themenbezogen zu entwickeln und damit die Dominanz etablierter Fächer zu verhindern.

3 Ein„grenzende" Förderrichtlinien als (Ver-)Hinderungsgrund für Interdisziplinarität und Internationalität

Soziale Arbeit ist daher in der Lage, epistemisch, operativ und methodisch interdisziplinäres Forschen zu forcieren – so wie es Fördercalls vielfach fordern. Jedoch schränken national ausgeschriebene Fördercalls die Verwirklichung von Interdisziplinarität nach wie vor systematisch ein, sind doch die führenden Forschungsförderinstitutionen Deutschlands, Österreichs und der Schweiz vielfach entweder an disziplinären Richtlinien (z.B. main subject, prinicipal investigator) orientiert, oder beschränken Interdisziplinarität stark auf bestimmte Disziplinen. Beides läuft der Idee erfahrener Interdisziplinarität zuwider. Darüber hinaus ist Interdisziplinarität allein nicht ausreichend, um große gesellschaftliche Herausforderungen zu erforschen. Wie es die Agenda der Grand Challenges (s.o.) verdeutlicht, müssen Phänomene, deren Entstehungsbedingungen und Ausdrucksformen nicht national erfasst und beschrieben werden können, auch über nationalstaatliche Grenzen hinweg thematisiert werden.

Ein Blick auf die Ausgestaltung der derzeitigen Förderinstrumente der Sozialen Arbeit in Österreich, der Schweiz und Deutschland zeigt zudem, dass sie mit ihrer vorwiegend nationalen Verortung Gefahr laufen, einen methodologischen Nationalismus zu reproduzieren: Nationalstaaten werden hier „als abgegrenzte, unabhängige und relativ homogene Einheiten [und] durch nationale Grenzen, Institutionen und Gesetze“ (Beck/Grande 2010: 189) konstituiert. Dies wird, wie für die sozialwissenschaftliche Forschung problematisiert (ebd.), Forschungen unreflektiert zugrunde gelegt. Auch die Sozialarbeitswissenschaften selbst scheinen implizit immer noch mit Denktraditionen verbunden zu sein, die auf das 19. und 20. Jahrhundert zurückgehen (Glick Schiller/Basch/Blanc-Szanton 1992: 14f.). Ein Aspekt dieser dominierenden Narrationen ist etwa, dass Menschen zu einer Nation ‚gehören‘.

Die Wirkmächtigkeit des methodologischen Nationalismus zeigt sich u.a. in den Förderinstrumenten, die auf nationaler Ebene (und darunter) angesiedelt sind. Zwar ist die Beantragung von EU-Förderungen (Horizon Europe) prinzipiell möglich, bedeuten jedoch besonders für Fachhochschulen/HAWs einen hohen organisatorischen Aufwand mit geringer administrativer Unterstützung. Auf Bundesebene sind Förderinstrumente in den jeweiligen Ländern vorhanden wie der Schweizerischer Nationalfonds (SNF), die Österreichische Forschungsförderungsgesellschaft (FFG) oder die Deutsche Forschungsgemeinschaft (DFG), auch ist Forschungsförderung auf Kanton- bzw. Bundeslandebene angesiedelt. Auch wenn Interdisziplinarität und -nationalität gefordert wird, so sind die meisten Geldgebenden auf nationalstaatlicher Ebene eingebunden und verhaftet (Köngeter 2009). Dies hat zur Folge, dass „der empirische Zugriff auf die soziale Wirklichkeit entlang nationalstaatlicher Grenzen und nationalstaatlich orientierter Problemdefinitionen und Kategorienschemata erfolgt“ (ebd.: 343).

Da alle Disziplinen, nicht nur die Soziale Arbeit, geprägt sind von gesellschaftlichen Bedingungen und Strukturen, die sie analysieren, rekonstruieren und erforschen (ebd.: 350), ist es erforderlich, internationale Perspektiven auf interdisziplinär zu erforschende Gegenstände umzulegen, bzw. mehr noch: Es braucht transnationale Perspektiven, um die beschriebenen Einschränkungen in den Zugängen zu Grand Challenges zu überwinden (vgl. Abschnitt 5).

Die skizzierten Forschungsförderbedingungen, die nach wie vor Transformationen der Forschung erschweren, sprechen für die weitere Stärkung eines grenzübergreifenden Forschungsdiskurses. Doch auch Soziale Arbeit kann durch Internationalisierung ihrer Forschung profitieren.

4 Internationalität als Anforderung an die Soziale Arbeit

Aus wissens- und professionstheoretischer Perspektive drängt sich der von Mittelstraß (2007, 2018) und Novotny (2000) geforderte, umfassende Einbezug neuer und bisher unberücksichtigter Wissensquellen auch in Bezug auf bislang regional oder national definierte Forschungsdiskurse auf. Durch internationale Öffnungen ließe sich verhindern, dass sich Phänomene der Ökonomisierung, Konkurrenzierung, Expertokratisierung und (nationalstaatlicher) Isolierung zwischen regionaler, nationaler und internationaler Wissensgenese ausbreiten (vgl. Abschnitt 3).

Der internationale Forschungsaustausch nimmt bezüglich *Validierung, Sicherung* und *Dissemination von Wissen* eine fachlich wichtige Peer-Funktion im Sinne eines ‚critical friend' ein. Er ist zugleich notwendig, um Forschungsfragen, -methoden und -ergebnisse professionstheoretisch abzusichern, damit (immer wiederkehrenden) methodologischen Tendenzen einer „post-professionellen Zeit" (Castel 2002) entgegengewirkt werden kann. So hat beispielsweise der Ruf nach oft fachfremder Evidenz in der Sozialen Arbeit seit der Jahrtausendwende zunehmend dazu geführt, dass Risikoanalyse und -management zu wichtigen Begriffen, Aufgaben und Legitimationsgrößen gewachsen sind (Herzka/Mowles 2015). Eine grenzübergreifende Forschungscommunity kann die latenten Werte, Normen und Zuschreibungen, die damit transportiert werden, mithilfe eines breit abgestützten Argumentariums ersichtlich machen und hinterfragen.

Grenzüberschreitende Forschungsdiskurse Sozialer Arbeit schaffen zudem nicht nur Wissen zur Verbesserung der Lebenslagen der Adressat*innen, sondern können auch für eine fachlich relevante *Einforderung nationalstaatlicher oder regionalpolitischer Veränderungen* wirksam werden. Dies bedingt jedoch eine reflektierte Anpassung an die jeweils quer zu nationalstaatlichen Wohlfahrtsregimes (Walther 2011) verlaufenden Prozesse.

Folgende Forschungsdiskurse zeigen, wie international relevante Fragen beforscht und entsprechende Erkenntnisse zu dringend notwendigen (Weiter-) Entwicklungen von Handlungsfeldern geführt haben: Die Aufarbeitung der Heimgeschichte (z.B. Hauss et al. 2019), die Forschung zu Unbegleiteten Minderjährigen auf der Flucht (Sandermann et al. 2017), zu Leaving Care (Mann-Feder/ Goyette 2019) oder zu Auswirkungen von Covid-19 (Banks et al. 2020) nahmen stark Einfluss auf die jeweiligen Handlungsfelder und ihre fachinterne Diskursdynamik. Dank internationaler Vernetzung und jeweils differenzierter Anpassung an sozialstaatliche Kontexte ließ sich darüber hinaus ein erhöhter Druck gegenüber politischen Instanzen aufsetzen und zugleich das Selbstverständnis verdichten, dass empirisch fundierte Erkenntnisse für rasche Qualitätsentwicklungen nötig sind.

Dennoch scheitern immer noch viele internationale (aber auch nationale und regionale) Forschungen an forschungspragmatischen Herausforderungen, z.B. an der Zusammensetzung der Forschungsteams mit unterschiedlichen sprachlichen und methodologischen Hintergründen, an Fragen zur Ressourcenverteilung oder zur Datenerfassung und -auswertung (Baier et al. 2014). Dabei hätte Soziale Arbeit, wie beschrieben (vgl. Abschnitt 2), beste Voraussetzungen, um sich zwischen verschiedenen Grenzen zu bewegen und so auch in der Forschung unterschiedliche Perspektiven angemessen einzunehmen und zueinander in Relation zu setzen (Merten/Kaegi 2015). Das könnte auch einer Überwindung (hier nationaler) Grenzen dienen.

5 Von inter- zu trans-: Transnationalität und Transdisziplinarität zusammen gedacht

Denkt man von den zu beforschenden Phänomenen, den großen gesellschaftlichen Herausforderungen her, wird deutlich, dass diese sich nicht interdisziplinär und international, sondern transdisziplinär und transnational konstituieren: Demnach sind Disziplinen und Nationen sozial konstruierte Ordnungskategorien, in denen die Phänomene nicht aufgehen. Weder lassen sie sich in einzelne Disziplinen zerlegen noch in einzelnen Nationalstaaten isoliert verstehen und bearbeiten.

Anschaulich verdeutlicht das die Diskussion um Transnationalisierung. Aufgrund grenzüberschreitender Bewegungen von Menschen, Informationen und Gütern dehnen sich transnationale Räume zunehmend aus (Apitzsch 2014). Soziale Praktiken und Prozesse verlaufen quer zu nationalstaatlichen Grenzen (Levitt/Glick Schiller 2004). Wird Soziale Arbeit als transnationales Projekt verstanden (vgl. Köngeter in diesem Band), gilt dies auch für ihre Forschung. Der Herausforderung, den Gewinn des Transnationalen angemessen zu nutzen, trotz durch sozialstaatliche Institutionen, regionale Sozialpolitik und angebotsbezogene Umsetzung geprägte Forschungsprogramme Sozialer Arbeit (Köngeter 2009), lässt sich mit dem Fokus einer „‚Durchlöcherung‘ durch soziale Beziehungen, soziale Netzwerke und soziale Räume" begegnen, „die sich pluri-lokal über verschiedene Nationalgesellschaften hinweg aufspannen" (Pries 2013: 1039). Transnationale Forschung bedeutet deshalb, Sozialräume „als dichte und dauerhafte Konfigurationen sozialer Praktiken, Symbolsysteme und Artefakte" (ebd.: 1043) mehr in den Blick der Forschung zu nehmen. Phänomene werden dadurch als transnational begriffen und Forschungszugänge darauf ausgerichtet.

Gleichzeitig sind zu erforschende Phänomene, eingangs als ‚zwischen den Disziplinen‘ beschrieben, transdisziplinär zu begreifen. Bei der Bearbeitung großer gesellschaftlicher Herausforderungen geht es nicht nur um die Perspektiven einzelner Disziplinen, sondern um ein Diffundieren der Grenzen zwischen ihnen. Transdisziplinarität wirkt sich dahingehend aus, dass eine Re-Interpretation von Theorien aus anderen Disziplinen für die Soziale Arbeit bzw. Theorien der Sozialen Arbeit für andere Disziplinen vorgenommen wird. Dies erfordert die Zusammenarbeit zwischen Vertreter*innen unterschiedlicher Disziplinen, die bereit sind, ihre eigenen Perspektiven transdisziplinär zu verschmelzen, hin zu einer umfassenden Sicht auf die zu bearbeitenden Phänomene selbst und nicht eigenen ‚juristdictional claims'.

6 Fazit

Eine wissenschaftspraktisch relevante Rahmenbedingung spätmoderner Wissensgesellschaften fordert die Wissenschaft quer zu den Disziplinen in einer neuen Weise heraus: So geht es neuerdings um zeitnahe, rasche Lösungen, um unmittelbare Reaktionen auf (gesamtgesellschaftliche) Entwicklungen und um ‚rapid-innovation-creation', wie dies internationale Forschungsförderprogramme in ihren jüngeren Ausschreibungen aufnehmen.

Dies kann kritisiert werden. Unbestreitbar ist, dass weiterhin Reflexionsräume bewahrt und erstritten werden müssen, in denen über Gesellschaft (empirisch) reflektiert und nachgedacht wird. Klar ist aber auch, dass Soziale Arbeit epistemologisch, institutionell gleichermaßen wie operativ vor dem Hintergrund dieser neuen Herausforderungen eine Reihe an Optionen bietet, Disziplin-, Staats- und Denkgrenzen systematisch zu überwinden. In lokalen, nationalen ebenso wie transnationalen Forschungsverbünden kann sie relevante Anschlüsse für diese neuen Erfordernisse herstellen. Gleichzeitig kann sie auch hier ihre reflexive Kompetenz einbringen, d.h., nicht nur als Erfüllungsgehilfin spätmoderner Wissenschafts- und Forschungspolitik zu agieren, sondern sich als besonders qualifizierte (junge) Expertin für inter- und transdisziplinäres Arbeiten einzubringen:

1. „Sozialer Ausschluss als Gegenstand Sozialer Arbeit" (Anhorn/Stehr 2021: 3) ermöglicht einen systematischen Blick auf die institutionalisierten (sozioökonomischen, politischen und kulturellen) Macht- und Herrschaftsstrukturen (ebd.) spätmoderner Wissensgesellschaften. Die Überwindung eines methodologischen Nationalismus ist gleichermaßen wie die Bewältigung von kategorisierenden Epistemen Teil ihres eigenen sozial- und erkenntnistheoretischen Programms und unverzichtbar in transdisziplinären Forschungsverbünden.

2. Fragen der Netzwerkbildung und Organisationsgestaltung haben die Wissensbestände der Sozialen Arbeit seit dem 19. Jahrhundert maßgeblich geprägt. In Theoriebildung, Forschung sowie in operativer Praxis ist Soziale Arbeit seit jeher grundlegend in politik-, wirtschafts- und staatswissenschaftliche Perspektiven eingebunden und Expertin für Bezugspunkte der organisationalen Ausgestaltung von Bildungs-, Forschungs- und Unterstützungsprozessen (Schröer/Wolff 2015: 60).
3. Soziale Arbeit bezieht sich auf ein reflexives Bildungskonzept, das auch in kollektiven Lernsituationen (Dewey 2002; Farjoun et al. 2015: 179) den Kompetenz- und Qualifikationserwartungen von Gesellschaft mit Distanznahme begegnet. So ist Bildung auch in und von (transdisziplinären) Gruppen als „Transformation eines Welt- und Selbstverhältnisses" (Sting 2015: 94) zu verstehen, die die bestehenden kognitiven „Orientierungsrahmen" (ebd.) überwinden will. Insofern ist Soziale Arbeit eine maßgebliche erkenntniskritische Kraft in transdisziplinären Forschungsverbünden.

Es geht also um weit mehr als an internationalen Fördertöpfen zu partizipieren: Es geht darum, dass Soziale Arbeit ihre methodischen, operativen sowie epistemischen Potenziale nutzt, zur Erforschung und Bearbeitung großer gesellschaftlicher Herausforderungen beizutragen.

Literatur

Anhorn, Roland/Stehr, Johannes (2021): Handbuch Soziale Ausschließung und Soziale Arbeit. Wiesbaden: Springer VS.

Apitzsch, Ursula (2014): Transnationale Familienkooperation. In: Geisen, Thomas/Studer, Tobias/Yıldız, Erol (2014): Migration, Familie und Gesellschaft Wiesbaden: Springer VS, S. 13–26.

Baecker, Dirk (2007): Die nächste Universität". In: Ders.: Studien zur nächsten Gesellschaft. Frankfurt a.M.: Suhrkamp, S. 98–115.

Baier, Florian/Keller, Samuel/Koch, Martina/Wigger Annegret (2014): Switzerland's research landscape in social work. In: Hämäläinen, Juha/Littlechild, Brian/Špiláčková, Marie (Hrsg.): Social work research across Europe: part II. Ostrava: University of Ostrava, S. 107–118.

Banks, Sarah/Cai, Tian/de Jonge, Ed/Shears, Jane/Shum, Michelle/Sobočan, Ana M./Strom, Kim/Truell, Rory/Úriz, Maira Jesùs/Weinberg, Merlinda (2020): Ethical challenges for social workers during Covid-19: A global perspective. Rheinfelden, Switzerland: IFSW.

Beck, Ulrich/Grande, Edgar (2010). Jenseits des methodologischen Nationalismus: außereuropäische und europäische Variationen der Zweiten Moderne. In: Soziale Welt 61, 3/4, S. 187–216.

Bieber, Christoph/Leggewie, Claus (2012): Unter Piraten. Erkundungen in einer neuen politischen Arena. Bielefeld: transcript.

Braches-Chyrek, Rita (2013): Jane Addams, Mary Richmond und Alice Salomon. Opladen u.a.: Verlag Barbara Budrich.

Castel, Robert (2002): Von der Gefährlichkeit zum Risiko: Auf dem Weg in eine postdisziplinäre Ordnung? In: Episteme Heft 2. http://www.episteme.de/download/Castel-Gefaehrlichkeit-Risiko.pdf [Zugriff: 30.08.2021].

Castells, Manuel/Cardoso, Gustavo (2005): The Network Society: From Knowledge to Policy. Washington, DC: Johns Hopkins Center for Transatlantic Relations.

Daston, Lorraine (1999): Die Akademie und die Einheit der Wissenschaften. In: Kocka, Jürgen (Hrsg.): Die Königlich-Preußische Akademie der Wissenschaften zu Berlin im Kaiserreich. Berlin: Dietz, S. 61–84.

DGSA Deutsche Gesellschaft für Soziale Arbeit (2020): Forschungsethische Prinzipien und wissenschaftliche Standards für Forschung der Sozialen Arbeit. https://www.dgsa.de/fileadmin/Dokumente/Service/Forschungsethikkodex_DGSA.pdf [Zugriff: 02.08.2021].

Dewey, John (2002/1930): Philosophie und Zivilisation. Suhrkamp: Frankfurt a.M.

Farjoun, Moshe/Ansell, Chris/Boin, Arjen (2015): Perspective – Pragmatism in Organization Studies. In: Organization Science 26, 6, S. 1787–1804.

Franz, Julia/Unterkofler, Ursula (Hrsg.) (2021): Forschungsethik in der Sozialen Arbeit. Opladen u.a.: Verlag Barbara Budrich.

Gethmann, Carl/Friedrich/Gerok, Wolfgang/Helmchen, Hanfried/Henke, Klaus-Dirk/Mittelstraß Jürgen/Schmidth-Aßmann, Eberhard/Stock, Günter/Taupitz, Jochen/Thiele Felix (2004): Gesundheit nach Maß. Berlin: Akademie-Verlag.

Glick Schiller, Nina/Basch, Linda/Blanc-Szanton, Christina (1992). Transnationalism: A new analytic framework for understanding migration. In: Glick Schiller, Nina/Basch, Linda/Blanc-Szanton. Christina (Eds.): Towards a transnational perspective on migration. New York: New York Academy of Sciences, S. 1–24.

Hauss, Gisela/Gabriel, Thomas/Lengwiler, Martin (Hrsg.) (2018). Fremdplatziert. Heimerziehung in der Schweiz, 1940-1990. Zürich: Chronos.

Herzka, Michael/Mowles, Christopher (2015): Risiko, Unsicherheit und Komplexität: Grenzen des Risikomanagements. In: Hongler, Hanspeter/Keller, Samuel (Hrsg.): Risiko und Soziale Arbeit. Wiesbaden: Springer, S. 115–130.

Jahn, Thomas (2015): Kritische Transdisziplinarität und die Frage der Transformation. Keynote im Rahmen der Darmstädter Tage der Transformation. Darmstadt, 16.01.2019. http://isoe-publikationen.de/fileadmin/redaktion/ISOE-Reihen/dp/dp-46-isoe-2020.pdf [Zugriff: 30.08.2021].

Krause, Hans Ullrich/Rätz, Regina (Hrsg.) (2009): Soziale Arbeit im Dialog gestalten. Opladen u.a.: Verlag Barbara Budrich.

Levitt, Peggy/Glick Schiller, Nina (2004): Conceptualizing Simultaneity a transnational social field perspective on society. In: International Migration Review 38, 3, S. 1003–1039.
Mann-Feder, Varda R./Goyette, Martin (2019): Leaving Care and the Transition to Adulthood. Oxford: Oxford University Press.
Merten, Ueli/Kaegi, Urs (Hrsg.) (2015): Kooperation kompakt. Opladen u.a.: Verlag Barbara Budrich.
Mittelstraß, Jürgen (2007): Methodische Transdisziplinarität. Mit den Anmerkungen eines Naturwissenschaftlers. LIFIS online, Leibnitz Institut. https://leibniz-institut.de/archiv/mittelstrass_05_11_07.pdf [Zugriff: 30.08.2021].
Mittelstraß, Jürgen (2018): The Order of Knowledge: From Disciplinarity to Transdisciplinarity and Back. Cambridge, UK: Cambridge University Press.
Motzke, Katharina (2014): Soziale Arbeit als Profession. Opladen u.a.: Verlag Barbara Budrich.
Nadai, Eva/Sommerfeld, Peter/Bühlmann, Felix/Krattiger, Barbara (2005): Fürsorgliche Verstrickung. Wiesbaden: VS, S. 54–62.
Nowotny, Helga (2000): Auf dem Weg zu „sozial robustem Wissen“. In: Basler Zeitung, Wissen. Nr. 122, 26.5.2000, Teil V.
Pries, Ludger (2013): Zwischen methodologischem Nationalismus und raumlosem Kosmopolitismus – die Transnationalisierung von Vergesellschaftung. In: Soeffner, Hans-Georg (Hrsg.): Transnationale Vergesellschaftungen. Wiesbaden: Springer, S. 1037–1046.
Sandermann, Philipp/Husen, Onno/Zeller, Maren (Hrsg.) (2017): European welfare states constructing „Unaccompanied Minors“. In: Social Work & Society 15, 2, S. 1–18.
Schröer, Wolfgang/Wolff, Stephan (2015): Sozialpädagogik und Organisationspädagogik. In: Göhlich, Michael/Schröer, Andreas/Weber, Susanne Maria (Hrsg.): Handbuch Organisationspädagogik. Wiesbaden: Springer VS, S. 59–71.
Sting, Stephan (2015): Bildung. In: Schröer, Wolfgang/Struck, Norbert/Wolff, Stephan (Hrsg.): Handbuch Kinder- und Jugendhilfe. Basel: Beltz Juventa, S. 437-457.
Walther, Andreas (2011): Regimes der Unterstützung im Lebenslauf. Opladen u.a.: Verlag Barbara Budrich.

Teil V:
Kohäsion im Kontext von Professionalisierung und Disziplinentwicklung

Befunde zur Professionalisierung und Akademisierung Sozialer Arbeit in der Schweiz, der Bundesrepublik Deutschland und Österreich – unter besonderer Berücksichtigung des Verhältnisses zu Lai*innen und sozialen Bewegungen

Roland Becker-Lenz, Rita Braches-Chyrek & Peter Pantuček-Eisenbacher

1 Einleitung

In unserem Beitrag möchten wir einen Aspekt der Professionalisierung der Sozialen Arbeit, nämlich die Akademisierung der Berufsausbildungen in Österreich, Deutschland und der Schweiz, vergleichend betrachten. Eine an Hochschulen angesiedelte Berufsausbildung gilt gemeinhin als wichtige Dimension von Professionalisierung (vgl. Lundgreen 1999), zeichnen sich doch die unstrittig als *klassisch* bezeichneten Professionen durch eine lange akademische Ausbildungstradition aus, die mit der Gründung von Universitäten eng verbunden ist. Mit der Akademisierung einhergehend nimmt die Bedeutung wissenschaftlicher Expertise für die Berufsausbildung und Berufsausübung zu. Da man sich diese Expertise nicht über Berufserfahrung und kaum über Weiterbildungen aneignen kann, begrenzt dies die Möglichkeiten von Lai*innen, in diesen Berufsfeldern tätig zu werden. Dennoch sind in der beruflichen Praxis noch eine Vielzahl von Personen tätig, die nicht über eine berufsspezifische Ausbildung verfügen. Bedingt durch die Akademisierung differenziert sich zudem die Palette beruflicher Ausbildungsgänge aus und es kann zu einer Hierarchisierung von beruflichen Tätigkeiten in der Praxis kommen. Letztlich ist damit auch die Frage verknüpft, welche Standards für professionelles berufliches Handeln gelten sollen, welche Ausbildungsgänge dafür qualifizieren und welche nicht. Für eine Berufsgruppe, die historisch und bis heute in einer engen Verbindung zu ehrenamtlicher Tätigkeit und sozialen Bewegungen steht, sind solche akademischen Professionalisierungsprozesse nicht unproblematisch, wie eine Fachdiskussion in der Schweiz in den letzten Jahren zeigte (vgl. SZSA Schweizerische Zeitschrift für Soziale Arbeit 2018).

Wir möchten daher die jüngeren Entwicklungen in dieser Dimension von Professionalisierung in den drei genannten Ländern nachzeichnen und vergleichen.

2 Befunde zur Professionalisierung und Akademisierung Sozialer Arbeit in der Schweiz

In der Schweiz war die Ausbildung von Fachkräften der Sozialen Arbeit bis in die 1990er-Jahre vor allem an Fachschulen und höheren Fachschulen angesiedelt. Auf Universitätsstufe gab es nur in Zürich die Möglichkeit, Sozialpädagogik als Teilgebiet der Erziehungswissenschaft zu studieren und in Fribourg einen Studiengang für Sozialarbeit und Sozialpolitik. Die Ausbildung an höheren Fachschulen galt dabei schon als auf dem Niveau der tertiären Ausbildung angesiedelt, wenngleich sie in den beiden Stufen dieses Ausbildungsniveaus, Tertiär A, der Hochschulbildung, und Tertiär B, der höheren Berufsbildung, in letzterer eingeordnet war. Ab Mitte der 1990er-Jahre wurden in der Schweiz auf Bestrebung der Bundesregierung Fachhochschulen gegründet, vielfach sind diese aus früheren höheren Fachschulen und anderen schon bestehenden Bildungsinstitutionen hervorgegangen. An sieben von acht Fachhochschulen werden generalistische, für eine Vielfalt von Praxisfeldern qualifizierende Bachelor-Studiengänge in Sozialer Arbeit mit verschiedenen Studienrichtungen bzw. Vertiefungsmöglichkeiten angeboten, in denen sich die früher übliche Aufteilung in einzelne Studiengänge der Sozialarbeit, Sozialpädagogik und Soziokulturellen Animation teilweise noch widerspiegelt. An den höheren Fachschulen gibt es nach wie vor Bachelor-Studienprogramme in Sozialpädagogik, Gemeindeanimation, Kindererziehung, Sozialpädagogischer Werkstattleitung sowie spezialisierte berufliche Weiterbildungen, wie etwa zur Migrationsfachfrau.

Auf Master-Ebene existieren drei, teilweise im Verbund von mehreren Hochschulen angebotene Studiengänge mit 90 ECTS Punkten (universitäre Master-Studiengänge haben 120 ECTS-Punkte). Die Studiengänge bauen konsekutiv auf den Bachelor-Studiengängen auf und befähigen zur Übernahme von Führungspositionen, zu Entwicklungstätigkeiten in der Praxis oder für eine wissenschaftliche Laufbahn. Die Fachhochschulen haben kein Promotionsrecht, kooperieren aber z. T. in gemeinsamen Doktoratsprogrammen mit Universitäten (vgl. Zwilling/Riedi 2018). An der Universität Fribourg existiert ein Bachelor-Studienangebot ‚Sozialarbeit und Sozialpolitik' sowie ein Master-Studienangebot ‚Soziologie, Sozialpolitik und Sozialarbeit'. An der Universität Zürich gibt es ein Master-Studienangebot in Erziehungswissenschaften, in dem u.a. die Vertiefungsrichtung ‚Sozialpädagogik und Sozialisation' gewählt werden kann.

Unterhalb der Tertiärbildung, im Bereich der beruflichen Grundbildung (Sekundarstufe), existieren seit etwa zehn Jahren neu geschaffene zwei- bzw. dreijährige Ausbildungen zum ‚Assistent/in Gesundheit und Soziales' mit Eidgenössischem Berufsattest (EBA) bzw. zum ‚Fachmann/Fachfrau Betreuung' mit Eidgenössischem Fähigkeitszeugnis (EFZ). Einsatzfelder dieser Berufe sind Unterstützungsangebote für Kinder, Betagte und Menschen mit Behinderungen.

In der Schweiz existiert demnach eine gut ausgebaute, differenzierte Ausbildungslandschaft. Alle genannten Ausbildungen mit ihren entsprechenden beruflichen Praxen werden zur Sozialen Arbeit gezählt. Jedoch unterscheidet der Schweizerische Berufsverband der Sozialen Arbeit, AvenirSocial, zwischen Fachpersonen und *Professionellen* der Sozialen Arbeit und nimmt nur Personen mit tertiärem Bildungsabschluss (Universität, Fachhochschule sowie höhere Fachschulen) als vollwertiges Mitglied des Verbands auf. Zurzeit sind etwa ein Drittel der jährlichen Ausbildungsabschlüsse auf diesem Niveau (AvenirSocial 2017: 20). Personen, die in der Sozialen Arbeit tätig sind, jedoch keinen tertiären Bildungsabschluss haben, können als assoziierte Mitglieder aufgenommen werden.[1]

Im Hinblick auf die Professionalisierung der Berufspraxis ist von Bedeutung, dass für die Aufnahme einer beruflichen Tätigkeit in der Sozialen Arbeit der Abschluss eine dieser Ausbildungen keine zwingende Voraussetzung ist. Vielfach sind auch gleichwertige andere Abschlüsse möglich, oder es existieren Ausnahmeregelungen in kantonalen oder bundesrechtlichen Bestimmungen zur Regulierung der Ausbildungsanforderungen für berufliche Tätigkeiten (AvenirSocial 2017: 24ff.). Nach Berechnungen des Berufsverbandes auf der Basis einer Erhebung des Bundesamtes für Statistik verfügte 2014 nur ca. die Hälfte der in der Sozialen Arbeit tätigen Personen über eine Ausbildung in Sozialer Arbeit (AvenirSocial 2017: 22). Bezogen auf das reine Ausbildungsniveau, ohne Berücksichtigung der Berufsgruppenzugehörigkeit, berechnet AvenirSocial, dass 44% aller in einem Beruf der Sozialen Arbeit tätigen Personen über eine Ausbildung auf Tertiärstufe (Fachhochschule, Universität, Höhere Fachschule), 43% auf Sekundarstufe II (Berufsmaturität, EFZ, EBA) und 13% auf Sekundarstufe I (obligatorische Schulzeit) verfügen (AvenirSocial 2017: 23).

In der Schweiz stellt sich die Situation also so dar, dass etwa die Hälfte der in der Sozialen Arbeit tätigen Personen über eine Ausbildung in Sozialer Arbeit verfügt und davon wiederum ein Teil, vermutlich in der Größenordnung eines Drittels, über einen Abschluss auf dem tertiären Bildungsniveau. Nur diese Personen werden als Vollmitglieder in den Berufsverband aufgenommen und gelten als *Pro-*

1 Aus einem älteren Jahresbericht für das Jahr 2008 (neuere Zahlen sind in den Jahresberichten nicht zu finden) geht hervor, dass damals knapp 1% der Mitglieder in diese Kategorie fielen. (https://e-perabt.sozialarchiv.ch/pdf/160.pdf [Zugriff: 17.08.2021]).

fessionelle der Sozialen Arbeit. Für die *Professionellen* besteht keine Pflicht zur Mitgliedschaft im Berufsverband. Nur eine Minderheit von ihnen ist im Berufsverband organisiert und an die dort erarbeiteten professionellen Standards der Berufsethik gebunden[2]. Hinzu kommt, dass nach Einschätzung des Berufsverbandes durch die Nähe und diffuse Abgrenzung zu außerberuflichen unbezahlten Tätigkeiten, insbesondere zu der von Frauen geleisteten Haus- und Care-Arbeit, die Notwendigkeit des Erwerbs von spezifischen Kompetenzen für die Berufstätigkeit infrage gestellt ist (AvenirSocial 2017: 32).

Während der Berufsverband ganz eindeutig eine akademische Professionalisierungsstrategie verfolgt, gibt es auch Stimmen im Fachdiskurs (vgl. Epple/Kersten 2018), die dies als Teil einer Strategie des ‚Professionalismus' kritisieren, weil sie in ihr in erster Linie den Versuch einer Statusverbesserung und Anerkennung sehen und in diesem Versuch die Gefahr erkennen, dass der Berufsstand zunehmend in Distanz zu sozialen Bewegungen, Adressat*innen und Gewerkschaften gerät, mit denen besser die Allianz gesucht werden soll, um gemeinsame politische Ziele und gesellschaftlichen Wandel zu erreichen. Tatsächlich ist der Berufsverband in der Verfolgung seiner politischen Ziele relativ einflusslos. Inwieweit die Verfolgung einer Professionalisierungsstrategie, die sich am Status der klassischen Professionen orientiert, notwendig mit einer Distanzierung von Lai*innen einhergehen muss und welche Folgen dies hat, wird unterschiedlich beurteilt, wie die Reaktionen auf den Beitrag von Epple und Kersten zeigen (vgl. SZSA 2018, H. 21/22).

3 Zum Stand der Professionalisierung und Akademisierung Sozialer Arbeit in der Bundesrepublik Deutschland

Schon mit den „ersten Schritten der Verberuflichung" von Sozialer Arbeit am Ende des 19. Jahrhunderts konnten durch vollzeitschulische und hochschulische Bildungsangebote verschiedene Professionalisierungswege für soziale Dienstleistungen eröffnet werden (Braches-Chyrek 2013: 230). Dies hatte zur Folge, dass das Ausbildungs- und Berufssystem in der Sozialen Arbeit bis heute von zwei Lern- und Bildungsorten geprägt ist, der Wissenschaft und Praxis. Neben staatlichen, rechtlichen, wirtschaftlichen, gewerkschaftlichen und verbandlichen Vorgaben formten Fachgesellschaften die Rahmenbedingungen für die Ausbildungsformen und -inhalte (vgl. Braches-Chyrek 2013; Kruse 2010).

---

2 Im Jahresbericht von AvenirSocial 2020 wird die Zahl der Mitglieder mit 3754 angegeben. (https://avenirsocial.ch/wp-content/uploads/2021/05/AvenirSocial_Jahresbericht20_D_A4_yc_190521.pdf [Zugriff: 17.08.2021].

Nach dem Zweiten Weltkrieg wurde an die berufsbezogene Ausrichtung der Wohlfahrtsschulen in der Weimarer Republik angeknüpft, was eine Etablierung der Ausbildung als wissenschaftliche Bildung auf Universitätsniveau erst einmal verhinderte. Die wieder neu eröffneten Seminare, Höheren Fachschulen oder auch Akademien orientierten sich an den Ausbildungsbestimmungen der 1920er-Jahre und proklamierten für sich die Aufwertung des Fürsorge-Berufs als vordringliche Aufgabe (Landwehr/Baron 1983: 295). Durch die Bildungsreformen der 1960er-Jahre konnten diese Berufsbildungsmodelle in Fachhochschulen überführt werden.[3] An den Universitäten entstanden ab dem Jahr 1969 Diplomstudiengänge der Erziehungswissenschaft mit Studienschwerpunkten im Bereich der Sozialpädagogik.

Mit der Bologna-Reform im Jahr 1999 wurden sowohl weitere umfangreiche Reformen und Ausdifferenzierungen der Studiengänge der Sozialen Arbeit als auch die Einführung von Qualifikationsrahmen und eines Leistungspunktesystems ermöglicht (Karsten 2017: 14). Dies führte zur Etablierung von mehr als 200 Studiengängen mit Bachelor-Abschluss und über 100 Master-Studiengängen an Hochschulen und Universitäten sowie den mittlerweile mehr als elf Studiengängen für die berufliche Bildung mit dem Schwerpunkt Sozialpädagogik.

Ebenfalls konnten duale Ausbildungen oder Fernstudiengänge – vielfach in privater Trägerschaft – eingerichtet worden (Meyer 2020: 130). Dieses Nebeneinander von disziplinärer Verortung – auch als „unentschiedenes Projekt" bezeichnet (Staub-Bernasconi 2018: 131) – geht einher mit unterschiedlichen länderspezifischen Regelungen für Ausbildungsinhalte, Zugangsregelungen und (Weiter-)Qualifizierungen.

Aber auch durch gesellschaftliche Veränderungen, nationale und europäische Strukturmaßnahmen im Bildungssystem wurden neue Optionen für die Professionalisierung sozialer Dienstleistungen entwickelt, beispielsweise infolge der Etablierung von mehr als 70 kindheitspädagogischen Studiengängen (seit 2004), überwiegend als fachhochschulische Ausbildung. Die Debatten um eine Gleichstellung der hochschulischen Abschlüsse gehen einher mit Bestrebungen, ein eigenständiges Promotionsrecht für Hochschulen der angewandten Wissenschaften einzuführen. Dies ist nicht zuletzt der Tatsache geschuldet, dass – wie schon zu Beginn des 20. Jahrhunderts – die Bedeutung von Forschung und Theorieentwicklung in der Sozialen Arbeit zunimmt, da diese als unabdingbar für den weiteren Ausbau der Profession und Disziplin Soziale Arbeit angesehen wird (Staub-Bernasconi 2018: 130). Der starke Forschungsbezug ermöglichte eine grundlegende Veränderung der Studiengänge, hinsichtlich des Anwendungs- und Berufsfeldbezugs.

3 Zur Entwicklung der sozialen Ausbildungen und Berufe in der ehemaligen DDR siehe Hering/Münchmeier 2010: 124.

Die Umwandlung und veränderte Ausgestaltung von Praxisanteilen im Studium, den Praktika und dem Anerkennungsjahr waren die Folge. Jedoch sind diese je nach Bundesland sehr unterschiedlichen Regelungen unterworfen, und an vielen Hochschulen werden sie durch Prüfungsordnungen in eigener Regie bestimmt, was sowohl eine Vergleichbarkeit und Transparenz von Studienabschlüssen als auch die gewünschte Durchlässigkeit der Studiengänge, die uneingeschränkte Mobilität der Studierenden und Hochschulkooperationen deutlich erschweren. Ebenso sind die bundesweiten Anerkennungen der Abschlüsse, wie beispielsweise die staatliche Anerkennung, den Eingangsmöglichkeiten in berufliche Weiterbildungsmaßnahmen und den zweiten Bildungsweg, nicht einheitlich geregelt (Karsten 2017: 195).

In den Blick genommen werden müssen gleichfalls die Auswirkungen von fluiden Zugängen und sogenannten untergeschichteten Beschäftigungsfeldern in den sozialen Berufs- und Arbeitsfeldern. Durch sich verstärkende gesellschaftliche Problemlagen – wie beispielsweise Armut, Gewalt, Kriminalität – sowie den wachsenden Präventions-, Förderungs- und Integrationsbedarfen, den Auswirkungen von Digitalisierung und Nachhaltigkeit sind neue Arbeits- und Tätigkeitsfelder wie auch Aufgabenprofile in der Sozialen Arbeit entstanden. Neben der niedrigschwelligen Öffnung sozialer Berufe für Seiten- und Quereinsteiger*innen, als Weiterqualifizierung oder als Ehrenamtliche (etwa in der Schulbegleitung, Kindertagesbetreuung, der Sozialen Arbeit mit Geflüchteten, in den frühen Hilfen oder im Gewaltschutz) sind auch anerkennungswerte Akademisierungsprozesse angestoßen worden. Diese teilweise widersprüchlichen Entwicklungen befeuern die Diskussion über eine Deprofessionalisierung sozialer Tätigkeiten. Daher bedürfen diese dynamischen, überaus komplexen sowie differenten Gemengelagen von teilweise prekären und atypischen Beschäftigungsbedingungen als sogenannte Experimentierfelder, bei gleichzeitiger Zunahme von hohen fachlichen Anforderungen in den sozialen Berufen, einer vertieften Auseinandersetzung.

In diese Prozesse sind äußerst wirksame genderbezogene Dynamiken eingeschrieben. Dabei sind die ungleichen Voraussetzungen für eine Grundqualifizierung in sozialen Dienstleistungsberufen historisch gewachsen und manifestieren eine „geschlechtlich bedingte Exklusion und Ungleichheit in Ausbildung, Beschäftigung sowie Akademisierung“ (Friese 2016: 5). Die geschlechtsspezifischen Segmentierungen zeigen sich nicht nur an den weiblichen Bildungsbeteiligungsmustern, sondern auch in der Verteilung von beruflichen Chancen und Risiken. Die Arbeits- und Tätigkeitsfelder der sozialen Berufe gelten nach wie vor als ‚frauentypisch‘. Gleichfalls sind Lehrende und Forschende in der Sozialen Arbeit überwiegend weiblich, und auch der Anteil von Frauen an der Studierendenschaft liegt bei 80%. Jedoch zeigt sich, trotz hoher weiblicher Beteiligung und Leistung in Ausbildung, Wissenschaft und Forschung, eine deutliche geschlechtsspezifische horizontale Segregation, wenn bspw. die vergleichsweise geringen Beschäftigungszahlen von Frauen als Doktorandinnen, als Professorinnen oder in der Leitung von sozialen Organisationen in den Blick genommen werden. Die ‚tatsächliche Landefläche' von Frauen in sozialen Dienstleistungsberufen entspricht vielfach nicht ihrer Qualifizierung. Und auch in den Tätigkeits- und Arbeitsfeldern der Sozialen Arbeit sind nach wie vor überwiegend Frauen in den niedrigen Einkommensgruppen, in prekären und „atypischen" Beschäftigungsformen (Friese 2016: 5), beispielsweise Teilzeitarbeit, befristete Arbeitsverhältnisse, als Freiberuflerinnen auf Honorarbasis oder auf Minijob-Basis, überrepräsentiert.

4 Professionalisierung und Akademisierung Sozialer Arbeit in Österreich

In Österreich ist die Sozialarbeit 2001 an die Fachhochschulen gekommen. Sie hatte zuvor bis Mitte der 1980er-Jahre nur eine zweijährige Ausbildung, dann eine dreijährige an einer postsekundären Akademie. Die Akademien hatten bereits internationale Kontakte, mussten sich allerdings noch eng an die Schulgesetze halten. Das in Österreich erst in den 1990er-Jahren gegründete Fachhochschulwesen war dann die Heimat für eine akademisch orientierte Soziale Arbeit – eben beginnend mit 2001. Nach einigen Jahren mit Diplomstudiengängen wurden auch die Sozialarbeitsstudiengänge auf das neue Bologna-System umgestellt.

Die Studienplätze an den Fachhochschulen sind vom Bildungsministerium finanziert und daher begrenzt. Österreich bildet in den neun Fachhochschulen insgesamt ca. 688 Bachelor-Absolventinnen und Absolventen pro Jahr (2020 laut Statistik Austria) aus. Das ist – auch in Bezug auf die Bevölkerung – deutlich weniger als in Deutschland und der Schweiz. Die Master-Studiengänge, mit 120 Leistungspunkten gut dotiert, sind in der Sozialen Arbeit allerdings nur mäßig besucht und haben einen großen Anteil an Studierenden, die ihren Bachelor in einer anderen Disziplin absolviert haben. Ein Großteil der Studierenden ist mit dem Bachelor-Abschluss zufrieden und hat damit gute Chancen im Berufsleben. Für die Professionalisierung der Sozialen Arbeit ist allerdings dieser frühe Abschluss eine Hypothek, vor allem im Vergleich mit der Psychologie. Im Berufsgesetz der Psychologie wird für die Führung der Berufsbezeichnung *Psychologin* bzw. *Psychologe* der Abschluss auch eines Master-Studiums verlangt, für Gesundheitspsychologin und Klinischer Psychologe muss man darüber hinaus ein postgraduales Studium absolvieren.

Der Start der Fachhochschulstudiengänge in den frühen 2000er-Jahren hatte ein Problem, das allerdings noch immer nicht bereinigt wurde. Es mussten Studiengänge aufgebaut werden, während es gleichzeitig nur wenige Sozialarbeiter*innen gab, die bereits eine akademische Ausbildung hatten. Es war also schwierig, zumindest die Kernbereiche adäquat zu besetzen. Einige Fachhochschulen starteten ein Nachqualifizierungsprogramm, das früheren Sozialarbeiter*innen einen akademischen Abschluss zumindest auf Masterniveau brachte. Erst langsam stieg dann auch die Zahl an Sozialarbeiter*innen, die ein Doktoratsstudium absolvierten. Allerdings ist die Zahl jener, die Sozialarbeit studiert und als Sozialarbeiter*in gearbeitet haben und die nun auch habilitiert wurden, kaum nennenswert. Die Akademisierung der Sozialen Arbeit hat zwar schon begonnen, aber sie ist noch lange nicht abgeschlossen. Inzwischen gibt es einen Sozialarbeitsstudiengang auf einer Privatuniversität, und es bleibt zu hoffen, dass es damit bald eine Promotionsmöglichkeit geben wird.

Eine besondere Situation in Österreich ist das Verhältnis der Sozialarbeit zur Sozialpädagogik. Es gibt wenige Sozialpädagog*innen, die auf den Universitäten ausgebildet werden, momentan gibt es nur in Graz einen Sozialpädagogik-Master. Ein Großteil jener, die als Sozialpädagog*innen auftreten, hat eine Ausbildung auf der Sekundarstufe: die ehemalige Erzieher*innenausbildung ist jetzt die dominante Ausbildung in Sozialpädagogik (Sting 2012). Der Berufsverband der Sozialen Arbeit hat sich vor Kurzem auch für die Sozialpädagog*innen geöffnet.

Ein Einbezug der zahlreichen Menschen im Feld der Sozialen Arbeit, die keine akademische Ausbildung oder die Sozialpädagogik-Schule absolviert haben, ist allerdings nicht angedacht.

Die Praxisfelder der Sozialen Arbeit wachsen weiter, und hier gibt es zahlreiche Beschäftigte, die kein Studium absolviert haben. Sie sind spät eingestiegen und haben teils on the Job und teils in Ausbildungen das Nötige gelernt. Sie spielen derzeit keine Rolle beim Versuch des Berufsverbandes, ein Berufsgesetz für die Soziale Arbeit zu etablieren, noch in Überlegungen, ihnen einen erleichterten Zugang zum Aufbau einer akademischen Bildung zu verhelfen. Wenn man von der Sozialen Arbeit in ihrer Breite sprechen will, so ist sie weiterhin ein vielfältiges Feld von Berufen, in dem viele Student*innen ihre Ausbildung zahlen, wobei diese Ausbildung ihnen nur jeweils einen relativ kleinen Bereich der Praxisfelder öffnet.

Wenn wir die Soziale Arbeit also in ihrer ganzen Breite erfassen wollen, erkennen wir einzelne Formen von Professionalisierung, gleichzeitig aber auch Formen der Dequalifizierung. Eine Reform der Ausbildungen ist vorerst nicht in Sicht.

Als 2001 die Fachhochschulstudiengänge etabliert wurden, schlossen 2005 die ersten Studierenden das Studium ab. In den ersten Jahren waren die neugegründeten Studiengänge noch stark mit dem Aufbau beschäftigt, erst nach der Etablierung der Bachelor-Studiengänge gegen Ende des Jahrzehnts wurden auch langsam die Forschungskapazitäten aufgebaut. Inzwischen gibt es ein forschendes

Lernen in den Studiengängen und einiges an drittmittelfinanzierter Sozialarbeitsforschung. Diese bleiben vorerst noch in einem bescheidenen Rahmen, da die österreichische Förderlandschaft weder Fachhochschulen noch die Sozialwissenschaften bevorzugt. Nennenswerte Stiftungen, wie es sie in Deutschland gibt, finden sich hier keine.

Trotzdem finden sich beachtliche Forschungsleistungen in einem insgesamt eher kleinen Feld. Als Publikationsorgan der Fachhochschulstudiengänge hat sich das Onlinejournal *soziales_kapital* etabliert. Es ist das zentrale Organ eines fachwissenschaftlichen Diskurses.

Ende 2012 wurde in Österreich die Österreichische Gesellschaft ogsa für Soziale Arbeit gegründet. Genaugenommen hat die Gründung der Fachgesellschaft mit der Akademisierung zu tun, aber gleichzeitig ist sie auch ein Schritt zur Professionalisierung. Ihre erste größere Tagung fand 2015 in Wien statt, heute besteht sie aus 13 Arbeitsgemeinschaften, die sich mit Forschungsthemen und Praxisfeldern beschäftigen. Im Rahmen der ogsa-Tagung wird gemeinsam mit dem Journal soziales_kapital der österreichische Wissenschaftspreis für Sozialarbeitswissenschaft vergeben (ogsa 2021).

Wichtig ist, dass wir diese bunte Landschaft haben. Und wichtig ist, dass es zahlreiche Leute gibt, die in einem Praxisfeld des Sozialen arbeiten, die aber keine Ausbildung haben, die systematisch ausgebaut werden könnte, so wie es eine akademische Ausbildung bietet.

Eine Betrachtung über das Gesamtfeld der Sozialen Arbeit in Österreich lässt sich anhand der zugänglichen Statistiken zum Arbeitsmarkt leider nicht generieren (vgl. Haberfellner/Sturm 2014). Untersuchungen darüber sind zumeist relativ eingeschränkt und beruhen zu einem Großteil auf Schätzungen über die Gesamtzahl der Personen, die in der Sozialen Arbeit bzw. in ihrem Nachbarfeld arbeiten. Eine Diskussion darüber, welche Bereiche zu diesem Feld gerechnet werden müssten, findet bisher in Österreich nicht statt. Insofern sind die Aussagen zur Entwicklung der Sozialen Arbeit in Österreich nur bruchstückhaft.

Eine aktuelle Untersuchung wurde von der Fachhochschule Salzburg abgeschlossen (vgl. Berner/Jakob/Schüll 2019). Auch bei ihr musste man sich mit Schätzungen zufriedengeben. Im Ergebnis haben wir es mit einer hohen intrinsischen Motivation der Beschäftigten zu tun. Diese Motivation ist mit der eigentlichen beruflichen Hauptaufgabe, nämlich dem Kontakt mit den Klient*innen, verbunden.

Gleichzeitig ist aber etwas anderes deutlich geworden: Der Arbeitsmarkt und die Organisationen sind streng geregelt. Selbst für Geschäftsführer*innen sind die Freiheitsgrade recht gering. Die Fördergeber, die Organisationen selbst, stecken den Rahmen sehr eng. Die Organisationen werden sehr stark durch das Management geführt werden, die fachlichen Freiheiten werden dadurch beeinträchtigt.

Wie sehen nun die Fachkräfte ihre Arbeit? Sie sehen die Professionalisierung, die vor allem eine Akademisierung ist. Sie sehen die wesentlichen Änderungen, die durch die Digitalisierung hervorgerufen werden. Und sie sehen den großen Druck, der durch aufwendige Verfahren der Dokumentation ausgeübt wird. Was auffällig ist, ist das nur wenige daran interessiert sind, aufzusteigen. Sie haben weniger Zutrauen zu dem, was sie in einer Führungsposition beeinflussen könnten, und sie möchten den Kontakt zu den Klient*innen nicht verlieren. Sie sind davon überzeugt, dass Soziale Arbeit wirkt. Ein weiteres Ergebnis der Untersuchung ist eine Struktur der Motivation. All diese Ergebnisse passen gut zu einer widersprüchlichen Entwicklung der Professionalisierung, obwohl diese hier nicht gemessen wurde (vgl. Berner/Jakob/Schüll 2019).

Schließlich sei noch ein Ausblick auf die Digitalisierung, die den Beruf in der Zukunft prägen wird, geworfen: Bisher hat die Soziale Arbeit sich sehr wenig mit den Fragen der Digitalisierung befasst. Sie hat noch zu wenig erkannt, dass Digitalisierung und vor allem Data Science nicht nur Bereiche sind, die das Alltagsleben verändert, sondern auch die Soziale Arbeit. Wir werden erkennen müssen, dass wir aktiv hineingehen müssen – nicht nur dass die Jugendarbeit WhatsApp und Instagram benutzt. Nebenbei bemerkt: Die Wiener Jugendarbeit präsentiert dieser Tage Leitlinien zur digitalen Jugendarbeit, die deutlich darüber hinausgehen (vgl. Pöyskö/Pantuček-Eisenbacher/Anderle 2020; Wiener Leitlinien für digitale Kinder- und Jugendarbeit 2021).

Wir werden uns mit digital informierten und desinformierten Menschen auseinandersetzen müssen, und wir werden solche Menschen auch in den eigenen Reihen haben. Zudem werden wir lernen müssen, digitale Medien mit unseren Klient*innen zu nutzen.

Die Mediatisierung ist bereits in den Dokumentationen angekommen. Sie wird aber noch deutlicher werden bei der Einschätzung von Menschen, sei es über künstliche Intelligenz, über Data Science (Sweet/Schiermeyer 2020). Die Soziale Arbeit wird sich damit dringend auseinandersetzen müssen. Die Professionalisierung wird sich in Zukunft u.a. auf diesem Feld entscheiden: Wird die Soziale Arbeit an der Entstehung ihrer eigenen digitalen Basis teilnehmen, oder werden ihre digitalen Mittel von außen bestimmt?

5 Fazit

Diese hier skizzierten Professions- und Disziplinentwicklungen im Wissenschaftsfeld der Sozialen Arbeit in der Schweiz, der Bundesrepublik Deutschland und Österreich zeigen, dass immer wieder sehr intensive Debatten über mögliche hochschulpolitische Einordnungen geführt werden. Nur durch den Abbau von bestehenden Diskrepanzen in den Bereichen der staatlichen und rechtlichen Regulierungen, der Geschlechter-, Digital- und Nachhaltigkeitspolitiken, der Qualität von Ausbildungsinhalten, der Theorie- und Wissenschaftsentwicklung könnten zukünftig weitere Spaltungen im Projekt „Professionalisierung Sozialer Arbeit“ (Meyer 2020: 122) verhindert werden.

Literatur

AvenirSocial (2017): Die nationale Kampagne von AvenirSocial: Eine Ausbildung in Sozialer Arbeit bürgt für Qualität. Grundlagendokument. http://avenirsocial.ch/wp-content/uploads/2020/04/Mediendossier_Ausbildungskampagne.pdf [Zugriff: 16.08.2021].

Berner, Heiko (2019): Motive und Muster berufsbiografischer Veränderungen im sozialen Bereich. Forschungsbericht. In: soziales_kapital Nr. 22: http://soziales-kapital.at/index.php/sozialeskapital/article/view/645/1160, S. 162–181 [Zugriff: 07.09.2021].

Berner, Heiko /Jakob, Astrid/Schüll, Elmar (2019): Berufsbiografien im Sozialen Sektor (BeSo). Kontinuitäten, Brüche, Übergänge. In: Vortrag an der ogsa-Tagung 2019 in Salzburg, 18.03.2019: https://ogsa.at/wp-content/uploads/2019/01/Berner-H.-Jakob-A.-Schüll-E.-2019-PPT-Berufsbiografien-im-sozialen-Sektor.pdf [Zugriff: 07.09.2021].

Braches-Chyrek, Rita (2013): Jane Addams, Mary Richmond und Alice Salomon. Professionalisierung und Disziplinbildung Sozialer Arbeit. Opladen: Verlag Barbara Budrich.

Epple, Ruedi/Kersten, Anne (2018): In der Sackgasse: Soziale Arbeit zwischen Professionalität und Professionalismus. In: Schweizerische Zeitschrift für Soziale Arbeit. H. 18 und 19/20, S. 107–131.

Friese, Marianne (2016): Bedeutung inklusiver Berufsbildung für Care Work. In: www.bwpat.de/ausgabe30/friese_bwpat30.pdf [Zugriff: 19.08.2021].

Haberfellner, Regina/Sturm, René (2014): Zur Akademisierung der Berufswelt: Europäische und österreichische Entwicklungen im Kontext von Wissensgesellschaft, Wissensarbeit und Wissensökonomie, AMSreport Nr. 106. Wien. Arbeitsmarktservice Österreich (AMS).

Hering, Sabine/Münchmeier, Richard (2010): Soziale Arbeit nach 1945. In: Thole, Werner (Hrsg.): Grundriss Soziale Arbeit. Wiesbaden: VS Verlag, S. 109–130.

Karsten, Maria-Eleonora (2017): Gesellschaftstheoretische und systematische Grundlegungen zu Sozialer Arbeit und Sozialpädagogik im gesellschaftlichen Wandel. In: Karsten, Maria-Eleonora/Kubandt, Melanie (Hrsg.): Lehramtsstudium Sozialpädagogik. Eine Bestandsaufnahme nach 20 Jahren. Reihe Werkstattbücher: Elementare Sozialpädagogik. Opladen: Verlag Barbara Budrich, S. 21–30.

Kruse, Elke (2010): Professionalisierung durch Akademisierung? Hauptstationen der Entwicklung der Ausbildung in der Sozialen Arbeit. In: Hammerschmidt, Peter/Sagebiel, Juliane (Hrsg.): Professionalisierung im Widerstreit. Zur Professionalisierungsdiskussion in der Sozialen Arbeit – Versuch einer Bilanz. München: AG SPAK, S. 42–58.

Landwehr, Rolf/Baron, Rüdiger (Hrsg.) (1983): Geschichte der Sozialarbeit. Weinheim: Beltz.

Lundgreen, Peter (1999): Berufskonstruktion und Professionalisierung in historischer Perspektive. In: Apel, Hans Jürgen/Horn, Klaus-Peter/Lundgreen, Peter/Sandfuchs, Uwe (Hrsg.): Professionalisierung pädagogischer Berufe im historischen Prozess. Bad Heilbrunn: Klinkhardt, S. 19–34.

Meyer, Nikolaus (2020): Spaltungen im Projekt „Professionalisierung Sozialer Arbeit. Eine professionstheoretische Deutung am Beispiel der gesamtstudierendenzahlen“. In: neue praxis 50, H. 2, S. 122–140.

ogsa Österreichische Gesellschaft für Soziale Arbeit (2021): https://www.ogsa.at/ [Zugriff: 25.10.2021].

Pöyskö, Anu/Pantuček-Eisenbacher, Christina/Anderle, Michaela (2020): Digitale Kinder- und Jugendarbeit in Wien. Eine Bestandsaufnahme. In: Soziales Kapital Nr. 24: https://soziales-kapital.at/index.php/sozialeskapital/article/view/704/1277 [Zugriff: 25.04.2022].

Statistik Austria (2021): https://www.statistik.at/web_de/services/statcube/index.html [Zugriff: 25.10.2021].

Staub-Bernasconi, Silvia (2018): Soziale Arbeit als Handlungswissenschaft. Auf dem Weg zur kritischen Professionalität. 2. vollst. überarb. und aktual. Auflage. Opladen/Toronto: Verlag Barbara Budrich.

Sting, Stephan (2011): Disziplin, meine Damen und Herren!. In: Anastiadis, Maria/Heimgartner, Arno/Kittl-Satran, Helga/Wrentschur, Michael (Hrsg.): Sozialpädagogisches Wirken. Münster. LIT.

Sweet, Charlotte/Schiermayer, Franz (2020): Ein alter Hut neu betrachtet? Systemische Quantensprünge in der Digitalisierung. In: Soziales Kapital Nr. 24: https://soziales-kapital.at/index.php/sozialeskapital/article/view/687/1241 [Zugriff: 25.04.2022].

SZSA, Schweizerische Zeitschrift für Soziale Arbeit. 2018, 19/20, 21/22.

Wiener Leitlinien für digitale Kinder- und Jugenarbeit (2021): https://www.wien.gv.at/freizeit/bildungjugend/jugend/digitale-leitlinien.html [Zugriff: 25.10.2021].

Zwilling, Michael/Riedi, Anna Maria (2018): Den Doktor machen. Ein PhD in Sozialer Arbeit dient dem eigenen Handlungsfeld. In: Sozial Aktuell, H. 10, S. 26–27.

Miteinander statt nebeneinander – Dialogische Wissensgenese von Wissenschaft und Praxis Sozialer Arbeit am Beispiel von WiF.swiss

Stefan Eberitzsch & Samuel Keller

Einleitung

Das Spannungsfeld zwischen *Kohäsion und Spaltung*, wie es sich die trinationale Tagung der DGSA, OGSA und SGSA zum Fokus gesetzt hat, stellt mit Blick auf Diskurse und Entwicklungen Sozialer Arbeit ein zentrales, wiederkehrendes Merkmal dar. Mit diesem Beitrag werden spezifische Aspekte von Kohäsion und Spaltung im Verhältnis von empirischer Wissenschaft und Handlungspraxis der Sozialen Arbeit in den Blick genommen. Dazu wird der auf eine dialogische Wissensentwicklung zwischen Praxis und Wissenschaft ausgelegte Ansatz der *Wissenslandschaft Fremdplatzierung – WiF.swiss* (vgl. Eberitzsch/Keller 2020) diskutiert. Dies geschieht vor dem Hintergrund der in der Schweiz steigenden Nachfrage nach wissenschaftlich fundierten Lösungsansätzen für soziale Probleme im Allgemeinen und im Bereich der außerfamiliären Platzierungen im Speziellen (vgl. Eberitzsch 2021). Zudem ist der Anwendungsbezug von Forschung der Fachhochschulen in der Schweiz gesetzlich gefordert (vgl. Art 26 Abs. 1 Hochschulförderungs- und -koordinationsgesetz, HFKG).

Insofern ist es notwendig das Verhältnis von Wissenschaft und Praxis zu reflektieren und Wege aufzuzeigen, wie wissenschaftliches Wissen und soziale Praxis füreinander fruchtbar gemacht werden können. Wie dies gesehen werden kann, ist fraglich und Ausgangspunkt fachlicher Debatten. Zwar sind Wissenschaft und Praxis aufeinander bezogen – so stellt z.B. Praxis das Forschungsfeld von Wissenschaft dar – bei genauerer Betrachtung können sie aufgrund unterschiedlicher Systemrationalitäten jedoch als dichotom und strukturell gespalten angesehen werden. Im Sinne eines stärkeren Bezugs von Wissenschaft und Praxis soll hier ein erprobter Ansatz der Bearbeitung dieses Dualismus beschrieben und kritisch reflektiert werden. Dabei wird das kohäsive Moment gerade im wechselseitigen Verständnis gesehen, wonach sowohl empirische Erkenntnisse in sozialen Innovationen münden können als auch umgekehrt Praxis Innovationen im Bereich der Forschung und Theoriebildung anregen kann. So zeigen internationale Studien auf, dass kohäsive

Elemente wie Kooperation und Dialog zwischen Wissenschaft und Praxis in verschiedenen Projekten explizit im Fokus stehen und dies zur Weiterentwicklung von Qualität, beispielsweise zu besseren Bedingungen für die Adressat*innen, führt (vgl. Hüttemann et al. 2016).

1 Wissensgenese zwischen Wissenschaft und Praxis: Dialogische Prozesse im Fokus

Mit Blick auf die Frage danach, wie dialogisch ausgestaltete Prozesse der Wissensgenese sowohl empirisch-theoretische als auch handlungspraktische Begründungen zur gemeinsamen Weiterentwicklung des Feldes Fremdplatzierung einbeziehen und einer dichotomen Aufspaltung entgegenwirken können, gilt es einen anderen Blick auf das sogenannte Theorie-Praxis-Problem zu finden.

1.1 Herausforderungen einer dialogischen Wissensentwicklung

Die Herausforderung, wie Theorien und Erkenntnisse des sozialen Systems Wissenschaft für das Handeln, Denken und Reflektieren in Praxissystemen orientierend werden können, ist nicht neu (vgl. Eberitzsch/Gabriel/Keller 2017). Sie wurde im disziplinären Diskurs teils als eine Art Transferproblem von wissenschaftlichem Wissen und dessen Anwendung betrachtet. Auch wurde betont, dass sich das wissenschaftliche Wissen gegenüber dem praktischen Handlungswissen durch einen höheren Grad an Rationalität auszeichne. Es wird heute jedoch weitgehend davon ausgegangen, dass ein Transfer, also eine einfache Umwandlung des Wissens, weder der Komplexität und den Eigenlogiken sozialer Praxis, hier der Sozialen Arbeit, noch den differenzierten Fragestellungen der dort handelnden Fachpersonen gerecht wird (vgl. Dewe 2012). Eine Annahme in der Professionalisierungsdebatte Sozialer Arbeit besagt hingegen, dass Fachpersonen der Praxis zur stellvertretenden Deutung und Bearbeitung von Problemlagen „spezialisiertes und abstraktes wissenschaftliches Wissen" fallbezogen verwenden können (vgl. Dewe et al. 1995). Doch zeigt sich, dass diese Annahme so nicht einfach bestätigt werden kann: Denn weisen Wissensbestände aus Theorie oder Empirie eine hohe Übereinstimmung mit dem bereits bestehenden Erfahrungswissen im Praxisfeld auf, können diese durch die Praxis als banale Erkenntnisse bewertet werden, die den finanziellen und zeitlichen Aufwand der Wissenschaft infrage stellen. Legt die Wissenschaft hingegen zu einem Bereich stark vom Erfahrungswissen abweichende, neue Wissensbestände vor, werden diese leicht als zu theorielastig, praxisfern oder unnütz bewertet und abgelehnt (vgl. Kromrey 1995). An diese Beobachtungen schließen Erkenntnisse von Schrapper (2015: 69) an, die darauf hinweisen, dass aus einem solchen, eher ablehnenden Umgang mit den Irritationen, die das wissenschaftliche Wissen mit sich bringen kann, Formen des *Nicht-Verstehens* resultieren. Die sind demnach mit dafür verantwortlich, dass gewisse Aspekte sozialer Situationen, beispielsweise die Bedarfslagen junger Menschen und ihrer Bezugssysteme, nicht erkannt oder übersehen werden. Mit Blick auf solche Nichtberücksichtung von vorhandenem Wissen in der Praxis, aber auch auf die überheblich oder anders unpassend wirkende Kommunikation dieses Wissens durch Wissenschaft, erscheint eine dialogische Entwicklung von Reflexionswissen als ein gangbarer Ansatz, um das beschriebene Dilemma, das sich aus den getrennten Wissenswelten ergibt, abzudämpfen (vgl. Eberitzsch/Gabriel/Keller 2017; Sommerfeld 2014). Theoretisches Wissen kann bestenfalls praktisch wirksam werden, indem Akteur*innen es sich durch Prozesse der Interpretation und Reinterpretation für die Bearbeitung konkreter Handlungsprobleme aneignen und so transformieren (vgl. Stark/Mandl 2000). Daraus kann schlussgefolgert werden, dass auch innovative Formen der für Soziale Arbeit relevanten Wissensproduktion im Dialog zwischen Wissenschaft und Praxis gewonnen werden müssen, indem sowohl Handlungswissen der Praxis für die Theoriebildung als auch Theoriewissen für die Praxis verwertbar wird (vgl. Sommerfeld 2014). Weil dieser Dialog sich nicht automatisch ergibt, muss dieser bewusst initiiert, eingeplant, strukturiert und begleitet werden. Dabei gilt es vorab festzulegen, welche Typologie des Dialogs angestrebt wird.

1.2 Typologien der Kooperation von Wissenschaft und Praxis

Weil der Bedarf der expliziten Förderung, Rahmung und Umsetzung unterschiedlicher Dialog- und Kooperationsformen zwischen Wissenschaft und Praxis in der Sozialen Arbeit erkannt ist, sind diese Formen selbst zum Gegenstand von Forschung geworden. So haben Hüttemann et al. (2016) aus 87 Projekten in Handlungsfeldern Sozialer Arbeit mit selbst deklarierter Kooperation eine Typologie mit fünf Kooperationstypen zwischen Wissenschaft und Praxis erarbeitet:

1) *Kooperation zwecks Erkenntnis*
   Moderater Anwendungsbezug; Steuerungs- und Deutungsmacht bei den Forschenden, distanziertes Verhältnis zwischen den Akteur*innen (Praxis behält trotz teilweise intensiven Austauschs passive Rolle); Zielgruppe der Erkenntnisse ist ‚scientific community'.

2) *Kooperation zwecks Verfahrensentwicklung*
   Initiative und Führungsrolle liegt bei den Akteur*innen aus der Wissenschaft; Zielgruppe der Erkenntnisse ist im Unterschied zum ersten Typus die ‚professional community'; hoher Anwendungsanspruch.

3) *Kooperation zwecks Weiterentwicklung der Organisation*
   Professionalisierungsbestrebungen; spezifische Feldkenntnisse der Forschenden erforderlich; Konglomerat von beteiligten Organisationen; im Unterschied zu den ersten zwei Typen ausgeprägte Orientierung an Praxis (oft auch als Auftraggebende).

4) *Kooperation zwecks Praxisgestaltung*
   Symmetrisches Verhältnis von Wissenschaft und Praxis und somit auch prinzipiell austauschbare Rollen in der Kommunikation; Veränderung der Praxis gilt als gemeinsames Interesse und Motiv.

5) *Kooperation zwecks politischer Entscheidungsfindung*
   Initiative und Steuerungsmacht liegt bei diesem Typus auf der Praxisseite; entsprechend sind konflikthafte Spannungsfelder zu erwarten zwischen wissenschaftlichen Ansprüchen, politischen Interessen und Handlungsdruck.

Es wird deutlich, dass der vierte Typus (*Kooperation zwecks Praxisgestaltung*) als nicht hierarchisch konzipiert ist und demzufolge Austausch und Interpretation in gegenseitiger Wechselwirkung am besten ermöglichen sollte (vgl. Eberitzsch/Gabriel/Keller 2017). Diese Kooperationsform wirkt mit ihrer dialogischen und kohäsiven Absicht objektiv betrachtet zwar sehr konstruktiv, zielführend und erkenntnisgenerierend. Dabei darf jedoch nicht vergessen werden, dass sie sowohl den oft anzutreffenden Wunsch der Praxis nach schnell abrufbaren Wissensformen zur Lösung von Handlungsproblemen als auch den oft anzutreffenden Wunsch der Wissenschaft nach einem autonomen und exklusiven Expert*innenstatus und entsprechend einseitigem Wissenstransfer übersehen könnte (vgl. Stark/Mandl 2000). Doch ohne das explizierte Ziel dialogischer Entwicklung von Reflexionswissen läuft man – nicht nur im Feld der Fremdplatzierung – Gefahr, dass relevante Erkenntnisse und Entwicklungen sich nicht angemessen entfalten können. Das kann beispielsweise im Feld der außerfamiliären Platzierung konkrete Auswirkungen darauf haben, was unter dem besten Interesse des Kindes verstanden werden soll (vgl. Albert/Bühler-Niederberger 2015).

2 Umsetzung von dialogischer Wissensgenese: die *Wissenslandschaft Fremdplatzierung – WiF.swiss* im Kontext fachlicher Anforderungen

Die konkrete Umsetzung der beschriebenen *Dialogischen Wissensentwicklung* bezieht sich immer auf einen gegebenen Kontext, hier der fachlichen Entwicklungen in der Schweiz. Insofern wird diese, vor der eigentlichen Projektbeschreibung, skizziert.

2.1 Professionalisierungsentwicklung und -bedarf bei außerfamiliären Platzierungen in der Schweiz

Die Professionalisierung im Bereich der Kinder- und Jugendhilfe und insbesondere der außerfamiliären Platzierung wird in der Schweiz seit geraumer Zeit vorangetrieben. Dies geschieht vor dem Hintergrund von veränderten Gesetzgebungen zum Kindesschutz und zur Partizipation von Betroffenen, sowie von Ergebnissen der Aufarbeitung der problematischen Heimgeschichte, aber insbesondere auch mit Blick auf die spezifischen föderalen Strukturen der Schweiz (vgl. Eberitzsch 2021; Schnurr 2019). So wird die Kinder- und Jugendhilfe nur sehr grundlegend mit Gesetzgebung des Bundes zum Kindesschutz flankiert. Es gibt kein mit Deutschland oder Österreich vergleichbares Leistungsgesetz. Die Verantwortung für dieses Feld liegt vor allem bei den 26 Kantonen und ist darüber hinaus auch Teil der Gemeindeautonomie. Insofern ist das Feld vom Nebeneinander statt Miteinander geprägt, regionale Angebotslandschaften und die Zusammenarbeit sind entsprechend unterschiedlich ausgestaltet und Zugangswege für Betroffene auf verschiedene Weise organisiert (vgl. Schnurr 2019). Dies führt zu einem hohen Bedarf an Fach- und Reflexionswissen in der Praxis und auf politisch-administrativen Steuerungsebenen. Im Hinblick auf die außerfamiliären Platzierungen sind zur Harmonisierung dieser Vielfalt eine Reihe von Entwicklungsanstrengungen sowie vermehrt Forschungsprojekte ersichtlich (vgl. Eberitzsch 2021; SODK/KOKES 2021). An dem Orientierungsbedarf der Praxis setzte insbesondere WiF.swiss als Angebot für kohäsive Wissensgenese an.

2.2 Die *Wissenslandschaft Fremdplatzierung – WiF.swiss* konkret

WiF.swiss will das Wissen zum Thema Fremdplatzierung an einem ergebnisoffenen Ort zwischen Praxis und Wissenschaft aufarbeiten und über eine Internetseite zur Orientierung und Weiterentwicklung zugänglich machen. Schon in der organisatorischen Anlage ist das Projekt auf den engen Austausch zwischen Praxis und Wissenschaft angelegt: So handelt es sich um ein gemeinnütziges Kooperationsprojekt des Departements Soziale Arbeit der Zürcher Hochschule für Angewandte Wissenschaften (ZHAW) und des Schweizerischen Fachverbands für Sozial- und Sonderpädagogik Integras, das von der Gebert Rüf Stiftung im Rahmen des Programms BREF gefördert wurde. Im Laufe des Projekts wurden Erkenntnisse und kantonale Praxen der Fremdplatzierung und Heimerziehung in der Schweiz gesammelt, verdichtet und zwischen Wissenschaft und Praxis in einem umfassenden Dialog bewertet sowie anschließend zu einer handlungsorientierten Darstellung zusammengestellt.

Ziel war dabei einerseits das Wissen aus der Forschung für die Praxis zu erschließen und auf der anderen Seite relevante Lücken in Forschung zu erkennen. Durch die Beteiligung von mehr als 130 Fach- und Leitungspersonen sowie von kantonalen und nationalen Gremien und Verbänden wurden die für die Praxis wesentlichsten Themen im Feld der Fremdplatzierung bestimmt. Davon ausgehend konnte eine kantonsübergreifende, fachliche Beschreibung der beiden zentralen Prozesse im Forschungsfeld, dem Platzierungs- und Betreuungsprozess (vgl. Abb. 1), erstellt werden. Ergänzt wurden diese durch die drei als am wirksamsten deklarierten Fachthemen *Diagnostik und Abklärung, Kooperation der Akteur*innen* und *Partizipation*, die anschließend im Fachdiskurs verortet wurden. Aus diesem Wissen entstand die Webseite www.wif.swiss und daraus wiederum weitere dialogische Anlässe.

Abb. 1: Darstellung des Betreuungsprozess auf www.wif.swiss

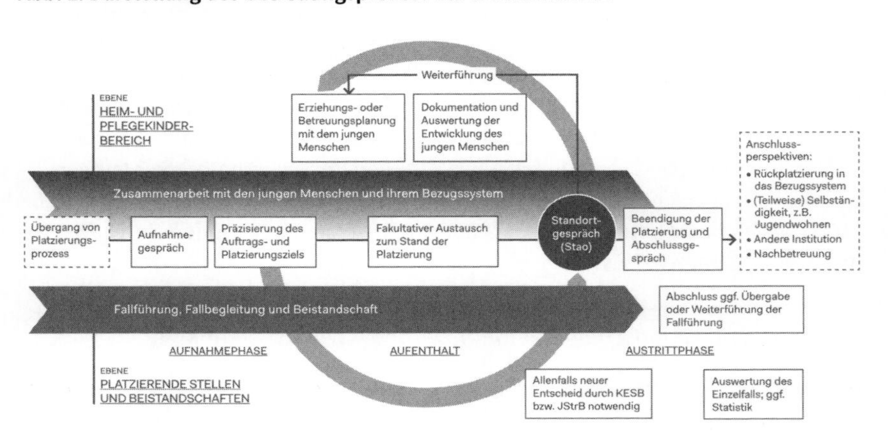

Quelle: Eberitzsch/Keller 2021

2.3 Dialogische Wissensentwicklung konkret

Im Rahmen von WiF.swiss wurde somit konkretisiert und erprobt, wie eine dialogische Wissensentwicklung umgesetzt werden kann. Um den in Kapitel 2.1 dargelegten Bedarfen gerecht werden zu können, waren für das unter 2.2 beschriebene Vorgehen vier zentrale Bausteine leitend für eine gemeinsame, dialogische Wissensentwicklung (vgl. Eberitzsch/Keller 2020):

1. *Gemeinsames, kreatives Sammeln von Bedarfen und Wissensbeständen*
   In Workshops mit Fachpersonen aus Praxis und Wissenschaft mit unterschiedlichen Rollen und Verantwortung wurden zentrale Themen und Prozesse sowie bestehendes Wissen zu Prozessen der Fremdplatzierung gesammelt und – als Ergänzung zu textbasierten Diskussionsgrundlagen – kreativ visualisiert.

2. *Wissenschaftliche Reflexion der Bedarfe und Verortung des Wissens*
   Auf der Basis des aktuellen Forschungsstands sowie einzelner Wissensbestände der Praxis, beispielsweise Handlungsanweisungen oder Prozessbeschreibungen, hat das Projektteam die gesammelten Themen und Wissensbestände in eine fundierte Darstellung des Platzierungs- und Betreuungsprozesses sowie in drei Fachthemen verdichtet (s.o.).

3. *Webbasierte Vermittlung von weiter diskutierbaren Inhalten*
   Die auf diesem dialogischen Wege entstandenen Ergebnisse wurden – nach weiteren Feedbackrunden mit dem Beirat – didaktisch und grafisch für die Publikation auf der Webplattform www.wif.swiss aufgearbeitet. Dazu wurden interaktive Flussdiagramme, Visualisierungen und Reflexionsfragen entwickelt. Die Plattform bietet so Orientierung zur Umsetzung und Begleitung einer Fremdplatzierung und Anregungen zur Reflexion professionellen Handelns. Dabei wird sie als ein lebendiges Handbuch verstanden, das über diverse Rückmeldemöglichkeiten weiterentwickelt wird.

4. *Bildung einer Community zur Sicherung eines längerfristigen Dialogs*
   Die so gewonnenen Ergebnisse werden kontinuierlich für die Webseite ausgearbeitet und laden zur Kommentierung ein. So soll sich WiF.swiss langfristig zu einer lebendigen Wissensbasis und einer dialogischen Community entwickeln.

Mit der so entstandenen internetbasierten *Wissenslandschaft* wurde ein erstmaliges Kompendium der Themen, fachlicher Konzepte und empirischer Ergebnisse, die bei einer Fremdplatzierung als relevant zu bewerten sind, frei zur Verfügung gestellt. Durch das niederschwellige Einholen von Rückmeldungen der Nutzer*innen (via Button auf jeder Unterseite) soll die Plattform ein gemeinsames Verstehen darüber ermöglichen, was sich in Praxis und Wissenschaft als hinderlich, als irritierend oder als wirksam zeigt. Weiterführend wird WiF.swiss in die Lehre und Weiterbildung eingebunden; zudem werden aktuelle Webinare zu aktuellen Themen der Praxis lanciert.

2.4 Dialogische Wissensentwicklung in kritischer Reflexion

In der dargestellten Form hat WiF.swiss seit 2015 also verschiedene Angebote für zirkuläre Wissensentwicklung zwischen Fachpersonen aus Praxis und Forschung geschaffen. Entlang zweier der oben genannten Bausteine (1. und 4.) von WiF.swiss sollen nachstehend einerseits konkrete Einblicke gegeben werden in ausgewählte kohäsive Entwicklungen von WiFs.wiss-Inhalten, die zur dialogischen Wissensgenese genutzt werden. Andererseits werden eben diese Inhalte am dargelegten Anspruch kritisch reflektiert:

1. Gemeinsames, kreatives Sammeln von Bedarfen und Wissensbeständen: „WiF-Zukunftsforum" mit Studierenden als Lernfeld für Dialoge?

Eines der drei aus Wissenschaft und Praxis als wirksam herausgearbeiteten Fachthemen für gelingende Fremdplatzierung stellt die *Kooperation der Akteur*innen* dar. Dieses wird auf WiF.swiss mit einer zur Reflexion anregenden Visualisierung (vgl. Abb.2), mit Texten, Reflexionsfragen und Materialien thematisiert. Darüber hinaus wurde im Rahmen von WiF.swiss ein regelmäßiges Bachelor-Seminar (*WiF-Zukunftsforum*) lanciert. Hier erhalten Studierende Sozialer Arbeit, die in Praktika Erfahrungen im Feld der Fremdplatzierung gesammelt haben, die direkte Möglichkeit, sich in der Formulierung fachlicher Kommentare und Ergänzungsvorschlägen zu Fachinhalten – hier dem Thema Zusammenarbeit – zu üben. Dies ermöglicht Studierenden als angehende Fachpersonen, ihre fachlichen und subjektiven Positionierungen einzunehmen und kritisch zu reflektieren. Auch können sie sich so erstmals als Teil des Fachdiskurses erleben, in dem ihre Sichtweisen zählen – bespielsweise mit dem Entwerfen und Stellen von eigenen Reflexionsfragen[1] zu einer Fachthematik.

1 https://www.wif.swiss/themen/zusammenarbeit-und-kommunikation-von-fachpersonen-1/zukunftslabor

Abb. 2: Visualisierung zum Fachthema „Kooperation der Akteure“ auf www.wif.swiss

Quelle: Eberitzsch/Keller 2021

Allerdings: Wenn die Studierenden nach der Ausbildung in die Praxis gehen, bleibt – mit Rückgriff auf die Kooperationstypologie von Hüttemann et al. (2016) – unsicher, ob die niederschwellige Einladung zum Diskurs aus dem Hochschulseminar langfristig anhält: Nur wenn auch in konkreter Praxis eine kritische Diskussion der auf WiF.swiss angeregten Fachthemen stattfindet, kann Qualität entsprechend entwickelt werden – ansonsten bleibt die Logik näher bei einem Buch, das gelesen und dann ins Regal gestellt wird.

2. Bildung einer Community zur Sicherung eines längerfristigen Dialogs: Entdecken blinder Flecken dank nicht expertokratischer Kommunikation?

Wie oben dargelegt, geht WiF.swiss vom Grundsatz aus, dass fachliche Orientierungen Praxis zwar zu handlungsleitenden Reflexionen im jeweiligen Feld anregen, diese jedoch nur begrenzt durch Standards vorgegeben werden können. Dank der daraus entstandenen Haltung, alle interessierten Fachpersonen niederschwellig an der Wissensgenese zu beteiligen, wurde die WiF-Plattform im Jahre 2018 mit einigen kritischen Rückmeldung zum Fachthema *Partizipation* über die Rückmeldefunktion der Webseite konfrontiert: In einer Kritik wurde – u.a. auch von jungen Menschen aus der Kinder- und Jugendhilfe – die kritische Rückfrage geäußert, dass WiF.swiss, vor lauter Fokus auf Dialog zwischen Wissenschaft und Praxis, die Beteiligung der Adressat*innen eben dieser Qualitätsentwicklungen vergessen bzw. nicht angemessen berücksichtigt habe.

Dieses Beispiel belegt einerseits, dass interaktive Fachwebseiten als niederschwellige Austauschorte wahrgenommen und genutzt werden. Das ist eine zentrale Voraussetzung, damit eher passive Wissensempfänger*innen interaktiver Teil einer Wissenscommunity werden können. Andererseits ist eine Plattform zur dialogischen Wissensgenese fachlich nur dann glaubwürdig, wenn die Rückmeldungen in Form von Fragen, Kritik, Ergänzungen nicht nur entgegengenommen, sondern auch zu weiteren Entwicklungen aufgenommen werden. Deshalb hat das Projektteam der Wissenslandschaft Fremdplatzierung WiF.swiss diese Kritik 2018 als Anlass genommen, um entlang dieser Fragen ein ergänzendes Projekt zu lancieren und unter dem Titel *„Wie wir das sehen“ –Die Sichtweise fremdplatzierter Kinder als Ausgangspunkt für Qualitätsentwicklung* die Perspektive junger Menschen in der Heimerziehung in den Mittelpunkt zu stellen. Erste Zwischenergebnisse, die auch in WiF.swiss berücksichtigt werden, wurden vorgelegt (vgl. Eberitzsch/Keller/Rohrbach 2020). Darüber hinaus konnten im Rahmen dieses Projekts Materialien gemeinsam mit jungen Menschen, die in Einrichtungen leben, entwickelt werden, die zur Sensibilisierung von Fachpersonen und betroffenen jungen Menschen genutzt werden können (vgl. Rohrbach/Eberitzsch/Keller 2021).

3 Fazit: Trialog statt Dialog

Wie die zwei vorangegangenen kritisch reflektierten Beispiele aus der *Wissenslandschaft Fremdplatzierung – WiF.swiss* zeigen, kann im Hinblick auf die Kooperationstypen nach Hüttemann et al. (2016) die Plattform und Community als eine Mischform gesehen werden, die sich aus Typ 4, im Sinne einer gemeinsamen Praxisgestaltung, und Typ 1, da Steuerung und letztendliche Verantwortung beim Projektteam liegen, zusammensetzt. Die Wahl dieser Form beruht u.a. auf dem Wissen über die nach wie vor bei vielen Akteur*innen im Feld dominante, dualistische Sicht auf Wissen aus Wissenschaft und Erfahrungswissen der Praxis. Die in diesem Beitrag reflektierten Erfahrungen im Rahmen des Projekts WiF.swiss zeigen, dass es möglich ist wissenschaftliche und handlungspraktische Erkenntnisse zu begrifflich-theoretischen Orientierungen zu verdichten und im Dialog weiterzuentwickeln. Eine kooperative Grundhaltung sowie gegenseitige geteilte und gleichverstandene Begriffe zwischen den unterschiedlichen Akteur*innen und Professionen sind als Wirkfaktoren der Kinder- und Jugendhilfe bekannt (vgl. Nüsken/Böttcher 2018).

Gleichwohl zeigen die aus den in WiF.swiss realisierten Dialogen entstandenen Wissensbestände, dass die gemeinsame Entwicklung von Wissen von einer partizipativen Rahmung, einer ergebnisoffenen Kommunikation und genügend Zeit abhängig ist. Können diese Voraussetzungen nicht hergestellt werden, besteht das Risiko einer verkürzten Auffassung des Dialog- und Qualitätsbegriffs, der den fachlichen Wirkungsansprüchen im komplexen Feld der Fremdplatzierung nicht gerecht werden kann (vgl. Gabriel/Keller 2015). Damit dies langfristig ermöglich wird, scheint es entscheidend, dass zwischen Hochschulen und Praxis immer wieder Anlässe für die gemeinsame Wissensentwicklung initiiert werden, die – unabhängig von Einzelfällen und Handlungsdruck – genügend Raum und Zeit für den Dialog lassen. Hierzu können Plattformen wie WiF.swiss eine etablierte Struktur und Kontakte zu vielen Personen aus Praxis und Wissenschaft bieten. Deutlich wird aber auch, dass die für WiF.swiss grundlegende Prämisse des Dialogs blinde Flecken schaffen kann: So werden allenfalls grundlegende Strukturprobleme zugunsten von handlungsorientierten Lösungen von Praxisproblemen ausgeblendet und kaum reflektiert und bearbeitet. Am Beispiel der jungen Menschen als Adressat*innen des generierten Wissens kann gar schlussgefolgert werden, dass kohäsive Plattformen für Wissenschaft und Praxis wie diejenige von WiF.swiss nicht auf einen Dialog, sondern auf einen Trialog (Wissenschaft – Praxis – Adressat*innen) zur zielführenden Wissensgenese ausgelegt sein müssten, um den Bedarfen und Sichtweisen der Betroffenen selbst einen Ort zu geben.

Literatur

Albert, Lars/Bühler-Niederberger, Doris (2015): Invisible children? Professional bricolage in child protection. In: Children and Youth Services Review, 57, S. 149–158.

Dewe, Bernd (2012): Reflexive Sozialpädagogik. Grundstrukturen eines neuen Typs dienstleistungsorientierten Professionshandelns. In: Thole, Werner (Hrsg.): Grundriss Soziale Arbeit. Einführendes Handbuch. 4. Auflage. Wiesbaden: Springer VS, S. 197–217.

Dewe, Bernd/Ferchhoff, Wilfried/Scherr, Albert/Stüwe, Gerd (1995): Professionelles soziales Handeln. Soziale Arbeit im Spannungsfeld zwischen Theorie und Praxis. Weinheim: Juventa.

Eberitzsch, Stefan (2021): Über welche Wissensbestände zur Qualitätsentwicklung ausserfamiliärer Platzierungen verfügen wir? Der Forschungsstand zur Heimerziehung in der Schweiz. In: Zeitschrift für Kindes- und Erwachsenenschutz, 4, S. 333–350.

Eberitzsch, Stefan/Gabriel, Thomas/Keller, Samuel (2017): Fallverstehen in der Fremdplatzierung: Wie kann im Dialog zwischen Praxis und Theorie neues Reflexionswissen entstehen? In: Messmer, Heinz (Hrsg.): Fallwissen. Wissensgebrauch in Praxiskontexten der Sozialen Arbeit. Opladen: Verlag Barbara Budrich, S. 63-92.

Eberitzsch, Stefan/Keller, Samuel (2020): Kooperation von Wissenschaft und Praxis unter den Bedingungen von Beschleunigung: Reflexionen zu dialogischen Formen von Wissensgenese und -anwendung im Rahmen des Projekts WiF.swiss. In: Schweizerische Zeitschrift für Soziale Arbeit, 26, S. 11–28.

Eberitzsch, Stefan/Keller, Samuel (2021): Wissenslandschaft Fremdplatzierung – WiF. swiss. https://www.wif.swiss/ [Zugriff: 31.08.2021].

Eberitzsch, Stefan/Keller, Samuel/Rohrbach, Julia (2020): Partizipation als Teil von Schutzkonzepten in der Heimerziehung: Die Sichtweisen der jungen Menschen. In: ISA (Hrsg.): ISA-Jahrbuch zur Sozialen Arbeit 2020. Münster: Waxmann, S. 142–158.

Gabriel, Thomas/Keller, Samuel (2015): Von Menschen und Wirkungen: warum die Frage „was wirkt?" gefährlich und notwendig zugleich ist. In: Integras (Hrsg.): „Wirkung! Immer schneller, immer besser?". Zürich: Eigenverlag, S. 21–36.

HFKG: Bundesgesetz über die Förderung der Hochschulen und die Koordination im schweizerischen Hochschulbereich (Hochschulförderungs- und -koordinationsgesetz, HFKG) vom 30. September 2011 (Stand am 1. März 2021). Bundesversammlung der Schweizerischen Eidgenossenschaft.

Hüttemann, Matthias/Rotzetter, Fabienne/Amez-Droz, Pascal/Gredig, Daniel/Sommerfeld, Peter (2016): Kooperation zwischen Akteuren aus Wissenschaft und Praxis. In: neue praxis, 3, S. 205–221.

Kromrey, Helmut (1995): Empirische Sozialforschung. Opladen: UTB.

Nüsken, Dirk/Böttcher, Wolfgang (2018): Was leisten die Erziehungshilfen? Eine einführende Übersicht zu Studien und Evaluationen der HzE. Wiesbaden/Basel: Beltz Juventa.

Rohrbach, Julia/Eberitzsch, Stefan/Keller, Samuel (2021): Beteiligung junger Menschen im Alltag der stationären Kinder- und Jugendhilfe verstehen und fördern: Die Aktionsbox „Wie wir das sehen". In: ej – evangelische jugendhilfe, 4, S. 280–285.

Schnurr, Stefan (2019): Kinder und Jugendhilfe in der Schweiz. In: Jugendhilfe, 57, 1, S. 13–18.

Schrapper, Christian (2015): Durchblicken und verstehen, was der Fall ist? Zur „Unendlichen Geschichte" der Kontroversen um eine sozial(pädagogische) Diagnostik. In: Bolay, Eberhard/Iser, Angelika/Weinhardt, Marc (Hrsg.): Methodisch Handeln – Beiträge zu Maja Heiners Impulsen zur Professionalisierung der Sozialen Arbeit (Forschung und Entwicklung in der Erziehungswissenschaft). Wiesbaden: Springer, S. 61–75.

Sommerfeld, Peter (2014): Kooperation als Modus der Verknüpfung von Wissenschaft und Praxis am Beispiel der Sozialen Arbeit. In: Unterkofler, Ursula/Oestreicher, Elke (Hrsg.): Theorie-Praxis-Bezüge in professionellen Feldern. Wissensentwicklung und -verwendung als Herausforderung. Opladen: Verlag Barbara Budrich, S. 133–155.

SODK & KOKES. (2021). Empfehlungen zur ausserfamiliären Unterbringung der Konferenz der kantonalen Sozialdirektorinnen und Sozialdirektoren (SODK) und der Konferenz für Kindes- und Erwachsenenschutz (KOKES). Genehmigt am 6. November 2020 vom Vorstand der KOKES und am 20. November 2020 von der Plenarversammlung der SODK. Triner AG, Media + Print, Schwyz.

Stark, Robin/Mandl, Heinz (2000): Das Theorie-Praxis-Problem in der pädagogisch-psychologischen Forschung – ein unüberwindbares Transferproblem? (Forschungsbericht Nr. 118). LMU München: Lehrstuhl für Empirische Pädagogik und Pädagogische Psychologie. ISSN 1614-6336.

Soziale Ausschließung und Partizipation – die Notwendigkeit koproduktiver (Gender) Wissensbildung zwischen Hochschule und beruflicher Praxis der Sozialen Arbeit

Elke Schimpf & Alexandra Roth

Ausgehend davon, dass Wissensbildungsprozesse im Kontext des Studiums Soziale Arbeit sowohl an der Hochschule als auch in der beruflichen Praxis stattfinden, zeigen wir anhand unserer aktuellen Forschungen[1] exemplarisch die Relevanz kooperativer und koproduktiver (Gender)Wissensbildung an der Schnittstelle von Hochschule und Praxis. Dabei gehen wir der Frage nach, wie in Bezug auf *begleitete Praxisphasen*[2] im Studium Soziale Arbeit Artikulations- und Verständigungsräume für koproduktive Wissensbildungsprozesse zwischen Hochschule und beruflicher Praxis generiert und etabliert werden können und welche Kohäsionsmomente diese beinhalten.

Vor dem Hintergrund aktueller gesellschaftlicher Spaltungen, Polarisierungen und (neuer) sozialer Ungleichheiten werden in diesem Beitrag vor allem Orientierungen und Positionierungen in Prozessen sozialer Ausschließung fokussiert und der Blick ist auf Gender*Wissen als relevantem Professionswissen der Sozialen Arbeit (vgl. Ehlert 2020; Bereswill/Ehlert 2012) gerichtet. Ausgehend davon, dass „Geschlecht ein zentraler Wirkfaktor sozialer Ungleichheit“ darstellt, der in Verbindung mit anderen Wirkfaktoren (Intersektionalität) „auf soziale Ausschließung und Ausgrenzungsprozesse verweist“ (Bitzan 2021: 533), geht es uns darum, Zusammenhänge und Bezüge von Gender- und Professionswissen empirisch zu erfassen, gerade weil diese oftmals verdeckt wirken. *Gender* fungiert in der beruflichen Praxis – aber auch an Hochschulen und in Forschungsprozessen – meist nicht als bewusst reflektierte und ausdrücklich bezeichnende Kategorie (vgl. Fleßner 2013)

---

1 Das empirische Material entstammt den beiden vonseiten des HMWK geförderten Forschungsprojekten *(Praxis)Anleitung und Gender(Wissen): Kollektive Wissensbestände und Positionierungen im Berufsfeld der Sozialen Arbeit (2018–2019) und Gender-Macht-Wissen: Kooperative Wissensproduktion zwischen Hochschule und professioneller Praxis in der Sozialen Arbeit (2020–2021)*

2 Näheres zu *begleiteten Praxisphasen* im Studium Soziale Arbeit siehe Kriener/Roth/Burkard/Gabler 2021.

und sowohl Gender*Wissen als auch Geschlechterordnungen und -konstruktionen können erst über Verständigung und Austausch der alltäglichen Erfahrungen und des alltäglichen (beruflichen) Handelns thematisiert und reflexiv zugänglich gemacht werden (vgl. Roth/Schimpf 2020). In unserem Beitrag werden zunächst (Wissens)Hierarchien und daraus resultierende Dynamiken wie auch wechselseitige Verunsicherungen skizziert, die in der Begegnung differenter Wissensformen und der sozialen Ordnung im Forschungsprozess entstehen bzw. reproduziert werden und die für koproduktive (Gender)Wissensbildungsprozesse bedeutsam sind. Sichtbar gemacht werden damit die Herausforderungen in der Forschungspraxis, genderbezogenes Erfahrungswissen im beruflichen Alltag von Fachkräften der Sozialen Arbeit zu erkunden, die Studierende im Rahmen *begleiteter Praxisphasen* anleiten.[3] Daran anschließend zeigen wir mit der dokumentarischen Rekonstruktionspraxis, welche Relevanz Geschlecht als Bestandteil des Professionswissens für die Wahrnehmung und Deutung von Prozessen sozialer Ausschließung hat und wie diese an der Schnittstelle von Hochschule und Praxis empirisch zugänglich gemacht werden können, aber auch welche Irritations- und Verunsicherungsprozesse damit verbunden sind. Abschließend stellen wir Perspektiven und Handlungsansätze für eine koproduktive (Gender)Wissensbildung im Kontext *begleiteter Praxisphasen* im Studium Soziale Arbeit vor und zeigen daran die Relevanz von *Gender* als Analyse- und Reflexionskategorie für das Professionswissen sowie Kohäsionsmomente in ihrer Bedeutung für fachliche Diskurse und gesellschaftskritische Positionierungen zu sozialer Ausschließung und Partizipation.

Unsichtbares sichtbar machen: Gender als herausfordernde Forschungspraxis

Im Kontext *begleiteter Praxisphasen* bewegen sich Studierende in einer Art ‚Pendelbewegung' zwischen den beiden Lern- und Bildungsorten Hochschule und berufliche Praxis und werden dabei herausgefordert, die Kompetenz zu entwickeln, „sich auf die Praxis einzulassen und sich von ihr distanzieren zu können" (Kösel 2014: 14). Daran wird häufig auch der „Unterschied zwischen der wissenschaftlichen Expertise und dem professionalisierten Wissen" (Bohnsack 2020: 20) deutlich. Während es sich bei wissenschaftlichem Wissen um explizierbare Wissensbestän-

3 In begleiteten Praxisphasen werden Studierende der Sozialen Arbeit am Lern- und Bildungsort berufliche Praxis in der Regel von staatlich anerkannten Sozialarbeiter*innen/Sozialpädagog*innen mit entsprechender Berufserfahrung begleitet und angeleitet, die wir als anleitende Fachkräfte im Berufsfeld bezeichnen (Roth/Schimpf 2020).

de handelt, ist professionalisiertes Wissen – Erfahrungswissen – in der Regel als implizite und habitualisierte Wissensform nur schwer zugänglich und die Initiierung „praktischer Reflexionspotentiale“ (ebd.: 123) stellt für die Forschungspraxis eine Herausforderung dar. Das Sichtbarmachen sowie die Bewältigung dieses Spannungsfeldes können jedoch die Handlungsspielräume für alle am Forschungsprozess Beteiligten erweitern. Damit verbunden ist vonseiten der Forschenden ein Eintauchen in die *Logik der Praxis*, in „implizite Orientierungen und Reflexionspotentiale“ (ebd.: 128), um deren *praktische Klugheit* zu erkennen (vgl. Bohnsack/ Kubisch/Streblow-Poser 2018). Die Kontaktaufnahme der Forschenden, die *Gender* ganz selbstverständlich als fachlichen Begriff nutzen, erzeugt zunächst Unsicherheiten und Irritationen. Die Rekonstruktion dieser liefert für den Forschungsprozess bedeutsame Erkenntnisse und verweist darauf, dass differente Wissensformen und Wissensbestände im Wissenschaftsfeld und im Berufsfeld unterschiedlich präsent und zugänglich sind und einer hierarchisierenden Klassifikation unterliegen (vgl. Busche/Streib-Brzic 2019). Konkret zeigen sich „Zumutungen“ (Wolff 2008: 335), die die Kontaktaufnahme kennzeichnen. So werden z.B. die zeitlichen Ressourcen, die Fachkräfte für die Teilnahme an Gruppendiskussionen zur Verfügung stellen müssen, aber auch die Adressierungen bei der Kontaktaufnahme als Zumutung erlebt. Folgendes Beispiel aus der Forschungspraxis kann dies verdeutlichen: Mit der Anfrage der Forschenden nach einer Beteiligung der Fachkräfte an Gruppendiskussionen sind zwei zentrale Adressierungen verbunden: Die Adressierung als *anleitende Fachkraft* und die Adressierung als *genderreflektierende Fachkraft*. Damit wird vonseiten der Forschenden die Rolle der Anleitung in Beziehung zu *Gender* gesetzt. Zugleich wird über den Begriff *Gender* ein akademischer Diskurs aufgerufen, der sich vom Alltagswissen bzw. den beruflichen Selbstverständlichkeiten vieler Fachkräfte unterscheidet. *Gender* ist als theoretischer und analytischer Begriff in der beruflichen Praxis nicht unbedingt geläufig und “mit der Schwierigkeit behaftet, als normativer Anspruch und Mehrarbeit gesehen zu werden, deren Mehrwert im praktischen Handlungsalltag durch mögliche Komplexitätserhöhungen, droht übersehen zu werden“ (Rainer 2020: 171).

An dieser Stelle lässt sich fragen, welche Hinweise auf die Standortgebundenheit der Forschenden daraus generiert werden können und inwieweit bereits über die Kontaktaufnahme durch Adressierungen Artikulations- und Verständigungsräume zwischen Hochschule und beruflicher Praxis geöffnet bzw. verschlossen werden. Die interaktive Verstrickung der Forschenden kann beim Thema *Gender* verstärkt werden, vor allem sowohl aufgrund der theoretischen Ansprüche der Forschenden als auch aufgrund der hierarchisierten Wissensordnungen und der damit verbundenen Herausforderungen, Zugänge zum Erfahrungswissen zu finden und praktische Reflexionspotenziale zu aktivieren. Hinzu kommt, dass Genderdebatten öffentlich in hohem Maß normiert und moralisiert sind und Chancengleichheit und Gleichberechtigung in diesen Debatten inzwischen als erreicht gelten. Gleichzeitig stellt sowohl akademisches Gender*Wissen als auch Genderforschung europaweit aktuell eine politisch umkämpfte Konfliktarena dar, die Ausschließungs- und gesellschaftliche Spaltungsprozesse befördert (vgl. Hark/Villa 2015).

Interessant ist, dass sich ein verbindendes Element für die Teilnahme an den Gruppendiskussionen[4] rekonstruieren lässt, welches wir mit *persönlichem Kontakt* zu mindestens einem*einer der Forschenden und zur Hochschule identifiziert haben. Dieses weist auf eine *gewisse Vertrautheit* hin, beinhaltet aber auch Verstrickungen mit den Forschenden. Die Herstellung einer Verbindung mit der Hochschule bzw. mit einzelnen Forschenden ist für alle Eröffnungspassagen der Gruppendiskussionen charakteristisch. So lässt sich z.B. fragen, wie sich diese Vertrautheit auf die Entwicklung der Arbeitsbündnisse[5] im Forschungskontext auswirkt und inwiefern darüber wechselseitige Verständigungen und Annäherungen in Bezug auf den Forschungsgegenstand ermöglicht werden. Der Frage nachzugehen, welche Arbeitsbündnisse im Forschungssetting ‚Gruppendiskussion' entstehen und wie in diesem Kontext partizipative und kooperative Verständigungsprozesse gefördert werden können, damit die Forschungssituation als Begegnungs- und Artikulationsraum von allen Beteiligten wahrgenommen und genutzt werden kann, ist bedeutsam, um praktische (Gender)Reflexionspotenziale zu aktivieren. Denn „erst die Möglichkeit einer gegenseitigen Bezugnahme unter Statusgleichen ermöglicht eine Selbstthematisierung sowie eine Positionierung zu Gender_Wissen – auch im Anleitungskontext" (Roth/Schimpf 2020: 138).

4 Im Rahmen des vonseiten des HMWK geförderten Forschungsprojekte *(Praxis)Anleitung und Gender(Wissen): Kollektive Wissensbestände und Positionierungen im Berufsfeld der Sozialen Arbeit (2018–2019)* fanden fünf zweistündige Gruppendiskussionen mit insgesamt 20 anleitenden Fachkräften aus unterschiedlichen Handlungsfeldern der Sozialen Arbeit statt. Die Auswertung erfolgte mit der Dokumentarischen Methode. Eine weitere Gruppendiskussion aus der explorativen Phase (2017) mit sieben Fachkräften wird bei der Analyse kontrastierend einbezogen.

5 Näheres zu Arbeitsbündnissen als Analysekategorie von Konflikt- und Machtverhältnissen in Forschungsprozessen der Sozialen Arbeit siehe u.a. Roth/Schimpf 2020 und Schimpf/Stehr 2012.

„... *da ist man wieder sozusagen bei der Genderfrage*“: Die Verbindung von Gender- und Professionswissen öffnet den Blick für soziale Ausschließungsprozesse

Im Folgenden wird anhand einer Sequenz aus einer Passage der Gruppendiskussion E, an der vier anleitende Fachkräfte teilnehmen, die Relevanz von Geschlecht als Bestandteil des Professionswissens in der Sozialen Arbeit dargestellt. Die ausgewählte Sequenz beginnt nach dem ersten Drittel der Gruppendiskussion und schließt an eine Passage an, in der eine der Fachkräfte (E4) problematisiert, dass *Gender* nur als Querschnittsthema im beruflichen Alltag verstanden wird und somit kaum professionelle Relevanz in der beruflichen Praxis erhält und deshalb auch nicht als Bestandteil des professionellen Handelns betrachtet wird. E3 beginnt dann mit einer Unterteilung in zwei gesellschaftliche ‚Entwicklungen‘, die jeweils für ‚gewisse Schichten‘ in Zusammenhang mit Erwerbsarbeit bedeutsam werden, und beschreibt deren Einfluss auf die Relevanz von *Gender*:

E3: Ich hab eben gedacht, es gibt, glaub ich, so zwei Entwicklungen, also es gibt, ich nenn’s jetzt mal so, ab gewissen Schichten Erwerbsleben alles läuft mittlerweile gleich, da ist so‘n ne also Mann und Frau das das zerschmelzt quasi so also man ist, also es gibt ja nicht mehr die, es ist ja jetzt ne Kinderphase muss jetzt nicht mehr durch, [...] ausschließlich die Frau. Also ich find, da mischt sich ganz viel, es arbeiten beide, es ist also und dann das was eben so beschrieben wurde, so am [Straßenname] ((lachen)) wo’s vielleicht auch nochmal darum geht, ja sich ((ausatmen)) anderswo vielleicht auch Erwerbstätigkeit nicht so ne Rolle spielt, also wo so‘n anderes, wo man sich anders nochmal behaupten muss, wo irgendwie ob das auch nochmal, wo man vielleicht auch nochmal hingucken muss oder auch in diesem Flüchtlingsbereich neu irgendwo anzukommen, neue Strukturen ähm da auch nochmal, dass da diese Themen dann wieder relevant werden, aber in dem wo jetzt <u>wir so leben</u>, das vielleicht gar nicht mehr so’n Thema is. Also hab ich grad so, ähm und aber natürlich in anderen Bereichen oder in schwierigeren Situationen, das durchaus nochmal ne Rolle, ne andere Rolle spielt. -

E1: Also ich weiß gar nicht, ich hab so das Gefühl das ist ja ganz oft nen Thema zum Beispiel auch

E3: L Mhh, also.

E1: wenn wenn Frauen die berufstätig waren, Mutter werden und dann plötzlich aus diesem Kontext der Tätigkeit rausfallen wieder in Abhängigkeit zu ihrem Mann geraten, ist ja eher nen Mittelschichts oder ja.

E3: L Aber das gibt es ja kaum noch, also es ist ja schon so, dass ich, so erleb

E1: L Was, also
E3: ich's dass Frauen maximal noch'n Jahr vielleicht Zuhause
E1: L Echt?
E3: bleiben, dann aber wieder in die Erwerbstätigkeit gehen.

In dieser Sequenz dokumentieren sich bereits unterschiedliche Aspekte und Perspektiven auf *Gender*. Zunächst fällt auf, dass *Gender* binär konstruiert und verhandelt wird und mit den Kategorien *Schicht* und *Erwerbsleben* in Verbindung gebracht wird. E3 folgt in ihrer Argumentation dem aktuell wirkmächtigen Gleichheitsmythos – *„alles läuft mittlerweile gleich"*. In dieser Entwicklung wird Gleichheit als ein *„Zerschmelzen"* von Mann und Frau beschrieben, in der es keine Unterschiede mehr gibt. Sorgeverhältnisse und damit verbundene Care-Aufgaben werden als *„Kinderphase"* benannt, die inzwischen nicht mehr *„ausschließlich die Frau"* übernehmen muss, denn *„da mischt sich ganz viel, es arbeiten beide"*. Gleichberechtigung wird über Erwerbsarbeit und individuelle Lebensplanung erreicht. Gleichzeitig wird eine zweite Entwicklung elaboriert, in der *„vielleicht Erwerbsarbeit nicht so ne Rolle spielt, [...] wo man sich anders nochmal behaupten muss"*. Bezug genommen wird dabei auf Quartiere mit ‚besonderem Entwicklungsbedarf' sowie den *„Flüchtlingsbereich"*. In diesen Kontexten werden Genderthemen *„wieder relevant"*. In der Beschreibung schwingen zugleich Milieudifferenzen mit, denn *„in dem wo jetzt wir so leben"* sei das *„vielleicht gar nicht mehr so'n Thema"*.[6] Mit ihrer Argumentation des gesellschaftlichen Bedeutungsverlust von *Gender* werden die eigenen Deutungsmuster als dominante Perspektive selbstverständlich genommen und universalisiert, dabei werden diejenigen die diesen nicht entsprechen als die ‚Anderen' markiert. *Gender* wird als ‚Spezialthema' auf die ‚Anderen' bezogen und damit exkludiert. Dieser Zuordnung und Besonderung von *Gender* schließt sich E1 nicht an, vielmehr setzt sie *Gender* als gesellschaftlich allgemein relevant. Argumentativ wird diese Relevanz in Bezug auf berufstätige Frauen elaboriert, sobald diese Mutter werden *„und dann plötzlich aus diesem Kontext der Tätigkeit rausfallen wieder in Abhängigkeit zu ihrem Mann geraten, ist ja eher ein Mittelschichts[thema]"*. Damit bringt E1 einen anderen Orientierungsgehalt ein. Sie widerspricht der Klassenzuschreibung von E3, dass Chancengleichheit inzwischen erreicht sei, worauf diese sofort mit *„Aber das gibt es ja kaum noch"* reagiert und ausführt, dass *„Frauen maximal noch'n Jahr vielleicht Zuhause bleiben, dann aber wieder in die Erwerbstätigkeit gehen"*. Während sich in dieser Sequenz die Relevanz bzw. der Bedeutungsverlust von

6 Die Dokumentarische Methode zielt weniger auf reflektierte Wissensbestände, als auf „jene die Praxis, also die habituellen Praktiken, orientierenden handlungsleitenden Wissensbestände, die als ‚konjunktives' Wissen je milieuspezifisch ausgeprägt sind" (Bohnsack 2006: 140).

Gender im Kontext von Erwerbstätigkeit und Mutterschaft sowie in Milieudifferenzen, hierarchisierenden Zuschreibungen und exkludierenden Markierungen aufspannt und sich darin bereits unterschiedliche Orientierungsgehalte dokumentieren, werden in der nachstehenden Sequenz weitere Aspekte und Dimensionen von *Gender* als Strukturkategorie alltagsnah auch im beruflichen Kontext verhandelt:

E1: Aber nicht voll oder seltenst, also das erleb ich überhaupt nicht.

E3: L Also es gibt schon Mischfo/, also ich seh nicht mehr so dieses [...] äh dieses also ich glaub, dass sich das so'n bisschen ab, also ich sehe n sehr schnelles Zurückkommen irgendwie, also so kurz dieses Jahr Elternzeit und dann aber schon wieder [...] ich habe den Eindruck, das verändert sich, aber es kann jetzt auch ne irgendwie, ich gucke ja auch mit nem Fokus auf [...]

E1: L Also ich glaub, es verengt sich aber nicht auf jetzt ne bestimmte Schicht im Sinne von [Straßenname], also wenn wir in den Stadtteil gucken, zum Beispiel mit dem

E3: L Hm

E1: Generationenprojekt, dann gucken wir ja auch hin und sehen, ok da sind ganz viele Witwen zum Beispiel, also ganz viele verwitwete ältere Frauen, die ähm

E3: L Hm L Hm

E1: teilweise prekär leben und es gar nicht anzeigen oder das gar nicht so wahrnehmen, die nicht mehr in das oberste Geschoss reinkommen, weil keine Wohnraumanpassung gar nicht ma nicht möglich sind, sondern überhaupt net <u>gedacht</u> werden und da is man ja auch wieder sozusagen bei der Genderfrage, also von daher, seh ich seh also ich glaube, wenn man's sehen <u>will</u>, kann

E3: L Hm

E1: man's in vielen Bereichen sehen, vollkommen schichtunabhängig, würd ich jetzt sagen. -

E3: L Hm

E2: Da würd ich mich anschließen. - Also wir sind ja auch in sozialen Brennpunkten vertreten [...] in den Stadtteilen [...] begleite ich auch seit zehn Jahren und im Café sind auch, ähm Senioren zum Beispiel oder Senior/also Frauen verwitwete Frauen, also genau die gleiche Zielgruppe, die jetzt beschrieben wurde, ham wir auch vertreten und da is es auch, fällt uns auf, um stadtteilorientierte Arbeit also Angebote zu schaffen und so weiter, da musste man auch wieder hingucken, da kam die Genderfrage auch wieder hoch, ne und das viele in die Abhängigkeit gehen, weil sie irgendwie mit'm Geld also weil die Rente einfach zu klein ist ne oder auch äh die nicht mehr in den zweiten

Stock hochkommen und so weiter, also die gleiche Problematik sehen wir auch da ne und ähm oder nicht nicht mehr in die Stadt irgendwo hinfahren können, ins Café zu gehen und so weiter ne, also ganz verschiedene Aspekte kommen da hoch. Ähm ja also wie gesagt, da is auch ähm spezifisch nochmal hinzugucken, gerade [bei] Angebote[n] [...] ----

E3: L Hm

E1 argumentiert, dass Frauen, sobald sie Mutter werden nur noch selten eine Vollzeitstelle in der Erwerbsarbeit antreten. E3 geht darauf nicht ein, sondern verweist auf ein *„sehr schnelles Zurückkommen“* nach einem *„kurzen Jahr Elternzeit“*. Dabei wird mit der Äußerung: *„das verändert sich“* an den in der ersten Sequenz eingeführten Orientierungsrahmen einer erreichten Gleichberechtigung angeknüpft. E1 führt *Gender* dagegen als einen sozialen Wirkfaktor ein, der *„nicht auf [eine] bestimmte Schicht im Sinne von bestimmten Stadtteilen“* bezogen werden kann. Dabei nimmt sie Bezug auf ihre beruflichen Alltagserfahrungen und beschreibt, dass *„ganz viele verwitwete ältere Frauen [...] teilweise prekär leben [...] das gar nicht anzeigen oder gar nicht so wahrnehmen“*. Mit ihrer Anmerkung *„da ist man ja auch wieder bei der Genderfrage”* verweist sie auf die strukturelle Ebene und nutzt *Gender* als Strukturkategorie, wodurch soziale Ungleichheiten und Ausschließungsprozesse sichtbar werden. *Gender* wird als Wirkfaktor sozialer Ungleichheit *„in vielen Bereichen“* benannt, der *„vollkommen schichtunabhängig“* und damit gesellschaftlich allgemein relevant ist. Mit ihrer Äußerung: *„wenn man's sehen will, kann man's in vielen Bereichen sehen“* weist sie auf „geschlechtshierarchische Verdeckungszusammenhänge“ (Tifs 2000) hin und ein professionelles Selbstverständnis, soziale Ungleichheiten im (beruflichen) Alltag wahrzunehmen. E2 validiert die Position von E1 *„da würde ich mich anschließen“* und sagt *„genau die gleiche Zielgruppe, die jetzt beschrieben wurde, ham wir auch vertreten [...] die gleiche Problematik“*. Sie teilt berufliche Erfahrungen mit E1 in der Verschränkung von Altersarmut und *Gender* und elaboriert diese mit einer Verallgemeinerung *„dass viele in Abhängigkeit gehen, weil sie irgendwie mit'm Geld also weil die Rente einfach zu klein ist [...] nicht mehr in die Stadt irgendwo hinfahren können [...] also ganz verschiedene Aspekte kommen da hoch“*. Sie argumentiert, dass sie bei der Angebotsentwicklung *„da wieder hingucken“* musste und die *„Genderfrage“* diesbezüglich bedeutsam ist.

Sichtbar wird in dieser Sequenz, wie sehr eigene Annahmen und (Alltags-)Erfahrungen die Wahrnehmungs- und Deutungsmuster in Bezug auf *Gender* bestimmen. Dabei zeigt sich auch, wie wirkmächtige (Gender)Diskurse die subjektiven Ansichten und Vorstellungen und das Reden über die Geschlechter beeinflussen. Welche Relevanz *Gender* als Strukturkategorie in Bezug auf die Wahrnehmung und

Deutung sozialer Ungleichheit und sozialer Ausschließung hat, kommt in der ausgewählten Sequenz exemplarisch zum Ausdruck.

Gerade Gruppendiskussionen bieten die Möglichkeit der wechselseitigen Bezugnahme, worüber handlungsleitendes Erfahrungswissen, kollektive Orientierungen und Erfahrungsräume rekonstruiert werden können. Zugleich werden bereits in der Forschungssituation konflikthafte gesellschaftliche Verhältnisse, Widersprüche und Spannungsfelder alltagsnah für die Beteiligten deutlich, die praktische Reflexionspotenziale befördern.

Wissensbildungsprozesse an der Schnittstelle von Hochschule und Praxis initiieren – Perspektiven für eine koproduktive (Gender)Wissensbildung

Eine bedeutsame Frage im Kontext unserer Forschungen ist, wie koproduktive (Gender)Wissensbildungsprozesse initiiert und gestaltet werden müssen, um Forschung als einen gemeinsamen Artikulations- und Verständigungsraum mit Fachkräften der Sozialen Arbeit zu eröffnen, indem ihre alltäglichen Erfahrungen im Berufsfeld eingebracht und sichtbar gemacht werden können. Fachkräfte der Sozialen Arbeit sind immer wieder neu herausgefordert, sich in widersprüchlichen gesellschaftlich dominanten wie auch populistischen (Gender)Diskursen fachlich zu positionieren und Handlungsansätze weiterzuentwickeln. Mögliche Deutungen gesellschaftlichen Wandels und gesellschaftlicher Entwicklungen und damit verbundene Paradoxien von Gleichheit und Ungleichzeitigkeit in Geschlechterverhältnissen stellen einen Bedarf nach Vergewisserung und Orientierung dar.

Gelingt es den Beteiligten im Forschungsprozess, wechselseitige Irritations- und Verunsicherungsprozesse zuzulassen, können präreflexiv-implizite Wissensbestände[7] eingebracht und zu Momenten unmittelbarer Verständigung oder auch Nicht-Verständigung führen. Denn *Gender* wird insbesondere dann ein Thema, wenn eigene Vorstellungen und Selbstverständnisse irritiert und infrage gestellt werden. Die Möglichkeiten der wechselseitigen Bezugnahme in Gruppendiskussionen, worin sich ein professionelles Selbstverständnis von Gender*Wissen als Teil des Professionswissens dokumentiert, lassen *Gender* als relevanten Wirkfaktor sozialer Ausschließungsprozesse sichtbar werden. Diese wechselseitige Bezugnahme und geteilte Orientierung können auch als Kohäsionsmoment benannt werden, indem gesellschaftliche Machtverhältnisse und Platzierungen mittels (Gender)Wis-

7 Im Sinne Bourdieus habitusspezifischer Sinnbildungsprozesse und des atheoretischen Wissens nach Mannheim.

sensproduktionen als relevantem Professionswissen bedeutsam werden und einen Zusammenhang bilden. Die für diesen Beitrag ausgewählte Passage weist jedoch exemplarisch auch auf Ambivalenzen sozialer Kohäsion und sozialer Ungleichheit hin und verdeutlicht die Wirksamkeit von gesellschaftlich machtvollen Diskursen sowie hierarchisierenden Gruppenbildungsprozessen und Prozessen sozialer Ausschließung (vgl. Oelkers/Schwierz 2016). Eine zentrale Frage ist deshalb, wie koproduktive (Gender)Wissensproduktionen zwischen Profession und Disziplin selbst (weiter)gedacht und intraprofessionelle Perspektiven und Formate zwischen Hochschulen und beruflicher Praxis der Sozialen Arbeit (weiter)entwickelt werden können, um differente Wissensformen und Wissensbestände miteinander in Verhandlung zu bringen und fachpolitische Mandate gemeinsam zu artikulieren. Gerade der curriculare Rahmen im Studium der Sozialen Arbeit mit *begleiteten Praxisphasen* kann als Artikulations- und Verständigungsraum für koproduktive (Gender)Wissensbildungsprozesse und Kohäsionsmoment in der Trias von Hochschullehrenden, Studierenden und Fachkräften der Sozialen Arbeit genutzt werden, darüber können auch Kontinuität und eine *gewisse Vertrautheit* entstehen, die für gemeinsame Wissensbildungsprozesse bedeutsam sind.

Literatur

Bereswill, Mechthild/Ehlert, Gudrun (2012): Frauenberuf oder (Male)Profession? Zum Verhältnis von Profession und Geschlecht in der Sozialen Arbeit. In: Bütow, Birgit/Munsch Chantal (Hrsg.): Soziale Arbeit und Geschlecht. Herausforderungen jenseits von Universalisierung und Essentialisierung. Münster: Westfälisches Dampfboot, S. 92–107.

Bitzan, Maria (2021): Das Geschlechterverhältnis als Strukturelement sozialer Ausschließung. In: Anhorn, Roland/Stehr, Johannes (Hrsg.): Handbuch Soziale Ausschließung und Soziale Arbeit. Band 1. Wiesbaden: Springer VS, S. 533–555.

Bohnsack, Ralf (2020): Professionalisierung in praxeologischer Perspektive. Zur Eigenlogik der Praxis in Lehramt, Sozialer Arbeit und Frühpädagogik. Stuttgart: UTB.

Bohnsack, Ralf/Kubisch, Sonja/Streblow-Poser, Claudia (2018): Soziale Arbeit und Dokumentarische Methode. In: Bohnsack, Ralf/Kubisch, Sonja/Streblow-Poser, Claudia (Hrsg.): Soziale Arbeit und Dokumentarische Methode. Methodologische Aspekte und empirische Erkenntnisse. Opladen/Berlin/Toronto: Verlag Barbara Budrich, S. 7–38.

Bohnsack, Ralf (2006): Qualitative Evaluation und Handlungspraxis. Grundlagen dokumentarischer Evaluationsforschung. In: Flick, Uwe (Hrsg.): Qualitative Evaluationsforschung. Konzepte, Methoden, Umsetzungen. Reinbek bei Hamburg, S. 135–155.

Busche, Mart/Streib-Brzic, Uli (2019): Die Entwicklung heteronormativitätskritischer Professionalität in Reflexions-Workshops. Zur Verbindung von pädagogischem

Erfahrungswissen und wissenschaftlichem Erkenntniswissen im Kontext von Praxisforschung. In: Baar, Robert/Hartmann, Jutta/Kampshoff, Marita (Hrsg.): Geschlechterreflektierte Professionalisierung. Geschlecht und Professionalität in pädagogischen Berufen. Opladen/Berlin/Toronto: Verlag Barbara Budrich, S. 83–101.

Ehlert, Gudrun (2020): Professionalität und Geschlecht – Perspektiven der Geschlechterforschung und geschlechtertheoretische Überlegungen zum Professionalisierungsdiskurs in der Sozialen Arbeit. In: Rose, Lotte/Schimpf, Elke (Hrsg.): Sozialarbeitswissenschaftliche Geschlechterforschung. Methodologische Fragen, Forschungsfelder und empirische Erträge. Opladen/Berlin/Toronto: Verlag Barbara Budrich, S. 23–39.

Fleßner, Heike (2013): Geschlechterbewusste Soziale Arbeit. In: Enzyklopädie Erziehungswissenschaft Online EEO. Weinheim/Basel: Beltz Juventa.

Hark, Sabine/Villa, Paula-Irene (Hrsg.) (2015): Anti-Genderismus. Sexualität und Geschlecht als Schauplätze aktueller politischer Auseinandersetzungen. Bielefeld: transcript.

Kriener, Martina/Roth, Alexandra/Burkard, Sonja/Gabler, Heinz (Hrsg.) (2021): Praxisphasen im Studium Soziale Arbeit. Weinheim/Basel: Beltz Juventa.

Kösel, Stephan (2014): Theorie-Praxis-Figuren in der Praxisausbildung. In: Roth, Claudia/Merten, Ueli (Hrsg.): Praxisausbildung konkret. Opladen/Berlin/Toronto: Verlag Barbara Budrich, S. 247–274.

Oelkers, Nina/Schierz, Sascha (2016): Ambivalenzen sozialer Kohäsion und sozialer Ungleichheit. In: Sozialmagazin, 16, 12, S. 7–11.

Rainer, Heike (2020): Datenkonstruktion zum Verständnis von Gender in Interviews mit Fachkräften der Schulsozialarbeit – Reflexive Überlegungen. In: Rose, Lotte/Schimpf, Elke (Hrsg.): Sozialarbeitswissenschaftliche Geschlechterforschung. Methodologische Fragen, Forschungsfelder und empirische Erträge. Opladen/Berlin/Toronto: Verlag Barbara Budrich, S. 165–183.

Roth, Alexandra/Schimpf, Elke (2020): Der Forschungszugang als Konfliktfeld – Gruppendiskussionen und Gender_Wissen. In: Rose, Lotte/Schimpf, Elke (Hrsg.): Sozialarbeitswissenschaftliche Geschlechterforschung. Methodologische Fragen, Forschungsfelder und empirische Erträge. Opladen/Berlin/Toronto: Barbara Budrich, S. 131–151.

Schimpf, Elke/Stehr, Johannes (2012): Forschung und ihre Verstrickungen und Positionierungen in Konfliktfeldern der Sozialen Arbeit. In: Schimpf, Elke/Stehr, Johannes (Hrsg.): Kritisches Forschen in der Sozialen Arbeit. Gegenstandsbereiche – Kontextbedingungen – Positionierungen – Perspektiven. Wiesbaden: Springer VS, S. 107–135.

Tifs – Tübinger Institut für frauenpolitische Sozialforschung e.V. (Bitzan, Maria/Funk, Heide/Stauber, Barbara) (Hrsg.) (2000): Den Wechsel im Blick – Methodologische Ansichten feministischer Sozialforschung, 2. Aufl. Pfaffenweiler: Centaurus.

Wolff, Stephan (2008): Wege ins Feld und ihre Varianten. In: Flick, Uwe/von Kardorff, Ernst/Stein, Ines (Hrsg.): Qualitative Forschung. Ein Handbuch. Hamburg: Rowohlt, S. 334–349.

Widerspruch und Prozess als Grundfragen der Sozialen Arbeit

Wege zur Kohäsion in Zeiten der Spaltung

Werner Schönig

1 Einleitung

Auch wenn bei pointierten und oftmals zu plakativen Zeitdiagnosen Vorsicht geboten ist, so spricht doch vieles dafür, in der zunehmenden sozialökonomischen Spaltung einen der wesentlichen Grundzüge der heutigen gesellschaftlichen Entwicklung zu sehen. In der Marktgesellschaft, jener spezifische Kombination aus Marktwirtschaft und Nationalstaat, die nach Polanyi (1973/1944) Ergebnis der großen Transformation ist, setzt sich die Marktsteuerung zunehmend durch und dies hat zur Konsequenz, dass wir uns aller Orten mit alten und neuen, jeweils zunehmenden Prozessen sozialer Spaltung konfrontiert sehen: Einkommen und Vermögen, Wohn- und Lebensbedingungen, Arbeitsverhältnisse, Zugang zu gesunden Lebensmitteln, zu guten Bildungswegen, technischer und sozialer Infrastruktur, zu sozialem Kapital, zu Wegen der Alterssicherung und vieles mehr sind in einem zunehmenden Maße ungleich verteilt, sodass man in der Summe und Interdependenz/Intersektionalität von einer zunehmenden sozialökonomischen Spaltung von Lebenslagen/Verwirklichungschancen sprechen kann.

Man kann diesem großen Trend eine korrespondierend groß angelegte Utopie entgegenstellen, wie sie jüngst Wolfgang Streeck (2021) vorgestellt hat, oder auf Staatsebene einen praktisch relevanteren, allerdings neokeynesianischen Lösungsweg aufzeigen (vgl. Raworth 2017 mit ihrem Konzept der Donut-Ökonomie), in den auch die Soziale Arbeit recht umstandslos systematisch eingebunden werden könnte. Dieses Vorgehen mag zwar der Sozialen Arbeit helfen, auf der übergeordneten Ebene allein werden jedoch nicht die Spaltungsprobleme gelöst werden können.

An der Basis sozialer Probleme bleiben nur Widerspruch und Handlung im kleineren Maßstab, im Hier und Jetzt, wieder und wieder. In diesem Widerspruch gegen sozialökonomische Spaltung entfaltet sich die Soziale Arbeit, aus der Ablehnung von Spaltung schöpft sie ihre Kraft, die Spaltung in Kohäsion zu überführen, ist ihr großes Ziel.

Dabei ist Kohäsion – im Gegensatz zur Spaltung – „ein facettenreicher Begriff“ (Schierz/Oelkers 2016: 7), der allerdings mit dem schlichteren Begriff des Zusammenhalts sehr gut übersetzt und verstanden werden kann. Worauf dieser Zusammenhalt beruht und wie er funktioniert, das eben zeigt eine Menge Facetten. So kann auch die Soziale Arbeit als eine dieser Facetten angesprochen werden. In jedem Fall setzt das Handeln der Sozialen Arbeit den Widerspruch voraus, aus dem sie dann den weiteren Prozess entwickelt.

2 Widerspruch, Dialektik und Integration in der Sozialen Arbeit

2.1 Facetten von Widerspruch und Anderssein

Wovon lebt die Soziale Arbeit?, so kann man in Anlehnung an Silbermanns (1957) klassisches Werk zur Musiksoziologie fragen. Was treibt sie an, was ist ihr Motor? Aspekte sind sicher Wunsch und Kompetenz zur professionellen Hilfe, aber was treibt diese Hilfe an? Möglicherweise ist es der Widerspruch selbst, der sowohl den Impuls setzt als auch die alltägliche Arbeit prägt.

Keine Soziale Arbeit ohne Widerspruch, dies zeigt sich in vielen Facetten. Sie widerspricht und widersteht dem Status quo des Verhaltens und der Verhältnisse, und sie geht dabei sehr weit, denn Kritik und Widerspruch sind in der Sozialen Arbeit „schon fast habituell geworden, eher als Reflex als ein Zeichen von Reflexivität“ (Neumann 2021: 17). Die Soziale Arbeit ist dabei selbst widersprüchlich in ihrem Bemühen, unterschiedlichen Mandaten zu genügen. Wieder und wieder Widerspruch, Widerstand, Widerstreben und Widerstehen. Hieraus entwickelt sich etwas, hier wirkt der Motor des Prozesses, möglichst zum Besseren, oftmals aber auch nicht, mit oder ohne Soziale Arbeit.

Beispiele für den oben benannten habituellen Widerspruchsreflex finden sich vielerorts und bei vielen Gelegenheiten: Da werden in sozial-ökonomisch benachteiligten Stadtteilen Menschen bevorzugt gegen Corona geimpft – und es gibt gut begründeten Widerspruch seitens der Sozialen Arbeit, da bewähren sich in einer großen Kraftanstrengung der deutsche Sozialstaat und die Wirtschaft bei der Integration geflüchteter Menschen – und die Soziale Arbeit findet berechtigten Anlass zu Kritik. Kaum sagt jemand, dass etwas gut sei, so wird er/sie von der Sozialen Arbeit mit richtigen Argumenten darauf hingewiesen, dass es nicht stimmt oder zumindest noch besser sein könnte. Das gute Leben ist anderswo.

Die Soziale Arbeit ist nicht konform, und wo sie es ist, da ist sie nicht bei sich. Sie ist der „sokratische Sporn“ (Carlisle 2019: 36) einer Gesellschaft, die doch gerne endlich einmal ihre sozialen Probleme gelöst hätte und die stattdessen immer wieder lernen muss, dass es im sozialen Leben keine endgültigen Lösungen geben kann und dass auch die vorübergehenden Lösungen nicht vollkommen sein können. So hat die Soziale Arbeit Ecken und Kanten, sie ist nicht „abgeschliffen wie ein rollender Kiesel" (Carlisle 2019: 104), und wo sie ‚Öl im Getriebe' ist, da ist sie immer auch ‚Sand im Getriebe' (vgl. am Beispiel der Gemeinwesenarbeit Schönig 2020: 140).

Das Selbstverständnis ex negativo hat einen Gewohnheits-, wenn nicht sogar einen Suchtfaktor für die Soziale Arbeit, steht jedoch ihrer nachhaltigen Identität und Akzeptanz im Wege. Dieser Drang, den Gegebenheiten und dem Verhalten zu widersprechen, ja widersprechen zu müssen, ist tief in die Soziale Arbeit eingeschrieben, und er ist nicht nur „fast habituell" (Neumann 2021: 17), wie Neumann oben vermutet hat, sondern so sehr Teil ihres Habitus, dass dessen grundlegende Bedeutung nicht leicht zu erkennen ist. Gelegentlich wird dieser beständige Drang sogar zum skandalisierenden Sturm.

Sieht man es positiv und denkt an den sokratischen Dialog (er findet sich explizit z.B. in Beratungssettings und in der aktivierenden Befragung), so kann der Widerspruch sicherstellen, dass keine voreiligen Gewissheiten akzeptiert werden. In diesem Sinne führt die Soziale Arbeit eine Existenz in Bewegung. Dann hat sie die Chance, gerade durch ihren Widerspruchsgeist in einer guten Balance zu bleiben, wenn These und Antithese in Richtung auf eine Verbesserung von Verhalten und Verhältnissen führen. Sieht man es negativ, so kann sich die Soziale Arbeit beim Widerspruch gegen Verhalten und Verhältnisse verstricken und selbst widersprüchlich werden.

Die Soziale Arbeit ist eins und doppelt und immer auf dem Weg (Schönig 2020a: 162); sie ist im Widerspruch und in ihrer Widersprüchlichkeit eine Profession sui generis, sie treibt und ist Getriebene. Ihre eigene Art liegt darin, dass sie, so wie sie ist, nicht nur nach außen Verhalten und Verhältnissen widerspricht, sondern auch nach innen keine Orthodoxie entwickelt und sich vielmehr als breites Feld heterodoxer, sich widersprechender Positionen (science of dissent, Schönig 2001: 526; Gruchy 1980) präsentiert. Ihre Heterodoxie ist somit kein Betriebsunfall oder Folge eines Mangels an Reflexion, sondern sie ist der Sozialen Arbeit wesenseigen: Aus ihrem Widerspruch und ihrer Widersprüchlichkeit folgt ihre Heterodoxie, und aus ihrer Heterodoxie folgt ihre Schwäche, die wiederum beständige Quelle neuen Widerspruchs ist.

Schütze (1992) hat erkannt, dass der Umgang der Sozialen Arbeit mit Paradoxien und Widersprüchen Kern ihrer Modernität ist. Dieser Umgang schließt zwar die Suche nach Konsens ein, jedoch ist dieser Konsens aus dem Widerspruch abgeleitet und von ihm abhängig. Aus dem Widerspruch entsteht die Soziale Arbeit, nicht aus dem Konsens. Der Konsens ist eines, aber nur eines ihrer möglichen Ziele und Ergebnisse. Er ist dem Widerspruch, der die Soziale Arbeit universell prägt, zeitlich nach- und habituell untergeordnet.

In ihrem Gegenstand zielt die Soziale Arbeit auf das soziale Problem in Gestalt „von sozial problematisch angesehenen Lebenssituationen von Menschen", weshalb sie diese Situationen „verhindern" und „bewältigen" will (Borrmann 2016: 62). Dabei setzt die Konstruktion von sozial problematisch angesehenen Lebenssituationen einen Widerspruch zum Status quo voraus. Ohne Widerspruch keine Problematik und ohne Problematik keine Soziale Arbeit.

Grundlage des Widerspruchs ist eine Diskrepanz von Sein und Sollen, die professionell definiert werden muss, weshalb normative Fragen in der Sozialen Arbeit eine besonders wichtige Rolle spielen. Der Gedanke des Widerspruchs kann auch auf die Soziale Arbeit als Profession übertragen werden. Hier ist die Soziale Arbeit eine „bescheidene Profession" (Schütze 1992), „SemiProfession" (Toren 1972) mit „alternativer Professionalität" (Olk 1986), mit „neuer Fachlichkeit" (Rauschenbach; Treptow 1984), die vor allem „reflexiv" sein soll (Dewe/Otto 2010) (zum fundierten Überblick Motzke 2014). Diese Suchbegriffe deuten – will man sie auf einen Begriff bringen – zunächst und vor allem darauf hin, dass die Soziale Arbeit als Profession anders ist als andere Professionen. Sie wird vor allem durch das Andere beschrieben, durch den Gegensatz, den Widerspruch zu anderen Berufen und anderen Professionen, wobei das Feld des Anderen weit ist und schlecht greifbar, divers statt monolithisch, heterogen statt homogen, Widerspruch statt Konsens. Der Widerspruch trägt keine Profession, aber er nährt ein Anderes, das mit dem anderen Anderen ein fragiles Eines bildet, das wiederum gerne Profession wäre.

In verblüffender Weise ähnelt diese Argumentation derjenigen, mit der Simone de Beauvoir einen grundlegenden Beitrag zum Feminismus geleistet hat. Ihr Werk „Das andere Geschlecht" (1949/2000) sagt im Kern, dass die Frau das sozial andere, inferiore Geschlecht gegenüber dem Mann ist, mit fragiler Identität, die Ursache und Folge ihres Andersseins ist. Diese feministische Argumentation hat eine kaum übersehbare Analogie in der Sozialen Arbeit als Frauenberuf: Auch die Soziale Arbeit sieht sich etablierten Professionen gegenüber, von denen sie materiell und fachlich abhängig ist. Sie hat daher mit stärkeren Konflikten und Identitätsfragen zu kämpfen, sie widerspricht dem Verhalten und den Verhältnissen, was ihr Anderssein weiter verfestigt, ohne dass sie leicht zu den etablierten Professionen aufschließen kann. Folgt daraus auch ein Fluch der späten Geburt im Wettbewerb der Professionen? So wie man nicht als Frau zur Welt kommt, sondern zur Frau wird, so ist der Sozialen Arbeit das Andere nicht existenzialistisch gegeben, sondern ihr aufgezwungen; sie wird zu dem Anderen gemacht, weil die Welt der Professionen von deren Konsistenz beherrscht wird.

Dabei konnte die Soziale Arbeit nicht früher entstehen, weil sie den Widerspruch braucht. Dieser strukturelle und habituelle Widerspruch gegen Verhalten und Verhältnisse ist, wie Camus bemerkt, erst im 19. Jahrhundert nach der Französischen Revolution möglich geworden. Als die bürgerliche Gesellschaft zwar gefestigt war, sich die Verteidiger des Status quo aber nicht mehr auf Gottes Gnaden berufen konnten, entwickelte sich „eine Literatur der Auflehnung" (Camus 2019/1957: 23). Indem die offiziellen Werte, das Verhalten und die Verhältnisse dauerhaft infrage gestellt wurden, konnte sich auch die moderne Soziale Arbeit entwickeln, da sie auf den Widerspruch angewiesen war. Zu diesem Zeitpunkt jedoch waren die anderen Professionen bereits etabliert und der Sozialen Arbeit blieb nur die Nische der Heterogenität, des Anderen.

2.2 Profession des integrierenden Widerspruchs

Definiert man die Soziale Arbeit als gesellschaftlich integrierende Intervention und Modus der privaten wie staatlichen Sozialpolitik (vgl. Schönig 2013), so zeigt schon allein der Interventionsbegriff, dass hier zunächst ein Widerspruch gegenüber dem gesellschaftlich als problematisch markierten Verhalten und den problematischen Verhältnissen vorliegen muss. Aus diesem Widerspruch folgt die Intervention, die wiederum das Ziel einer gesellschaftlichen, d.h. im breiten Sinne zu verstehenden Integration verfolgt. Widerspruch, Intervention und Integration sind somit eng verknüpft und markieren den Prozess der Sozialen Arbeit. Dies bedeutet: Die Theorie Sozialer Arbeit kann dadurch gewinnen, dass sie sich auf zwei Grundaspekte konzentriert: den Widerspruch und den Prozess, beides mit Blick auf soziale Probleme und integrierendes Handeln zu deren Bewältigung.

3 Prozessmodell Sozialer Arbeit

3.1 Grundlegende Elemente

Ein Prozessmodell Sozialer Arbeit (vgl. Schönig 2018) führt unterschiedliche Begriffe zusammen. Fokussiert man auf den Prozess, so rücken die Vorgeschichte und die Perspektiven, Phasen der Beschleunigung und der Verlangsamung, die Dramen des Scheiterns und die Erfolgsgeschichten in den Blick. Ihnen gegenüber spielen Zeitpunkte und Zustände eine geringere Rolle. Jener statische Aspekt ist eine diagnostische Krücke – administrativ eingefordert und pragmatisch umgesetzt –, aber letztlich dem dynamischen Wesenskern der Sozialen Arbeit fremd. Die Theorien Sozialer Arbeit können ihren Zweck nur erfüllen, wenn sie dynamisch angelegt sind. Dann betonen sie besonders die fortlaufenden Entwicklungen, die Übergänge und Brüche, die pfadabhängigen Entwicklungen und kritischen Weichenstellungen, welche mit dem Prozess der Sozialen Arbeit verbunden sind.

Blickt man nun zunächst auf die grundlegenden Elemente des Prozessmodells (vgl. Abbildung 1), so erkennt man die Soziale Arbeit, die selbst ein Prozess ist (Prozesse sind in den Abbildungen jeweils durch Pfeile dargestellt), umgeben von weiteren Prozessen, die ihr vor und nachgelagert sind. In ihrer logischen Struktur sind die vor und die nachgelagerten Prozesse einander gleich. Zudem können die vorgelagerten ebenso wie die nachgelagerten Prozesse im Wesentlichen drei Verlaufstendenzen zeigen, die jeweils in zwei Varianten auftreten können. Die drei Verlaufstendenzen sind in der Abbildung durch je einen Pfeil dargestellt, in den wiederum seine beiden Varianten eingezeichnet sind. Als Verlaufstendenz ist erstens eine *Verbesserung*, zweitens ein *Verbleib* oder drittens eine *Verschlechterung* mit ihren je zwei Varianten, erstens einer *gleichgerichteten Entwicklung* und zweitens einer *Entwicklung mit Wendepunkten,* denkbar.

Abbildung 1: Grundlegende Elemente des Prozessmodells Sozialer Arbeit

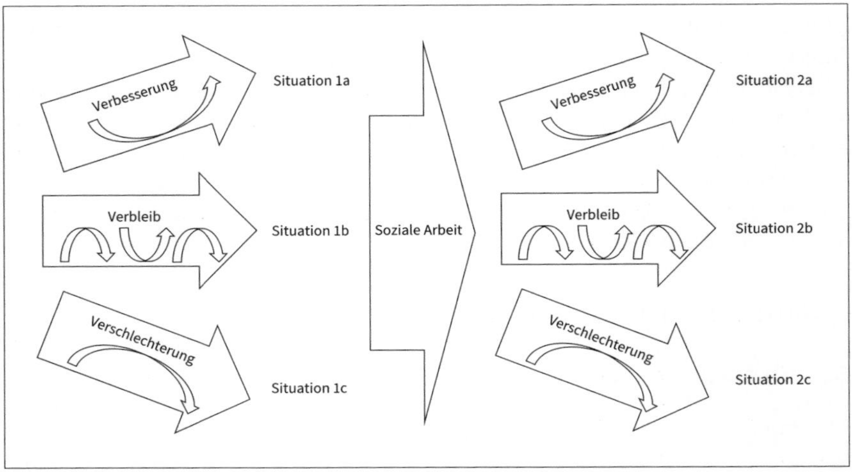

Quelle: eigene Darstellung

Diese Verlaufstendenzen, die Dramen vor, während und nach Interventionen Sozialer Arbeit, sind in ihrer Differenzierung ein Hauptbestandteil ihres Prozessmodells:

- Eine *Verbesserung* (a) bedeutet, dass es mit dem Fall – gemessen an den angelegten Bewertungsmaßstäben – im Wesentlichen, in der Tendenz, aufwärts geht und dass insofern sein Problemgehalt abnimmt. Diese Verbesserung ist erkennbar an einer Zunahme von Verwirklichungsmöglichkeiten sowie, umgekehrt betrachtet, an einem Rückgang von Blockaden und Mangelsituationen. Es kann auf gleichgerichtetem Wege (gerade Linie, Tugendkreislauf) oder nach Durchlaufen eines Wendepunktes (gekrümmte Linie, positive Weichenstellung) zur Verbesserung kommen. Bei positiven Wendepunkten spielen externe Impulse unterschiedlicher Art (z.B. profitiert ein Sozialraum von einer Gewerbeansiedlung) sowie eigene Weichenstellungen der Sozialen Arbeit (z.B. erfolgreiche Arbeit an einer Suchterkrankung) eine Rolle.
- Der *Verbleib* auf dem Ausgangsniveau (b) ist in der Sozialen Arbeit recht häufig anzutreffen, sei es bei Armutslagen, bei einer Suchterkrankung oder im Bereich des bürgerschaftlichen Engagements. Dabei kann der Verbleib in einem ruhigen Verbleib auf dem gegebenen Niveau (gerade Linie, keine Wendepunkte) oder in fortwährenden Schwingungen zwischen positiven und negativen Phasen (sinusförmige Linie, wechselnde Wendepunkte) bestehen. Sinusförmige Verlaufsschwingungen werden u.a. mit Begriffen wie Drehtüreffekt, Trampolin oder Rückfallquote beschrieben und sind häufig mit institutionellen Restriktionen des Hilfesystems verknüpft. Langfristig ändern diese Wendepunkte jedoch nicht die Tendenz des Falles und es kommt hier zu keiner nachhaltigen Verbesserung oder Verschlechterung.
- Eine *Verschlechterung* (c) bedeutet, dass es mit dem Fall – gespiegelt zur ersten Verlaufstendenz – abwärts geht, da sein Problemgehalt zunimmt. Dies kann ebenfalls auf direktem Wege (gerade Linie, Teufelskreislauf) oder nach Durchlaufen eines Wendepunktes (gekrümmte Linie, negative Weichenstellung) geschehen. Eine sich solchermaßen zuspitzende, verfestigende und auch eskalierende Problemkonstellation ist häufig in den Handlungsfeldern der Sozialen Arbeit anzutreffen, da die Soziale Arbeit ja dadurch gekennzeichnet ist, dass sie im besonders problematischen Einzelfall interveniert, bei dem die generalisierenden Sicherungsinstitutionen alleine nicht greifen.

Mögliche *Mischformen* der Verlaufstendenzen und solche mit höherer Komplexität sind in der Abbildung nicht eingetragen. Es sind Verläufe, in denen keinerlei Tendenz in der Entwicklung zu erkennen ist, sowie jene, in denen sich eine Verbesserung/Verschlechterung nicht in einem Muster, sondern in einer chaotischen Aneinanderreihung positiver und negativer Wendepunkte zeigt. In der Praxis mögen diese Mischformen durchaus dominieren, analytisch sind sie jedoch in kleinere

Sequenzen nach Art der beschriebenen drei Verlaufstendenzen zerlegbar, sodass sie hier nicht als eigenständige Verlaufstendenz aufgeführt werden.

Jede der drei Verlaufstendenzen führt im Modell zu einer Situation, in der der Fall der Sozialen Arbeit gegenübertritt. Die Situationen sind daher der Sozialen Arbeit vor- und nachgelagert. In der Situation zeigen sich die zu einem Zeitpunkt gegebenen Verhältnisse und Umstände, mit denen der Fall gleichsam der Sozialen Arbeit gegenübertritt und von ihr erfasst und konstruiert wird. Hier sind sowohl existenzialistische als auch konstruktivistische Überlegungen relevant, damit die Situation möglichst unvoreingenommen von der Sozialen Arbeit wahrgenommen wird (vgl. Schönig 2016). Sich diese Unvoreingenommenheit zu bewahren, also zwischen gewolltem Staunen und unvermeidlicher Schematisierung zu changieren, ist keine leichte Aufgabe. Sie erfordert beständiges Hinterfragen der Situationsanalyse sowie eine kritische, reflektierte Nutzung einschlägiger Ordnungsschemata (vgl. Schönig 2019).

3.2 Prozesse der Sozialen Arbeit, autonome Prozesse und Koproduktion

In einer ersten Differenzierung des Grundmodells werden nun jene Prozesse in den Blick genommen, die für die praktische Durchführung der Sozialen Arbeit von besonderer Bedeutung sind und die in Abbildung 1 nicht dargestellt werden konnten. Daher werden in Abbildung 2 sowohl die drei Prozesstypen der Vorgeschichte (linke Seite) als auch jene drei Prozesstypen der Fortentwicklung (rechte Seite) vereinfacht mit nur einem Pfeil dargestellt, der auch nur zu einer Situation 1 bzw. 2 führt. Intention und Kern dieser Abbildung ist die differenzierte Darstellung im Mittelteil, der die Prozesse der Sozialen Arbeit kennzeichnet. Hier wiederum sind drei Phasen zu unterscheiden.

Zunächst gibt es zwei Möglichkeiten, der Situation 1 gegenüberzutreten: zum einen durch Hinnahme (Akzeptanz, Annahme) der Situation, zum anderen durch Widerspruch (Opposition, Ablehnung). Dabei führt die Hinnahme zu einer Fortschreibung des Status quo, indem sich der Prozess weiter autonom entwickelt. Hingegen steht – wie oben erläutert – der Widerspruch am Beginn der Sozialen Arbeit. Unterschiedliche Akteur*innen können gegenüber der Situation unterschiedlich eingestellt sein, weshalb Hinnahme und Widerspruch nebeneinander und gleichzeitig existieren.

Auf den Widerspruch seitens der Sozialen Arbeit folgt die nähere *Diagnose und Bewertung* des Falles. Hierzu liegen in der Literatur zur Sozialen Arbeit umfangreiche Hinweise und Werkzeuge vor, die an die grundlegenden Arbeiten zur sozialen Diagnose von Mary Richmond und Alice Salomon anschließen, hier jedoch nicht im Einzelnen referiert werden können. Hinzu kommen Beiträge, die eine Bewertung der Diagnose ermöglichen. Sie finden sich in Ethik, Rechts- und Politikwissenschaft sowie insbesondere den Theorien Sozialer Arbeit von Lowy bis Kleve (siehe zum Überblick Lambers 2018: 132180).

Ergebnis von Diagnose und Bewertung ist eine Aussage der Sozialen Arbeit zur Problemkonstellation. In den Begriff der Konstellation fließen akute und strukturelle Aspekte auf unterschiedlichen Ebenen ein. Verwendet man den Begriff in Anlehnung an Michael May (2018: 6) (man könnte ebenso in Anlehnung an Dirk Baecker 1994, Maja Heiner 2007 und vielen anderen den Begriff „Fall" verwenden) und ergänzt ihn um den Problemaspekt, so wird in der Problemkonstellation die Frage beantwortet, wie der Fall gelagert ist. Somit entsteht die Problemkonstellation als Konstruktionsleistung im Prozess der Sozialen Arbeit.

Ist die Problemkonstellation unter Nutzung der Sozialen Diagnose identifiziert und konstruiert, so erfolgt durch die Soziale Arbeit eine *Konzeption von Methoden* und die Durchführung von *Interventionen*. Auch die Prozesse der Konzeption und Intervention sind andernorts hinreichend beschrieben, und es sei darauf hingewiesen, dass spätestens in dieser Phase, oftmals auch bereits in der Sozialen Diagnose, handlungsfeldbezogene Besonderheiten auftreten. Sie sind durch handlungsfeldspezifische Begriffe und Kausalitätsvermutungen gekennzeichnet, auf die dann Fachkräfte der Sozialen Arbeit mit Interventionskonzepten reagieren (vgl. Schönig 2012: 114129). Da die Konzepte und Interventionen zielgruppenspezifisch angelegt sind, bauen sie in der Regel auf Typologien und Klassifikationen auf, deren Ambivalenz und kritische Nutzung daher einen zentralen Aspekt der Sozialen Arbeit darstellen (vgl. Schönig 2019).

Parallel zu den Prozessen der Sozialen Arbeit entwickelt sich die Problemkonstellation durch einen *autonomen Prozess* weiter. In Abbildung 2 ist dies durch einen parallel verlaufenden Pfeil gekennzeichnet, der den Prozess der Sozialen Arbeit begleitet und in dem sich Entwicklungen manifestieren, die von der Sozialen Arbeit nicht beeinflusst werden können, die sie aber im Blick haben sollte. Hier stößt die Soziale Arbeit an ihre Grenzen. Sie kann nicht davon ausgehen, dass der autonome Prozess zum Zeitpunkt der Sozialen Diagnose gleichsam stillsteht und als statisches Phänomen Gegenstand der Intervention ist. Vielmehr ist es die Regel, dass sich zum Zeitpunkt von Konzeption und Intervention die Problemkonstellation gegenüber der Sozialen Diagnose zumindest teilweise fortentwickelt hat.

Der autonome Prozess ist in diesem Sinne Anlass für weiteren Widerspruch seitens der Sozialen Arbeit und ebenso für einen Interaktionsprozess, der notwendig ist, um doch Einfluss auf den autonomen Prozessverlauf zu nehmen. Passende Stichworte zu diesem Aspekt sind die Fragen der Zusammenarbeit oder Nicht-Zusammenarbeit (Compliance-Problematik), der unterschiedlichen Rollen und Beziehungsmuster zwischen Fachkraft und Adressat*in sowie Aspekte der Kooperation, Konkurrenz und Koopkurrenz (d.h. das gleichzeitige, paradoxe Auftreten von Kooperation und Konkurrenz) der Fachkraft in der eigenen Organisation mit anderen sozialen Diensten, welche von der Diagnose bis hin zur Intervention eine Rolle spielen (vgl. Schönig et al. 2018: 19, 108ff., Schönig 2015).

Das Modell kann auf drei Ebenen (Mikro-, Meso-, Makroebene) erweitert werden. Auf jeder der drei Ebenen sind Verbesserung, Verbleib und Verschlechterung mit stetiger Entwicklung oder Wendepunkten denkbar, und dies im Wesentlichen unabhängig voneinander.

Abbildung 2: Erweitertes Modell Sozialer Arbeit sowie Aspekten der Autonomie und Koproduktion

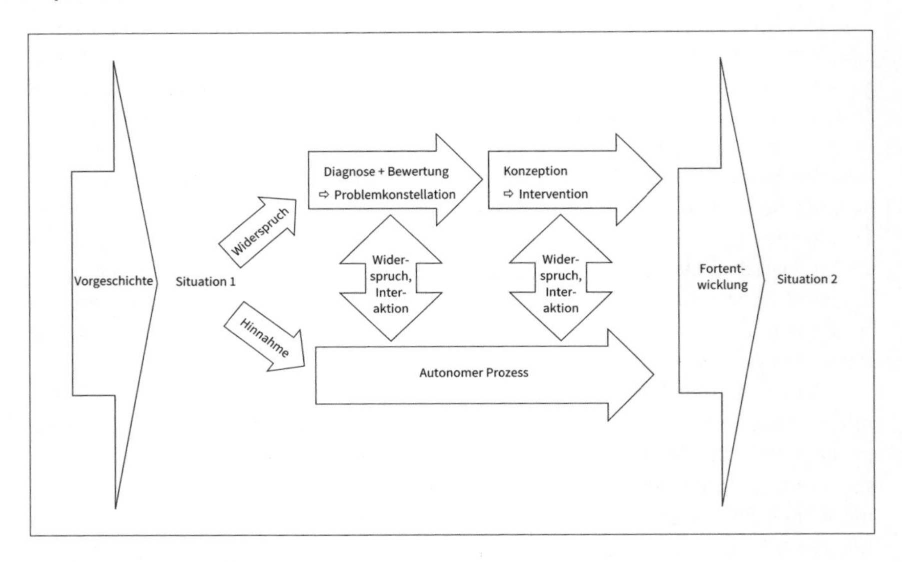

Quelle: eigene Darstellung

4 Zusammenfassung

Die Wege zur Kohäsion in Zeiten der Spaltung sind steinig, und sie müssen es geradezu sein, denn sie sind konfliktgeladen: Wer sich – wie die Soziale Arbeit – der Massivität, Vielzahl und Verknüpfung sozialer Spaltungstendenzen entgegenstellt, der trifft nicht nur auf Widerstände, er/sie muss auch selbst widerständig sein. Denn die Kohäsion ist mit Umverteilung von Lebenslagen/Verwirklichungsmöglichkeiten verbunden, und sie ist zudem kein abgeschlossener Zustand, sondern ein Prozess, in dem ständig neu justiert werden muss. In diesem Prozess kommt der Sozialen Arbeit eine entscheidende Bedeutung zu, da sie auf unterschiedlichen Ebenen widerspricht, d.h. Spaltungsprozesse thematisiert und dann auch selbst angeht.

Wovon also lebt die Soziale Arbeit? Ist sie vom Widerspruch und der Widersprüchlichkeit geprägt und angetrieben? Ist der Widerspruchshabitus ein Faktor, der die auffällige Heterodoxie in der Theorie der Sozialen Arbeit bewirkt? Ist der dialektische Prozess ihr Kerngeschäft und macht es daher Sinn, ihr Agieren mittels eines Prozessmodells zu konstruieren? Der vorliegende Beitrag bejaht diese Fragen.

Widerspruch und Prozess sind geeignete Aspekte, das Dynamische, eigentlich Spannende und Prägende der Sozialen Arbeit hervorzuheben. Jene Prozesse können – mit und ohne Soziale Arbeit – sowohl eine Verbesserung als auch einen Verbleib oder eine Verschlechterung zeigen und dies jeweils als lineare, stetige Entwicklung oder aber beim Durchlaufen positiver oder negativer Wendepunkte. Alle drei Verlaufstendenzen mit ihren beiden Varianten sind für die Soziale Arbeit von entscheidender Bedeutung, und so kann ihre Anordnung in einem größeren Prozessmodell das Dynamische in der Sozialen Arbeit sowohl illustrieren als auch strukturieren.

Das allgemeine Prozessmodell der Sozialen Arbeit eignet sich schließlich, um in einem noch ausstehenden Schritt die Besonderheiten der Handlungsfelder Sozialer Arbeit unter dem Prozessaspekt nachzuzeichnen. Dies kann erfolgen, indem man die Stichworte des Modells durch die jeweils relevanten Phänomene im Handlungsfeld konkretisiert und illustriert. Wo also und wie wird widersprochen? Wann ist die Soziale Arbeit widersprüchlich? Welche Verlaufstypen kommen in welcher Ausprägung vor? Ist dies erfolgt, so können Gemeinsamkeiten und Unterschiede zwischen den Handlungsfeldern markiert werden, was letztlich der professionellen und disziplinären Identität der Sozialen Arbeit zugutekommen kann.

Literatur

Baecker, Dirk (1994): Soziale Hilfe als Funktionssystem der Gesellschaft. In: Zeitschrift für Soziologie, 23. Jg., 2/1994, S. 93–110.

Beauvoir, Simone de (2000): Das andere Geschlecht. Sitte und Sexus der Frau. Hamburg: Rowohlt.

Borrmann, Stefan (2016): Theoretische Grundlagen der Sozialen Arbeit. Ein Lehrbuch. Weinheim und Basel: Beltz Juventa.

Camus, Albert (2019/1958): Der Künstler und seine Zeit. In: Camus, Albert: Kleine Prosa. Hamburg: Rowohlt, S. 17–40.

Carlisle, Clare (2020): Der Philosoph des Herzens. Das rastlose Leben des Soren Kierkegaard. Stuttgart: Klett-Cotta.

Dewe, Bernd/Otto, Hans-Uwe (2010): Reflexive Sozialpädagogik. Grundstrukturen eines neuen Typs dienstleistungsorientierten Professionshandelns. In: Thole, Werner (Hrsg.): Grundriss Soziale Arbeit. Ein einführendes Handbuch. 3. Aufl. Wiesbaden: VS, S. 197–217.

Gruchy, Allan G. (1980): Neoinstitutionalism and the Economics of Dissent. In: Samuels, Warren J. (Hrsg.): The Methodology of Economic Thought, Critical Papers from the Journal of Economic Thought. New Brunswick and London: Transaction, S. 23–37.

Heiner, Maja (2007): Soziale Arbeit als Beruf. Fälle, Felder, Fähigkeiten. München/Basel: Reinhardt.

Olk, Thomas (1986): Abschied vom Experten. Sozialarbeit auf dem Weg zu einer alternativen Professionalität. Weinheim/München: Juventa.

Polanyi, Karl (1973/1944): The Great Transformation: Politische und ökonomische Ursprünge von Gesellschaften und Wirtschaftssystemen. Frankfurt a.M.: Suhrkamp.

Lambers, Helmut (2018): Theorien der Sozialen Arbeit. Ein Kompendium und Vergleich. Opladen/Toronto: Verlag Barbara Budrich.

May, Michael (2019): Partizipative Sozialraumforschung im Kontext sozialpädagogischen Ortshandelns. Zur Weiterentwicklung der Methode der Autofotografie im Anschluss an Paulo Freires Prinzip von Kodierung/Dekodierung. In: https://www.sozialraum.de/partizipative-sozialraumforschung-im-kontext-sozialpaedagogischen-ortshandelns.php [Zugriff: 01.07.2019].

Motzke, Katharina (2014): Soziale Arbeit als Profession. Zur Karriere „sozialer Hilfstätigkeit“ aus professionssoziologischer Perspektive. Opladen: Verlag Barbara Budrich.

Neumann, Sascha (2021): Innovation – in der Praxis, in der Theorie und im Studium. Interviewbeitrag. In: Sozialmagazin, 3-4 2021, S. 15–22.

Raworth, Kate (2017): Die Donut-Ökonomie. Endlich ein Wirtschaftsmodell, das den Planeten nicht zerstört. München: Carl Hanser.

Rauschenbach, Thomas/Treptow, Rainer (1984): Sozialpädagogische Reflexivität und gesellschaftliche Rationalität. Überlegungen zur Konstruktion sozialpädagogischen Handelns. In: Müller, Siegfried/Otto, Hans-Uwe/Peter, Hilmar/Sünker, Heinz (Hrsg.): Handlungskompetenz in der Sozialarbeit/Sozialpädagogik II. Theoretische Konzepte und gesellschaftliche Strukturen. Bielefeld: AJZ, S. 21–71.

Schierz, Sascha/Oelkers, Nina (2016): Ambivalenzen sozialer Kohäsion und sozialer Ungleichheit. In: Sozialmagazin, 41. Jg., 11-12 2016, S. 6–11.

Schönig, Werner (2001): Rationale Sozialpolitik. Die Produktion von Sicherheit und Gerechtigkeit in modernen Gesellschaften und ihre Implikationen für die ökonomische Theorie der Sozialpolitik. Volkswirtschaftliche Schriften, Heft 517. Berlin: Duncker und Humblodt.

Schönig, Werner (2012): Duale Rahmentheorie Sozialer Arbeit. Luhmanns Systemtheorie und Deweys Pragmatismus im Kontext situativer Interventionen. Weinheim/Basel: Beltz Juventa.

Schönig, Werner (2013): Soziale Arbeit als Intervention und Modus der Sozialpolitik. In: Benz, Benjamin/Rieger, Günter/Schönig, Werner/Többe-Schukalla, Monika (Hrsg.): Politik Sozialer Arbeit. Band 1: Grundlagen, theoretische Perspektiven und Diskurse. Weinheim/Basel: Beltz Juventa, S. 32–53.

Schönig, Werner (2015): Koopkurrenz in der Sozialwirtschaft. Zur sozialpolitischen Nutzung von Kooperation und Konkurrenz. Weinheim/Basel: Beltz Juventa.

Schönig, Werner (2016): Die Situation und Deweys Reflexbogen in der Sozialen Arbeit. In: Soziale Arbeit 3/2016, S. 10–109.

Schönig, Werner (2018): Der Prozess als Kern der Theorie Sozialer Arbeit. Wider die banale Bürokratisierung guten Handelns. In: Soziale Arbeit 11/2018, S. 414–423.

Schönig, Werner (2019): Typologien und Klassifikationen in Sozialer Arbeit und Sozialpolitik. Grundlagen und kritische Nutzung von Ordnungsschemata sozialer Probleme. Baden-Baden: Nomos.

Schönig, Werner (2020): Sozialraumorientierung. Grundlagen und Handlungsansätze. 3. vollständig überarbeitete Auflage. Schwalbach am Taunus: Wochenschau.

Schönig, Werner (2020a): Widerspruch und Prozess als Grundfragen der Sozialen Arbeit. Eins und doppelt in ein fernes Land. In: Soziale Arbeit, 70. Jg., 5/2020, S. 162–172.

Schönig, Werner/Hoyer, Thomas/Potratz, Alexandra (2018): Lehrbuch Ökonomie in der Sozialen Arbeit. Weinheim/Basel: Beltz Juventa.

Schütze, Fritz (1992): Sozialarbeit als ‚bescheidene' Profession. In: Dewe, Bernd/Ferchhoff, Wilfried/Radke, Franz-Olaf (Hrsg.): Erziehen als Profession. Zur Logik professionellen Handelns in pädagogischen Feldern. Opladen: Leske + Budrich, S. 132–170.

Silbermann, Alphons (1957): Wovon lebt die Musik? Die Prinzipien der Musiksoziologie. Kassel: Bosse.

Streeck, Wolfgang (2021): Zwischen Globalismus und Demokratie: Politische Ökonomie im ausgehenden Neoliberalismus. Frankfurt a.M.: Suhrkamp.

Toren, Nina (1972): Social work: The case of a semi-profession. Beverly Hills: Sage.

Sozialer Wandel durch digitale Transformationsprozesse – Herausforderungen an Disziplin und Profession

Stefanie Neumaier & Juliane Beate Sagebiel

1 Einleitung

Während die Kontinuität der Sozialen Arbeit in der Beschreibung, Erklärung und Bearbeitung sozial problematischer Tatsachen und deren sowohl subjektiven als auch kollektiven Auswirkungen liegt, zeigt sich die digitale Transformation als der zentrale Wandlungsprozess, der alle Lebensbereiche erfasst und damit die Profession und die Disziplin vor enorme Herausforderungen stellt. Das Thema Digitalisierung hat mit seinen Transformationsprozessen in rasantem Tempo signifikanten Einfluss auf unser Kommunikationsverhalten, unseren Alltag, unsere Lebensverhältnisse genommen, und es ist „kaum eine Handlung oder Erfahrung [zu, Anm. d. Verf.] finden, die nicht mit Technik verwoben ist" (Heßler 2012: 11), so formuliert es Heßler für die Kulturgeschichte der Technik. Die Coronapandemie mit dem „Lockdown", den Beschränkungen der Bewegungs- und Reisefreiheit, Homeoffice und Homeschooling, Onlinekonsum etc. haben unsere Lebenswelten in Lichtgeschwindigkeit in eine digitale Welt katapultiert. Beranek (2021) spricht von einem „enormen Digitalisierungsschub", einem Wandel in der Arbeitswelt, im Kulturbetrieb, in der politischen Meinungsbildung und in der technischen Entwicklung. Die digitalen Medien eröffnen neue Möglichkeiten, soziale Kontakte zu pflegen, die im Real Life aufgrund der Kontaktbeschränkungen undenkbar gewesen wären. In den Hochschulen wird Onlinelehre angeboten, soziale Dienstleister posten ihre Angebote im Netz und bieten Onlineberatung an, Meetings und Konferenzen werden über Zoom abgehalten, das Internet der Dinge (IoT), basierend auf der 5G-Technologie, „bildet eine Brücke zwischen der digitalen und physischen Welt" (Hammerschmidt et al. 2021: 177) und gestaltet sich in Verbindung mit Künstlicher Intelligenz zu einem rasant wachsenden Wirtschaftszweig.

Neben all den neuen, positiven Möglichkeiten präsentiert sich jedoch auch eine andere Seite der digitalen Kultur: Bereits bestehende soziale Ungleichheiten treten im Zuge der Coronapandemie deutlich zutage. Diese werden auch zwischen den Geschlechtern anhand der Arbeitsteilung (Sorge- und Erwerbsarbeit) sichtbar und haben sich in manchen Milieus sogar verstärkt (vgl. Butterwegge 2020 a/b; dlf 2020; BAG kommunaler Frauen- und Gleichstellungsbeauftragter Deutschlands 2020; Lichtenberger/Ranftler 2020). Weitere Kehrseiten der Digitalisierung sind Mobbing, Hassbotschaften und Netzkriminalität. Die neuen Medien und die Plattformökonomie führen nicht nur zu mehr Qualität und Freiheit im Netz, wie so oft von Netzbefürworter*innen vorgetragen; sie begünstigen auch die Konzentration von Monopolisierungstendenzen der Digitalgiganten und deren disruptive Geschäftspraktiken. Mit mobilen Geräten wie Smartphones und Tablets können Nutzer*innen in den sozialen Netzwerken (Instagram, TikTok, Telegram etc.) fast uneingeschränkt ihre Ansichten posten. Es entstehen Echokammern in denen Fake News, Hassbotschaften, Beleidigungen und Verschwörungstheorien ungefiltert veröffentlicht werden. Es ist ein medialer, sich radikalisierender, vor allem in der Coronakrise zu beobachtender Abdrift in virtuelle Gegenwelten – dessen Anfänge sich bereits bei der Aufnahme von Geflüchteten im Jahr 2015 abzeichneten – der den gesellschaftlichen Zusammenhalt gefährdet und die Demokratie unter Stress setzt. Reaktionen des Gesetzgebers, diese Kommunikationen zu löschen, z.B. durch das 2017 beschlossene Netzwerkdurchsetzungsgesetz, erscheinen angesichts der Schnelligkeit der digitalen Möglichkeiten wie der Wettlauf zwischen Hase und Igel. Ein zentrales Anliegen der Profession sollte es sein, Spaltungsprozesse in der virtuellen sowie der analogen Welt zu beobachten und demokratisch verbriefte Freiheiten, auf Solidarität beruhende Sozialrechte sowie kulturelle Vielfalt zu stützen. Denn ist Demokratie bedroht, ist es auch die Soziale Arbeit als Teil der Sozialpolitik.

Für die Soziale Arbeit bedeuten diese sozial-kulturellen und technischen Veränderungsprozesse zunächst, ein breites, interdisziplinäres Verständnis von Digitalisierung zu entwickeln, das sowohl gesellschaftlich relevante strukturelle Entwicklungen umfasst als auch die individuelle Beteiligung an oder Ausgrenzung aus den digitalisierten Lebenswelten sowie damit verbundene soziale Probleme und neue Bewältigungsanforderungen einbezieht. Die Betrachtung des Spannungsfeldes von Spaltung und Kohäsion konzentriert sich auf die durch digitale Medien begleiteten und fokussierten Prozesse. Wie können Profession und Disziplin dem digitalen Wandel begegnen, auf welches theoretische Wissen kann die Soziale Arbeit Bezug nehmen, um den Wandel zu gestalten und dabei ihre Kontinuität – ihre Identität – zu bewahren, „will sie nicht in der ‚Gemengelage des Digitalisierungsrausches' nur ‚in Trance mittanzen'" (Braches-Chyrek et al. 2019: 223)? Diese Fragestellung bildet den Schwerpunkt dieses Beitrags.

Zu Beginn dieses Beitrages werden die in der Literatur unterschiedlich geführten Begriffe des Diskurses um die digitale Transformation in der Sozialen Arbeit beschrieben. Bei der Sichtung der Themenbereiche (vgl. hierzu ausführlich Kutscher et al. 2020) klafft eine Leerstelle: der disziplinäre Bezug auf sozialarbeitswissenschaftliche Theorien. So stellen Hammerschmidt et al. (2021: 183) fest, dass die Diskurse der Medienpädagogik mit ihren eigenen Theorien und die Diskurse der Sozialen Arbeit noch weitgehend getrennt voneinander zu verlaufen. In den aktuellen Veröffentlichungen von Böhnisch (2019) und Thiersch (2020) finden sich nur kurze Bezüge zur digitalen Transformation. Beranek greift diese in ihrem Buch *Soziale Arbeit im Digitalzeitalter* (2021) auf und verbindet die Bedeutung der Digitalisierung (wobei sie einen technologisch geprägten Begriff verwendet) mit zeitgenössischen Theorien der Sozialen Arbeit. Das werden die Autorinnen nachfolgend auch versuchen, ohne den Anspruch auf Vollständigkeit zu erheben. In diesem Beitrag versuchen die Autorinnen, diese Lücke (wenn auch nur ansatzweise) entlang zweier prominenter Sozialarbeitstheorien analytisch zu schließen. Diskutiert werden die Bewältigungstheorie von Lothar Böhnisch und die normative Handlungstheorie von Silvia Staub-Bernasconi. Abschließend werden offene Fragen und Diskussionsbedarfe zum Problembereich digitaler Transformation für die Disziplin und Forschung gestellt.

2 Perspektiven digitaler Transformation in der Sozialen Arbeit

Für den Prozess medialer bzw. digitaler Vermittlung von Information werden in der Literatur die Begriffe ‚Digitalisierung', ‚Digitale Transformation' und ‚Mediatisierung' verwendet (Krotz 2008, 2017 et al.; Teunert/Schorb 2010; Kutscher et al. 2015; Alfert 2015; Witzel 2014). Die Begriffe ‚Digitalisierung' und ‚Digitale Transformation' stehen zumeist synonym für die Etablierung von informationstechnologisch bedingten Veränderungen in allen Lebensbereichen der Gesellschaft. ‚Mediatisierung' findet von Vertreter*innen der Kommunikationswissenschaften (Krotz) und Medienwissenschaften (Helbig) als Oberbegriff Verwendung, während ‚Digitalisierung' als aktueller Trend untergeordnet wird (vgl. Hammerschmidt et al. 2021: 10). ‚Mediatisierung' beschreibt den Prozess der zeitlichen, räumlichen und sozialen Durchdringung des Alltags, der Kultur, der Veränderungen der Sozialwelten und der Handlungskontexte mit Medien, sowohl für die Adressat*innen als auch für die Professionsangehörigen (vgl. Kutscher et al. 2015: 4; Beranek 2021: 10). Mediatisierung und Technisierung können demnach als Metaprozess gesellschaftlicher Veränderung verstanden werden; sie verweisen auf die Konsequenzen, die alltägliches technisches Handeln auf die Kultur, die Identität und die gesellschaftlichen Strukturen haben (vgl. Witzel 2014: 48).

Entgegen der Feststellung von Ermel und Stüwe (2019), die Fachkräfte und Träger der Sozialen Arbeit stünden der digitalen Entwicklung desinteressiert gegenüber (ebd.: 175) und der Diskurs um die Digitalisierung als neues Querschnittsthema sei in der Profession bisher noch nicht recht angekommen (ebd.), zeigt ein Blick in die Publikationslandschaft: Das Thema wird aus verschiedenen Perspektiven in der Fachöffentlichkeit diskutiert (Kreidenweis 2015, 2019; Kutscher 2010, 2015; Hammerschmidt et al. 2018/2021; Hill/Sagebiel 2018; Kutscher et al. 2020; Beranek 2021 – um nur einige zu nennen).

3 Digitale Transformation aus der Perspektive von Sozialarbeitstheorien

Der Zusammenhang zwischen den veränderten gesellschaftlich-strukturellen Lebensbedingungen und ihrer Verarbeitung durch die Subjekte in der Lebenswelt soll im Folgenden beispielhaft anhand von zwei theoretischen Positionen der Sozialen Arbeit dargestellt werden: der normativen Handlungstheorie von Silvia Staub-Bernasconi und der Bewältigungstheorie von Lothar Böhnisch. Mit diesem Beitrag möchten die Autorinnen eine Diskussion anregen, ob dort, wo die digitale Transformation den Gegenstand der Sozialen Arbeit tangiert, der Bestand zeitgenössischer Theorien als Wissensbasis zur Beschreibung und Erklärung dieses Phänomens hinreicht.

3.1 Normative Handlungstheorie

Die von Staub-Bernasconi vorgelegte systemisch konzipierte normative Handlungstheorie basiert auf der ontologischen Annahme, dass „alles, was existiert, ein System oder Teil eines Systems oder Interaktionsfeldes ist“ (Staub-Bernasconi 2007: 160). Der Mensch als „sprach- und wissensfähiges Biosystem“ (Obrecht 2002: 8) ist zur Befriedigung seiner Bedürfnisse auf die Beziehung zu anderen Menschen angewiesen. Da soziale Systeme hierfür den strukturellen Zusammenhang bilden, stellt sich die Frage, ob die Integration digitaler Systeme eine Etablierung bedürfnisgerechter Regeln oder eine Bedürfnisbehinderung gegenüber bestimmten Gruppen bedeutet. Soziale Probleme, als Gegenstand der Sozialen Arbeit, entstehen dann, „wenn die Struktureigenschaften des Systems dies verhindern“ (Sagebiel 2016: 32) – sei es durch die Interaktionsstruktur zwischen den Mitgliedern oder durch die differenzierte Positionsstruktur in Gestalt von Rollen, Rechten und Pflichten und den aus der Arbeitsteilung und Schichtung von Gütern und Ressourcenverteilung erwachsenden sozialen Positionen: „Soziale Probleme [...] sind Probleme von Individuen im Zusammenhang mit sozialen Interaktionsprozessen sowie als Mitglieder von sozialen Systemen mit ihrer Sozialstruktur und Kultur“ (Staub-Bernasconi et al. 2010: 271f.).

Mit der Digitalisierung als Ausformung der Symbolsysteme (auf einer glatten Oberfläche) verändern sich die Art der Kommunikation, ihre Logik, die Sprache, ihre Deutung und die subjektiven Wahrnehmungsmuster. Digitale Technologien haben vormals analog funktionierende Systeme kolonisiert und sind zu einem stabilen sozialen System mit Subsystemen herangereift. In ihnen haben sich Regeln, Werte, Organisationsformen und Machtstrukturen ausgebildet, die die Zugänge, Interaktions- und Positionsstrukturen innerhalb der Systeme koordinieren. Sie bieten über das Internet und ihre sozialen Netzwerke dichte, zeitnahe, weltumfassende, schnelle, unkomplizierte Gratis-, Kommunikations- und Vernetzungsmöglichkeiten, die generationenübergreifend bequem genutzt werden. Diese neuen Systeme befriedigen Bedürfnisse nach Austausch, Zugehörigkeit, Anerkennung, Unterhaltung und Entspannung – entscheiden jedoch auch darüber, wer ökonomisch potent ist und konsumieren kann und wer seine Daten zur Verfügung stellt (vgl. Beranek et al. 2019: 231f.). Sie generieren neue Positionsstrukturen und erzeugen veränderte politische, kulturelle und ökonomische Strukturen zum Nachteil derer, denen eine niedrige Position und ein geringer Status im System zugewiesen wird (vgl. Hill/Sagebiel 2019: 79)

Auf diese Weise vertieft die Architektur des Internets soziale Ungleichheiten, schreibt Stigmatisierungen und Diskriminierungen fort, indem latente Algorithmen die Datenprofile der Nutzer*innen klassifizieren, sie als digitale Schatten verfolgen und schließlich über Lebenschancen entscheiden. Insofern bilden digitalisierte Systemstrukturen neue Macht- und Herrschaftsverhältnisse aus, die die Kluft zwischen kapitalmächtigen und abhängigen Nutzer*innen stetig vergrößern und zu Spaltungsprozessen in der Gesellschaft beitragen können (ausführlich: Sagebiel/Pankofer 2021: 58ff.).

Die Auswirkungen der Digitalisierung auf die Lebensbedingungen der Adressat*innen lassen sich entsprechend den vier Problemdimensionen nach Staub-Bernasconi unterscheiden.

1. *Ausstattungsprobleme* eines Menschen hängen zusammen mit der Teilhabe an medizinischen, psychischen, sozialen und kulturellen Ressourcen. Durch die Digitalisierung entstehen zahlreiche intransparente Kommunikationsprozesse und verdeckte Abhängigkeiten sowie Risiken des Verlusts der Privatsphäre. Unterschiedliche individuelle Ausstattungsmerkmale und Zugänge zur digitalen Welt verfestigen oder beschleunigen soziale Ungleichheiten, Abhängigkeiten und Exklusionen (vgl. Hill/Sagebiel 2019: 79).

2. *Austauschprobleme* sind Probleme, die Menschen als Mitglieder sozialer Systeme im Bereich der Kooperation und Kommunikation haben. Der Austausch erfolgt über Güter – in diesem Fall über digitale Ausstattung, Infrastruktur und Medienkompetenz (Baacke). Die Ausstattung eines Individuums als Tauschwert in sozialen Beziehungen entscheidet über dessen Chancen auf Inklusion und Teilhabe. Der Austausch zwischen digitalen Anbieter und Nutzer*innen gestaltet sich asymmetrisch, da die Regulierung des Zugangs, die Verwendung von Daten, individuell zugeschnittene, algorithmische Filter und Werbungen intransparent und die AGBs anhand der Fülle an juristischen Formulierungen für Laien unverständlich sind. Das digitale System baut darauf auf, dass Kund*innen diese Asymmetrie tolerieren, solange ihr unmittelbarer Nutzen überwiegt und ihr Kommunikationskomfort gesichert ist. Auch auf dem Arbeitsmarkt weisen die Austauschbeziehungen anhand digitaler Überwachungsmöglichkeiten der Arbeitnehmer*innen eine signifikante Verschlechterung zuungunsten der Arbeitnehmer*innen auf.
3. *Machtprobleme* ergeben sich aus dem Mangel an materieller sowie symbolischer Ausstattung, einem Mangel an sozialen Beziehungen – schlicht einem Mangel an Kapitalsorten (Bourdieu). In der strukturellen Schichtung der Gesellschaft spiegeln sich die Macht- und Herrschaftsverhältnisse als Begrenzungs- und Behinderungsmacht wider, „die als sozial gerecht oder ungerechte Realitäten identifiziert werden können" (Sagebiel/Pankofer 2015: 115). Digitale Anbieter kontrollieren, von den Nutzer*innen dazu ermächtigt, den Zugang zu Informationen und Daten. Unter Verwendung algorithmischer Macht entscheiden digitale Bewertungs- und Vergleichssysteme über soziale Positionen, Anerkennung und Teilhabe (hierzu ausführlich Mau 2018). Letztlich akkumulieren ökonomische, soziale und symbolische Macht in den Zentren der digitalen Ökonomie und entfalten, anhand disruptiver Geschäftsgebaren und Fortschrittsideologien, global mehr Wirkung als die jeweils politisch Verantwortlichen (ausführlich: Hammerschmidt et al. 2021).
4. *Kriterienprobleme* sind kollektiv geteilte Wert- und Normvorstellungen dahingehend, ob eine Tatsache den gewünschten (kulturellen) Erwartungen entspricht und demzufolge positiv oder negativ bewertet wird. Im digitalen Kapitalismus (Böhnisch) haben sich parallel zur sozioökonomischen, soziokulturellen und technischen Entwicklung Wertmuster und Normalitätsvorstellungen stark verändert. Die digitale Wirtschaft definiert ihre Werte nach den Möglichkeiten maximaler, globaler Kapitalvermehrung; hierbei stehen die Verdichtung, Entgrenzung, Bewertung und geringere Arbeitsvergütung im Vordergrund. Regelungen des Arbeitnehmer*innenschutzes und der Arbeitnehmer*innenrechte werden umgangen, Gesetzeslücken für Steuersparmodelle ausgenutzt

> und Personenrechte im Datenhandel unterlaufen. Profitgier und Geltungssucht werden dekonstruiert mit machtlegitimierenden Mythen wie: „teilen statt besitzen", oder „wir machen das Leben jeden Tag ein bisschen besser". So werden die Nutzer*innen dazu verführt, „ihre ethisch-moralischen Grundsätze aufzugeben, statt auf ihre Rechte zu pochen" (Hill/Sagebiel 2019: 80).

Der Frage, wie sehr der digitale Kapitalismus die Lebenslagen und das psychosoziale Gleichgewicht der Menschen, die nach Integration und Handlungsfähigkeit streben, herausfordert, soll im Folgenden mit Bezug auf die Theorie der Lebensbewältigung von Lothar Böhnisch skizziert werden.

3.2 Bewältigungstheorie

Die digitale Transformation beinahe aller Lebensbereiche konfrontiert die Adressat*innen der Sozialen Arbeit mit neuen Bewältigungsaufgaben. Hierbei ist es wichtig, den Gegenstand nicht nur auf der Ebene des Individuums zu betrachten, sondern sich die Relationen von Subjekt und Gesellschaft als systemtheoretischen Erkenntnishorizont zu vergegenwärtigen, denn ein System „kann nur sehen, was es sehen kann. Es kann nicht sehen, was es nicht sehen kann. Es kann auch nicht sehen, das [s; Anm. d. Verf.] es nicht sehen kann, was es nicht sehen kann" (Luhmann 1993: 39, zit. n. Dewe/Otto 1996: 11).

Lothar Böhnisch benennt als Problemschwerpunkt der Klientel deren Versuche, psychosoziales Gleichgewicht wiederzuerlangen. Jene Versuche werden verursacht durch Selbstwert- und Anerkennungsstörungen (vgl. Böhnisch 2016a: 12).

Die Herausforderung, an die Soziale Arbeit zeigt sich in Form von Reaktionen auf die Bewältigungstatsache der Klientel. Für den Begriff der Bewältigungstatsache gilt das Paradigma von Freisetzung und Bewältigung, bei gleichzeitiger Überforderung aufgrund einer Vielzahl an Möglichkeiten. Bewältigungsherausforderungen und -risiken vollziehen sich auf von Böhnisch als Lebenslagen benannten Bedingungen, also politische, ökonomische, kulturelle und sozialpolitische Verhältnisse, in denen sich das Subjekt befindet.

Der digitale, globale Kapitalismus dringt bis in die unmittelbare Lebenswelt der Menschen vor und konfrontiert sie unablässig mit neuen Bewältigungsanforderungen, die weder in der primären Sozialisation noch in der sekundären durch das Bildungssystem aufgegriffen werden. Diese Leerstelle könnte durch tertiäre, sozialpädagogische Sozialisation (etwas) geschlossen werden. Welche Herausforderungen sich für die Profession und die theoretische Grundlegung ergeben, beschreibt Böhnisch im Rekurs auf die veränderten Lebenslagen im digitalen Kapitalismus.

Mit Blick auf die Soziale Arbeit stellt sich die Frage, nach welchen analytischen Kriterien digitale Transformation als Bewältigungstatsache und damit als Gegenstand analysiert und zugänglich gemacht werden kann. Wofür ist die Soziale Arbeit zuständig und wofür nicht? Der Bewältigungstheorie folgend, müsste sich anhand der Definition von Bewältigungstatsachen zeigen, ob vom Gegenstand Sozialer Arbeit gesprochen werden kann oder nicht. Hinführende Fragestellungen wären:

- Worin zeigen sich Bewältigungstatsachen ausgelöst durch den digitalen Wandel, und wie stellen sich diese auf individueller und gesellschaftlicher Ebene dar?
- Sind entsprechende Ressourcen vorhanden, um Handlungsfähigkeit aufrechtzuerhalten?
- Gelingt es den Individuen, selbst ihre Handlungsfähigkeit (wieder-)herzustellen, ohne aus dem psychosozialen Gleichgewicht zu geraten?
- Finden Abspaltungen aufgrund von Hilflosigkeit statt?
- Handelt es sich möglicherweise um altbekannte Bewältigungsherausforderungen in neuem Gewand?

Klar ist, dass diese Fragestellungen angesichts der digitalen Transformation keiner neuen Formulierung bedürfen. Anhand der Influencer*innen in sozialen Netzwerken, als ein mediales Phänomen, lässt sich das psychosoziale Streben nach Handlungsfähigkeit, Anerkennung und Zugehörigkeit veranschaulichen. Im Vordergrund stehen dabei drei Bewältigungsimpulse:

- Selbstwert: Die Quantifizierung zeigt sich im Zuge der Plattformökonomie durch die Relevanz hoher Abonnent*innenzahlen. Influencer*in zu sein und damit starken Einfluss auf die Vorstellung, Bewertung und Weiterempfehlung von Produkten nehmen zu können, funktioniert nur bei einer soliden medialen Reichweite – der marktwirtschaftlichen Logik von Angebot und Nachfrage folgend.
- Selbstwirksamkeit: Das Posten von Storys als temporäre Beiträge, Bild- und Videomaterial erzeugt eine Resonanz, die im direkten Bezug zur beigemessenen Relevanz steht. So ist auf der Plattform Twitter die Anzahl der sich im Umlauf befindenden Beiträge zu gleichen Hashtags ausschlaggebend für die Etablierung eines Trend-Hashtags. Influencer*innen erfahren dabei eine ökonomisierte Selbstwirksamkeit dahingehend, dass digitale Währungen wie Likes, Replies usw. zu entsprechender Vergütung durch die Werbepartner*innen führen.
- Soziale Anerkennung: Eine Untersuchung von 1,8 Milliarden Beiträgen im Jahr 2019 durch das Programm „Influlyzer“ habe ergeben, dass jede*r zehnte

deutsche Influencer*in dem eigenen Instagram-Account durch gekaufte Follower*innen nachhilft (vgl. Meyer 2019). Eine Recherche nach Anbietern von Dienstleistungen, die beispielsweise den käuflichen Erwerb von Likes für einzelne Beiträge ermöglichen, erweist sich als ergiebig: „Social-Media-Market", „follower24" und „followerpilot" sind nur einige Beispiele einer Vielzahl an Google-Suchergebnissen, die ein Upgrade des Auftritts in den Sozialen Medien „einfach & schnell"[1] versprechen.

Die parasoziale, virtuelle Welt der Medien erhält eine eigene soziale Wirklichkeit durch die Koproduktion der Nutzer*innen, die schließlich zur erfahrenen und gelebten sozialen Wirklichkeit der User*innen wird (Hill 2018: 33–53). Welche Dimensionen der Lebensbewältigung durch die digital vermittelten sozialen Prozesse entstehen können und wo sich dabei die einzelnen Bausteine des Medienkompetenzbegriffes (Baacke) wiederfinden, kann mit dem Konzept der Bewältigungslagen erschlossen werden (vgl. Böhnisch 2016b: 95):

- *Dimension des Ausdrucks*
  Soziale Netzwerke bieten Chancen, innere Befindlichkeiten zu thematisieren und Unterstützungsnetzwerke zu bilden, um nicht in die bekannte ‚Falle' der ‚Abspaltung' zu geraten. Sie können zur Kohäsion beitragen, aber auch Erfahrungen von Hilflosigkeit – z.B. durch Onlinemobbing – potenzieren, da bei der digitalen Kommunikation nachweislich eine geringere Hemmschwelle, z.B. für Kinder und Jugendliche, besteht (vgl. mpfs 2016: 49). Für die Soziale Arbeit bedeutet das, neue Handlungsfelder mit digitalen Angeboten zu entwickeln. Niedrigschwellige Pilotprojekte wie digital Streetwork, verstanden als aufsuchende Soziale Arbeit im digitalen Raum – als Ergänzung zum analogen Portfolio – zeigen sich derzeit als vielversprechende und ausbaufähige Vermittlung von Mediennutzungskompetenz.

- *Dimension der Anerkennung*
  Die Anerkennungsproblematik zieht sich durch die veränderten Arbeits- und Lebenswelten, indem die Digitalisierung zur Abwertung von Arbeit und sozialkulturellen Milieus beiträgt, was sich u.a. an der politischen Positionierung der Betroffenen zeigt (vgl. Griese et al. 2020: 23ff.). Die zentralen Milieus der Klientel Sozialer Arbeit weisen eine hohe Vulnerabilität bezogen auf die Gefahr einer mangelhaften Anerkennung der Peers auf. Im Sinne des Baack'schen Begriffs der Medienkritik (Baacke et al. 1999) bedarf es hierbei einer sozialarbeiterischen Gegensteuerung. Bis zu einer grundlegenden Implementierung

1 www.follower24.de

von Medienbildung in den Curricula sozialpädagogischer Studiengänge, die als bisherige Leerstelle (Neumaier 2019; Seiler 2017) im Zuge der Pandemie geschlossen werden könnte, gilt es insbesondere mit Blick auf die Zielgruppe der Kinder- und Jugendlichen, durch Präventionsangebote die Befähigung zur kritischen Reflexion zu fördern, um Spaltungsprozessen in virtuelle Welten entgegenzuwirken.

- *Dimension der Abhängigkeit*
  Ökonomisch bzw. infrastrukturell prekäre Lebenslagen und -verhältnisse der Klientel begünstigen Abhängigkeiten. Diese werden durch den dynamischen, schnelllebigen digitalen Wandel in Form von neuen Statussymbolen – dazu zählt vor allem das neuesten iPhone – befeuert. Die Soziale Arbeit könnte sich hierbei, im Sinne von Baackes Begriff der Medienkunde, der Monopolisierung der Plattformökonomie entgegenstellen, indem sie Aufklärung zu Preis-/Leistungsverhältnissen der Endgeräte anbietet, über Datenakkumulation kommerzieller Anbieter informiert, frei verfügbare Software nutzt und gemeinsames Teilen von Wissen und Erfahrungsaustausch fördert.

- *Dimension der Aneignung*
  Da digitale Räume ebenfalls Sozialräume sind, geht es auch hier um Aneignungsprozesse in sozialen Kontexten. Erstmals ist es möglich, sich selbst und mit anderen neue digitale, soziale Räume zu erschließen. Für die Soziale Arbeit richtet sich hier der Fokus auf die Vermittlung von Medien(gestaltungs)kompetenz (Baacke et al. 1999) und Code Literacy, um die Adressat*innen in der individuellen und sozialkulturellen Handlungsfähigkeit zu unterstützen und ihnen so Chancen zur Teilhabe und Solidarität in der virtuellen wie der analogen Welt zu eröffnen.

Der digitalen Transformation kann im Sinne der Bewältigungstheorie eine Vielzahl neuer Bewältigungsrisiken zugeordnet werden. So sorgt sie zum einen mit neuen digitalen Gadgets u.a. für Pragmatismus und Vereinfachung des Alltags – zum anderen gefährdet sie, als Katalysator für Gefühle wie Hilflosigkeit und Abwertung, die Handlungsfähigkeit der Nutzer*innen. Festzuhalten ist, über digitale Medien können einerseits soziale Anerkennung, Bindung, Halt und Zugehörigkeit sowie soziale Handlungsfähigkeit vermittelt, andererseits aber auch Abspaltungsprozesse befördert werden.

4 Fragen und Herausforderungen für die Wissenschaft Soziale Arbeit

Es ist zu konstatieren, dass im Zuge der digitalen Transformation für die Disziplin künftig neue, mehr oder weniger langanhaltende, mediale Phänomene auftreten, die soziale Spaltungsprozesse in Gang setzen könnten. Um sich neben möglichen Risiken auch den Potenzialen digitaler Transformationsprozesse analytisch anzunähern, bedarf es eines umfassenden Verständnisses digitaler Technik, wie Baacke es für die Medienkompetenz beschreibt. Eine nüchterne Betrachtung des digitalen Wandels zeigt, strukturelle Probleme als Verursacher sozialer und Bewältigungsprobleme lassen sich nicht technisch lösen. Die dramatisierenden Diskurse dürften sich entschärfen, wenn Soziale Arbeit Informatik als Bezugswissenschaft integriert. Vielleicht sind dann neue Formen der gemeinwohlorientierten Verfügung über und das gemeinsame Teilen von Wissen und Ressourcen, wie es die Open-Source-Bewegung thematisiert (vgl. Kutscher et a. 2020: 13) denkbar. Für die Soziale Arbeit böte sich mit dem Konzept Openess die Chance, politische Partizipation, Aufklärung, Bildung und solidarisches Handeln zu fördern.

Die Analyse der beiden prominenten zeitgenössischen Theorien zeigt, das theoretische Rüstzeug ist hinreichend, die Herausforderungen und Risiken sowohl für die Adressat*innen als auch für die Fachkräfte und die Profession insgesamt beschreibend zu erklären. Sicher könnten auch andere Sozialarbeitstheorien wie die Reflexive Sozialpädagogik von Dewe/Otto oder kritisch-materialistische Ansätze auf ihre Aussagekraft zur digitalen Transformation in der Sozialen Arbeit untersucht werden. Aber ob eine eigenständige Theorie digitaler Sozialer Arbeit nötig ist, wie Hammerschmidt et al. (2021) es vorschlagen, wird der zukünftige Diskurs in der Profession zeigen. Insgesamt kommen die Autorinnen zu der Aussage, die Disziplin ist mit ihrem Wissensfundus gut gerüstet. Sie ist jedoch gut beraten, den Fokus auf neue digitale Entwicklungen und damit einhergehende Kohäsions- und Spaltungspotenziale im Blick zu behalten, um sich den gegebenenfalls daraus zu entwickelnden Fragestellungen frühzeitig angemessen widmen zu können.

Literatur

Alfert, Nicole (2015): Facebook in der Sozialen Arbeit: Aktuelle Herausforderungen und Unterstützungsbedarfe für eine professionelle Nutzung. Zugl.: Münster, Univ., Diss., 2014. Soziale Arbeit als Wohlfahrtsproduktion: Vol. 7. Wiesbaden: Springer.

Baacke, Dieter/Kornblum, Susanne/Lauffer, Jürgen/Mikos, Lothar/Thiele, Günter (Hrsg.) (1999): Handbuch Medien: Medienkompetenz: Modelle und Projekte. Bonn: Bundeszentrale für Politische Bildung.

Baacke, Dieter (1997): Medienpädagogik. Tübingen: De Gruyter.

BAG kommunaler Frauen- und Gleichstellungsbeauftragter Deutschlands (2020): Corona ist weiblich: Eine Krise der Frauen. frauenbeauftragte.org [Zugriff: 28.08.2021].

Beranek, Angelika (2021): Soziale Arbeit im Digitalzeitalter. Weinheim/Basel: Beltz Juventa.

Beranek, Angelika/Hill, Burkhard/Sagebiel, Juliane Beate (2019): Digitalisierung und Soziale Arbeit – ein Diskursüberblick. In: Soziale Passagen 11, 2, S. 225–242.

Boers, Elroy/Afzali, Mohammad/Newton, Nicola/Conrod, Patricia (2019): Association of Screen Time and Depression in Adolescence. JAMA Pediatrics, 173(9), S. 853. https://doi.org/10.1001/jamapediatrics.2019.1759.

Böhnisch, Lothar (2019): Lebensbewältigung. Ein Konzept für die Soziale Arbeit. Weinheim und Basel: Beltz Juventa.

Böhnisch, Lothar (2012): Lebensbewältigung. In: Thole, Werner (Hrsg.): Grundriss Soziale Arbeit. Opladen: Leske + Budrich, S. 219–234.

Braches-Chyrek, Rita/Bock, Karin/Böllert, Karin/Dollinger, Bernd/Heite, Catrin/Kessl, Fabian/Thole, Werner/Ziegler, Holger (2019): Editorial. Soziale Passagen, 11(2), S. 221–224. https://doi.org/10.1007/s12592-019-00334-0.

Butterwegge, Christoph (2020a): Wie Corona die Ungleichheit in Deutschland verstärkt. https://www.vorwaerts.de/artikel/christoph-butterwegge-corona-ungleichheit-deutschland-verstaerkt [Zugriff: 28.08.2021].

Butterwegge, Christoph (2020b): Die zerrissene Republik. Wirtschaftliche, soziale und politische Ungleichheit in Deutschland. Weinheim/Basel: Beltz Juventa.

Deutschlandfunk (2020): https://www.deutschlandfunk.de/soziale-ungleichheit-durch-corona-man-haette-staerker-an.694.de.html?dram:article_id=484795 [Zugriff: 28.08.2021].

Dewe, Bernd/Otto, Hans-Uwe (1996): Zugänge zur Sozialpädagogik. Reflexive Wissenschaftstheorie und kognitive Identität. Weinheim/München: Juventa.

Ermel, Nicole/Stüwe, Gerd (2019): Lehrbuch Soziale Arbeit und Digitalisierung. Weinheim: Juventa.

Griese, Hannah/Brüggen, Niels/Materna, Georg/Müller, Eric (2020): Politische Meinungsbildung Jugendlicher in sozialen Medien. München: JFF. https://www.jff.de/fileadmin/user_upload/jff/veroeffentlichungen/2020/jff_muenchen_2020_veroeffentlichungen_politische_meinungsbildung.pdf [Zugriff: 28.08.2021].

Hammerschmidt, Peter/Sagebiel, Juliane Beate/Hill, Burkhard/Beranek, Angelika (Hrsg.) (2021): Big Data, Facebook, Twitter & Co. und Soziale Arbeit. 2. Aufl. Freiburg i. Breisgau: Beltz Juventa.

Hammerschmidt, Peter/Sagebiel, Juliane Beate/Hill, Burkhard/Beranek, Angelika (Hrsg.) (2018): Big Data, Facebook, Twitter & Co. und Soziale Arbeit. Freiburg i. Breisgau: Beltz Juventa.

Hartmann, Maren/Hepp, Andreas (Hrsg.) (2010): Die Mediatisierung der Alltagswelt. Wiesbaden: VS Verlag für Sozialwissenschaften. https://doi.org/10.1007/978-3-531-92014-6.

Heßler, Martina (2012): Kulturgeschichte der Technik. Historische Einführungen: Vol. 13. Frankfurt a.M.: Campus.

Hill, Burkhard/Sagebiel, Juliane Beate (2019): Digitalisierung und ihre Bewältigungsanforderungen. In: sozialmagazin 3, 4, S. 75–83.

Hill, Burkhard (2018): Digitale Medien, Medienpädagogik und Soziale Arbeit. In: Hammerschmidt, Peter/Sagebiel, Juliane Beate/Hill, Burkhard/Beranek, Angelika (Hrsg.) (2018): Big Data, Facebook, Twitter & Co. und Soziale Arbeit. Freiburg i. Breisgau: Beltz Juventa, S. 33–53.

Krotz, Friedrich (2008): Kultureller und gesellschaftlicher Wandel im Kontext des Wandels von Medien und Kommunikation. In: Thomas, Tanja (Hrsg.): Medienkultur und soziales Handeln. Wiesbaden: VS Verlag für Sozialwissenschaften, S. 43–62. https://doi.org/10.1007/978-3-531-90898-4_2.

Krotz, Friedrich/Despotović, Cathrin/Kruse, Merle-Marie (Hrsg.) (2017): Medien – Kultur – Kommunikation. Mediatisierung als Metaprozess: Transformationen, Formen der Entwicklung und die Generierung von Neuem. Wiesbaden: Springer VS. https://doi.org/10.1007/978-3-658-16084-5.

Kutscher, Nadia/Ley, Thomas/Seelmeyer, Udo (Hrsg.) (2015): Grundlagen der Sozialen Arbeit: Band 38. Mediatisierung (in) der Sozialen Arbeit. Baltmannsweiler: Schneider Verlag Hohengehren GmbH.

Mau, Steffen (2017): Das metrische Wir: Über die Quantifizierung des Sozialen. Berlin/ Frankfurt a.M.: Suhrkamp.

Kutscher, Nadia/Ley, Thomas/Seelmeyer, Udo/Siller, Friederike/Tillmann, Angela/ Zorn, Isabel (Hrsg.) (2020): Handbuch Soziale Arbeit und Digitalisierung. Weinheim/Basel: Beltz Juventa.

Lichtenberger, Hanna/Ranftler, Judith (2020): Von Superspreadern und Kinderarmut: Zu den intersektionalen Auswirkungen der Corona-Krise auf Kinder und den Folgen für die Soziale Arbeit. soziales-kapital.at [Zugriff: 28.08.2021].

Medienpädagogischer Forschungsverbund Südwest (2016): JIM-Studie 2016. Jugend, Information (Multi-)Media. Basisuntersuchung zum Medienumgang 12- bis 19-Jähriger. http://www.mpfs.de/fileadmin/files/Studien/JIM/2016/JIM_Studie_2016.pdf [Zugriff: 20.08.2021].

Meyer, Laurin (2019): Jeder zehnte deutsche Influencer kauft sich Follower. https://www.tagesspiegel.de/wirtschaft/bezahlter-ruhm-auf-instagram-jeder-zehnte-deutsche-influencer-kauft-sich-follower/24844910.html [Zugriff: 20.08.2021].

Neumaier, Stefanie (2021): Der berechenbare Hochschulalltag? Ethische Rahmenbedingungen zum Einsatz von Learning Analytics in der Hochschulbildung. München: Hochschule München.

Neumaier, Stefanie (2020): Rezension zu: Kutscher, Nadia/Ley, Thomas/Seelmeyer, Udo/Siller, Friederike/Tillmann, Angela/Zorn, Isabel (Hrsg.): Handbuch Soziale Arbeit und Digitalisierung. Weinheim/Basel: Beltz Juventa. In: merz 64, 2, S. 89–90.

Obrecht, Werner (2002): Umrisse einer biopsychosozialen Theorie sozialer Probleme. Ein Beispiel einer transdisziplinären integrativen Theorie. Zürich: Hochschule für Soziale Arbeit.

Primack, Brian/Shensa, Ariel/Sidani, Jaime/Escobar-Viera, César/Fine, Michael (2021): Temporal Associations Between Social Media Use and Depression. American Journal of Preventive Medicine, 60(2), S. 179–188. https://doi.org/10.1016/j.amepre.2020.09.014.

Sagebiel, Juliane/Pankofer, Sabine (2015): Soziale Arbeit und Machttheorien: Reflexionen und Handlungsansätze. Freiburg im Breisgau: Lambertus-Verlag.

Sagebiel, Juliane (2021a): Rezension zu: Kutscher, Nadia/Ley, Thomas/Seelmeyer, Udo/Siller, Friederike/Tillmann, Angela/Zorn, Isabel (Hrsg.) (2020): Handbuch Soziale Arbeit und Digitalisierung. Weinheim/Basel: Beltz Juventa. In: socialnet Rezensionen. https://www.socialnet.de/rezensionen/26693.php [Zugriff: 20.08.2021].

Sagebiel, Juliane (2021b): Rezension zu: Stüwe, Gerd/Ermel, Nicole (Hrsg.) (2019): Lehrbuch Soziale Arbeit und Digitalisierung. Weinheim/Basel: Beltz Juventa. In: socialnet Rezensionen. https://www.socialnet.de/rezensionen/27862.php [Zugriff: 20.08.2021].

Sagebiel, Juliane (2016): Macht in der Sozialen Arbeit. In: Fachlexikon der Sozialen Arbeit. 8. Auflage. Berlin: Nomos.

Seiler, Gerhard (2017): Der digitale Wandel und die Bildung. In: Perspektive Smart Country – Wie digitale Transformationen unser Leben verändern. Gütersloh: Bertelsmann Stiftung, S. 21–25.

Staub-Bernasconi, Silvia (2007): Soziale Arbeit als Handlungswissenschaft. Bern/Stuttgart/Wien: Haupt Verlag.

Staub-Bernasconi, Silvia (2010): Soziale Arbeit und Soziale Probleme. In: Thole, Werner (Hg.) (2010): Grundriss Soziale Arbeit. Opladen: Leske + Budrich, S. 267-282.

Theunert, Helga/Schorb, Bernd (2010): Sozialisation, Medienaneignung und Medienkompetenz in der mediatisierten Gesellschaft. In: Hartmann, Maren/Hepp, Andreas (Hrsg.): Die Mediatisierung der Alltagswelt. Wiesbaden: VS Verlag für Sozialwissenschaften, S. 243–254. https://doi.org/10.1007/978-3-531-92014-6_16.

Thiersch, Hans (2020): Lebensweltorientierte Soziale Arbeit. Grundlagen und Perspektiven. Weinheim/Basel: Beltz Juventa.

Thomas, Tanja (Hrsg.) (2008): Medienkultur und soziales Handeln. Wiesbaden: VS Verlag für Sozialwissenschaften. https://doi.org/10.1007/978-3-531-90898-4.

Witzel, Marc (2014): Mediatisierung als Perspektive Sozialer Arbeit. Sozial Extra, 38(4), S. 47–50. https://doi.org/10.1007/s12054-014-0091-0.

Zaviršek, Darja/Rommelspacher, Birgit/Staub-Bernasconi, Silvia (Hrsg.) (2010): Ethical dilemmas in social work: International practice. Ljubljana: University of Ljubljana.

Zuboff, Shoshana (2018): Der dressierte Mensch. Die Tyrannei des Überwachungskapitalismus. In: Blätter für deutsche und internationale Politik 63, 11, S. 101–111.

Zuboff, Shoshana (2019): Das Zeitalter des Überwachungskapitalismus. Frankfurt a.M./New York: Campus.

Teil VI:
Soziale Arbeit und Gesellschaft während und nach der Covid-19-Pandemie

Soziale Arbeit in Zeiten von Corona

Laura Weber, Nadine Woitzik & Simon Fleißner

Soziale Arbeit in Zeiten von Corona

Die Coronapandemie hat zu großen Teilen unseren Alltag verändert. Die Maßnahmen zur Pandemiebekämpfung wie Abstand halten, Maske tragen und die 3Gs (geimpft, getestet, genesen) regeln soziale Zusammentreffen. Unsere bekannte und gewohnte Normalität gibt es nicht mehr und wir sehnen uns trotzdem nach einer Rückkehr des Altbekannten (vgl. Lutz 2021).

Die Veränderungen und Einschränkungen fordern ein Füreinander. Rücksichtnahme und gelebte Solidarität waren und sind ein allzu oft vergessener Teil der Pandemie (vgl. Schmitt 2020: 177ff.). Jedoch hat die pandemische Situation auf der anderen Seite auch zu Spaltungen geführt und wirkt wie ein Brennglas auf soziale Problemlagen (vgl. Meyer 2020). Während die Reichsten der Reichen noch mehr Vermögen ansammeln (vgl. Zakrzewski u.a. 2021: 8ff.), werden Arbeitnehmer*innen in Kurzarbeit geschickt und Selbstständige müssen Corona-Soforthilfen beantragen, um ihre Existenzen zu sichern. Auch das Sozialwesen ist von diesen Schwierigkeiten betroffen (vgl. Pusch/Seifert 2020: 4).

Kommunikation als wichtiges Instrument in der Sozialen Arbeit

Nach der Selbstdefinition der Sozialen Arbeit ist es eine Aufgabe den „social change“ (IFSW 2014) mitzugestalten. Als Menschenrechtsprofession hat sie „den Auftrag, soziale Probleme zu bearbeiten, sie zu lösen, zu mildern oder ihnen vorzubeugen“ (Aner/Scherr 2020: 326f.). Dabei basiert das professionelle Handeln auf Kommunikation, zum Aufbau von zwischenmenschlichen Kontakten und Beziehungsarbeit. „Wir können deshalb Soziale Arbeit als Inter-Aktion als Handeln zwischen mehreren Beteiligten als soziales Handeln untersuchen“ (Vogel 2007: 23).

Gleichzeitig haben die Maßnahmen zur Eindämmung des Virus das wichtigste Instrument der Sozialen Arbeit, die Interaktion sowohl mit den Adressat*innen als auch zwischen den Fachkräften stark eingeschränkt (vgl. Meyer/Buschle 2020: 4). Damit stehen die Fachkräfte vor der Herausforderung, ihre bisherigen Methoden mithilfe der Digitalisierung der neuen Situation anzupassen. Eine teilweise notwendige Verschiebung der analogen Kommunikation in den digitalen Raum (vgl. ebd.: 14ff.) mag zwar die Beste der unmittelbar verfügbaren Alternativen sein. Jedoch gibt es in vielen Handlungsfeldern der Sozialen Arbeit noch keine ausgereiften digitalen Methoden, um den persönlichen Kontakt adäquat zu ersetzen (vgl. DGSA 2021).

Im Rahmen der hier vorgestellten empirischen Untersuchung soll gezeigt werden, welche Auswirkungen die Coronapandemie auf die Soziale Arbeit hat. Es konnten Veränderungen in der Interaktion sowohl im Adressat*innenkontakt, als auch innerhalb der Fachkräfteteams festgestellt werden. Luhmann geht davon aus, dass „Interaktionssysteme entstehen, sobald mehrere Personen gemeinsam anwesend sind und einander erkennen" (Luhmann 1975: 7). Diese Überlegung kann in der heutigen Zeit auch auf den virtuellen Raum übertragen werden. Der Fokus in diesem Beitrag liegt darauf, welche Auswirkungen die Pandemie auf die Kommunikation in der Sozialen Arbeit hat.

Methodisches Vorgehen

Für die Untersuchung wurde im Sinne einer Triangulation (vgl. Flick 1998: 443ff.) eine quantitative Gelegenheitsstrichprobe (n=341) mit einem Onlinefragebogen erhoben und eine qualitative Erhebung mithilfe von Gruppengesprächen in Anlehnung an Bohnsack (vgl. Bohnsack 2005: 63ff.) durchgeführt. Eine Erhöhung der Validität konnte durch die beiden Forschungszugänge aufgrund der methodischen Verschiedenheiten nicht erreicht werden. Jedoch liegt die Stärke der sich ergänzenden Forschungsstränge in der Entwicklung eines breiteren Verständnisses, wie die Kommunikation während der Coronapandemie in der Sozialen Arbeit stattfand oder zum Teil auch ausblieb.

Die quantitative Befragung wurde im Zeitraum vom 01.–21.10.2020 kurz vor der zweiten Coronawelle durchgeführt und beschränkte sich auf den Raum Frankfurt am Main. Dazu wurden über 2000 Mailadressen aus dem Bereich der Sozialen Arbeit recherchiert und die Fachkräfte angeschrieben. 341 Fragebögen wurden vollständig und auswertbar ausgefüllt. Die Datenauswertung erfolgte deskriptiv und mithilfe von Kreuztabellen. Da die Grundgesamtheit der Sozialarbeitenden unbekannt ist, wurde auf eine Gelegenheitsstichprobe zurückgegriffen und ist in diesem Sinne nicht repräsentativ. Im Rahmen der qualitativen Erhebung fanden Gruppengespräche mit jeweils einem Team aus dem Bereich der kirchlichen Jugendarbeit und der niedrigschwelligen Drogenhilfe statt. Abweichend zur üblichen Vorgehensweise bei der Erhebung mit Gruppendiskussionen nach Bohnsack (2005) wurde in den durchgeführten Gruppengesprächen mit einem erzählgenerierenden Stimulus gearbeitet, um in Bezug auf die Fragestellung auf der einen Seite einen stärkeren Zugang zu kollektiven Einstellungen und Gruppenorientierungen zu realisieren. Zum anderen konnten bei dieser Methode, die Gruppenmitglieder in multilateraler Interaktion, die Themenhierarchie in großem Maß selbst bestimmen (vgl. Langenbacher-König/Jenker 2007). Die so gewonnenen Daten wurden in Anlehnung an einzelne Auswertungsschritte, wie sie von Rosenthal (1995) für biografische Rekonstruktionen vorgeschlagen werden, basierend auf einer fallstrukturbildenden Zusammenfassung im Sinne der Objektiven Hermeneutik nach Oevermann (vgl. Oevermann u.a. 1979: 352ff.), ausgewertet, dabei wurde abschließend eine Typenbildung durchgeführt.

Im Folgenden werden ausgewählte quantitative und qualitative Forschungsergebnisse vorgestellt, um abschließend ein breites Bild der Kommunikation in der Sozialen Arbeit in der Pandemie aufzuzeigen.

Ergebnis der quantitativen Befragung

Die Arbeitsfelder in der quantitativen Befragung wurden über die Zielgruppen und Methoden definiert. Dabei sind keine Arbeitsfelder der Sozialen Arbeit bewusst ausgeschlossen oder bevorzugt kontaktiert worden. Dennoch lassen sich Häufungen bei der Zielgruppe der Kinder und Jugendlichen (42,5%), Migrierten und Geflüchteten (32%), Familien (26,4%), Menschen in Armut (25,2%) und Menschen mit Suchterkrankungen (25,2%) beobachten. Bei den Methoden wurden vor allem Beratung (68,9%), Einzelfallarbeit (44%), Gruppenarbeit (39,9%) und offene Angebote (31,4%) angegeben. Mehrfachnennungen waren sowohl bei den Zielgruppen als auch bei der Benennung der verwendeten Methoden möglich. Aus diesem Grund können die einzelnen Bereiche und Gruppen nicht trennscharf betrachtet und nur Tendenzen aufgezeigt werden. Die Geschlechterverteilung innerhalb der Stichprobe ergab, dass 69,2% sich dem weiblichen Geschlecht zugehörig fühlten und 27% dem männlichen Geschlecht, 0,3% gaben ihr Geschlecht als divers an und 3,5% wollten sich nicht zuordnen.

Ziel der Befragung war, die Auswirkungen der Coronapandemie auf die Fachkräfte der Sozialen Arbeit sowie auf die Arbeit mit den Adressat*innen zu untersuchen. Im Rahmen dieses Artikels werden die Auswirkungen auf die Kommunikation der Fachkräfte und ihrer Teams fokussiert.

Um die Veränderungen der Kommunikationswege innerhalb der Teams zu erfassen, wurden die Fachkräfte befragt, wie häufig sie auf welchem Weg mit ihrem Team in Kontakt standen, sowohl vor Beginn der Pandemie als auch zum Zeitpunkt der Befragung. Zur Auswahl standen dabei Teamsitzungen in Präsenz, informeller persönlicher Austausch wie z.B. Flurgespräche, Telefon, E-Mail, Videokonferenzen, Chats und die Kommunikation per Brief. Mithilfe einer vierstufigen Skala [gar nicht / selten / oft / (fast) immer] konnten die Befragten die Häufigkeit der Nutzung der Kommunikationswege einordnen. Dabei zeichnet sich deutlich ab, dass der persönliche Austausch der Fachkräfte in der Pandemie weiterhin die wichtigste Rolle einnimmt. Zwar ging der Anteil von Fachkräften, die angaben, (fast) immer Teamsitzungen in Präsenz durchzuführen, von 81,5% auf 50,6% zurück, dafür stieg der Anteil der Fachkräfte, die oft Teamsitzungen in Präsenz haben, von 11,3% auf 24,2%. Zwar ergibt dies in Summe einen Rückgang der Präsenzteamsitzungen, zeigt jedoch auch, dass der persönliche Austausch in der Pandemie nicht ersetzt werden kann. Gestützt wird dies durch die Zahlen des informellen Austausches. Hier gaben 93,4% der Befragten an, dass vor der Pandemie oft bis (fast) immer ein persönlicher informeller Austausch zwischen den Fachkräften des Teams stattfand. Zum Zeitpunkt der Befragung belief sich dies noch auf 79,4% aller Befragten. Die medial vielfach als Alternative dargestellte Videokonferenz fand dagegen wenig Anklang (Wolter u.a. 2021: 14). Nur 6,7% Befragten gaben an, (fast) immer Videokonferenzen zu nutzen, was einem Zuwachs von 5,6% zum Zeitpunkt vor der Pandemie entspricht. Trotz der Coronapandemie wird die Videokonferenz insgesamt wenig genutzt. Da keine nennenswerten Veränderungen bei den anderen Kommunikationswegen festgestellt werden konnten, kann für die Stichprobe der Untersuchung geschlussfolgert werden, dass sich die Kommunikationswege generell nicht verändert haben, allerdings hat sich die Frequenz des persönlichen Austauschs reduziert.

Parallel zu den Veränderungen innerhalb des Teams, lassen sich ähnliche Tendenzen in der Kommunikation mit anderen Fachkräften feststellen. Ähnlich wie im Team kann ein leichter Anstieg in der Nutzung von Videokonferenzen beobachtet werden, ebenso wie ein deutlicher Rückgang von Meetings in Präsenz und dem persönlichen informellen Austausch. Es lassen sich auch hier nur geringfügige Veränderungen bei der Nutzung von E-Mails, Chats, Telefonaten und Briefen feststellen. Die Verschiebungen der Kommunikation, die innerhalb der Teams festgestellt wurden, lassen sich somit auch auf die Kommunikation mit anderen Fachkräften übertragen. Insgesamt zeigt sich, dass Videokonferenzen die Kommunikation in Präsenz zwischen Fachkräften scheinbar nicht ersetzen kann.

Weiters wurde die Kommunikation auf der Ebene des Teams und auf der Ebene der Träger-Leitungs-Koordination von den Befragten mit einer vierstufigen Skala (stimme nicht zu / stimme eher nicht zu / stimme eher zu / stimme voll zu) bewertet. Hier stimmten der Aussage, dass die Kommunikation innerhalb des Teams gut ist, 50% voll und 37,3% überwiegend zu, nur 1,2% stimmten gar nicht zu. Schlechter, jedoch weitestgehend positiv, wurde die Kommunikation und Koordination zwischen Träger, Leitung und Mitarbeiter*innen bewertet. Hier stimmten der Aussage, dass diese gut ist, nur 29% der Fachkräfte voll zu und 39,4% eher zu, während 31,7% eher nicht oder gar nicht zustimmten. Diese Ergebnisse verweisen darauf, dass die Kommunikation innerhalb des Teams unabhängig von der Kommunikation mit Leitung und Träger betrachtet werden muss und nicht gleichzusetzen sind. Außerdem wurde mit der gleichen Skala nach dem subjektiven Erleben des Arbeitsklimas gefragt. Dabei unterscheiden sich die Meinungen der Befragten in Bezug auf die Auswirkungen der Coronapandemie hinsichtlich des generelle Arbeitsklimas. So stimmten 45,1% voll oder eher zu, dass das Arbeitsklima leidet. Ihnen gegenüber standen 54,9%, die eher nicht oder gar nicht zustimmen. Ähnlich wie die Kommunikation mit der Leitung und den Trägern zeigt dies, dass das Arbeitsklima keinen eindeutigen Einfluss auf die Bewertung der teaminternen Kommunikation hat.

Ergebnisse der qualitativen Untersuchung

Weiterführend werden die Ergebnisse der qualitativen Erhebung aus den Gruppengesprächen mit jeweils einem Team der niedrigschwelligen Drogenhilfe und der kirchlichen Jugendarbeit dargestellt. Ziel der Untersuchung war zu analysieren, welche Handlungsstrategien die Teams in der Pandemie entwickelt haben. Im Rahmen der Ergebnisdarstellung liegt der Fokus insbesondere auf der Interaktionsebene in den Teams sowie auf der Präsentationsebene gegenüber den Forschenden. Wie bereits im Methodenteil dargestellt, wurde im Auswertungsprozess eine Text- und thematische Feldanalyse (vgl. Rosenthal 1995) durchgeführt, mit dem Ziel der Entwicklung einer Fallstruktur. Diese Fallstruktur wurde dann im darauffolgenden Auswertungsschritt auf die Fragestellung bezogen und damit der Typus gebildet.

> „Typenbildungen sind Konstruktionen oder – wie Alfred Schütz es formuliert – Marionetten der SozialforscherInnen, die entsprechend deren jeweiligem konkreten Forschungsinteresse definieren, ‚von was' (Herv. i. Orig.) ein Typus bzw. Modell gebildet werden soll" (Rosenthal 2015: 82).

Bei diesem Analyseschritt konnte für beide Teams der gleiche Typus *Herstellung von Sicherheit* herausgearbeitet werden. Da schon bei der Entwicklung der Fallstruktur in beiden Gruppen Unsicherheiten zu analysieren waren, die sich aber auf unterschiedlichen Ebenen entwickelten, kann man zwar vom selben Typus sprechen, jedoch in unterschiedlichen Ausprägungen. Die Analyse zeigt, dass sich die Unsicherheiten im Team der niedrigschwelligen Drogenhilfe durch Probleme auf struktureller Ebene und im Team der kirchlichen Jugendarbeit auf der Teamebene entwickelt haben.

Erving Goffman vergleicht im theoretischen Ansatz zur Struktur und den Eigenheiten zwischenmenschlicher Interaktion die zwischenmenschliche Interaktion mit einer Theatervorführung. Die Rolle der Einzelnen ist auf die Rolle abgestimmt, welche die anderen spielen, die zugleich auch das Publikum bilden. Die soziale Welt wird von Goffman als Bühne mit Publikum verstanden, in der das Handeln in sozialen Rollen erfolgt (vgl. Goffman 1959/2007: 5ff.). Diese theoretischen Vorannahmen werden im Folgenden mit den Ergebnissen der beiden Gruppengespräche zusammengeführt. Es wird deutlich, dass die Teams im Sinne von Goffman versuchen „von Anfang an den richtigen Eindruck zu machen" (Goffman 1959/2007: 15). Das bedeutet, sie versuchen sich auf der Präsentationsebene, bzw. in der Interaktion mit den Forschenden als kompetent handelnde Fachkräfte sowie als funktionale Teams darzustellen. Im Sinne von Goffman wird jedoch in beiden Gruppen das jeweils gemeinsam geteilte Wissen der Fachkräfte und auch Tabuthemen auf der sogenannten Hinterbühne (kursiv) verhandelt (vgl. ebd.: 16ff.), d.h., den Forschenden gegenüber nur in impliziter Weise präsentiert. Im Verständnis von Goffman werden dieses geteilte Wissen und die Tabuthemen auf der sogenannten *Hinterbühne* verhandelt (vgl. ebd.: 16ff.).

Goffman geht davon aus, dass üblicherweise die Situationsbestimmungen der einzelnen Gruppenmitglieder soweit aufeinander abgestimmt sind, dass kein offensichtlicher Widerspruch auftreten kann (vgl. ebd.). In den untersuchten Gesprächsverläufen zeigte sich diese Annahme nicht, sondern es kam zu häufigen Abbrüchen und Pausen. Goffman bezeichnet dies als „störende Ereignisse" (ebd.: 15), wenn die Interaktion in einen „peinlichen und verwirrenden Stillstand" (ebd.) gerät.

Durch diese *störenden Ereignisse* zeichnen sich die bereits erwähnten Unsicherheiten in den beiden Teams deutlich ab. Bei der Kontrastierung der Untersuchungsergebnisse der beiden Teams zeigt sich, dass sich die Diskrepanzen in der Abstimmung der Gruppenmitglieder auf unterschiedlichen Ebenen ausbilden.

Im Feld der niedrigschwelligen Drogenhilfe resultieren die Unsicherheiten vor allem aus bestehenden Problemen auf der strukturellen Ebene. Erklärungsansätze hierfür lassen sich mithilfe des theoretischen Ansatzes der Lebensweltorientierung nach Grunwald und Thiersch finden. Danach richtet sich eine lebensweltorientierte Soziale Arbeit mit ihren Angeboten an der Lebensrealität der Adressat*innen aus, um dort einen gelingenden Alltag zu ermöglichen (vgl. Thiersch u.a. 2012: 175). Dies fordert von den Fachkräften ein hohes Maß an Flexibilität, denn die Interaktion mit den Adressat*innen ist nur beschränkt planbar (vgl. Thiergärtner 2015: 7). Aus dieser von Unvorhersehbarkeiten geprägten Arbeit können sich auch prekäre Arbeitsbedingungen entwickeln. Die Fachkräfte erfahren in diesem Arbeitsfeld für ihr tägliches Tun kaum gesellschaftliche Anerkennung. Die Ergebnisse belegen, dass sich in der Pandemie der Legitimationsdruck verstärkt und die Situation der Adressat*innen seit dem ersten Lockdown zunehmend verschlechtert hat. In der Erhebungsphase wird die Präsentationsebene im Gruppengespräch genutzt, um der marginalisierten Gruppe der Adressat*innen eine Stimme zu geben. Die subjektiven Belange und Unsicherheiten der Fachkräfte, durch die sich in der Pandemie weiter verschärfenden Arbeitsbedingungen werden dethematisiert. Vielmehr kommt es zur einer Überidentifikation mit den Adressat*innen. Es wird deutlich, dass die Unsicherheiten vor allem entstehen, weil auf struktureller Ebene die Rahmenbedingungen fehlen. Im Sinne des lebensweltorientierten Ansatzes könnte den Unsicherheiten mit konkreten Methoden, einem organisatorischen Rahmen und reflektiertem Handeln entgegengewirkt werden (vgl. Thiergärtner 2015: 7).

Im Gegensatz dazu entwickeln sich die Unsicherheiten im Team der kirchlichen Jugendarbeit insbesondere auf der Teamebene. Es wird deutlich, dass die Fachkräfte vor allem die eigene Absicherung fokussieren. Dies erfolgt mittels Orientierung an der formalen Hierarchie, die sich durch die Arbeitgeberstruktur ergibt. Ein Personalwechsel während der Pandemie verstärkt bestehende Unsicherheiten auf der Teamebene. Die Fachkräfte nutzen die Präsentationsebene, um eine Sonderstellung gegenüber anderen Teams in diesem Feld zu konstruieren. Individuell erbrachte Einzelleistungen werden nicht ausreichend als solche wahrgenommen, sondern als Gruppenerfolg präsentiert. Die auf der strukturellen Ebene existierenden Rahmenbedingungen sorgen auch in der Pandemie für ein sicheres Arbeitsumfeld.

In beiden Arbeitsfeldern wird deutlich, dass die im Gespräch verwendeten Mechanismen der Präsentation im Team gegenüber den Forschenden im Sinne von Goffman als Strategie bzw. Taktik verwendet werden. Diese Strategien werden beispielsweise im Gruppengespräch mit dem Team der kirchlichen Jugendarbeit genutzt, um die Projektion eines funktionalen Teams, das sich gegenüber anderen Teams in diesem Arbeitsfeld in besonderer Weise hervorhebt, vor den Forschenden abzusichern. Goffman spricht hier von *Verteidigungsmanövern* oder auch von *Schutzmanöver* oder *Takt*, wenn ein*e Partner*in sie anwendet, um die Projektion des anderen zu bewahren (Goffman 1959/2007: 16). Konkret werden immerzu Sicherungsmaßnahmen getroffen, um peinliche Situationen zu vermeiden, und Korrekturmaßnahmen ergriffen, um „diskreditierende Vorfälle“ (Goffman 1959/2007: 16) auszugleichen. Dieses Wechselspiel aus *Verteidigungs-* und *Schutzmanöver* stellt für Goffman die Technik dar, die zur Sicherung des Eindrucks angewandt werden muss, den der Einzelne „in der Gegenwart anderer aufgebaut hat“ (Goffman 1959/2007: 16).

Triangulation

Anknüpfend werden nun die bisherigen Ergebnisse aus den beiden Forschungssträngen zu den Veränderungen der Kommunikation in der Sozialen Arbeit durch die Pandemie, im Sinne einer Triangulation (vgl. Flick 1998: 434ff.), diskutiert. Da die Interaktion der zentrale Bestandteil Sozialer Arbeit (vgl. Vogel 2007: 23) ist, betrachtet diese Untersuchung, welche Auswirkungen die Coronapandemie auf diese hat. Auffällig ist, dass die direkte Interaktion mit den Adressat*innen abgenommen hat. Es ist deutlich, dass im Kontakt mit den Adressat*innen die Videokonferenzen keinen adäquaten Ersatz zur Kommunikation in Präsenz bieten kann. Gründe dafür könnten sein:

- die mangelnde Ausstattung der Einrichtungen,
- ein beschränkter Zugang seitens der Adressat*innen zu digitalen Alternativen,
- unzureichende Aus- und Weiterbildung der Fachkräfte im digitalen Bereich,
- individuelle Ablehnung der neuen Kommunikationswege vonseiten der Adressat*innen und der Fachkräfte,
- die digitale Kommunikation kann die Kommunikation in Präsenz nicht ersetzen, da z.B. Informationen leichter verloren gehen können.

Diese Aspekte zeigen sich teils auch in der Erhebung im Gruppengespräch mit dem Team der niedrigschwelligen Drogenhilfe. Ebenfalls konnte die Kommunikation in Präsenz, im Sinne einer lebensweltorientierten Sozialen Arbeit, nicht auf digitale Kommunikationswege verlagert werden. Die Kommunikation wurde nicht nur in den digitalen Raum verlagert, sondern fiel häufiger auch ersatzlos aus.

Die Interaktion hat sich nicht ausschließlich im Kontakt mit den Adressat*innen verändert, sondern auch zwischen den Fachkräften bzw. in den bestehenden Teams. So ist die Interaktion in Präsenz mit Fachkräften innerhalb der Teams und außerhalb der eigenen Einrichtung zurückgegangen, ohne dass digitale Alternativen gefunden wurden. In der Analyse der Gruppengespräche wird auf der Interaktionsebene in den Teams deutlich, dass in der Coronapandemie keine neuen Handlungsstrategien entwickelt wurden, sondern sich bereits vor der Pandemie entwickelte Problematiken durch Corona in beiden Teams weiter verstärkt haben.

Die Kommunikation im Team von den Mitarbeitenden wird überwiegend als gut bewertet, obwohl das Arbeitsklima unter der Coronapandemie leidet. Mehrheitlich werden Kommunikation und Koordination zwischen Träger, Leitung und Mitarbeitenden ebenfalls als gut bewertet, wenn auch schlechter als die Kommunikation im Team. Die Gruppengespräche verweisen – trotz der Pandemie – auf ein gutes Arbeitsklima in den Teams.

Ausblick

Durch die vorliegende Untersuchung wird einmal mehr deutlich, wie zentral die Kommunikation für die Soziale Arbeit ist. Die Ergebnisse zeigen, wie sich die Kommunikation in Präsenz durch die Pandemie verändert hat, ersetzt wurde oder ausgefallen ist. Digitale Alternativen sind nicht ausreichend, weil Aus- und Weiterbildungen für die Fachkräfte fehlen oder aber die passende Hard- und Software nicht vorhanden ist. Hier werden langfristig umfassende Anschaffungen von Hard- und Software benötigt sowie eine gezielte Entwicklung im Bereich der digitalen Aus- und Weiterbildung. Dabei wäre es sinnvoll, die digitalen Möglichkeiten und Anforderungen bereits in die Curricula der Ausbildung zu integrieren, um Fachkräfte von Beginn an gut vorzubereiten. Damit bietet die Pandemie auch eine Chance, neue Prozesse anzustoßen. Eindeutig ist, dass digitale Kommunikationswege weiterhin nur ein Hilfsmittel sein können, denn die Kommunikation in Präsenz bleibt für die Soziale Arbeit die wichtigste Interaktionsform. Im Sinne einer lebensweltorientierten Sozialen Arbeit kann die Kommunikation nicht vollständig in den digitalen Raum verlegt werden. Van Rießen und Streck (2021) verweisen darauf, wie wichtig die Partizipation der Adressat*innen bei der Entscheidung im Krisenmanagement ist. Dieser Ansatz erscheint, bei der Gestaltung der Kommunikationswege sowohl in Präsenz als auch digital, angebracht.

Literatur

Aner, Kirsten/Scherr, Albert (2020): Soziale Arbeit – eine Menschenrechtsprofession? In: Sozial Extra 44, 6, S. 326–327.

Bohnsack, Ralf (2005): Standards nicht-standardisierter Forschung in den Erziehungs- und Sozialwissenschaften. In: Gogolin, Ingrid (Hrsg.): Standards und Standardisierung in der Erziehungswissenschaft. Wiesbaden: VS Verlag für Sozialwissenschaften, S. 63–81.

DGSA (2021): DGSA wird um Fachgruppe „Digitalisierung und Soziale Arbeit" ergänzt. https://www.blog.dgsa.de/dgsa-wird-um-fachgruppe-digitalisierung-und-soziale-arbeit-erganzt [Zugriff: 19.08.2021].

Flick, Uwe (1998): Triangulation-Geltungsbegründung oder Erkenntniszuwachs? In: Zeitschrift für Soziologie der Erziehung und Sozialisation. Schwerpunkt: Religion, Sozialisation und Biographie, Heft 4. Jg.18/1998, S. 443–447.

Goffman, Erving (1959/2007): Wir alle spielen Theater. München: Piper.

IFSW (2014): Global Definition of Social Work. https://www.ifsw.org/what-is-social-work/global-definition-of-social-work/ [Zugriff: 25.08.2021].

Langenbacher-König, Regine/Jenker, Jens (2007): Gruppendiskussionsverfahren. QUASUS. Qualitatives Methodenportal zur Qualitativen Sozial-, Unterrichts- und Schulforschung. https://quasussite.wordpress.com/gruppendiskussionsverfahren-2/ [Zugriff: 17.11.2021]

Luhmann, Niklas (1975): Ebenen der Systembildung - Ebenendifferenzierung (unveröffentlichtes Manuskript 1975). Zeitschrift für Soziologie. Sonderheft 2014, S. 6–39.

Meyer, Nicolaus (2020): Die Corona-Pandemie: Brennglas oder Ausnahmezustand für die Soziale Arbeit? In: Wohnungslos: Aktuelles aus Theorie und Praxis zur Armut und Wohnungslosigkeit 69, 6, S. 226–229.

Meyer, Nikolaus/Buschle, Christina (2020): Soziale Arbeit in der Corona-Pandemie: Zwischen Überforderung und Marginalisierung. Empirische Trends und professionstheoretische Analysen zur Arbeitssituation im Lockdown. Bad Honnef: IUBH Internationale Hochschule, 4.

Oevermann, Ulrich/Allert, Tilman/Rrambeck, Jürgen (1979): Die Methodologie einer objektiven Hermeneutik und ihre allgemeine forschungslogische Bedeutung in den Sozialwissenschaften. In: Soeffner, Hans-Georg (Hrsg.): Interpretative Verfahren in den Sozial- und Textwissenschaften. Stuttgart: Metzler, S. 352–434.

Pusch, Toralf/Seifert, Hartmut (2020): Kurzarbeit in der Corona-Krise mit neuen Schwerpunkten. Düsseldorf: Hans-Böckler-Stiftung (Hrsg.).

Ronald, Lutz (2021): Coronakrise – Unverfügbarkeit, Metamorphose und Neue Pfade. In: Kniffki, Johannes/Lutz, Ronald/Steinhaußen, Jan (Hrsg.): Corona, Gesellschaft und Soziale Arbeit. Neue Perspektiven und Pfade. Weinheim: Beltz Juventa, S. 14–34.

Rosenthal, Gabriele (1995): Erlebte und erzählte Lebensgeschichte: Gestalt und Struktur biographischer Selbstbeschreibungen. Frankfurt a.M. u.a.: Campus.

Rosenthal, Gabriele (2015): Interpretative Sozialforschung. München: Juventa, 5., aktualisierte und ergänzte Auflage.

Schmitt, Caroline (2020): COVID-19. In: Sozial Extra 44, 3, S. 177–181.

Thiergärtner, Martin (2015): Der Klient als Kumpel? Regulierung von Nähe und Distanz in der niedrigschwelligen Drogenarbeit. Hamburg: Diplomica Verlag.

Thiersch, Hans/Grunwald, Klaus/Köngeter, Stefan (2012): Lebensweltorientierte Soziale Arbeit. In: Thole, Werner (Hrsg.): Grundriss Soziale Arbeit. Ein einführendes Handbuch. Wiesbaden: VS Verlag für Sozialwissenschaften, 4. Auflage, S. 175–196.

Vogel, Christian (2007): Die Analyse von Interaktion und Kommunikation in der Forschungs- und Berufspraxis der Sozialen Arbeit. In: Schweizer Zeitschrift für Soziale Arbeit = Revue suisse de travail social, 02/2007, S. 23–40.

Van Rießen, Anne/Streck, Rebekka (2021): Soziale Arbeit im Zeichen der Covid-19-Pandemie. Und Nutzer*innen? In: Deutsche Gesellschaft für Soziale Arbeit DGSA. Newsletter 01/2021.

Wolter, Marc Ingo/Mönnig, Anke/Maier, Tobias/Schneemann, Christian/Steeg, Stefanie/Weber, Enzo/Zika, Gerd (2021): Langfristige Folgen der Covid-19-Pandemie für Wirtschaft, Branchen und Berufe. IAB-Forschungsbericht, No. 2/2021, Institut für Arbeitsmarkt- und Berufsforschung (IAB), Nürnberg.

Zakrzewski, Anna/Carruba, Joseph/Frankle, Dean/Hardie, Andrew/Kahlich, Michael/Kessler, Danile/Montgomery, Hans/Palmisani, Edoardo/Shipton, Olivia/Soysal, Akin/Tang, Tjung/Xavier, Andre (2021): When Clients Take the Lead, Global Wealth 2021. Boston Consulting Group (Hrsg.).

Alles bleibt anders? Profession und Disziplin Sozialer Arbeit im Kontext der Covid-19-Pandemie

Ein Gespräch zwischen Maria Bitzan, Johanna Muckenhuber und Peter Sommerfeld, moderiert von Johanna M. Hefel und Christian Spatscheck

Dieser Beitrag ist aus dem Abschlusspodium der diesem Band zugrunde liegenden trinationalen Tagung entstanden. Er gibt das Podiumsgespräch in seinem Verlauf wieder und wurde von den Podiumsteilnehmenden in Nachgang der Tagung erstellt.

Das Podium diente dazu, am Ende der Tagung aus trinationaler Sicht einen Blick auf die Situation und Verfasstheit der Profession und Disziplin Sozialer Arbeit im Kontext der Covid-19-Pandemie zu legen und die Auswirkungen der Pandemie auf soziale Kohäsions- und Spaltungsphänomene zu betrachten. Diese Fragestellung wirft sowohl sozial-, ungleichheits-, geschlechterpolitische als auch wissenschaftlich-disziplinäre Aspekte auf, die aufgrund bestehender Verblendungszusammenhänge oft erst als solche identifiziert und benannt werden müssen. Die Pandemie wird deshalb im Folgenden als eine soziale und begriffliche Krise betrachtet. Sie erfordert neue konzeptionelle Zugänge in unbekannte Terrains, innovative fachliche Positionierungen und neue Formen gesellschaftlicher Solidarität.

Das Gespräch verlief in drei Runden, zunächst wird ein Blick auf die allgemeine Tragweite der Covid-19-Pandemie gerichtet, danach die Frage verfolgt, welche Auswirkungen diese auf die Lebenslagen der Adressat*innen und die Arbeitsbedingungen in der Sozialen Arbeit hat, und abschließend wird betrachtet, welche Auswirkungen die Pandemie auf die Profession und Disziplin Sozialer Arbeit hat und welche nötigen fachlichen Positionierungen hieraus entstehen.

Johanna Hefel und Christian Spatscheck: Welche allgemeine Tragweite hat die Covid-19-Pandemie aus Ihrer Sicht?

Johanna Muckenhuber: Durch die Covid-19-Pandemie verschärfen sich viele soziale Problemlagen. So mussten unter anderem Kinder aufgrund der Schließung der Schulen zuhause betreut und beim Lernen unterstützt werden. Dadurch verschob sich der Aufwand der Reproduktionsarbeit mehr ins Private und noch stärker zulasten der Frauen. Dies geschah vor dem Hintergrund einer gesellschaftlichen Situation, in der auch davor schon Frauen den größten Teil der Familienarbeit leisteten (vgl. Rüling 2001), und trägt dazu bei, dass es für Frauen mit Kindern mittel- bis längerfristig mit größeren Problemen verbunden sein kann, Anstellungen in Vollzeitbeschäftigung zu finden, da sowohl von Arbeitgeber*innenseite als auch vonseiten der Beschäftigten die Sorge nach den Möglichkeiten der Vereinbarkeit beider Lebenssphären noch stärker als vor der Pandemie zum Nachteil der Frauen bedacht wird.

Eine weitere soziale Problemlage betrifft alleinlebende Personen. In Österreich lebten im Jahr 2018 17% aller Personen in Ein-Personen-Haushalten. Vor allem ältere Menschen leben häufig alleine, so lebten im Jahr 2018 40% der über 60-jährigen Frauen und 23% der über 60-jährigen Männer alleine (vgl. Bacher/Beham-Rabanser 2020). Alleinlebende waren in einem besonders hohen Ausmaß von den Maßnahmen des social distancing während der Phasen der Lockdowns und damit einhergehend von sozialer Isolation betroffen. Soziale Isolation ist dabei ein Risikofaktor für erhöhten Stress, Krankheit und eine kürzere Lebensspanne in guter Gesundheit. Es werden übereinstimmend starke Zusammenhänge zwischen sozialer Isolation und Einsamkeit mit schlechter psychischer Gesundheit, aber auch mit schlechterer physischer Gesundheit berichtet (vgl. Leigh-Hunt et al. 2017). Aktuelle Zahlen aus ersten Veröffentlichungen über die Corona-Panel-Studie zeigen, dass alleine lebende Personen in Österreich während des Lockdowns in einem besonders hohem Ausmaß von Einsamkeit betroffen waren (vgl. Bacher/Beham-Rabanser 2020). Nahezu 20% der Befragten berichteten Ende April davon, dass sie sich einsam fühlten. Diese Personen verfügten auch über weniger Coping-Strategien zur Bewältigung der Krise (vgl. Schiestl/Pinkert 2020). Auch in internationalen Studien zeigen sich negative Effekte eines Lockdowns und von Quarantänemaßnahmen auf die psychische Gesundheit der betroffenen Personen (vgl. Brooks et al. 2020).

Die Covid-19-Pandemie hatte zudem starke Auswirkungen auf die physische Gesundheit der Menschen. Neben den Gefahren durch das Virus selbst sind jedoch auch Kollateralschäden zu verzeichnen. So wurden aufgrund der Maßnahmen, vor allem des ersten Lockdowns im Frühjahr 2020, notwendige Vorsorgeuntersuchungen verschoben, was zur Folge hatte, dass beispielsweise Herzinfarkte und Krebserkrankungen teilweise erst verspätet erkannt und behandelt wurden. Die Pandemie hat aber auch Auswirkungen auf den allgemeinen Gesundheitszustand. So zeigen erste Analysen der Daten des Austria Corona Panels, dass sich vor allem die selbst berichtete Gesundheit junger Erwachsener stark verschlechterte (vgl. Vienna Center for Electoral Research 2021). Dies ist besonders von Bedeutung, da junge Erwachsene in den Jahrzehnten vor der Pandemie konstant in repräsentativen Untersuchungen ihre Gesundheit und ihr Wohlbefinden als sehr gut bezeichneten. Die Covid-19-Pandemie und die Maßnahmen zu deren Eindämmung betreffen, wie aus diesen Daten ersichtlich wird, in hoher Anzahl junge Menschen. Auch erste qualitative Analysen aus dem laufenden Forschungsprojekt ‚Wegen Corona allein zuhause' zeigen, dass junge Menschen in besonderem Ausmaß darunter leiden, wenn sie sich nicht in Gruppen treffen und sich austauschen, aber auch ausprobieren können.

Maria Bitzan: Die Coronakrise hat unseren Alltag massiv verändert und somit auch das Selbstverständliche des Sozialen. Wir leben zwischen Solidarität und Sorgen für andere und zugleich der Angst vor ‚den Anderen' als potenzielle Gefährdende, denen es auszuweichen gilt. Diese Undurchsichtigkeit der *maskierten Empathie* (Loew 2021) erzeugt eine Vorsicht, deren ethische Implikationen für den Alltag ebenso wie für den sozialen Raum noch zu reflektieren sind.

Einige strukturelle Aspekte sind:

- Die Coronakrise hängt aufs engste mit dem globalen Kapitalismus zusammen. Sie stellt die üblichen Funktionsmechanismen infrage: die bis dato selbstverständliche Ausbeutung von Natur und Menschen, die Missachtung der Grenzen des Wachstums auf Kosten des globalen Südens, die Vernutzung der Care-Arbeit als unbeachtete Voraussetzung des Funktionierens. Umso erschreckender ist die Nicht-Bereitschaft der herrschenden Staaten, diese hervorstechenden Themen politisch-gesellschaftlich zu bearbeiten!
- Etwas als Krise zu bezeichnen, bedeutet eine bewusste Dramatisierung. Die Frage stellt sich nach der Reichweite des (wieder)herzustellenden Zustands: Geht es um eine radikale Veränderung des Bisherigen oder um eine Wiederherstellung des Bisherigen?
- Wir konnten überrascht zur Kenntnis nehmen, wie schnell eherne (ökonomische) Glaubenssätze über den Haufen geworfen werden (können): Es wird Geld ohne Ende ausgegeben – was zuvor angesichts der ‚schwarzen Null' in Deutschland undenkbar schien, und in Bezug auf die Klimakrise auch heute noch undenkbar ist, – jedoch geschieht dies nun befremdlicherweise ganz ohne Gestaltungsanspruch, sondern nur mit Erhaltungsanspruch.
- Gleichzeitig werden tiefgreifende Einschnitte in das soziale Leben angeordnet – ohne demokratische Entscheidungsprozesse, d. h. ohne Diskurse (deren Bedarf sich dann auf informellen Bühnen in ‚verqueren' Erscheinungen artikuliert).

Was passiert auf der Hinterbühne? Oft schon benannt wurde das Diktum der ‚Krise als Brennglas': Die Umgangsweisen und ihre Auswirkungen machen (ungleiche, problematische) Verhältnisse sichtbar, die sowieso da waren, aber zum Teil verdeckt werden konnten: zum Beispiel die gesellschaftliche Missachtung des anthropologischen Angewiesenseins der Menschen aufeinander, die sich in den immer noch vergeschlechtlichten Care-Arrangements zeigt, indem die Sorgenotwendigkeit einerseits Frauen* zugeschoben wird und andererseits immer noch weitgehend ins Private verlagert bleibt. Oder zum Beispiel die selbst in den sogenannten egalitären Ländern massiv bestehende und in den letzten Jahren zunehmende soziale Ungleichheit, die unterschiedliche Zugänge zu Schutz- und Versorgungsressourcen regelt.

Insgesamt sind mit den Maßnahmen auch neue Tendenzen zur *Individualisierung* und *Familialisierung* erkennbar: ‚Familie' wurde (anfangs) wieder in konservativster Auslegung auf die Blutsbande reduziert. Zudem richtet sich das Schutzkonzept auf Familie: Die Familie muss es richten. Befördert wird dadurch auch die voranschreitende *Individualisierung* (die paradoxerweise als *kollektive* Verantwortung gesprochen wird). Sie ist Zwilling der geforderten ‚sozialen Distanz'. Neckel vermerkt, dass sich die Gesellschaft sozialstrukturell seit geraumer Zeit in Segmente zerlegt, die klar geschieden sind. „Die Abstandsregeln verdoppeln als Notfallprogramm, was als soziale Distanzierung längst zur *Alltagsroutine* geworden ist" (Neckel 2021, taz). Und er zeigt, wie gesellschaftliche Entsolidarisierungen damit befördert werden: „Die Aufteilung von Räumen und ihre nervöse Bewachung ist deshalb nur konsequent, wenn man unter sich bleiben will. Der identitätspolitische Separatismus findet daher möglicherweise kein passenderes Habitat als die Seuche" (ebd.). Nachhaltigere Umgangsweisen würden statt sozialer Distanzierung neue Formen der solidarischen Sorgearbeit entwickeln und die Coronakrise mit der Wirtschafts- und Klimaentwicklung zusammenbringen (vgl. Böhnisch 2020).

Peter Sommerfeld: Im Anschluss an das Eröffnungsreferat von Anton Pelinka kann die soziale Ungleichheit als Mega-Bruchlinie der demokratischen Gesellschaften bezeichnet werden. Ich möchte hier schon darauf hinweisen, dass die Soziale Arbeit eine zentrale gesellschaftliche Akteurin bei der Bearbeitung der Folgen sozialer Ungleichheit ist und insofern potenziell in diesen Zeiten eine große gesellschaftliche Bedeutung haben müsste (oder könnte?) (vgl. Sommerfeld 2013).

Eine erste Antwort kann aufbauend auf meinen beiden Vorrednerinnen und auch für die Schweiz gestützt auf erste Studien gegeben werden: Die Coronakrise verstärkt die soziale Ungleichheit (vgl. Martinez et al. 2021), und sie trifft die vulnerabelsten Gruppen am härtesten (vgl. Kessler/Gugenbühl 2021).

Maria Bitzan hat ja soeben die Rückkehr in den Modus des ‚Normalen' beschrieben. Eine zweite Antwort wäre also, dass sich in den politischen Verhältnissen wieder einmal ein Unwillen oder eine Unfähigkeit der Gesellschaft insgesamt – nicht nur der politischen Organe – gezeigt hat, die anstehenden Gestaltungsfragen ernsthaft anzugehen: Bewahren statt Lernen.

Ich möchte trotzdem einige Erfahrungen und Erkenntnisse in Erinnerung rufen, die gerade angesichts der Entwicklung zurück zur ‚Normalität' nicht vergessen werden sollten. Wir alle haben zumindest am Anfang der Pandemie u. a. erlebt, dass eine Verlangsamung unseres Lebensrhythmus wohltuend ist, dass ganz neue Qualitäten zum Vorschein kommen, wenn die Routinen ausgesetzt werden oder nicht mehr greifen, dass gegenseitige Hilfe und Sich-umeinander-Sorgen elementar sind.

Wir haben erlebt, dass wir die Funktionsweise der Gesellschaft praktisch von einem Tag auf den anderen verändern können, wenn es sein muss, und wir alle haben (schmerzlich) erlebt, dass wir das Soziale, das Miteinander, das Aufeinander-Angewiesen-Sein ebenso brauchen wie Nahrung. Diese kollektive Erfahrung, die mittlerweile längst von der ‚Normalität' wieder verdrängt ist, ist gleichwohl für mich eine Erfahrung, mit der ich Hoffnung verbinde – und zwar weil dies alles auf die „Gestaltungskraft des Sozialen" (Böhnisch/Schröer 2016) verweist bzw. Elemente der Gestaltungskraft des Sozialen in unserer Erfahrungswelt spürbar gemacht hat.

Meine dritte Antwort in Bezug auf die Tragweite ist also, dass diese Krise den sozialen Wandel vorantreibt, obwohl die Beharrungstendenzen sich wieder durchgesetzt haben, und dass (möglicherweise) eine Saat der Hoffnung gelegt ist, weil die Notwendigkeit für einen grundlegenden Wandel immer offensichtlicher wird und weil viele Menschen Erfahrungen außerhalb der ‚normalen' Formen der Vergesellschaftung nun schon einmal gemacht haben und darauf bei der nächsten Krise zurückgreifen können.

Johanna Hefel und Christian Spatscheck: Welche Auswirkungen hat die Covid-19-Pandemie auf Lebenslagen der Adressat*innen und die Arbeitsbedingungen in der Sozialen Arbeit?

Maria Bitzan: Zu den Lebenslagen lässt sich auf den ersten Blick vermuten, dass die Pandemie international vermeintlich ‚gleiche' Betroffenheit erzeugt. Der zweite Blick zeigt jedoch äußerst unterschiedlich verteilte Gefährdungen und damit gesellschaftliche Spaltungen. Menschen, die sich abschotten können (große Wohnungen, Homeoffice, gesichertes Einkommen, usw.), können sich besser schützen. Sogenannte Zielgruppen der Sozialen Arbeit sind wegen ihrer meistens eher prekäreren Lebenssituationen vom Risiko mehr betroffen. So wird der moralische Appell ans ‚Privatisieren' vordergründig mit Solidarität begründet: Es geht um Leben – aber: nicht *jedes Leben* scheint gemeint (z. B. werden gleichzeitig Geflüchtete in menschenverachtender Ignoranzpolitik ihrem Schicksal überlassen).

Veränderungen der Lebenslagen zeigen sich besonders in folgenden Bereichen:

- Traditionelle geschlechtsspezifische Rollenverteilungen kommen wieder zum Tragen, obwohl sich auch mehr Väter in Hausarbeit und Kinderbetreuung engagieren (vgl. tifs 2021).
- Auch kann das Ansteigen patriarchaler Gewalt beobachtet werden mit zugleich weniger Ausstiegsmöglichkeiten (Abschottung des privaten Bereiches, Kontrollen der Täter über die Opfer, Hilfen weniger erreichbar) (vgl. Fernández Droguett 2020).
- Wohnungslose und in prekären Verhältnissen Lebende sind doppelt gefährdet. Es gibt wenig Schutz beim Leben auf der Straße oder in Gemeinschaftsunterkünften. Zudem verlieren etliche ihre Arbeitsmöglichkeiten. Sie erleben die symbolische Botschaft: Wir haben euch nicht im Blick.
- Kinder und Jugendliche zahlen in besonderer Weise die sozialen ‚Kosten' durch Schul- und Kitaschließungen und das Verbot privater Treffen. Manche haben Depressionen, keine Lebenslust und -planung, sind stillgestellt in ihrer Entwicklung.
- Krankheit und Tod werden noch mehr ausgelagert (obwohl ständig Thema) in die Intensivstationen der Krankenhäuser, deren Bindung zum Alltag vollkommen abgeschottet wird.

Zu den Arbeitsbedingungen in der Sozialen Arbeit lässt sich feststellen:

- Fachkräfte bewegen sich in dem Spannungsfeld, einerseits sich selbst zu schützen, andererseits ein adäquates und empathisches Eingehen auf Adressat*innen zu ermöglichen. Dies befördert Alleingelassenheitsgefühle, Isolierungen, zugleich aber auch Netzwerke ‚von unten' und gegenseitige Hilfestellungen, die eine neue Basisbewegung von Fachkräften befördern könnten (vgl. Buschle/Meyer 2020; vgl. LAG Soziale Brennpunkte Niedersachsen 2021).
- Konkrete Auswirkungen sind vor allem in der ersten, teilweise noch in der zweiten und dritten Welle reduzierte Hilfeleistungen (weniger Angebote, keine niederschwelligen räumlichen Ansprechbarkeiten, reduzierte Beratungsmöglichkeiten), die zu weniger passgenauen und kürzer andauernden Hilfeleistungen führen. Zugleich entsteht viel Neues: neue Kontaktformen, Spaziergangsberatung, GWA als innovatives Feld durch fantasievolle Nachbarschaftsarbeit (ebd.).
- Das Dunkelfeld sozialer Bedarfe wird größer.

Peter Sommerfeld: Die Situation in der Schweiz unterscheidet sich nicht grundsätzlich von der in Deutschland. Zwar kommt ein Großteil der Schweizer Bevölkerung relativ gut mit den Folgen der Krise zurecht (vgl. Refle et al. 2020), aber vor allem Personen an der Rändern der Gesellschaft sind in stärkerem Maße betroffen.

Der soziale Gradient macht sich nicht nur bei den Folgen bemerkbar, sondern auch beim unmittelbaren Infektionsgeschehen. Der sozioökonomische Status bestimmt die Wahrscheinlichkeit, schwer an Covid-19 zu erkranken oder zu sterben.

Zum Einfluss der Covid-19-Pandemie auf die Arbeitsbedingungen der Sozialen Arbeit beziehe ich mich auf unsere eigene Studie (vgl. Sommerfeld et al. 2021[1]). Ich kann weder auf die Methodik der Studien noch auf einzelne Ergebnisse eingehen, die in unserem Bericht und weiteren Publikationen nachzulesen sind (vgl. Meyer/Alsago 2021; Schell-Kiehl et al., in peer-review). Stattdessen verdichte ich die Ergebnisse hier maximal. Die Aussagen hängen dadurch quasi begründungsfrei in der Luft und sind selbstverständlich zu überprüfen.

Die Ergebnisse der Studie zeichnen das Bild einer Profession, die sich mit Engagement und Innovationsgeist den Herausforderungen, die die Covid-19-Pandemie mit sich bringt, stellt. Die Studie zeigt jedoch auch, dass für einen Teil der Professionellen der Sozialen Arbeit die Belastungen am Arbeitsplatz hoch und schwer kompensierbar sind, sodass sich dies unmittelbar auf die Gesundheit der Sozialarbeitenden auswirkt. Wenn ein Drittel der Sozialarbeitenden als von Burnout bedroht oder betroffen gelten muss, dann stellt sich die Frage, woran das liegt? Von allen Variablen, die wir auf einen Zusammenhang mit diesem Item getestet haben, hat nur (und wenig überraschend) die Arbeitsbelastung einen starken Einfluss. Warum aber wirkt sich dies so schnell so stark auf die Gesundheit aus? Kurz und knapp formuliert, denken wir (vgl. Sommerfeld et al. 2021: 29ff.), dass sich in diesen Ergebnissen eine Profession spiegelt, die aufgrund der neoliberalen Politiken und dem damit einhergehenden Prinzip der Austerität schon im Normalbetrieb im (durchaus auch innovativen) Bewältigungsmodus am Anschlag läuft (vgl. zur ähnlich gelagerten und besser untersuchten Situation der Pflege: Pelling 2021). Wenn nun eine Krise wie diese hinzukommt, übersteigt die Belastung (zusammen vermutlich mit weiteren Faktoren) die Bewältigungskapazitäten nicht nur von Einzelnen, sondern von einer strukturell relevanten Gruppe der Berufstätigen in diesem Feld. Die Intensivierung der Arbeit unter Ausblendung der Qualität der geleisteten Arbeit (Unzufriedenheit mit den Inhalten und mangelnde Wertschätzung sind weitere Faktoren für Burnout) übersteigen offenbar ein zumutbares Maß.

1 Hier danke ich Ines Schell-Kiehl, Melissa Laurens, Nicole Ketelaar, Nikolaus Meyer und Sebastian Franz für die Kooperation.

Johanna Muckenhuber: Wie ich in meinem ersten Statement deutlich gemacht habe, wirkte sich und wirkt sich die Pandemie negativ auf die Lebenslagen breiter Bevölkerungsgruppen aus. Vulnerable Personengruppen jedoch, die schon vor der Pandemie schwierige Lebensbedingungen vorfanden, waren von den Covid-19-Maßnahmen in besonders starkem Ausmaß betroffen. So trafen zum Beispiel Ausgangssperren Familien, bei denen eine größere Anzahl von Personen auf engem Raum ohne private Freiflächen leben, ungleich stärker. Empfehlungen von politischer Seite zeugten regelmäßig von mangelnder Kenntnis solcher Wohnbedingungen, wie zum Beispiel, wenn der österreichische Bildungsminister im November 2020 die Empfehlung gab, jedes Kind in einem eigenen Zimmer lernen zu lassen und unbedingt Arbeits- bzw. Lernräume von jenen für Spiel und Freizeit zu trennen.

Auch die Arbeitsbedingungen unterschieden sich stark zwischen den Bevölkerungsgruppen. Viele Menschen verloren ihren Arbeitsplatz ganz oder vorübergehend, und ein Teil der arbeitenden Bevölkerung hatte mit einem Kurzarbeitsmodell von einem Tag auf den anderen sehr viel weniger zu arbeiten. Der Verlust des Arbeitsplatzes oder eine massive Stundenreduktion bringen neben den finanziellen Einbußen auch psychosoziale Probleme mit einem Wegfall der psychosozialen Funktionen der Arbeit mit sich (vgl. Jahoda 1983). So wird es unter anderem im Laufe der Zeit zunehmend schwerer, die Tagesstruktur aufrechtzuerhalten. Zur selben Zeit mussten viele andere Beschäftigte plötzlich zahlreiche Überstunden leisten und längere Arbeitsschichten übernehmen. Zusätzlich waren Arbeitnehmende gerade zu Beginn der Pandemie nur mangelhaft mit Schutzausrüstung ausgestattet und mussten so ein erhebliches Risiko auf sich nehmen, um die Versorgung der Bevölkerung sicherzustellen. Dies stellte teilweise eine erhebliche Belastung dar, besonders wenn Kinderbetreuungspflichten mit der Erwerbsarbeit vereinbart werden mussten.

Johanna Hefel und Christian Spatscheck: Welche Auswirkungen hat die Covid-19-Pandemie auf die Profession und Disziplin Sozialer Arbeit und welche fachlichen Positionierungen wären nötig?

Peter Sommerfeld: Bezugnehmend auf die zuvor formulierte soziale Ungleichheit als Mega-Bruchlinie sind unsere Ergebnisse, zusammen mit der Beobachtung, dass die Soziale Arbeit im Kontext der Covid-19-Pandemie nur marginal oder gar nicht öffentlich wahrgenommen wird, ernüchternd. Warum ist das so und was folgt daraus? In Berufen wie der Sozialen Arbeit ist „die das normative Optimum bestimmende Definition der Qualität von Sozialen Dienstleistungen […] das Resultat der Austragung politisch-ökonomischer Konflikte“ (Bauer 1996: 32), die aufgrund der herrschenden Machtverhältnisse, aber auch der herrschenden Ideologie zu einer Ausstattung der Sozialen Arbeit geführt haben, die nicht nur professionelles Handeln oftmals über die Maßen einschränkt (also kein Optimum darstellt), sondern auch gesundheitsgefährdende Konsequenzen für die Belegschaft hat.

Drei Folgerungen lassen sich daraus ableiten:

- Unter der Maßgabe, dass die vor allem ökonomischen Folgen der Pandemie mit massiven staatlichen Neuverschuldungen aufgefangen wurden und die herrschende Ideologie unangetastet aus dieser Krise hervorzugehen scheint, ist zu befürchten, dass neue Sparrunden anstehen.
- Auf der Basis unserer Daten und des präsentierten Erklärungsmodells wäre dies, im Hinblick auf die Soziale Arbeit, für die Gesundheit der Sozialarbeitenden und somit im Hinblick auf deren Leistungserbringung und für die von der Pandemie besonders hart getroffenen Bevölkerungsgruppen fatal, weil sich dann die verschärfte Dynamik, die durch die Pandemie aufgebrochen ist, verstetigen würde.
- Aus unserer Sicht ist daher kurzfristig nicht nur eine Kürzung der Mittel unter allen Umständen zu vermeiden, sondern es müsste, ähnlich wie in Bezug auf den privatwirtschaftlichen Teil des Arbeitsmarktes, nun auch in Bezug auf die (psycho-)sozialen Folgen der Pandemie mit einem massiven Ausbau der Ressourcen gehandelt werden. Es ist eine Frage der sozialen Gerechtigkeit und des politischen Willens, nicht eine Frage fehlender Mittel. Gewerkschaftliche und berufspolitische Arbeit ist also gefragt.

Mittelfristig ist es eine Aufgabe, die Aushandlung des politökonomischen Optimums auch auf fachlicher Ebene zu stimulieren – dies durch überzeugende Konzepte, den zwar ungeliebten, aber bedeutsamen Wirkungsnachweis, das Überwinden des vermeintlich fraglosen Fehlschlusses, dass Sparen zu Effizienz führen würde, die öffentliche Darstellung der Sozialen Arbeit in ihrer faktischen Bedeutung für die soziale Kohäsion und ihres Wertes für die Adressat*innen etc., oder kurz gesagt: Das Geschäft der Professionalisierung muss dazu weitergetrieben werden. Insgesamt geht es darum, die Gestaltungskraft des Sozialen für möglichst viele Menschen wieder erfahrbar zu machen, Möglichkeitsräume zu schaffen und somit dem sozialen Wandel konstruktiven Treibstoff zu verleihen (vgl. Sommerfeld 2021).

Langfristig stellt sich die Frage, durch was die herrschenden, die Gesellschaft strukturierenden Modelle ersetzt werden können? Welche Werte und darum herum aufgebaute Konzeptualisierungen des menschlichen Miteinanders haben möglicherweise die Reichweite, die kommenden ökosozialen Herausforderungen bewältigen zu können? Natürlich habe ich keine Antwort darauf. Ein ‚Kandidat' zeichnet sich aber gleichwohl ab, und dieser ist äußerst spannend für die Soziale Arbeit. Der ‚Kandidat', den ich sehe, ist *Care*. Ich meine damit nicht die Inwertsetzung der Care-Arbeit, die für sich genommen ein bedeutsames Ziel ist, sondern *Care* als grundlegendes Konzept der Gestaltung der sozialen und gesellschaftlichen Prozesse und den Umgang mit der natürlichen Welt (vgl. Winker 2015). Wenn die Soziale Arbeit tatsächlich einmal in mehr oder weniger naher Zukunft ihr Potenzial als wichtige Akteurin bei der Bearbeitung sozialer Ungleichheit und insbesondere der sozialen Dimension der ökosozialen Herausforderungen realisieren will, dann wäre es dringend angezeigt, sich mit diesem Ansatz oder anderen mit ähnlicher Reichweite auseinanderzusetzen und bei der Entwicklung und Ausgestaltung eine aktive – und in diesem Sinn auch politische – Rolle einzunehmen.

Johanna Muckenhuber: Die Pandemie und die Maßnahmen zu ihrer Eindämmung stellen die Profession vor enorme Herausforderungen während der Pandemie und in der kommenden Zeit. Während der Pandemie zeigte sich, dass viele Sozialarbeiter*innen als Fachkräfte der psychosozialen Versorgung der besonderen Belastung des Spannungsfelds zwischen dem Schutz ihrer eigenen Gesundheit und der Aufrechterhaltung der Versorgungssicherheit für ihre Klient*innen ausgesetzt waren.

Verstärkt wurde diese Belastung teilweise durch inadäquate Rahmenbedingungen und mangelnde Vorgaben zur Art und Weise der Aufrechterhaltung der Versorgung (vgl. Jesser et al. 2022). Es zeigt sich jedoch, dass auch die kommenden Jahre eine steigende Belastung der Sozialarbeiter*innen befürchten lassen oder mit sich bringen werden. Einerseits steigt der Bedarf, andererseits zeigt sich bereits jetzt, dass die enormen Kosten der Pandemie – unter anderem durch Einsparungen im Sozialbereich – bezahlt werden. Dem gilt es sich vehement entgegenzustellen.

Gleichzeitig gewinnt die soziale Dimension im Gesundheitswesen an Bedeutung. Dies zeigt sich unter anderem in der Ausbildung von Community Nurses, die neben der Pflege auch Vernetzungsaufgaben und erweiterte Beratung übernehmen sollen. Die Profession der Sozialen Arbeit steht hier vor der Herausforderung, sich zu positionieren. Dafür muss sie auch Entscheidungen darüber treffen, ob und in welchem Ausmaß versucht werden soll, die Bedeutung einer fundierten psychosozialen Versorgung im Gesundheitswesen zu klären und hier Lobbying für die eigene Sache zu machen. Dies würde, unter anderem, bedeuten, die Position der akademisch ausgebildeten Sozialarbeiter*innen im Gesundheitssystem zu stärken.

Maria Bitzan: Zunächst zum Stellenwert der Sozialen Arbeit im öffentlichen Pandemiediskurs: Sie spielte in Deutschland in der ersten Welle keine Rolle – weder als wissenschaftliche Disziplin noch als relevante Profession. ‚Vernünftiges Handeln' wird in der Krise als abhängig von den wissenschaftlichen Einschätzungen dargestellt, die mit Virologie und ähnlichem gleichgesetzt werden, das heißt medizinische und ökonomische Diskurse sind dominant, es wird keine Verbindung zu sozialen Fragen hergestellt. Sämtliche Sozialwissenschaften brauchen über ein halbes Jahr, um überhaupt als relevante Akteur*innen gesehen zu werden – Soziale Arbeit zu allerletzt. So zeigt sich auch hier einmal mehr das strukturelle Anerkennungsproblem Sozialer Arbeit.

Ab der zweiten Welle gelingt es Psychologie und Sozialer Arbeit (auch?) in Deutschland, dass Angebote der Kinder- und Jugendarbeit als systemrelevant eingeschätzt werden und (begrenzt) weitergeführt werden dürfen. Auch Belastungs- und Benachteiligungsthemen der Adressat*innen wie zum Beispiel ‚häusliche Gewalt' finden sich nun in den Medien. Dies ist ein flüchtiges Zeichen von Anerkennung.

Feministische Erkenntnisse werden gar nicht einbezogen, Erfahrungen von Frauen* aus dem Lebensalltag auch nicht. Dies gilt weltweit, obwohl Frauen fast überall schon immer die Alltagskrisenmanagerinnen sind (vgl. tifs 2021).

Zum zweiten zeigt das Brennglas ‚Krise' die bestehenden Deprofessionalisierungstendenzen in einer schärferen Deutlichkeit: Soziale Arbeit bekommt in der Krise ein Rollenverständnis zugeschrieben als Ausführungsgehilfin – Zuarbeit für die Kontrollregime und Abfederung schwieriger Folgen. Für Sozialarbeiter*innen selbst bewegen sich diese Instrumentalisierungen in großer Ambivalenz zwischen dem Bemühen, bei der Bekämpfung der Virusausbreitung zu ‚helfen', und Unsicherheiten bezüglich der anstehenden Rollenveränderungen.

Deprofessionalisierung zeigt sich auch an anderen Stellen: Das Studium ‚verkommt' zur reinen Lehrstoffvermittlung im Onlineformat, das die Komponenten der *Erfahrung,* die Entwicklung der professionellen Persönlichkeit (*Haltung*), nicht mehr realisiert.

Für die Praxis hat Peter Sommerfeld bereits auf die Ineffizienzen der Fallbearbeitungen usw. aufgrund absurder Sparvorgaben hingewiesen. Dies wird zunehmen. In den ersten Städten werden bereits jetzt pauschale Kürzungen der sogenannten freiwilligen Leistungen im Kultur- und Sozialbereich diskutiert – wie Jugendarbeit, Stadtteilarbeit oder Familienbildung. Die begonnene kommunale Entwicklung ganzheitlicher sozialer Gestaltungen/Angebote droht wieder zu zerfallen, wenn die Profession auf die angeblichen Kernaufgaben verkürzt wird, z. B. auf Kinderschutz statt Lebensweltunterstützung, oder entprofessionalisiert wird in der priorisierten Organisation der ehrenamtlichen und bürgerschaftlichen Arbeit.

Die große politische und disziplinäre Herausforderung ist: Wie organisiert sich Soziale Arbeit öffentlich? Die dargestellten Befunde sagen viel aus über den (mangelnden) Organisationsgrad und das (fehlende) politische Selbstverständnis der Sozialen Arbeit: Im Unterschied zu anderen Professionen gibt es in Deutschland weder den *einen* Berufsverband, der alle Interessen vertritt, noch relevant wahrnehmbare gewerkschaftliche Zusammenschlüsse, und zugleich ist die Soziale Arbeit sehr versprenkelt durch die weitgefächerte Trägerlandschaft und auch dadurch, dass sie politisch/fachlich sehr unterschiedlich aufgestellt ist.

Oft gibt sich die Profession (Fachkräfte, Träger) mit dem nachgeordneten Status zufrieden. Sie könne nur reagieren auf soziale Probleme, und mit deren Verursachung habe sie nichts zu tun. Insofern ist sie gern Erfüllungsgehilfin einer Krisenbewältigung, die den Status quo ante wiederherstellt. Die Aufgabe einer relevanten gesellschaftlichen (kommunalen) Gestaltungsmacht findet sich eher nur in wenigen Ansätzen, und somit ist die politische Einmischung immer noch die größte Herausforderung. Daran zeigt sich zudem das Versäumnis bzw. die Notwendigkeit, (wieder) mehr mit (emanzipatorischen) sozialen Bewegungen zusammenzuarbeiten.

Und im größeren Maßstab entlarvt sich im Zeichen von Corona – so verdeutlicht Graefe (2020) – die scheinbare Unverwundbarkeit und Alternativlosigkeit des flexiblen Kapitalismus und der konsumbasierten ‚imperialen Lebensweise' des globalen Nordens als gefährlicher Mythos: Das System funktioniert nur so lange, wie die von ihm systematisch produzierten ökologischen, ökonomischen und sozialen Vulnerabilitäten in andere Sphären und Regionen ausgelagert und der unmittelbaren Sichtbarkeit entzogen werden können (was sich in der schleppenden Covax-Initiative ebenso zeigt wie in der zu langsam voranschreitenden Klimapolitik, wo jedes Mal die Leidtragenden auf der anderen Seite des Erdballs wohnen). Gefordert wird oft die Schaffung *resilienter Sozialsysteme*. Gemeint sind soziale Strukturen, die Krisenverhältnisse leichter auffangen können. Allerdings ist der Resilienzbegriff mit Vorsicht zu genießen, denn wenn er nur die Fähigkeit, Krisen auszuhalten, beinhaltet, trägt er nicht zur Umgestaltung bei (ebd.), sondern verengt den Blick aufs Eigene und das Retten des Immer-weiter-so. Graefe (2020) verweist darauf, dass Resilienz in diesem Sinne eine Handlungsanleitung für das (Über-)Leben *in* der sich zuspitzenden ökologisch-politisch-sozial-ökonomischen Vielfachkrise ist, nicht für deren Überwindung.

Zu *transformativen* resilienten Sozialsystemen (ohne Auslagerung der Verletzlichkeiten) würde auch gehören, *Care* zu politisieren (wie etwa die Bewegung ‚care revolution'). Noch kaum ist in Deutschland für die Soziale Arbeit die Perspektive sozialer Nachhaltigkeit und sozial-ökologischen Handelns in den Vordergrund gerückt (spannend etwa erscheint auch der hierzulande wenig bekannte Ansatz der Parental Earth Ethics oder eine Wiederaufnahme der ökofeministischen Konzepte aus den 1980er-Jahren).

Wir brauchen die Wiederherstellung öffentlicher Diskurse über das Soziale in Bezug auf die großen Nachhaltigkeitsfragen, die uns in Zukunft wesentlich mehr umtreiben werden als die Covid-19-Pandemie. Das bedeutet meines Erachtens auch eine dringend notwendige Wiederaneignung des Begriffs der Solidarität. Denn Solidarität bezieht sich auf Autonomie und Selbstorganisation auf ein gemeinsames Ziel hin. Sie meint politische Bewegung und nicht erzwungenes individuelles Sich-Zurücknehmen.

Johanna Hefel und Christian Spatscheck: Wir danken für diese drei vielschichtigen Analysen und Bestandsaufnahmen zur aktuellen Verfasstheit der Sozialen Arbeit und die Plädoyers für deren aktive Positionierung als solidarische und gesellschaftlich engagierte Profession und Disziplin, die wir sehr gerne nun als Schlussgedanken unseres Podiums mitnehmen und mitgeben. Und einen besonderen Dank an unsere drei Podiumsteilnehmenden für ihre Einschätzungen. Wir hoffen, die nötigen nächsten Schritte kommen dadurch klarer in den Fokus und können nun bewusster und engagierter angestrebt und umgesetzt werden.

Literatur

Bacher, Johann/Beham-Rabanser, Martina (2020): Allein leben in Zeiten von Corona – Corona Blog 23/2020. https://viecer.univie.ac.at/corona-blog/corona-blog-beitraege/blog23/ [Zugriff: 18.07.2020].

Brooks, Samantha/Webster, Rebecca/Smith, Louise/Woodland, Lisa/Wessely, Simon/Greenberg, Neil/James, Rubin (2020): The psychological impact of quarantine and how to reduce it: rapid review of the evidence. Lancet, Vol. 395, S. 912–920.

Bauer, Rudolph (1996): Hier geht es um Menschen, dort um Gegenstände. Über Dienstleistungen, Qualität und Qualitätssicherung. Zur Begriffssystematik und zur politisch-ökonomischen Erklärung der gegenwärtigen Entwicklungslinien Sozialer Dienstleistungen in der Bundesrepublik. WIDERSPRÜCHE, Heft 61, S. 11–49.

Böhnisch, Lothar/Schröer, Wolfgang (2016): Das sozialpolitische Prinzip. Die eigene Kraft des Sozialen an den Grenzen des Wohlfahrtsstaats. Bielefeld: transcript.

Böhnisch, Lothar (2020): Sozialpädagogik der Nachhaltigkeit. Eine Einführung. Weinheim/Basel: Beltz Juventa.

Buschle, Christina/Meyer, Nikolaus (2020): Soziale Arbeit im Ausnahmezustand?! Professionstheoretische Forschungsnotizen zur Corona Pandemie. Soziale Passagen 12 (1), S. 155–170. https://doi.org/10.1007/s12592-020-00347-0.

Fernández Droguett, Francisca (2020): Das Patriarchat ist nicht in Quarantäne. Gespräch mit Francisca Fernández Droguett über feministische Politik in Zeiten der Pandemie. In: Luxemburg online (Juni 2020).

Graefe, Stefanie (2020): Corona: Schlägt die Stunde der Resilienz? In: Zeitschrift Luxemburg – Gesellschaftsanalyse und linke Praxis. In: https://www.zeitschrift-luxemburg.de/corona-schlaegt-die-stunde-der-resilienz/ [Zugriff: 15.10.2021].

Jahoda, Marie (1983): Wieviel Arbeit braucht der Mensch? Arbeit und Arbeitslosigkeit im 20. Jahrhundert. Weinheim/Basel: Beltz.

Jesser, Andrea/Mädge, Anna-Lena/Muckenhuber, Johanna (2022): Arbeit in der psychosozialen Versorgung von Kindern, Jugendlichen und Familien während der Covid-19-Pandemie – Ergebnisse einer qualitativen Interviewstudie in Wien und Niederösterreich. Zur Publikation akzeptiert in ÖZS – Österreichische Zeitschrift für Soziologie, 4/2022.

Kessler, Claudia/Guggenbühl, Lisa (2021): Auswirkungen der Corona-Pandemie auf gesundheitsbezogene Belastungen und Ressourcen der Bevölkerung. Ausgewählte Forschungsergebnisse 2020 für die Schweiz (Arbeitspapier 52). Gesundheitsförderung Schweiz. In: https://gesundheitsfoerderung.ch/assets/public/documents/de/5-grundlagen/publikationen/diverse-themen/arbeitspapiere/Arbeitspapier_052_GFCH_2021-01_-_Auswirkungen_der_Corona-Pandemie.pdf [Zugriff: 15.10.2021].

LAG Soziale Brennpunkte Niedersachsen (2021): Plattform „Gute Nachbarschaft in Zeiten von Corona". https://www.gwa-nds.de/plattform-gute-nachbarschaft-zeiten-von-corona

Leigh-Hunt, Nicholas/Bagguley, David/Bash, Kristin/Turner, Victoria/Turnbull, Scott/Valorta, Nicole K./Caan, Woody (2017): An overview of systematic reviews on the public health consequences of social isolation and loneliness. Public Health, 152, S. 157–171.

Loew, Léonard (2021): Maskierte Empathie. Sozialpädagogische Professionalisierung in Zeiten viraler Alterität. Panelbeitrag im Tagungsprogramm Jahrestagung der DGfE-Kommission Sozialpädagogik „Sozialpädagogische Professionalisierung in der Krise?"

Martinez, Isabel Z./Kopp, Daniel/Lalive, Rafael/Pichler, Stefan/Siegenthaler, Michael (2021): Corona und Ungleichheit in der Schweiz (KOF Studien, Nr. 161, Februar 2021; KOF Studien). Konjunkturforschungsstelle ETH Zürich.

Meyer, Nikolaus/Alsago, Elke (2021): Soziale Arbeit am Limit?: Professionsbezogene Folgen veränderter Arbeitsbedingungen in der Corona-Pandemie. In: Sozial Extra, 45, S. 210–218. https://doi.org/10.1007/s12054-021-00380-0.

Neckel, Sighard (2021): Das Virus als Alarmsignal. In: taz 9.4.2021.

Pelling Lisa (2021): On the Corona frontline – The experiences of care workers in nine European countries – Summary report. Friedrich-Ebert-Stiftung (Nordic Countries). In: http://library.fes.de/pdf-files/bueros/stockholm/17490.pdf [Zugriff: 15.10.2021].

Refle, Jan-Erik/Voorpoostel, Marieke/Lebert, Florence et al. (2020): First results of the Swiss Household Panel – Covid-19 Study (FORS Working Paper Series. Paper 2020). FORS. In: https://forscenter.ch/working-papers/first-results-of-the-swiss-household-panel-covid-19-study/ [Zugriff: 15.10.2021].

Rüling, Anneli (2001): Arbeitszeit und Reproduktionsarbeit: Zusammenhänge und Wechselwirkungen am Beispiel der Teilzeitarbeit. WZB Discussion Paper, P 01-505, Berlin: Wissenschaftszentrum für Sozialforschung (WZB). In: https://www.ams-forschungsnetzwerk.at/downloadpub/Arbeitszeit_Reproduktionsarbeit_WZB_p01_505.pdf [Zugriff: 15.10.2021].

Schel-Kiehl, Ines/Laurens, Melissa/Ketelaar, Nicole/Meyer, Nikolaus/Franz, Sebastian/Sommerfeld, Peter/Hess, Nadja/Bühler, Sarah (2022; in peer-review): Impact of the Covid-19 pandemic for the work of social workers – A comparison between Germany, Switzerland and the Netherlands. Journal of Comparative Social Work.

Schiestl, David/Pinkert, Felix (2020): Einsamkeit in der Corona-Krise. Corona Blog 58-2020. In: https://viecer.univie.ac.at/corona-blog/corona-blog-beitraege/blog58/ [Zugriff: 18.07.2020].

Sommerfeld, Peter (2013): Demokratie und Soziale Arbeit – Auf dem Weg zu einer selbstbewussten und autonomen Profession? In: Geisen, Thomas/Kessl, Fabian/Olk, Thomas/Schnurr, Stefan (Hrsg.): Demokratie und Soziale Arbeit. Wiesbaden: VS Verlag für Sozialwissenschaften, S. 267–185.

Sommerfeld, Peter (2021): Zur Sozialen Frage heute: Konstitutive Mechanismen der Vergesellschaftung und die Rolle der Sozialen Arbeit. theoriekritik. In: https://irf.fhnw.ch/handle/11654/32511 [Zugriff: 15.10.2021].

Sommerfeld, Peter/Hess, Nadja/Bühler, Sarah (2021): Soziale Arbeit in der Covid-19-Pandemie. Eine empirische Studie zur Arbeitssituation, Belastung und Gesundheit von Fachpersonen der Sozialen Arbeit in der Schweiz (Ergebnisbericht). In: https://www.fhnw.ch/plattformen/sozialearbeitcovid19pandemie/ergebnisse/ [Zugriff: 15.10.2021].

Tifs (2021): Corona-Pandemie, Strukturkrise und Geschlechterverhältnisse: Intersektionale Betrachtungen. In: https://www.tifs.de/fileadmin/dateien/newsletter/tifs-news_202021.pdf [Zugriff: 15.10.2021].

Vienna Center for Electoral Research: Austrian Corona Panel Project (2021). In: https://viecer.univie.ac.at/coronapanel/austrian-corona-panel-data/method-report/ [Zugriff: 03.04.2021].

Winker, Gabriele (2015): Care Revolution. Schritte in eine solidarische Gesellschaft. Bielefeld: transcript.

Autor*innen

Monika Alisch, Prof. Dr. phil. habil. Dipl., Soziologin, Professorin für das Fachgebiet „Sozialraum- und Gemeinwesenarbeit sowie Sozialplanung“ an der Hochschule Fulda, Fachbereich Sozialwesen, Leiterin des wissenschaftlichen Zentrums „CeSSt – Gesellschaft und Nachhaltigkeit“ der Hochschule Fulda. Leitung des Hessischen Promotionszentrums Soziale Arbeit. Arbeitsschwerpunkte: Sozialraumforschung, Migration und alternde Gesellschaft, partizipative Forschung, Kleinstadtentwicklung.

Florian Baier, Prof. Dr. phil., Dipl. Sozialpäd., Professor für das Themengebiet „Kinder- und Jugendhilfe und Schule“ an der Fachhochschule Nordwestschweiz. Präsident der Schweizerischen Gesellschaft für Soziale Arbeit SGSA von 2014-2021. Arbeitsschwerpunkte: Soziale Arbeit in Schulen, Theorien und Forschungen zu Gerechtigkeit, Bildung und Inklusion in der Kinder- und Jugendhilfe.

Roland Becker-Lenz, Prof. Dr. phil. habil., Dipl.-Sozialarb., Professor für das Themengebiet „Professionsforschung“ an der Fachhochschule Nordwestschweiz, Arbeitsschwerpunkte: Professionalität in der Sozialen Arbeit.

Maria Bitzan, Prof.in Dr.in rer.soc., Dipl.päd., Professorin i.R. für Theorien Sozialer Arbeit und das Themengebiet „Gestaltung sozialer Räume“ an der Hochschule Esslingen, Arbeitsschwerpunkte: Adressat*innentheorie Sozialer Arbeit; Gender und Soziale Arbeit, Sozial- und Jugendhilfeplanung, Gemeinwesenarbeit, Sozialraumorientierung, Jugendhilfe, besonders geschlechterreflektierende Jugendhilfe, Theorien Sozialer Arbeit.

Anselm Böhmer, Prof. Dr., Dipl.-Päd., MBA, Professor für Allgemeine Pädagogik an der Pädagogischen Hochschule Ludwigsburg (D), Arbeitsschwerpunkte: Poststrukturalistische Ansätze der Subjektivierung, Bildung und soziale Ungleichheit, Diversität und Inklusion, Migration, Sozialräume.

Stefan Borrmann, Prof. Dr. phil., Dipl.-Päd., Professor für internationale Sozialarbeitsforschung an der Fakultät Soziale Arbeit der Hochschule Landshut. Mitglied des Vorstands der Deutschen Gesellschaft für Soziale Arbeit (DGSA), Sprecher der Sektion Theorie- und Wissenschaftsentwicklung in der Deutschen Gesellschaft für Soziale Arbeit (DGSA), Arbeitsschwerpunkte: Theorien Sozialer Arbeit, Internationale Soziale Arbeit, Jugendarbeit, Rechtsextremismus.

Rita Braches-Chyrek, Prof. Dr. phil., für Sozialpädagogik, Otto-Friedrich-Universität Bamberg. Arbeitsschwerpunkte: Theorie und Geschichte Sozialer Arbeit, Generationen, Geschlechter- und Kindheitsforschung.

Manuela Brandstetter, Univ. Prof. Dr. habil., Professorin Soziale Arbeit, Studienprogrammleitung Soziale Arbeit an der Bertha von Suttner Privatuniversität, Arbeitsschwerpunkte: Digitalisierung und Soziale Arbeit, regionale Hilfekulturen, Sozialraumsensible Soziale Arbeit.

Friedemann Bringt, Dr. phil, Fachreferent für Qualitäts- und Berufsfeldentwicklung im Bundesverband Mobile Beratung e. V., Arbeitsschwerpunkte: Beratungs- und Gemeinwesenarbeit in der Auseinandersetzung mit Demokratiegefährdung, Ideologien der Ungleichwertigkeit und extrem rechten Orientierungen.

Claudia Busch, Dipl-Ing. agr., wissenschaftliche Mitarbeiterin an der Hochschule für angewandte Wissenschaft und Kunst (HAWK), Zukunftszentrum Holzminden-Höxter (ZZHH), Arbeitsschwerpunkte: Wissenstransfer, Forschung zu agrarsoziologischen Fragen sowie zur sozialen Kohäsion und zu Informationsprozessen in ländlichen Räumen.

Regina-Maria Dackweiler, Prof. Dr. phil. habil., Professorin für das Themengebiet gesellschaftliche und politische Bedingungen Sozialer Arbeit an der Hochschule RheinMain, Fachbereich Sozialwesen. Arbeitsschwerpunkte: Soziale Ungleichheit, Sozialpolitik, Gewalt im Geschlechterverhältnis.

Matthias Drilling, Prof. Dr., Leiter des Instituts Sozialplanung, Organisationaler Wandel und Stadtentwicklung der Hochschule für Soziale Arbeit Fachhochschule Nordwestschweiz, Arbeitsschwerpunkte: Formen extremer Armut und Verwundbarkeit, soziale Stadtentwicklung.

Céline Dujardin, PhD, Research Scientist im Fachbereich Sozialwissenschaften an der Universität Luxemburg, Arbeitsschwerpunkte: Definition und Umgang mit Vulnerabilität aus der Perspektive der Sozialen Arbeit, Individuelle und gesellschaftliche Faktoren der Wohnungslosigkeit, Familienforschung.

Stefan Eberitzsch, Dr. phil., MA Sozialmanagement, Dipl. Sozialarbeiter, Dozent für Kinder- und Jugendhilfe an der Zürcher Hochschule für Angewandte Wissenschaft (ZHAW), Arbeitsschwerpunkte: Theorie und Empirie der Kinder- und Jugendhilfe, Hilfen zur Erziehung, Heimerziehung.

Alexandra Engel, Prof. Dr. rer. Pol., Dipl. Sozialarbeiter/Sozialpägogik, Professorin für Soziale Arbeit, insbesondere Sozialpolitik und soziale Problemlagen Erwachsener an der Hochschule für angewandte Wissenschaft und Kunst (HAWK), Zukunftszentrum Holzminden-Höxter (ZZHH), Arbeitsschwerpunkte: Teilhabe, Transformationen, Soziale Arbeit und bürgerschaftliches Engagement in ländlichen Räumen.

Erich Fenninger, Mag. (FH), DSA, Direktor Volkshilfe Österreich, Lehrender an mehreren österreichischen Fachhochschulen im Bereich Soziale Arbeit, Arbeitsschwerpunkte: Soziale Arbeit, soziale Gerechtigkeit, Pflege und Betreuung, Armut bei Kindern und Jugendlichen.

Anna Fischlmayr, B.A. Soziale Arbeit, M.A. in Sozialraumorientierter und Klinischer Sozialer Arbeit mit der Vertiefung Sozialraumorientierung, nebenberuflich Lehrende an der FH Campus Wien, Arbeitsschwerpunkte: Gemeinwesenarbeit, Wohnen/Wohnungslosigkeit, Gender und Gewaltschutz.

Simon Fleißner, M.A. Soziale Arbeit, Wissenschaftlicher Mitarbeiter am Institut für Suchtforschung Frankfurt (ISFF) an der University of Applied Sciences. Doktorand der Universität Bremen, Fachbereich Public Health, Arbeitsschwerpunkte: Harm Reduction für drogengebrauchende Personen, insbesondere Take-Home Naloxon, und die weltweite Umsetzung der Bangkok Rules in Gefängnissen.

Anke Freuwört, M.A., Wissenschaftliche Mitarbeiterin und Doktorandin an der Universität Kassel, Arbeitsschwerpunkte: politische Partizipation, Migration und Flucht, Migrantenorganisationen und Beiräte.

Birgit Golda-Mayntz, Dipl. Sozialpäd., Gerontologin M.Sc., Doktorandin, Honorarreferentin für die Themengebiete Alter und Behinderung an der Evangelischen Hochschule Nürnberg, Arbeitsschwerpunkt: Demenzerkrankungen.

Jutta Harrer-Amersdorffer, Prof., M.A. Soziale Arbeit, B.A. Soziale Arbeit, Professorin für das Themengebiet Theorie und Handlungslehre der Sozialen Arbeit unter besonderer Berücksichtigung der Kinder- und Jugendhilfe, Hochschule Coburg, Arbeitsschwerpunkte: Fallarbeit, professionelles Handeln, Erziehungshilfen.

Malina Haßelbusch, M.A. Soziale Arbeit, Wissenschaftliche Mitarbeiterin an der Hochschule für angewandte Wissenschaft und Kunst (HAWK), Zukunftszentrum Holzminden-Höxter (ZZHH), Arbeitsschwerpunkte: Forschungsgruppe „Engagement, Soziale Arbeit und Teilhabe in ländlichen Räumen."

Johanna M. Hefel, Prof. (FH), Mag. Dr. phil., DSA, Professorin für Sozialarbeitswissenschaft an der Fachhochschule Vorarlberg, Österreich. Präsidentin der Österreichischen Gesellschaft für Soziale Arbeit (ogsa), Arbeitsschwerpunkte: Geschichte und Theorien der Sozialen Arbeit, Klinische Soziale Arbeit.

Catharina Hille, M.A. Sprach-, Literatur- und Kulturwissenschaft (Anglistik/Italianistik) und Interkulturelle Trainerin, Wissenschaftliche Mitarbeiterin in Forschung und Lehre im Forschungs- und Transferprojekt „Dialogprozesse und Wanderausstellung für ein gelingendes Zusammenleben in der Migrationsgesellschaft" (DIWAN) an der Hochschule Fulda, Arbeitsschwerpunkte: Flucht und Migration, Interkulturalität, Postkolonialität und Gender.

Julia Hille, Systemische Sozialarbeiterin (M.A.), Wissenschaftliche Mitarbeiterin an der Otto-von-Guericke-Universität Magdeburg, Doktorandin an der Eberhard Karls Universität Tübingen in Kooperation mit der Hochschule Nordhausen, stellvertretende Sprecherin der DGSA-Sektion Forschung, Arbeitsschwerpunkte: Theorien systemischer Sozialer Arbeit und Beratung, Forschungen zu und mit Familien und Paaren, besonders in sozialarbeiterischen Interaktionen, rekonstruktive Familienforschung.

Lea Hollenstein, Dr. phil., Dipl. Sozialarbeiterin, Dozentin und Projektleiterin im Themenfeld „Organisationsgestaltung und -wandel im Non-Profit-Sektor" an der Zürcher Hochschule für angewandte Wissenschaften, Arbeitsschwerpunkte: Sexualisierte und häusliche Gewalt, Theorien und professionelles Handeln in der Sozialen Arbeit, Theorien und Forschung zu Organisationen der Sozialen Arbeit.

Jonas Hufeisen, M.A. Soziale Arbeit – Sozialraumentwicklung und -organisation, Wissenschaftlicher Mitarbeiter in Forschung und Lehre im Forschungs- und Transferprojekt „Dialogprozesse und Wanderausstellung für ein gelingendes Zusammenleben in der Migrationsgesellschaft" (DIWAN) an der Hochschule Fulda, Arbeitsschwerpunkte: Migration, Zivilgesellschaft, Integrationspolitik, Netzwerk- und Sozialraumforschung.

Gregor Husi, Prof. Dr. rer. soc., Soziologe, lehrt und forscht an der Hochschule Luzern, Arbeitsschwerpunkte: Gesellschaftstheorie, Theorien der Sozialen Arbeit, Professionalisierung, sozialer Zusammenhalt, ökologische Nachhaltigkeit.

Gosalya Iyadurai, B.A. Soziale Arbeit, Wissenschaftliche Assistentin im Institut Sozialplanung, Organisationaler Wandel und Stadtentwicklung der Hochschule für Soziale Arbeit Fachhochschule Nordwestschweiz, Arbeitsschwerpunkte: Obdachlosigkeit und soziale Inklusion.

Samuel Keller, Dr. phil, Dozent und Forscher, ZHAW Zürcher Hochschule für Angewandte Wissenschaften, Institut für Kindheit, Jugend und Familie, Departement Soziale Arbeit, Arbeitsschwerpunkte: Bedingungen des Aufwachsens und Konzepte des kindlichen Wohls, Kindheits- und Familienforschung, Kinder- und Jugendhilfe.

Tobias Kindler, M.Sc. Soziale Arbeit, Sozialpädagoge FH, Wissenschaftlicher Mitarbeiter am Institut für Soziale Arbeit und Räume der OST – Ostschweizer Fachhochschule und Doktorand an der Hebrew University of Jerusalem, Arbeitsschwerpunkte: Politik Sozialer Arbeit, politisches Engagement von Sozialarbeitenden, policy practice.

Stefan Köngeter, Prof. Dr. phil. habil., Dipl. Päd., MA Soziologie, Co-Leiter Institut für Soziale Arbeit und Räume an der OST – Ostschweizer Fachhochschule, Arbeitsschwerpunkte: Professionstheorien Sozialer Arbeit, Kinder- und Jugendhilfe, Geschichte der Sozialen Arbeit, Transnationalität, pädagogische Übersetzung.

Wolfgang Krell, Diplomsozialpädagoge FH, Diplompädagoge Univ., Diözesanreferent beim SKM in der Diözese Augsburg – Kath. Verband für soziale Dienste, Geschäftsführer des Freiwilligen-Zentrums Augsburg, Arbeitsschwerpunkte: Straffälligenhilfe, Wohnungslosenhilfe, Förderung bürgerschaftlichen Engagements, Zusammenarbeit auf europäischer und internationaler Ebene.

Gaby Lenz, Prof. Dr. phil., Dipl. Sozialpädagogin und Sozialarbeiterin, Erziehungswissenschaftlerin, Professorin für Soziale Arbeit an der Fachhochschule Kiel, Fachbereich Soziale Arbeit und Gesundheit, Arbeitsschwerpunkte: Professionalität in der Sozialen Arbeit, Qualitative Sozialforschung, Rekonstruktion von Subjektperspektiven, Jugendhilfe (HzE), soziale Robotik, Geschlechterverhältnisse.

Tatevik Mamajanyan, M.A. Interkulturelle Kommunikation und Europastudien (ICEUS), Wissenschaftliche Mitarbeiterin in Forschung und Lehre im Forschungs- und Transferprojekt „Dialogprozesse und Wanderausstellung für ein gelingendes Zusammenleben in der Migrationsgesellschaft“ (DIWAN) an der Hochschule Fulda, Arbeitsschwerpunkte: (Flucht-)Migration, Identität und Fremdheit, Zivilisationstheorie (Prozess- bzw. Figurationssoziologie von Norbert Elias).

Eva Marr, Dr.in phil., Dipl. Sozialpäd., M.Sc. PH, Mitgliedschaft im Forschungsverbund für Sozialrecht und Sozialpolitik (FoSS) und dem Institut für Theorie und Empirie des Sozialen (ITES), Arbeitsschwerpunkte: Kinder- und Jugendhilfe, Multiperspektivische Fallarbeit, Inklusions- und Teilhabeforschung.

Johanna Muckenhuber, PD Mag. Dr., Dozentin in Forschung und Lehre am Institut für Soziale Arbeit an der FH Joanneum und Psychotherapeutin in eigener Praxis, Arbeitsschwerpunkte: Ihre Forschungsschwerpunkte liegen im Bereich der Folgen von sozialer Ungleichheit, mangelnder sozialer Ressourcen und schlechter Arbeitsbedingungen auf die psychische und physische Gesundheit, unter besonderer Berücksichtigung von nachhaltigen Arbeitsbedingungen, Digitalisierung, Gender und Alter.

Esther Mühlethaler, M.A. Sozialwissenschaften, Wissenschaftliche Mitarbeiterin im Institut Sozialplanung, Organisationaler Wandel und Stadtentwicklung der Hochschule für Soziale Arbeit Fachhochschule Nordwestschweiz, Arbeitsschwerpunkte: Obdachlosigkeit und soziale Inklusion.

Stefanie Neumaier, M.A., Medienpädagogin an der Fachambulanz für Suchterkrankungen in Rosenheim, Arbeitsschwerpunkte: Medienbildung in der Sozialen Arbeit und Medienethik.

Alexander Nöhring, M.A. Politikwissenschaft, Geschäftsführer des Zukunftsforum Familie e.V., Arbeitsschwerpunkte: Armut von Kindern, Jugendlichen und Familien, monetäre Familienförderung und soziale Gerechtigkeit, gleichstellungsorientierte Familienpolitik, vielfältige Familienpolitik.

Peter Pantuček-Eisenbacher, Prof. Dr. phil. Mag. rer. soc. oec., Rektor und Geschäftsführer der Bertha von Suttner Privatuniversität St. Pölten, Arbeitsschwerpunkte; Methodik der Sozialen Arbeit und Soziale Diagnostik.

Valentin Persau, M.A. Sozialpolitik, Referent für Sozialpolitik des AWO Bundesverband e. V., Arbeitsschwerpunkte: Armut und Existenzsicherung, Kinder- und Familienarmut, soziale Ungleichheit.

Anton Pelinka, ao. Univ. Prof. i.R., Prof. für Politikwissenschaft (Universität Innsbruck 1975–2006; Central European University Budapest 2006–2018), Arbeitsschwerpunkte: Demokratietheorie, Vergleich politischer Systeme.

Judith Ranftler, Mag.a (FH), MA, Leiterin des Bereichs „Kinderarmut, Asyl und Migration, Kinder und Jugend“ der Volkshilfe Österreich, Lehrende an der FH Campus Wien in den Bereichen Kinder- und Jugendhilfe sowie Kinderarmut, Arbeitsschwerpunkte: Armut bei Kindern und Jugendlichen, Soziale Arbeit im Bereich Kinder- und Jugendhilfe, Flucht und Migration.

Martina Ritter, Prof. Dr. phil. habil., Dipl. Soziologin; Professorin am Fachbereich Sozialwesen der Hochschule Fulda, Leitungsgremium des „CeSSt – Centre of Research for Society and Sustainability“ der Hochschule Fulda, Arbeitsschwerpunkte: Politische Soziologie, Sozialraumforschung, Gender- und Alltagssoziologie.

Alexandra Roth, Diplom Pädagogin, staatlich anerkannte Diplom Sozialpädagogin, Coach (DGfC), wissenschaftliche Mitarbeiterin an der Evangelischen Hochschule Darmstadt, Forschungsprojekt Gender-Macht-Wissen und Leitung des Praxisreferates Soziale Arbeit.

David Rüger, M.A., Verwalter der Professur „Organisationsmanagement im Kontext regionaler Entwicklungsprozesse“ an der Hochschule für angewandte Wissenschaft und Kunst (HAWK), Zukunftszentrum Holzminden-Höxter (ZZHH), Arbeitsschwerpunkte: Soziale Arbeit und bürgerschaftliches Engagement, Fallverstehen, Organisation und Verwaltung Sozialer Arbeit.

Kirsten Rusert, B.A. Politik- und Verwaltungswissenschaften, Master of Mediation, wissenschaftliche Mitarbeiterin und Promovendin an der Professur für Allgemeine Pädagogik: Prof.in Dr.in Margit Stein und dem Zentrum für Lehrer*innenbildung/Universität Vechta, Arbeitsschwerpunkte: Transformative Bildung im Fokus von Digitalisierung, Flucht/Migration, Inklusion und Konfliktbearbeitung.

Juliane Beate Sagebiel, em. Prof.in, Dr., Hochschule München, Geschichte und Theorien der Sozialen Arbeit, Machttheorien, Gender, Digitalisierung.

Reinhild Schäfer, Dr. phil., Soziologin, Professorin für gesellschaftswissenschaftliche Grundlagen der Sozialen Arbeit am Fachbereich Sozialwesen der Hochschule RheinMain in Wiesbaden, Arbeitsschwerpunkte: Gewalt im Geschlechterverhältnis, Familie im Kontext sozialer Ungleichheitslagen, soziale Ausschließung, Gleichstellungspolitik.

Jan Schametat, Master of Arts Sozialpädagogik/Soziale Arbeit, Wissenschaftlicher Mitarbeiter und Regionalreferent an der HAWK Hochschule für angewandte Wissenschaften und Kunst in Holzminden, Arbeitsschwerpunkte: Jugendliche, ländliche Räume, Regionalentwicklung.

Elke Schimpf, Dr.in Professorin für Theorien, Forschung und Handlungsansätze der Sozialen Arbeit an der Evangelischen Hochschule Darmstadt, Arbeitsschwerpunkte: Kinder- und Jugendhilfe, Konfliktorientierung als Analyse- und Reflexionsperspektive im Studium Soziale Arbeit, Alltags- und Lebensweltforschung, sozialarbeitswissenschaftliche Geschlechterforschung, (Professions-)Geschichte Sozialer Arbeit.

Brigitte Schletti, lic. phil., Quartierarbeiterin bei der Vereinigung Berner Gemeinwesenarbeit, Arbeitsschwerpunkte: Förderung von Selbstorganisation, Empowerment, Quartierentwicklung, Nachbarschaft in heterogenen Siedlungen.

Thomas Schmid, M.Sc. Soziale Arbeit, Sozialarbeiter und Soziologe. Wissenschaftlicher Mitarbeiter am Institut für Soziale Arbeit und Räume der OST – Ostschweizer Fachhochschule, Arbeitsschwerpunkte: Politik und Soziale Arbeit, Aufwachsen und Bildung, aneignungs- und raumtheoretische Zugänge zu Praxen Sozialer Arbeit.

Werner Schönig, Prof. rer. pol. habil., Professur für Sozialökonomik und Konzepte der Sozialen Arbeit an der Katholischen Hochschule Köln, Arbeitsschwerpunkte: Armut, Sozialraum, Sozialökonomik, soziale Dienste, Theorie der Sozialen Arbeit.

Peter Sommerfeld, Prof. Dr. rer. soc., Professor für Soziale Arbeit an der Fachhochschule Nordwestschweiz am Institut für Soziale Arbeit und Gesundheit, Arbeitsschwerpunkte: Theorien Sozialer Arbeit, insbesondere Systemtheorien, Soziale Arbeit als Profession und Handlungswissenschaft, Soziale Arbeit und Psychiatrie, Soziale Arbeit in der Suchthilfe, forschungsbasierte Soziale Arbeit, Theorie-Praxis-Schnittstellen.

Christian Spatscheck, Dr. phil., Dipl.-Päd., Dipl.-Soz.-Arb. (FH), Professor für Theorien und Methoden der Sozialen Arbeit an der Fakultät Gesellschaftswissenschaften der Hochschule Bremen. Mitglied im Vorstand der Deutschen Gesellschaft für Soziale Arbeit (DGSA), Arbeitsschwerpunkte: Theorien und Methoden Sozialer Arbeit, insbesondere sozialraumbezogene und systemische Arbeitsansätze, Sozialpädagogik, Kinder- und Jugendhilfe, insbesondere Jugendarbeit, sowie Internationale Soziale Arbeit.

Sabine Stövesand, Prof. Dr. phil., Dipl.Päd., Professur für Soziale Arbeit an HAW Hamburg, Arbeitsschwerpunkte: Macro Social Work, Gemeinwesenarbeit, Gender/Diversity, lokale Gewaltprävention im Bereich von Partnergewalt.

Christoph Stoik, M.A. Soziale Arbeit, FH-Prof. auf der FH Campus Wien im Master-Studiengang „Sozialraumorientierte und Klinische Soziale Arbeit“ und im Bachelor-Studiengang „Soziale Arbeit“, Arbeitsschwerpunkte: Gemeinwesenarbeit, sozialräumliche Soziale Arbeit, Soziale Arbeit im öffentlichen Raum, im sozialen Wohnbau und in der Stadtentwicklung.

Martin Stummbaum, Prof. Dr. phil., Professor für methodische Professionalität und soziale Innovationsprozesse in der Sozialen Arbeit an der Hochschule Augsburg/ Fakultät für Angewandte Geistes- und Naturwissenschaften, Arbeitsschwerpunkte: Beratung und Kommunikation, Gesundheitsförderung, Methodische Professionalität, Praxisforschung und Qualität, Soziale Innovationsprozesse.

Nina Thieme, Prof.in Dr.in phil., Dipl.-Päd., Professorin für Sozialpädagogik an der Universität Duisburg-Essen, Arbeitsschwerpunkte: Kinder- und Jugendhilfe, professions-, professionalisierungs- und professionalitätsbezogene Fragen im Kontext Sozialer Arbeit, (Bildungs-)Ungerechtigkeit, multiprofessionelle Kooperation, Fallkonstitution.

Barbara Thiessen, Prof. Dr. phil., Dipl. Sozpäd. (FH), Dipl.-Päd., Professorin für Gendersensible Soziale Arbeit an der Fakultät Soziale Arbeit der Hochschule Landshut, Vorsitzende der Deutschen Gesellschaft für Soziale Arbeit (DGSA), ab 9/2022: Professorin für Erziehungswissenschaft mit dem Schwerpunkt Beratung unter Berücksichtigung der Geschlechterverhältnisse an der Universität Bielefeld, Arbeitsschwerpunkte: Gender Studies und Wissenschaft Soziale Arbeit, Caretheorien, Familienleben im sozialen Wandel, Professionsentwicklung personenbezogener Dienstleistungsberufe, supervisorische Beratung und Organisationsentwicklung in Sozialer Arbeit.

Ursula Unterkofler, Prof. Dr. phil., Dipl.-Sozialpädagogin, Dipl.-Soziologin, Professorin für Methoden der empirischen Sozialforschung und Evaluation an der Hochschule München, Arbeitsschwerpunkte: Rekonstruktive Sozialforschung, Professionsforschung, Niedrigschwellige Soziale Arbeit und Nutzung rekonstruktiver Methoden als didaktische Zugänge in der Lehre.

Regina Völk, LL.M., Stv. Leiterin des Europabüros mit Europe Direct und Kommunale Entwicklungszusammenarbeit der Stadt Augsburg, Arbeitsschwerpunkte: Europarecht, EU-Förderprogramme, EU-Projekte, EU-Koordination.

Jens Vogler, Dr. phil., M.A. Psychosoziale Beratung und Recht, Dipl. Sozialpäd. (FH), Wissenschaftlicher Mitarbeiter am Fachbereich Sozialwesen der Hochschule Fulda, Arbeitsschwerpunkte: Professionelles Handeln, Migration, Soziale Arbeit und freiwilliges Engagement.

Hannah Wachter, M.A. Forschung, Entwicklung und Management (Soziale Arbeit), Sozialarbeiterin, Projektkoordinatorin StoP-Stadtteile ohne Partnergewalt Hamburg-Harburg, nebenberuflich Lehrbeauftragte an der FH Kiel, TH Köln, HSD Düsseldorf, Arbeitsschwerpunkte: Gewalt im Geschlechterverhältnis, Gemeinwesenarbeit, gemeinwesenarbeiterische Ansätze der Prävention von sowie Intervention bei Partnergewalt, Soziale Arbeit & Soziale Robotik.

Maike Wagenaar, M.A., Lehrkraft für besondere Aufgaben im Bereich Geschichte, Handlungskonzepte und Methoden der Sozialen Arbeit an der Hochschule Hannover, Arbeitsschwerpunkte im Bereich Beratung, Gender, geschichtliche Grundlagen Sozialer Arbeit, Abhängigkeitserkrankungen.

Júlia Wéber, Prof. Dr. phil., Dipl. SozPäd., Dipl. Lehramt DaF, Mag. Deutsche Philologie, Professorin „Migrationsgesellschaft und Demokratiepädagogik“ an der Hochschule Neubrandenburg, Arbeitsschwerpunkte: Soziale Arbeit in der Migrationsgesellschaft, Bildungsarbeit und Demokratiepädagogik, Internationale Soziale Arbeit, Übergang von der Schule in die Arbeitswelt, Schwerpunkt: Naturbildung im Beruf.

Laura Weber, Master of Arts, Sozialpädagogin in Anerkennung in der Kinder- und Jugendförderung im Jugendamt der Wissenschaftsstadt Darmstadt.

Manuela Westphal, Prof. Dr., Professorin für Sozialisation mit dem Schwerpunkt Migration und Interkulturelle Bildung an der Universität Kassel, Arbeitsschwerpunkte: Transnational Doing Family, Intersektionalität von FluchtMigration, Gender und Behinderung, Zivilgesellschaft und Soziale Arbeit.

Nadine Woitzik, M.A. Forschung Soziale Arbeit, Promovierende zum Thema „Biographien von Spätstudierenden mit Familienverpflichtungen“, Arbeitsschwerpunkte: Soziale Ungleichheiten, Bildungsungleichheiten, Intersektionalität, Biographieforschung.

Jan Zychlinsky, Dipl. Erziehungswissenschaftler/Sozialpädagoge, Dipl. Sozialwissenschaftler, Dipl. Germanist, Prof. für Soziale Arbeit/Sozialraum- und Stadtentwicklung an der Berner Fachhochschule, Arbeitsschwerpunkte: Gemeinwesenarbeit, Community & Social Development, Partizipation und soziale Nachhaltigkeit.

Julia Franz
Ursula Unterkofler (Hrsg.)

Forschungsethik in der Sozialen Arbeit

Prinzipien und Erfahrungen

2021 • 285 Seiten • Kart. • 28,00 € (D) • 28,80 € (A)
ISBN 978-3-8474-2493-2 • eISBN 978-3-8474-1637-1
Theorie, Forschung und Praxis der Sozialen Arbeit, Band 23

Zum Kern der empirischen Forschung Sozialer Arbeit gehören die Methoden der Befragung und Beobachtung von Menschen. Dabei sind ethische Kriterien anzulegen, die vielfältige Fragen und Dilemmata in der Planung und Umsetzung von Forschung sowie im Umgang mit Forschungsergebnissen aufwerfen.

Der Sammelband legt einen Schwerpunkt auf forschungspraktische ethische Herausforderungen. In den Beiträgen wird der Forschungsethikkodex der DGSA präsentiert und kommentiert, disziplinär eingeordnet und ethisch reflektiert.

www.shop.budrich.de

Anne Herrmann
Friesa Fastie
Iris Stahlke (Hrsg.)

Strafrechtliche Begriffe verständlich erklärt

Ein Wörterbuch für die Praxis im Strafverfahren

2022 • 180 Seiten • Kart. • 19,90 € (D) • 20,50 € (A)
ISBN 978-3-8474-2606-6 • eISBN 978-3-8474-1778-1

Begriffe aus dem Strafrecht sind nicht immer leicht zu verstehen – wer in der Psychosozialen Prozessbegleitung, der Jugend-, Bewährungs- und Gerichtshilfe, der Opferhilfe oder der Begleitung von Beschuldigten tätig ist, muss aber um deren Bedeutung wissen, um die Klient:innen unterstützen zu können. In diesem Wörterbuch erklären Expert:innen aus Anwaltschaft, Polizei, Justiz und Rechtspsychologie in Zusammenarbeit mit Vertreterinnen der Psychologie und Sozialarbeit strafrechtliche Fachbegriffe verständlich, kurz und praxisnah.
Der Band vermittelt Grundlagenwissen zu wichtigen Begriffen des materiellen Strafrechts und Strafverfahrensrechts im Jugend- und Erwachsenenverfahren und stellt die korrekte Verwendung der juristischen Fachausdrücke dar.

www.shop.budrich.de

Kira Gedik
Reinhart Wolff (Hrsg.)

Kinderschutz in der Demokratie – Eckpfeiler guter Fachpraxis

Ein Handbuch

2021 • 647 Seiten • Gebunden • 69,00 € (D) • 71,00 € (A)
ISBN 978-3-8474-2303-4 • eISBN 978-3-8474-1362-2

Gegenwärtig werden verstärkt tödliche Fälle von Kindesmisshandlung medial aufgegriffen und sensationsheischend aufbereitet. Hierbei kommt es oft zu Engführungen und Einseitigkeit.

Im Handbuch setzen die Autor*innen neu an und fragen: Vor welchen Herausforderungen stehen wir aktuell in der Kinderschutzarbeit? Sie entfalten ein Konzept nachhaltiger demokratischer Kinderschutzarbeit auf Basis eines neuen Grundverständnisses und eines umfassenden Konzepts der Prozessgestaltung für eine solidarische Kooperation der beteiligten Akteur*innen.

www.shop.budrich.de